本书列入

2017年国家社会科学基金重大委托项目

“十三五”国家重点图书出版规划项目

中华传统文化百部经典

资治通鉴（节选）

司马光 著
张国刚 解读

国家图书馆出版社

图书在版编目（CIP）数据

资治通鉴：节选／（宋）司马光著；张国刚解读．—北京：国家图书馆出版社，2022.12（2025.8 重印）
（中华传统文化百部经典／袁行霈主编）
ISBN 978-7-5013-7672-8

Ⅰ．①资… Ⅱ．①司… ②张… Ⅲ．①中国历史－古代史－编年体 Ⅳ．①K204.3

中国版本图书馆 CIP 数据核字（2022）第 234355 号

国家图书馆出版社官方微信

书　　名　资治通鉴（节选）
著　　者　（宋）司马光 著　张国刚 解读
责任编辑　潘肖蔷
重印编辑　于　浩
特约审校　吴麒麟
封面设计　敬人设计工作室

出版发行　国家图书馆出版社（北京市西城区文津街 7 号　100034）
010-66114536　63802249　nlcpress@nlc.cn（邮购）
网　　址　http://www.nlcpress.com
印　　装　北京科信印刷有限公司
版次印次　2022 年 12 月第 1 版　2025 年 8 月第 2 次印刷

开　　本　710×1000　1/16
印　　张　40
字　　数　512 千字
书　　号　ISBN 978-7-5013-7672-8
定　　价　120.00 元（精装）

中华传统文化百部经典

本册审订

瞿林东　　陈祖武

中华传统文化百部经典

编纂办公室

张　洁　　梁葆莉　　徐　慧　　张毕晓　　马　超　　华鑫文

编纂缘起

文化是民族的血脉，是人民的精神家园。党的十八大以来，围绕传承发展中华优秀传统文化，习近平总书记发表了一系列重要讲话，深刻揭示出中华优秀传统文化的地位和作用，梳理概括了中华优秀传统文化的历史源流、思想精神和鲜明特质，集中阐明了我们党对待传统文化的立场态度，这是中华民族继往开来、实现伟大复兴的重要文化方略。2017年初，中共中央办公厅、国务院办公厅印发《关于实施中华优秀传统文化传承发展工程的意见》，从国家战略层面对中华优秀传统文化传承发展工作作出部署。

我国古代留下浩如烟海的典籍，其中的精华是培育民族精神和时代精神的文化基础。激活经典，熔古铸今，是增强文化自觉和文化自信的重要途径。多年来，学术界潜心研究，钩沉发覆、辨伪存真、提炼精华，做了许多有益工作。编纂《中华传统文化百部经典》（简称《百部经典》），就是在汲取已有成果基础上，力求编出一套兼具思想性、学术性和大众性的读本，使之成为广泛认同、传之久远的范本。《百部经典》所选图书上起先秦，下至辛亥革命，包括哲学、文学、历史、艺术、科技等领域的重要典籍。萃取其精华，加以解读，旨在搭建传统典籍与大众之间的桥梁，激活中华优秀传统文化，用优秀传统文化滋养当代中国人的精神世界，提振当代中国人的文化自信。

这套书采取导读、原典、注释、点评相结合的编纂体例，寻求优秀传统文化与社会主义核心价值观之间的深度契合点；以当代眼光审视和解读古代典籍，启发读者从中汲取古人的智慧和历史的经验，借以育人、资政，更好地为今人所取、为今人所用；力求深入浅出、明白晓畅地介绍古代经典，让优秀传统文化贴近现实生活，融入课堂教育，走进人们心中，最大限度地发挥以文化人的作用。

《百部经典》的编纂是一项重大文化工程。在中宣部等部门的指导和大力支持下，国家图书馆做了大量组织工作，得到学术界的积极响应和参与。由专家组成的编纂委员会，职责是作出总体规划，选定书目，制订体例，掌握进度；并延请德高望重的大家耆宿担当顾问，聘请对各书有深入研究的学者承担注释和解读，邀请相关领域的知名专家负责审订。先后约有 500 位专家参与工作。在此，向他们表示由衷的谢意。

书中疏漏不当之处，诚请读者批评指正。

2017 年 9 月 21 日

凡 例

一、《中华传统文化百部经典》的选书范围，上起先秦，下迄辛亥革命。选择在哲学、文学、历史、艺术、科技等各个领域具有重大思想价值、社会价值、历史价值和学术价值的一百部经典著作。

二、对于入选典籍，视具体情况确定节选或全录，并慎重选择底本。

三、对每部典籍，均设“导读”“注释”“点评”三个栏目加以诠释。导读居一书之首，主要介绍作者生平、成书过程、主要内容、历史地位、时代价值等，行文力求准确平实。注释部分解释字词、注明难字读音，串讲句子大意，务求简明扼要。点评包括篇末评和旁批两种形式。篇末评撮述原典要旨，标以“点评”，旁批萃取思想精华，印于书页一侧，力求要言不烦，雅俗共赏。

四、原文中的古今字、假借字一般不做改动，唯对异体字根据现行标准做适当转换。

五、每书附入相关善本书影，以期展现典籍的历史形态。

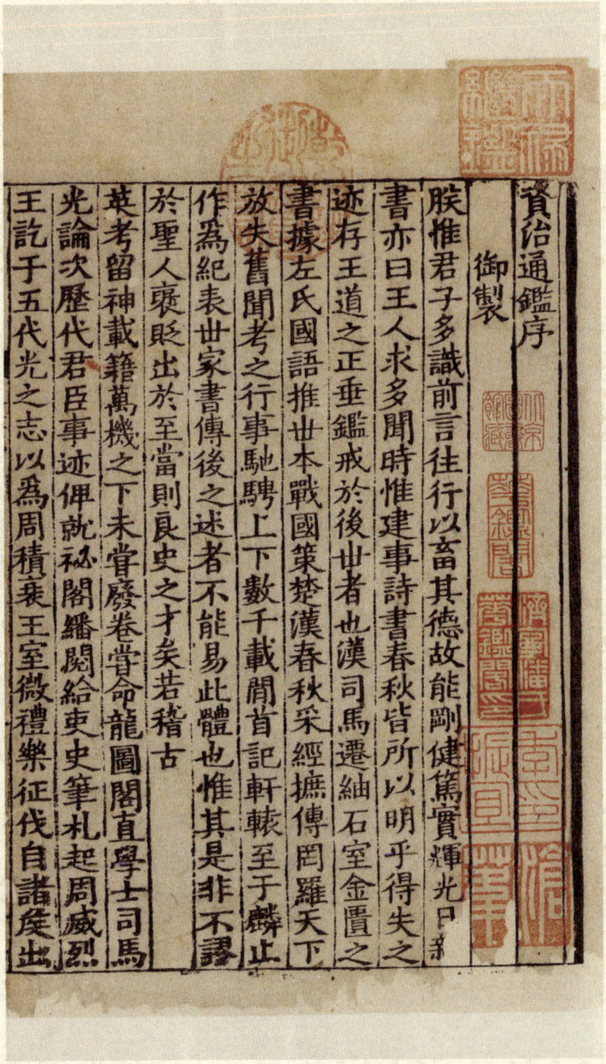

资治通鉴二百九十四卷目录三十卷　（宋）司马光撰
宋绍兴二年至三年（1132—1133）两浙东路茶盐司公使库刻本　国家图书馆藏

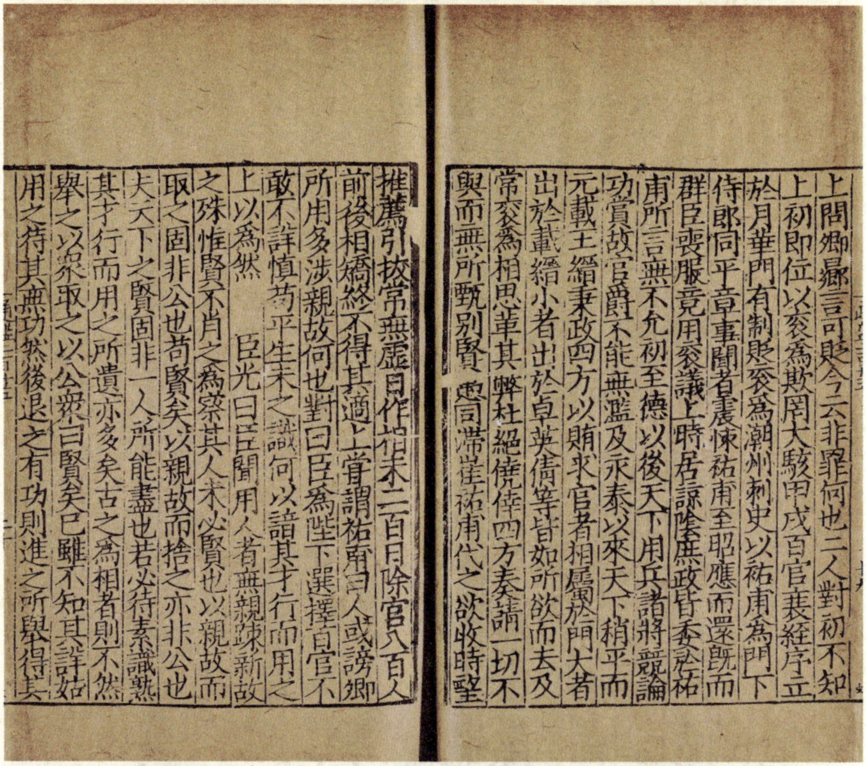
上問卿曏言可貶今云非罪何也二人對初不知
上初即位以衮爲欺罔大駭甲戌百官衰絰序立
於月華門有制貶衮爲潮州刺史以祐甫爲門下
侍郎同平章事聞者震悚祐甫至昭應而還既而
群臣喪服竟用衮議上時居諒陰庶政皆委於祐
甫所言無不允初至德以後天下用兵諸將競論
功賞故官爵不能無濫及永泰以來天下稍平而
元載王縉秉政四方以賄求官者相屬於門大者
出於載縉小者出於卓英倩等皆如所欲而去及
常衮爲相思革其弊杜絕僥倖四方奏請一切不
與而無所甄別賢愚同滯崔祐甫代之欲收時望
推薦引拔常無虛日作相未二百日除官八百人
前後相矯終不得其適上嘗謂祐甫曰人或謗卿
所用多涉親故何也對曰臣爲陛下選擇百官不
敢不詳慎苟平生未之識何以諳其才行而用之
上以爲然　臣光曰臣聞用人者無親疏新故
之殊惟賢不肖之爲察其人未必賢也以親故而
取之固非公也苟賢矣以親故而捨之亦非公也
夫天下之賢固非一人所能盡也若必待素識熟
其才行而用之所遺亦多矣古之爲相者則不然
舉之以衆取之以公衆曰賢矣已雖不知其詳姑
用之待其無功然後退之有功則進之所舉得其

资治通鉴二百九十四卷目录三十卷　（宋）司马光撰
元至元二十六年至二十八年（1289—1291）魏天祐刻本　国家图书馆藏

目　录

导　读

资治通鉴

导读

《资治通鉴》（以下或简称《通鉴》）是北宋著名政治家、史学家司马光主编的一部编年体通史。全书共二百九十四卷，正文有300余万字，若加考异与胡注，则达600万字，记载了战国到北宋建国前的历史，内容包括政治、军事以及经济、文化等。

史书的价值有二，一是作为史料，一是作为史著。作为历史材料，《资治通鉴》的隋唐五代部分，具有不可替代的史源、史料价值。作为通史著作，《资治通鉴》具有不可替代的阅读、鉴赏价值。《资治通鉴》的唐五代部分，编撰于两《唐书》和新旧《五代史》之后，作者在正史之外，引用的各种史料多达二百多种。战国秦汉、魏晋南北朝部分，在资料取舍上，都有专业眼光下的甄别和严格的考订。

同时，从司马光《资治通鉴》面世开始，这部书就是历代帝王的政治教科书。曾国藩曾评价说："窃以先哲经世之书，莫善于司马文正公《资治通鉴》。其论古皆折衷至当，开拓心胸，如因三家分晋而论名分，因曹魏移祚而论风俗，因蜀汉而论正闰，因樊英而论名实，皆能穷物之理，执圣之权；又好叙兵事所以得失之由，脉络分明；又好详名公巨卿所以兴家败家之故，使士大夫怵然知戒。实六经以外不刊之典也。”[①]最早给《通鉴》作注的宋元之间的学者胡三省说：“为人君而不知《通鉴》，则欲治而不知自治之源，恶乱而不知防乱之术。为人臣而不知《通鉴》，则上无以事君，下无以治民。为人子而不知《通鉴》，则谋身必至于辱先，作事不足以垂后。”[②]为什么《资治通鉴》能够获得政治家和学者的交口赞誉呢？这需要从此书的作者及其编纂故事谈起。

一、司马光的家世与生平

司马光，字君实，宋真宗天禧三年十月十八日（1019年11月17日）出生于光州光山县（今河南光山），祖籍是陕州夏县（今山西运城夏县）涑水乡，世称涑水先生。

关于司马光的家世和生平，苏轼（1037—1101）撰写的《司马温公行状》（以下简称《行状》）是第一手资料[③]。南宋史学家王偁（历高孝光宁四朝、约略与朱熹同时）《东都事略》卷八十七《司马光传》[④]、《宋史》卷三百三十六《司马光传》，则代表了南宋及元朝史家对司马光的记述。

根据苏轼《司马温公行状》等资料的记载，司马光祖父炫，进士及第，试秘书省校书郎、知耀州富平县（今陕西富平）事。父亲司马池（980—1041），官吏部郎中、充天章阁待制。他们这一支是西晋安平献王司马孚之后。司马孚是司马懿之弟，在《资治通鉴》里，编撰者的这位开宗之祖，始终以曹魏忠臣的面目出现。北魏时，先祖司马阳在山西做官，死后葬于当地，司马家族的一支从此就在这里繁衍。隋唐以后家道中落，在祖父司马炫之前，数代皆为布衣，此后至司马光，父祖皆为进士出身，他属于仕宦出身的第三代。

父亲司马池，字和中，幼年丧父，矢志于读书入仕。真宗景德二年（1005），司马池进士及第，做过几任地方官。天禧三年（1019）三月调郑州防御判官、知光山县事[5]。当年十月，次子出生，父亲给他起了个名字，叫司马光。

司马光幼承庭训，青少年时代随在河南、陕西、山西等地为官的父亲生活。六岁开始读书识字，生性颖悟，记忆力强，对于理解历史有天赋。他发愤读书，圆木警枕，《宋史》本传说他，“于物澹然无所好，于学无所不通”。仁宗景祐五年（1038），年甫二十，考中进士甲科，便从此步入仕途。

他最初任华州判官，为了与在杭州做官的父亲比较接近，获准调任苏州判官。但是，由于1039年母亲去世，接着1041年父亲去世，司马光丁忧去职，并未能去苏州莅任。至1044年丁忧期满，司马光再度出仕，签书武成军（治所在今山东）节度判官事，次年改知丰城县事。

仁宗庆历六年（1046），司马光被征召到朝廷任国子直讲，本官亦迁大理评事，寻改大理丞。从此直到1054年离开开封，他在首都任职前后有八年。这期间，父执庞籍（988—1063）出任枢密副使。庞籍在与司马池交往的时候就很欣赏司马光的才华，因而推荐他召试馆阁校勘，同知太常礼院；迁殿中丞，充史馆检讨，修日历，加集贤校理等职。司马光历任的这些馆职选拔很严，是北宋士人仕途生涯中令人羡慕的清要之选。

司马光仕途的第二个阶段，也与庞籍有关。1054年，庞籍出知郓州，再迁并州，皆辟司马光通判州事。在并州通判任上，司马光提出对咄咄逼人的西夏采取强硬措施，经济上断绝互市，军事上修筑城堡。可是，有边将肇起事端，轻率出兵进击，被西夏打败。司马光主动将责任揽归自己，最后庞籍作为边帅承担了首责。这次强硬的边防政策失利，也许对司马光后来在对外关系上偏向保守态度有一定影响。

司马光再次到中央任职是1057年[⑥]，几近不惑之年。他先转官太常博士，再转祠部员外郎，直秘阁，判吏部南曹；后又差遣为开封府推官，赐五品服。此后，他在首都地区工作多年，历迁度支员外郎，判三司句院，修起居注，后判礼部，又迁起居舍人，同知谏院。有大量机会直接接触皇帝，特别是担任了天章阁待制兼侍讲后，得陪伴皇帝，深入交流。

司马光这两段中央任职，第一阶段是馆职，第二阶段是谏职。馆职是检讨文史，增益学问，对于酷爱读书的司马光来说，是如鱼得水；谏职是对军国大政向国君提不同意见，范仲淹曾任谏职，其《灵乌赋》有“宁鸣而死，不默而生”之句。北宋谏职素来咄咄逼人，司马光担任谏官长达五年，对于许多军国大事，都提出过自己的犀利看法。

司马光仕宦生涯经历了仁宗、英宗、神宗、哲宗四朝，十一世纪前中期既是北宋王朝的鼎盛时期，也是政治上的多事之秋。仁宗赵祯（1010—1063）无子嗣，1035年，抱养了年仅4岁的濮王赵允让之子，即后来的英宗赵曙（1032—1067）。四年之后由于苗妃（苗妃是仁宗乳母许氏之女）为仁宗生了儿子赵昕，这是苗妃的第二胎（头胎为长女福康公主），赵曙又被送出宫回到生父身边。这是1039年，赵曙8岁，处在懂事又不全懂事的年龄，送入宫又送出宫，心中的憋屈可以想见。

1043年，5岁的赵昕夭折。这时仁宗年仅33岁，虽说膝下无子，但难保哪一个妃嫔还会生出儿子来。这样赵曙入宫的事就搁下了。直到至和三年（1056），仁宗身体健康出了问题，谏官范镇（1007—1088）首发其议，建议早立子嗣。范镇是司马光终生的忘年密友，两人的政治见解相契，时任并州通判的司马光也三次上书，论及早立太子。及任谏职，司马光更是当面向仁宗提出其事。嘉祐七年（1062）八月初四，赵曙被立为太子。半年后，仁宗驾崩，英宗赵曙继位。这一次政治上的正确行动，对于司马光后来的仕途生涯有积极的促进作用。

在英宗朝（1063—1067），司马光继续担任谏职，贴职升任龙图阁直学士⑦。但是，英宗对于司马光的谏言大多听而不纳。1065年，司马光力辞谏职获准，开始自家编纂《通志》（即《资治通鉴》前名）。神宗即位，任命司马光为翰林学士，充侍讲学士。神宗启用王安石变法，司马光持反对立场，主动要求到洛阳专职修史，长达十五年之久。尽管这期间他一直就变法之事发表批评意见，但是，编纂《资治通鉴》是他当时的主业。

1085年4月，宋神宗驾崩，年幼的哲宗即位，太皇太后高氏（英宗的皇后）垂帘听政，立即召回司马光主持朝政，一年多以后，司马光去世，葬于山西夏县城北十五公里鸣冈。

二、《资治通鉴》的成书与史源

编写《资治通鉴》这样的杰出史学著作，需要史学、史才、史识、史德。司马光学富五车，尤其具有历史癖。孩童时代，他听人讲《左传》，就很入迷。他自己说，独于前史，粗尝尽心，自幼至老，嗜之不厌。

（一）《资治通鉴》的编纂经过

司马光对历史学的爱好，自幼而然，方始七岁，闻讲《春秋左氏传》，就流连忘返，得其要旨而退为家人讲述大略，从此手不释卷。根据门生刘恕《通鉴外纪》的“自序”，司马光在仁宗嘉祐末年就有编纂战国至五代历史的初衷：

> 嘉祐中，公尝谓恕曰：春秋之后，迄今千余年，《史记》至《五代史》一千五百卷，诸生历年莫能竟其篇第，毕世不暇举其大略，厌烦趋易，行将泯绝。予欲托始于周威烈王命韩、魏、赵为诸侯，下讫

五代，因丘明编年之体，仿荀悦简要之文，网罗众说，成一家书。[⑧]

司马光对刘恕说这番话的时候，可能已经动手写作。但是，这项工作却不是私家独力可以完成的，必须寻求朝廷的支持。

为此，司马光曾经做了许多必要的前期工作。他曾经编写《历年图》一书，“上自周威烈王二十三年（前 403），下尽周世宗显德六年（959），略举每年大事，编次为图，年为一行，六十行为一重，五重为一卷，凡一千三百六十二年，共成五卷”[⑨]。显然，这部《历年图》其实就是日后司马光编纂《资治通鉴》的提纲。此外，司马光的传世作品还有一本《稽古录》二十卷。前十卷写到周灵王二十七年（前 545）。卷十一从周景王元年（前 544），到秦朝赵高被杀。其后九卷写到宋英宗治平四年（1067）。是一部贯古通今的通史。其书上呈朝廷虽然是在元祐元年（1086），但是，其编纂则经历了漫长的过程。总之，司马光编纂《资治通鉴》前后，还亲自撰写了一部首尾一贯的简明中国通史。

在编写这套“简明中国通史”的同时，司马光已经开始了《通志》的写作。英宗治平三年（1066），司马光献上自己撰写的八卷本《通志》，记载周威烈王二十三年至秦二世而亡的历史。其中，周纪五卷、秦纪三卷，与现在的《资治通鉴》的分卷一致，这应该就是《通鉴》最初的稿子。这八卷内容，当是在《历年图》中的战国和秦朝这部分提纲的基础上增补完成的[⑩]。司马光把《通志》献给英宗皇帝，得到赞赏。英宗感念司马光对于自己被立为皇嗣的支持，政治上不用司马光，但满足了司马光编纂史书的愿望。英宗下诏于崇文院设置修史局，编写《历代君臣事迹》一书。由司马光牵头，他可以自己挑选人员，官府负责拨给经费，可以借用馆阁藏书。皇帝想让司马光把精力放在编修《资治通鉴》上，而司马光心中也一直有一个接续《春秋左氏传》编撰编年体通史的梦想。作为政治家的司马光没有得到皇帝的赞赏，作为史学家的司马光却得到了皇帝的重视。

治平四年（1067）初，英宗驾崩，神宗即位，继续支持司马光的编纂工作。神宗在阅读了司马光的部分初稿后，赞赏不已，以其鉴于往事，有资于治道，特赐名《资治通鉴》，并把自己作端王时府中数千卷藏书也赐给书局，供编修时使用。神宗还提前写了《序》文[11]，当面交给司马光。这也是对司马光的一种鼓励和安抚。

在政治操作上，神宗皇帝更看重王安石，而不是司马光。这一点与乃父英宗没有区别。神宗即位伊始，任命司马光为翰林学士，因为与主持“熙宁变法”的王安石意见不合，司马光辞去了在朝廷的职务，要求专门出外修史，得到了神宗的批准。至此，一项为皇家支持的巨大文化工程得以全面展开。

大体说来，从英宗治平三年（1066）四月，到神宗熙宁三年（1070）九月，司马光居朝主持编纂工作，完成了汉魏时期七十卷，加上此前自家修撰的周秦八卷，共七十八卷，此后迁居外地担任闲职期间的编纂工作[12]，皆以书局自随，至元丰七年（1084）十二月结束，完成晋至隋唐五代二百十六卷。

司马光的修史班子有刘恕（1032—1078）、刘攽（1023—1089）、范祖禹（1041—1098）以及司马康（1050—1090）等人。这些人在对北宋时政的看法上，与司马光高度一致。当时的工作程序是，先立“丛目”，估计司马光的《历年图》对此起到了指引的作用。《丛目》与《历年图》的纲要性质不同在于，《丛目》是带有史料出处性质的资料汇聚，比如范祖禹编纂唐史部分的《丛目》，司马光指示说：

梦得今来所作《丛目》，方是将《实录》事目标出，其《实录》中事应移在前后者，必已注于逐事下讫。（假如《实录》贞观二十三年李靖薨，其下始有靖传。传中自锁告变事，须注在隋义宁元年唐公起兵时；破萧铣事，须注在武德四年灭铣时；斩辅公祏，须注在七年平江东时；擒颉利，须注在贞观四年破突厥时。他皆效此。）自《旧唐书》以下俱未曾附注，如何遽可作《长编》也？请且将新、旧《唐书》纪、志、传及《统纪补录》并诸家传记小说，以至诸人文集稍干时事者，皆须依年月注所出篇卷于逐事之下。《实录》所无者，亦须依年月日添附。无日者，附于其月之下，称是月；无月者，附于其年之下，称是岁；无年者，附于其事之首尾。⑬

可见，正如“丛目”二字所示，一是史料之丛编，二是事目之清晰。

在《丛目》的指引下，助手们广泛搜集资料，汇集为“长编”；助手们的具体分工是，刘攽（字贡父）负责汉魏三国部分；刘恕（字道原）负责晋南北朝隋代部分；范祖禹（字淳甫，又字梦得）负责唐代部分⑭，五代部分则由刘恕等负责⑮。司马光的儿子司马康担任部分校勘和协助工作。参加校勘的还有黄庭坚等。

最后司马光删削长编，编撰定稿。长编与定稿之间，还有一个对史实的歧异记载进行考订的程序，其成果是“考异”三十卷。关于定稿，司马光这样说：

某自到洛以来，专以修《资治通鉴》为事，于今八年，仅了得晋宋齐梁陈隋六代以来奏御。唐文字尤多，托范梦得将诸书依年月编次为草卷，每四丈截为一卷。自课三日删一卷，有事故妨废则追补。自前秋始删，至今已二百余卷，至大历末年耳。向后卷数，又须倍此，共计不减六七百卷，更须三年，方可粗成编。又须细删，所存不过数十卷而已。⑯

从司马光给宋敏求（1019—1079）写的这封信中，我们可以看出，

《丛目》到司马光定稿，乃是一个非常艰苦的过程，不仅是数百卷删减成数十卷的问题，而且是取舍之间还有判断、撮要、改写的过程。司马光之所以与宋敏求谈及此事，是因为宋敏求的著作是《资治通鉴》唐代部分的重要史源。宋敏求编著有《唐大诏令集》《长安志》《春明退朝录》，特别是补修了唐末六帝实录，即唐武宗、宣宗、懿宗、僖宗、昭宗、哀宗实录共一百四十八卷，号为《续唐录》。宋敏求还是《新唐书》编修者之一。宋与司马光同年，情好意合，他的工作无疑对司马光编纂《资治通鉴》具有重要价值[17]。

（二）关于《资治通鉴》史源问题

讨论《资治通鉴》的史源，主要是两个问题，一个是司马光尽量扩大史料搜集范围，二是司马光的取舍原则。前者是扩充，后者是删削。从史料搜集范围而言，司马光《考异》中提到的书籍根据最新统计达到355种[18]。这并不是全部的参考书目，只是需要考辨记载差异的时候才提及的书籍而已。就传世的资料而言，司马光不可能全部采纳，有一个“删削冗长，举撮机要”的工作。比如，三家分晋这一段，关于赵简子立无恤为嗣的问题，《史记》卷四十三《赵世家》提到考验诸子，寻找在常山之上所藏宝符事：

> 姑布子卿见简子，简子遍召诸子相之。子卿曰：“无为将军者。”简子曰：“赵氏其灭乎？”子卿曰：“吾尝见一子于路，殆君之子也。”简子召子毋恤。毋恤至，则子卿起曰：“此真将军矣！”简子曰：“此其母贱，翟婢也，奚道贵哉？”子卿曰：“天所授，虽贱必贵。”自是之后，简子尽召诸子与语，毋恤最贤。简子乃告诸子曰：“吾藏宝符于常山上，先得者赏。”诸子驰之常山上，求，无所得。毋恤还，曰：“已得符矣。”简子曰：“奏之。”毋恤曰：“从常山上临代，代可取也。”简子于是知毋恤果贤，乃废太子伯鲁，而以毋恤为太子。

此事《资治通鉴》不取。《资治通鉴》卷一记述的是赵简子以训诫之词书于竹简，考验伯鲁和无恤：

> 赵简子之子，长曰伯鲁，幼曰无恤。将置后，不知所立，乃书训戒之辞于二简，以授二子曰："谨识之。"三年而问之，伯鲁不能举其辞，求其简，已失之矣。问无恤，诵其辞甚习，求其简，出诸袖中而奏之。于是简子以无恤为贤，立以为后。

此事在《史记》《国语》《战国策》中不记，显然是司马光扩大史源的结果。取还是不取，取决于司马光的价值判断，或者说他最想传达的信息。常山宝符一事显示的是赵无恤聪明过人，有军事眼光；训诫之词一事说明的是赵无恤谦谨过人，为人持重。

《资治通鉴》重点记述有关治国理政、修齐治平的历史经验与教训，重点关注政治与军事以及经济事件，纯粹的文人辞藻一般不取，李白、杜甫亦不入眼帘。相反，陆贽《陆宣公奏议》、李绛《李相国论事集》则大段记述，甚至《邺侯家传》对于神秘人物李泌的记载也不忍割爱，杜牧《战论》《守论》《罪言》更是整段抄录。所有这些取舍，都体现了司马光经世致用的史学诉求[19]。

有些材料的取舍，则出于其他原因。比如《资治通鉴》不载屈原事迹的问题，南宋以来就有学者进行针砭和讨论[20]。笔者认为，由于前八卷是司马光在成立修史班子之前撰写的稿子，并不像后来有丛目、长编、考异、定稿这一套复杂的程序。《资治通鉴》前八卷近两百年记事，只有五条无关痛痒的考异文字。但是从《资治通鉴》卷九开始，高帝元年（前 206）"冬，十月，沛公至霸上"，其下有了一个"考异曰"，结论是，"今从之，十月，不言五星聚"。仅高帝朝十二年记事中就有十条考异，比重明显增多。这不仅是因为史料的复杂性增加，而且与集体分工模式、编纂程序有关。屈原的事迹应该出现在第三卷的位置，有关事件在《史记》的《楚世家》和《屈原列传》中并不一致，司马光很可能从史料的一致性出发，作了简化处理。这八卷是司马光当初呈送给英宗看后得到充分肯定的稿子，无需也不便重新修订。

有学者在研究《资治通鉴》卷六十七至卷九十三有关汉赵国史时，究其史源与正史及《太平御览》等类书相关部分对勘，发现有《通鉴》资料误植现象，但是，《通鉴》独有而《晋书》等他史未见之史料，有可能是当时尚存而今已散佚的史源，十分珍贵。也不乏正史《晋书》错误而《通鉴》书写正确的事例[21]。

（三）关于《资治通鉴》纪年问题

《资治通鉴》是编年体，按照年代编纂史实。其纪年方式比较特别，以开首为例：

> 卷第一，周纪一，起著雍摄提格（戊寅），尽玄黓（yì）困敦（壬子），凡三十五年。

《资治通鉴》一共分二百九十四卷，卷一至卷五是周代历史，谓之“周纪”，从周纪一到周纪五。其后的“起著雍摄提格（戊寅），尽玄黓困敦（壬子），凡三十五年”中的“起”“尽”是记事起始与终止之意。至于“著雍摄提格”“玄黓困敦”，则是一种干支纪年方式，只是这些干支符号采取了《尔雅·释天》中的特殊名称：

> 大岁在甲曰阏逢，在乙曰旃蒙，在丙曰柔兆，在丁曰强圉，在戊曰著雍，在己曰屠维，在庚曰上章，在辛曰重光，在壬曰玄黓，在癸曰昭阳。岁阳。
>
> 大岁在寅曰摄提格，在卯曰单阏，在辰曰执徐，在巳曰大荒落，

在午曰敦牂，在未曰协洽，在申曰涒滩，在酉曰作噩，在戌曰阉茂，在亥曰大渊献，在子曰困敦，在丑曰赤奋若。

载，岁也。夏曰岁，商曰祀，周曰年，唐虞曰载。岁名。[22]

可见，甲乙至壬癸等十天干、寅卯至子丑等十二地支，都各有雅称，司马光采用了这个比较优雅的方式纪年，著雍摄提格就是著雍（戊）、摄提格（寅），玄黓困敦就是玄黓（壬）、困敦（子），从戊寅年到壬子年，共三十五年。

不同的史源被搜集之后，按照年、月、日编排出顺序，日期不清的附于其月之末，称“是月”，月份不明的附记于其年之末，称“是年”。无年可纪者，附于其事之首尾。吴玉贵《〈资治通鉴〉疑年录》考证出《汉纪》以下888条错误，分“误讹”“误衍”“误夺”“失次”“窜乱”“违例”等类别，具有参考价值。

《资治通鉴》还要处理的一个纪年问题是分裂时代何为正统的问题。司马光贯彻了一统和务实的书写原则。所谓一统，就是说只有一个正统，一个中央政权，同时，也考虑前后王朝的接续。战国部分以周天子纪年，前256年东周灭亡，次年开始则以秦纪年，因为接下来是秦朝。前206年十月，刘邦入咸阳，秦朝灭亡，此后刘项争天下，则以汉纪年。这一点与司马迁将项羽列为本纪的意图有所不同。三国时期以魏纪年，五胡十六国以晋纪年，南北朝时期以接续东晋的南朝纪年，直到公元589年隋朝统一，即使581年隋朝已经立国。五代时期，以中原梁、唐、晋、汉、周纪年。

比较后来的若干编年史著作，《资治通鉴》的纪年最理性客观。朱熹《通鉴纲目》以刘备为正统，这种纪年方式反映了南宋朝廷对于刘备继承东汉在成都建立政权，有一份同情之了解。清朝人编纂的《纲鉴易知录》，与《通鉴》以华夏政权的南朝为正统不同，《纲鉴易知录》在南北朝部分改以干支纪年，反映了清朝史家不愿意委屈北方少数民族建立的政权的考量。

三、历史地位与学术价值

从司马光受命编纂《资治通鉴》以及所设定的程序可以看出，司马光的雄心有两个，一是编纂一部给君王提供借鉴的政治教科书，另一个是编纂一部翔实可信的中国通史，后面一点可以从其《通志》这个最初的朴实书名中看出来。四库馆臣评价说，《资治通鉴》一书，网罗宏富，体大思精。假如司马光编纂《资治通鉴》的目标仅停留在“资治”这一点上，他完全没有必要写这么大的篇幅，朱熹的《通鉴纲目》就是浸润了政治诉求的教科书，更未必要那么烦琐的考证。

陈垣先生说，《通鉴》书法，不尽关褒贬，除了“臣光曰”抒发胸襟，“余则据事直书，使人随其时地之异而评其得失，以为鉴戒”[23]。笔者在阅读《资治通鉴》的过程中，也有与陈垣先生相同的感觉，即司马光本人的思想旨趣是一回事，司马光记载的历史事件本身透露的思想观点是另外一回事，这是两个既有联系又有重大区别的问题。但是，这两个既有交织又有冲突的诉求，构成了司马光编纂《资治通鉴》的基本动力。

司马光有十分丰富的从政经历，从地方到中央，从南国到北陲，从馆阁、谏诤之职，到主持地方政务之任，面临过很多复杂的政治、军事和社会问题。司马光又是一个有深厚学术修养的史学家，他在从政之暇，写过很多历史评论文章，《司马光集》卷七十、七十一收录了十七篇，《四豪论》论战国四公子，与《资治通鉴》战国部分的论述基调一致；《才德论》与《资治通鉴》卷一开篇对于智伯的评论类似。司马光不仅希望“致君尧舜上，再使风俗淳”，而且有很深的历史癖，他甚至认为自己凡事皆不如人，独于诸史，粗尝尽心，“自幼至老，嗜之不厌”。司马光自己说过："臣今所述，止欲叙国家之兴衰，著生民之休戚，使观者自择其善恶得失，以为劝戒，非若《春秋》立褒贬之法，拨乱世反诸正也。"[24]从司马光当初发心编纂《通志》，到获得英宗支持设置史局编书，以及后来神宗赐名《资治通鉴》继续编纂工作，司马光编书的思路、宗旨，一直受到资治性和学术性这两条线索的支撑。我们阅读《资治通鉴》，也要明白作者这两种写作旨趣。

（一）《资治通鉴》编纂与王安石变法

熙宁三年（1070）九月，司马光离开朝廷之前，担任翰林学士兼侍读学士等职，此期间，司马光还要到迩英阁侍讲，内容就包括讲读《资治通鉴》。以下是司马光自己的"日记"所述[25]：

熙宁二年（1069）十一月庚辰，神宗御迩英阁，司马光读《资治通鉴》至汉曹参代萧何事，曰："参以无事镇抚海内，得守成之道，故孝惠、高后时，天下晏然，衣食滋殖。"神宗说："使汉常守萧何之法，久而不变，可乎？"司马光回答说："何独汉也！……苟能常守禹、汤、文、武之法，何衰乱之有乎？"[26]

熙宁三年，翰林学士司马光读《资治通鉴》至贾山上书[27]，因言从谏之美、拒谏之祸。帝曰："舜堲（jí）谗说殄行。若台谏欺罔为谗，安得不黜！"及退，帝留光，谓曰："吕公著言藩镇欲兴晋阳之甲，岂非谗说殄行？"光曰："公著平居与侪辈言，犹三思而发，何故上前轻发乃尔？外人多疑其不然。"帝曰："今天下汹汹者，孙叔敖所谓'国之有是，众之所恶也'。"光曰："然。陛下当察其是非，然后守之。今条例司所为，独安石、韩绛、吕惠卿以为是，天下皆以为非也。陛下岂能独与此三人共为天下邪？"

光又读至张释之论啬夫利口[28]，曰："孔子称恶利口之覆邦家者。夫利口何至覆邦家？盖其人能以是为非，以非为是，以贤为不肖，以不肖为贤。人主信用其言，则邦家之覆，诚不难矣。"时吕惠卿在座，光所论，专指惠卿也[29]。

司马光在讲读过程中，针砭当代变法事件，试图影响当朝皇帝的政治观点。但总体看来，神宗并没有受到影响。他的这种主观诉求会不会投射到司马光的编纂中去呢?

张煦侯《通鉴学》曾根据《资治通鉴》每卷题衔判断成书时间，西汉部分三十一卷，乃翰林学士时所上；东汉二十九卷乃翰林学士兼侍读学士时所上，当在 1067 年前后，此时宋神宗重用王安石的变法活动，还没开始。因此，《资治通鉴·汉纪》部分不存在针对王安石变法而掺入主观意志的问题。《魏纪》十卷题衔为翰林学士兼侍读学士，应该是熙宁三年（1070）九月出知永兴军之前所进。其编纂时期也恰好是司马光在朝廷与王安石为同事，双方发生激烈冲突的时候。这种情绪在上述讲授《资治通鉴》的过程中也可以察知。我们无法从《魏纪》中发现司马光有牵强附会攻击变法的事例。

《资治通鉴》的编纂之所以比较客观，不能仅从司马光本人的道德文章来判断，还因为司马光没有这个压力与需求。一般后代为前朝修撰正史，难免有拉抬本朝、贬低前朝的政治动机。司马光的这部通史，则不存在这样的需求。除了前八卷之外，《资治通鉴》汉唐及五代部分的史料搜集，即《长编》的编纂都来自写作团队，司马光只是在他们搜集的史料基础上进行整理、剪裁、加工。《考异》三十卷，记录作者史料取舍的理由，因此，我们对于《资治通鉴》记载的客观真实性是无可怀疑的。换句话说，即使司马光有自己的政治态度，但是，扭曲史料和事实来为自己的政治立场服务，不仅违背司马光的史学良知，也因为编纂程序限制，很难上下其手。这是我们读《资治通鉴》应有的认知。

（二）司马光的政见与历史书写

当然，从司马光编纂《资治通鉴》开始，该书就是历代帝王的政治教科书。因此，在治国理政、修齐治平上，司马光尤其会重点记述。这一点首先体现在他数以百计的“臣光曰”上。在司马光想对史实直接发表看法的时候，他会用“臣光曰”直抒胸臆，有时也因袭《史记》《汉书》或者其他人的评论，比如卷一对于智伯覆亡的评论，直接指出其才胜于德；卷一百二十对于刘宋皇室内部的腐败，引南朝著名史学家裴子野（469—530）的一段评论，大谈皇子教育的重要性[30]。

《资治通鉴》的指导思想在于“资治”二字。司马光希望通过对历史兴衰的记述，总结历代帝王治国安邦的经验教训，以便为包括皇帝在内的读者吸取历史经验教训服务。其中最突出的有两点：第一，特别强调领导者的历史责任感和使命感，人君的才能、素质和品质对于国家兴衰的重大影响！第二，反复强调治国之道关键在于用人的道理，提出了一系列如何选拔人才、用好人才的思想。

我们常说，“天下兴亡，匹夫有责”！这一点固然没错，但司马光更强调“人君”尤其要对家国兴亡负主要历史责任！人君如何担负起治国安邦的重任呢？司马光认为关键是要“修心”。所谓“修心”包括三个方面的内容，即“一曰仁，二曰明，三曰武”。领导者（人君）“三者兼备则国治强。阙一焉则衰，阙二焉则危，三者无一焉则亡”[31]。

司马光的《稽古录》卷十六把人君分成五种情况：一种为创业之君，智勇冠群；第二为守成之君，中等才能，而能够自我修为；第三为陵夷之君，中等才能，但不能自修；还有一种是中兴之君，才能过人且善自强；最后一种是乱亡之君，下愚而不可改移者。简单地说，司马光认为历史上的君王，可以划分为创业者、守成者、乱亡者；介于守成与乱亡之间的还有两种人，中衰者（陵夷之君）和中兴者。《资治通鉴》描写了众多帝王五种不同的众生相。

那么，治国之要又是什么呢？司马光说：“治国之要亦有三：一曰官人，二曰信赏，三曰必罚。”[32]如果说，仁、明、武是领导者的内在品质，那么，官人、信赏、必罚则是领导者的治理手段。这些治理手段的一个共同交集点就是“用人”。司马光特别强调用人得失对国家和社会治理的重要性，认为用好人是人君治国的唯一办法。他说：“昔周得微子而革商命，秦得由余而霸西戎，吴得伍员而克强楚，汉得陈平而诛项籍，魏得许攸而破袁绍。”[33]可见人才的向背决定国家的兴衰！

用人首先要知人，司马光把选拔人才放在突出的位置。他说：“为治之要，莫先于用人，而知人之道，圣贤所难也。”圣贤选拔人才也很困难。比如，如果根据毁誉名声来选拔人才，就会出现竞相博取声名而善恶混淆的状况；如果根据考核档案上的政绩来选拔干部，则巧诈横生而真伪相冒。说到底，最根本的解决办法在于领导者“至公至明而已矣”。领导者只要出于公心，明察是非优劣，不以亲疏贵贱或个人喜怒好恶改变自己的判断，就一定能选拔到合适的人才。“欲知治经之士，则视其记览博洽，讲论精通，斯为善治经矣；欲知治狱之士，则视其曲尽情伪，无所冤抑，斯为善治狱矣；欲知治财之士，则视其仓库盈实，百姓富给，斯为善治财矣；欲知治兵之士，则视其战胜攻取，敌人畏服，斯为善治兵矣。至于百官，莫不皆然。”[34]可见，司马光的人才选拔观点对于我们今天的领导者也是很有启发的。

例如，《资治通鉴》记载了刘邦总结他打败项羽的原因，不是因为他比项羽更强大，而是因为手下有一大批人才。项羽有一个范增都不能用，所以导致了失败。为什么强盛的秦朝和隋朝都二世而亡？《资治通鉴》的记载突出了这两个朝代在用人上所犯的严重错误。秦二世偏信赵高，“天下溃叛，不得闻也”；“隋炀帝偏信虞世基，而诸贼攻城剽邑，亦不得知也”[35]。此外，他还强调用人要赏罚分明：“夫有功不赏，有罪不诛，虽尧、舜不能为治，况他人乎！”[36]又说用人的前提是要充分信任人：“疑则勿任，任则勿疑。”[37]

唐文宗太和年间，文宗与宰相讨论如何致天下太平，牛僧孺说“太平无象”，现在就是天下太平。司马光发表评论，予以谴责：

臣光曰：君明臣忠，上令下从，俊良在位，佞邪黜远，礼修乐举，刑清政平，奸宄消伏，兵革偃戢，诸侯顺附，四夷怀服，时和年丰，家给人足，此太平之象也。于斯之时，阍寺专权，胁君于内，弗能远也；藩镇阻兵，陵慢于外，弗能制也；士卒杀逐主帅，拒命自立，弗能诘也；军旅岁兴，赋敛日急，骨血纵横于原野，杼轴空竭于里闾，而僧孺谓之太平，不亦诬乎！当文宗求治之时，僧孺任居承弼，进则偷安取容以窃位，退则欺君诬世以盗名，罪孰大焉！[38]

是非显而易见，司马光批评牛僧孺尸位素餐，欺君诬世，罪大恶极。

但是，对于某些具体事件的评论，有时也投射了司马光在北宋政争中的立场。文宗时，吐蕃大将悉怛谋以维州归降，这是西川节度使李德裕经营策反的结果，宰相牛僧孺却以与吐蕃媾和要诚信为由，说服文宗迫令李德裕交还吐蕃降将以及西山等处要塞。李德裕恨得咬牙，但只得遵令。唐武宗会昌时李德裕为相，又言及此事，司马光于此发表“臣光曰”，完全站在牛僧孺的立场上，批评李德裕贪而无信。胡三省看出了司马光持此立场的缘由：“元祐之初，弃米脂等四寨以与西夏，盖当时国论大指如此。”此指米脂（今陕西米脂）、葭芦（今陕西佳县）、安疆（今甘肃华池东）、浮图（又名克戎寨，距今佳县城南约 20 公里）四寨之地，这些边塞的攻取，都是变法派军事上的胜利，司马光哲宗元祐初主政，将这些地方归还给西夏，颇类似于维州归还吐蕃情况。

但是，司马光的《资治通鉴》此时早已封笔杀青。换言之，弃地于西夏之事在后，评论李德裕维州事在前，不存在司马光为了迎合现实而曲笔的问题。但是，这段评论却充分反映了司马光对北宋政治的既有立场。也就是说，在变法派夺取米脂四寨之前，他已经对此类行动持反对立场了。

（三）《资治通鉴》体现的历史智慧

《资治通鉴》作为一部重点讨论政治史和军事史的史书，其中所蕴含的领导智慧，绝不是不切实际的纸上谈兵。毛泽东称赞说，《通鉴》写战争，神采飞扬，传神得很，充满了辩证法。用兵尚权，所谓充满了辩证法，就是不搞教条，在解决复杂问题时，“行权立断”，应该有随机应变的灵活而果断的决策能力，驾驭复杂问题的谋略和操作技巧。

东汉末年，何进在袁绍的鼓动下，要诛杀全部宦官，遭到妹妹何太后的反对。何进暗中怂恿董卓等军阀进京来逼太后让步。对此，陈琳很不以为然，因为这样虽然表面上没有违背太后的懿旨，实际上却是用军阀来胁迫太后同意诛灭宦官。何必绕这么大的圈子呢？他说：“但当速发雷霆，行权立断，违经合道，天人顺之。”（《三国志·魏书·王粲传》）《资治通鉴》写作“行权立断，则天人顺之”。陈琳的意思是你军权在握，先把宦官办了，然后再慢慢与太后解释。这是符合民心、符合天意（符合大道）的事情，为什么找外军入京胁迫太后呢？这不是自欺欺人吗？外兵入京，你能掌控这个局面吗？

这一段话，涉及中国古代政治智慧中的“守经”与“行权”的问题。这个问题的哲学基础，唐人赵蕤的《长短经》里有系统的讨论。其主要观点是说，世界上没有绝对的真理，没有永恒不变的治国理论和方针。王道、霸道、强国之道，都是为了构建一种治理秩序，因时势的需要而改变。不可以认为有一种永恒不变的治理模式或处事方式。如果片面“守经”，很可能胶柱鼓瑟，犯了教条主义、本本主义的错误。

军师庞统建议刘备入蜀，径取益州，刘备犹豫地说，现在我全靠与曹操反向操作，才有立身之地，治民理政，“操以急，吾以宽；操以暴，吾以仁；操以谲，吾以忠。每与操反，事乃可成耳。今以小利而失信义于天下，奈何？”庞统就说：大乱之时，治民理政，“固非一道所能定也”（《资治通鉴》卷六十六）。意思是，宽与急、刚与柔，要变通运用。

其实这是《资治通鉴》的一种价值观。不过这种价值观被司马光包装在儒家的"政治正确"里面，曾国藩独具智眼，看出来了，他说："窃以先哲经世之书，莫善于司马文正公《资治通鉴》，其论古皆折衷至当，开拓心胸。……能穷物之理，执圣之权；又好叙兵事所以得失之由，脉络分明。"（《曾国藩全集·书札》卷六《与罗少村》）就是说，我们读《资治通鉴》，不光读它"正"这一面——大仁大义、社会责任，还读它"奇"这一面。兵家讲用奇，以正治国、以奇用兵。

如果说修心之要三"仁、明、武"、治国之要三"官人、信赏、必罚"，重点要求领导者修炼内圣外王的领导资质，那么，"穷物之理，执圣之权"，是一种很深刻老到的实践型政治智慧，是有丰富实际政治经验人的心得之谈。诸如改革中的刚性与柔性，人生职场上的进与退，军事斗争中的奇与正，权力平衡中的轻与重，驾驭部属中的宽与严，政治生涯中的方与圆，都不是"纸上谈兵"可以领悟的。仰望星空，脚踏实地，《资治通鉴》在推崇大道的同时，不乏权变、谋略与辩证法的智慧，这也是它值得细品的原因所在。

王夫之（1619—1692）《读通鉴论》是最全面的一部《资治通鉴》评论性著作，对于史实与史法都有精深的讨论。卷末的《叙论》谈到其撰写宗旨，也谈到其对如何阅读《资治通鉴》的看法。如其中有一段文字云："旨深哉！司马氏之名是编也。曰'资治'者，非知治知乱而已也，所以为力行求治之资也。"也就是说，不光是知道历史的治乱兴衰，还有作为实践的指南。

但是，历史与现实毕竟是有区别的，"夫治之所资，法之所善者也。善于彼者，未必其善于此也"。关键是我们要用"心"（深思熟虑）去体察古今之时宜与事势。"以心驭政，则凡政皆可以宜民，莫匪治之资；而善取资者，变通以成乎可久。"

在这里，对古人的作为要有同情的了解，对古人的谋略要有换位思考的情怀，“设身于古之时势，为己之所躬逢；研虑于古之谋为，为己之所身任”。把自己放在历史的场景中去学习历史的智慧，“取古人宗社之安危，代为之忧患，而己之去危以即安者在矣；取古昔民情之利病，代为之斟酌，而今之兴利以除害者在矣”。这样，古人的“得可资，失亦可资也”；古今之“同可资，异亦可资也”。

我们说历史是一面镜子，镜子挂在墙上，可以照见我们的衣冠颜容，“顾衣冠之整，瞻视之尊”，但是，如何整衣冠，如何尊瞻视，镜子本身是无能为力的，“鉴（镜子）岂能为功于我哉”！历史的经验只有通过我们内心的消化，“其得也，必思易其迹而何以亦得；其失也，必思就其偏而何以救失；乃可为治之资”[39]。

通过王夫之这番梳理，我们至少可以得出两点认识：第一，《资治通鉴》是一部记载历史上家国兴衰、治乱得失的书；第二，《资治通鉴》中的历史叙述，并不会提供直接的解决问题的方案，需要我们根据自己所处的时势、条件加以分析判断。由此看来，司马光的“臣光曰”只是他自己的一种分析判断，我们后人读《资治通鉴》不应该照搬司马光的判断。这是我们在阅读《资治通鉴》的时候需要明白的。

总之，《资治通鉴》的历史鉴戒功能，首先来自历史本身的特性。其次，则是司马光严谨治学所带来的信实记载。

尤其需要指出的是，司马光通常不走到历史的前台，指手画脚地讲解历史的智慧。他更多的是通过历史书写，让读者从中体悟其中的智慧。“臣光曰”绝大部分是涉及政治正确和礼义教化之类的内容。毛泽东、曾国藩欣赏的“充满了辩证法”的内容，司马光是不轻易在明面上显露的，需要读者去琢磨。兹举一例。

五代后汉末年，汉隐帝屠杀朝廷托孤之臣，也包括枢密使郭威在开封的家小十几人。郭威本人其时在前线防御契丹，逃过一劫，乃举兵向阙。汉隐帝出逃，被乱兵所杀，郭威入洛，并没有擅自登基，尽管“百官之意”和“军人之意”都有了，他却要议立新帝。而且在太师冯道率百官谒见郭威的时候，“威见，犹拜之，道受拜如平时”。此处司马光作《考异》引《五代史阙文》云：“周祖入京师，百官谒之。周祖见道犹设拜，意道便行推戴；道受拜如平时，徐曰：‘侍中此行不易！’周祖气沮，故禅代之谋稍缓。”司马光对这段记载不以为然，分析说：“按周祖举兵既克京城，所以不即为帝者，盖以汉之宗室崇在河东，信在许州，赟在徐州，若遽代汉，虑三镇举兵以兴复为辞，则中外必有响应者，故阳称辅立宗子。信素庸愚，不足畏忌；赟乃崇子，故迎赟而立之，使两镇息谋，俟其离徐已远，去京稍近，然后并信除之，则三镇去其二矣，然后自立，则所与为敌者唯崇而已。此其谋也，岂冯道受拜之所能沮乎！道之所以受拜如平时者，正欲示器宇凝重耳。”㊵胡三省对司马光的分析持赞赏态度。我们也不能不佩服司马光在取舍材料时的慧眼。司马光的分析也解释了为什么郭威第一次入洛要推戴刘赟（河东节度使刘崇之子），待刘赟离开徐州节度使，郭威再度入洛却接受了黄袍加身的“推戴”。类似这样一些案例，需要读者诸君在阅读中，结合自己的经验去感悟。由于司马光始终把尊道放在优先的位置上，类似郭威这种谋略算计，他不会有金针度人的冲动，只是留待读者去体悟。

总之，《资治通鉴》所记载的时段，包含战国秦汉、魏晋南北朝、隋唐五代时期，这 1362 年的历史，是中华政治文明发展史上的重要时代。它完整地记录了周秦之际的巨大变革，即从分封制走向郡县制的关键时期；虽然百家争鸣、商鞅变法不是《通鉴》记载的重点，但是它却完整地记载了这场波澜壮阔变革的政治背景。秦汉时代奠定了中华文明的基本格局，包括中央集权的大一统政治结构，政府掌控下的商品经济发达的经济特色，以及儒法合流“霸王道杂之”的思想结构，都是在秦汉时期形成的。魏晋南北朝是儒释道既融合又斗争的重要时期，也是民族融合与制度变革的重要阶段。进而隋唐五代出现了东亚文化圈辉煌发展的一个高潮；而汉唐间的文化与制度变革又为宋代以后的历史发展提供了重要条件。总之，《资治通鉴》记载的这一段通史，诚如梁启超所言，是迄今没有任何一部史书所能超越的，从而构成了它不朽的价值。换句话说，要了解中华文明形成和发展的历史，要对这段历史获得一个翔实而又可靠的总体认识，就必须系统阅读《资治通鉴》。

四、版本流传与本书编选

《资治通鉴》的编纂事业得以遂行，并能够流传到今天，有两个关键的时间窗口。

第一个是治平三年（1066）英宗批准设立专门的修书局，次年正月，英宗就驾崩了；治平四年（1067）十月新即位的神宗赐序。另一个是《资治通鉴》修毕，宋神宗元丰七年（1084）十一月，司马光上进书表，得到神宗高度嘉奖；次年三月初七神宗就去世了，当年九月十七日奉旨重行校定，已经是哲宗在位，高太后垂帘听政时期。哲宗元祐元年（1086）四月奉旨下杭州镂版，司马光于同年九月初一去世，并没有看到印刷本。元祐七年（1092）版成。曾刻印若干部，惜今不存。哲宗绍圣（1094—1098）以后，直至徽宗朝蔡京等新党掌权，司马光作为元祐党人之首，受到无情的贬斥，《资治通鉴》也几乎被毁版。幸亏有人指出其前有神宗皇帝的《序》文，才免遭厄运。

（一）《资治通鉴》的版本

南宋高宗绍兴二年（1132）七月初一《资治通鉴》初次刊刻，三年十二月二十日毕工刊造。这就是南宋余姚官刻本，是传世的《资治通鉴》刻本的鼻祖。此后，元明清各朝均有刊刻本。元初在大都（今北京）设立兴文署，刊刻经典，首部就选了胡三省注《资治通鉴》，有王磐序文。但是，兴文署后来并没有刻印《资治通鉴》。王国维《元刊本资治通鉴音注跋》已经对此提出疑问[41]，有学者进一步对王国维的看法进行了详细考证，认为《资治通鉴》这本书唯一的元刊本，就是台州儒学刊印的《胡注〈资治通鉴〉》，王磐序文被移刻于篇首[42]。

元刊胡注本把《通鉴考异》分散在相关原文之下，颇便使用。这个版片明初被征入南京国子监，明版《资治通鉴》就是用旧版重印的。清朝中期，这个版本已经不容易找到。嘉庆二十一年（1816）鄱阳胡克家翻刻元刊胡注本，成为《资治通鉴》最流行的本子。1956年，齐思和、顾颉刚、聂崇岐等标点的《资治通鉴》就是以胡克家复刻的元刊胡注本为底本，进行整理的。

《资治通鉴》作为钦定的皇家史学工程，又有名人司马光主持，出版后即引起学者的广泛重视。李焘《续资治通鉴长编》、袁枢《通鉴纪事本末》、朱熹《资治通鉴纲目》、胡三省《资治通鉴注》，等等，都体现了南宋学者对于《资治通鉴》的膜拜之情。

袁枢（1131—1205），字机仲，建州建安人（今福建建瓯），孝宗隆兴元年（1163）进士，历任严州教授、太府丞兼国史院编修。他的《通鉴纪事本末》四十二卷，约200万字，全书选取《资治通鉴》原文，分门别类，编纂成239个历史事件（附录尚有66事），始于《三家分晋》，终于《周世宗征淮南》。杨万里《通鉴纪事本末叙》赞誉说："是书也，其入《通鉴》之户欤。"由此，袁枢创造了一个修史新体裁"纪事本末体"，按照章学诚的说法，这种体裁的史书，"文省于纪传，事豁于编年"[43]。

司马光在《通鉴》成书之后，就有一个简编的计划，最先是撮其精要之语，别为《目录》三十卷；晚年进而觉得原书太详，《目录》太简，更著《举要历》八十卷以适厥中，未克完成而卒[44]。南宋绍兴初，胡安国（1074—1138）就司马光《举要历》遗稿，撰成《资治通鉴举要补遗》一百卷。根据朱熹（1130—1200）《资治通鉴纲目·序例》的说法，朱熹读了仍然觉得不够提纲挈领，便在司马光《资治通鉴》《资治通鉴目录》

《举要历》以及胡安国《资治通鉴举要补遗》四书的基础上，编撰了《资治通鉴纲目》五十九卷。朱熹对《通鉴》的这种改编，创建了一个纲目体史书体裁，“纲”的部分模仿《春秋》，以大字简叙概括提要，寓褒贬于字斟句酌之中，从义理上纠《通鉴》之失；“目”效法《左传》，以逐条分注叙述史实细节。朱熹自己的说法是，“大纲概举而鉴戒昭矣，众目毕张而几微著矣”[45]。朱熹的《通鉴纲目》生前并没有付梓。嘉定十二年（1219）在真德秀（1178—1235）的主持下，于泉州刊刻。

（二）胡三省注及有关研究状况

胡三省（1230—1302）是宝祐四年（1256）的进士，与文天祥（1236—1283）、谢枋得（1226—1289）是同科进士（文天祥是第一名），宋人称之为同年。胡三省秉承家学，酷爱读史，入仕之初就已经以《通鉴》专家知名。1275年，他被推荐到同为台州老乡的贾似道幕下任职，见其冥顽刚愎，不听正言，乃弃官归乡里。宋亡不仕于元朝，专心注释《资治通鉴》，年逾古稀去世。胡三省《资治通鉴注》中所表现出来的家国情怀、卓识洞见，陈垣先生在《通鉴胡注表微》里有精到的分析。上引序文中那段评价的意义是说，无论什么人，不管是君是臣，还是普通百姓（人子），乃至带兵之将，都应该了解历史，从阅读《资治通鉴》这部大书中寻找知识和智慧，提升治理国家的能力、克敌制胜的本领，以及为人处世的技巧。

胡三省《资治通鉴注》属于另外一种类型的著作。在贾似道当政时期，他已经以《资治通鉴》专家知名于时，著有《资治通鉴广注》九十七卷、著《论》十篇。元军灭亡南宋的过程中，胡三省的家乡明州（今浙江宁波）也遭受兵燹之灾，胡注书稿化为灰烬。人到中年的胡三省决心从头开始，又花了十余年的时间，终于在至元二十三年（1286）完成《资治通鉴音注》，名为音注，实际上注释的内容十分广博。胡三省自己说：“凡纪事之本末，地名之同异，州县之建置离合，制度之沿革损益，悉疏其所以然。”[46]王鸣盛《十七史商権》卷一百由衷地赞叹说：“至胡三省注，始成巨观，可云青出蓝、蓝谢青，《通鉴》之功臣、史学之渊薮矣。”

同时，胡注对于南宋学者史炤所作的《资治通鉴释文》中的舛谬之处，悉数加以改正，成《辩误》十二卷。更重要的是，胡三省在再次作注时，“以《考异》及所注者散入《通鉴》各文之下”，也就是把他自己的注文、辩误以及司马光的《考异》等分散在了《资治通鉴》相关文本的下面，浑然一体。

明清时代的学者，一是编纂了一系列后续之作，比如《续资治通鉴》《明通鉴》等。二是有了一系列的研究注释之作，最知名的有明末学者严衍的《资治通鉴补》[47]。

万历时期秀才严衍，字永思，嘉定人。一生未仕，以隐居教授为业，钱大昕著有《严衍传》。严衍前后用了二十年之力，编著《资治通鉴补》五百卷。严衍把他的工作分为“正谬误”“理紊乱”“整错杂”“删重复”“破拘执”“辩诬枉”“补史断”“补注释”等项（见《资治通鉴补》凡例）。其实，这几项可以归纳为对正文的补正和对注文的补正两个方面。对于《通鉴》正文的补正，一是针对《通鉴》记载简略或失误之处，进行增订或纠正；《通鉴》编次失序的史实，移置到他认为合适的地方。至于注释方面，一是对上述补正作出分注予以说明理由；二是对于与《通鉴》不同的他书记载，广列异说，以为备考；三是对胡三省注文进行纠正或补充。严衍本人在《资治通鉴补》自序中，对于自己的工作颇为自负，说他这样做，“欲求为温公之功臣耳”。由于《通鉴补》篇幅过于庞大，今人冯惠民编《通鉴严补辑要》[48]，颇便翻检。冯氏的《辑要》并没有完全照录，因为严衍所补的有些内容，比如“补隐逸”“补贤媛”“补艺术”之类，也许本来就在司马光修史视野之外，或者是作者删削的内容。这是很有见地的。

明清之际另外一部重要的著作是王夫之的《读通鉴论》，前面已经提到，它是最全面的一部评论《资治通鉴》所记史实的著作。有些评论已经具有一些新的思想意识。比如，他批评东汉“士风矫激”，不完全从道德上来看问题，这一点比赵翼《廿二史札记》强许多。同样是隋唐之际出来造反，王夫之不否定李密、李渊造反的正当性，但他针砭其造反手段、策略的高低。他判断是非的标准，不仅仅从行为的正当性出发，还从成效性来判断。他不否定诛杀独夫的正当性，他强调的是手段和策略是否高明。

近代以来，对《资治通鉴》的研究有两个不同的角度：一个是史学史的角度，一个是政治史的角度。前者涉及的是史著，后者涉及的是史观。

民国时代有崔万秋的《通鉴研究》（商务印书馆，1934年）、张煦侯的《通鉴学》。《通鉴学》写作于二十世纪四十年代，八十年代初出版，2019年再版[49]。从该书的章节目录可以窥见其梗概：第一章《编年史之回溯》言及《春秋》《左传》；第二章《〈通鉴〉编集始末》谈到著述过程与参编人物；第三章《〈通鉴〉之史料及其鉴别》依据《通鉴考异》所引书目分类列举；第四章《〈通鉴〉史学一斑》、第五章《〈通鉴〉之书法》，分别讨论《通鉴》的历史哲学和历史编纂学问题。第六章《〈通鉴〉之枝属与后继》论《资治通鉴》所衍生的各种史书。最后一章评论《通鉴》之得失，并就编年史之改造提出看法。可以说，关于《资治通鉴》编纂学的一些知识性问题，该书提供了比较全面的基础性框架。

陈垣《通鉴胡注表微》最早在1945、1946年《辅仁学报》连载，1962年在中华书局重印。2009年收入商务印书馆的“中华现代学术名著丛书”再版，该书是研究《通鉴》及《通鉴注》的重要参考论著。刘乃和、宋衍申《〈资治通鉴〉丛论》（河南人民出版社，1985年），是一本论文集。此外，还有岑仲勉《通鉴隋唐纪比事质疑》、吴玉贵《〈资治通鉴〉疑年录》（上海古籍出版社，2019年），以及柴德赓《资治通鉴介绍》（中央党校出版社，2010年）、雷家骥《帝王的镜子——〈资治通鉴〉》（中国友谊出版社，2013年）、李全德《〈资治通鉴〉史话》（国家图书馆出版社，2019年）、姜鹏《稽古致治——司马光与〈资治通鉴〉》（上海人民出版社，2019年）等。这些书籍或者考订《资治通鉴》的史实与纪年，或者概论作者及其编纂工作。

为了便于社会大众阅读，近几十年来，陆续有一些“文白对照全译”本《资治通鉴》出版[50]，这些版本一般没有考异和胡注，翻译水平也良莠不齐。此外，还有《柏杨版白话资治通鉴》，则属于参以己意的编译之作。《资治通鉴》选注本更是不胜枚举，比较知名的有王仲荦选注的《资治通鉴选》，是郑天挺主编的《中国史学史资料》选编中的一种[51]。

（三）本书的编写要旨

本书的编选工作，根据丛书的统一要求，分为选文、注释、评论等部分。

选文。依照《资治通鉴》编年顺序选录，并尽量对于各纪的内容都有所甄选。标题是编选者所加。编年体史书的选本，如果没有标题，就无法让读者明了编选内容。此外，编年体史书与其他纪传体史书如《史记》、专书如《史通》不一样，后者的编选或依据人物传记，或依据独立篇章，容易作自然分割。《资治通鉴》很类似于《左传》，《左传》的短篇记事单独成篇，《资治通鉴》也有类似的形式，但比《左传》更为分散，所以，本书各篇都是节选，有的甚至是跨卷节选，这是要说明的。全书共分八编，每编前面有简短的提要，说明编写意图。

录文以中华书局标点本为基础，标点则参以编选者自己的理解。正文中个别文字有版本差异，参考章钰《胡刻通鉴正文校宋记》、绍兴本《资治通鉴》等书酌定取舍，若涉及内容理解会在注释中写明，否则不另出注记。

注释。原则上简明扼要，若原文并无生僻字词，唯需疏通文意方才便于读者理解之处，亦予以注释。并不是所有人名、地名、职官名都出注，依据必要性而定。

评论。包括点评与旁批，都是编写者个人阅读《资治通鉴》的心得。点评不仅是对于所选文本内容的评说，也是对于选文所反映的问题的疏理和通论。旁批部分则随心所欲，或提要钩玄，或评骘得失，不拘一格，要在将编选者的心得写出来，供读者理解选文时参考。

感谢审稿专家提出宝贵意见的同时，还帮助我校正了许多文字错误。几位研究生也帮助统一了注释格式，谨此致谢。

张国刚

2022 年 1 月 29 日于清华园

① 《曾国藩全集·书札》卷六《与罗少村》，中华书局，2018 年，第 5453 页。
② 《新注资治通鉴序》，见《资治通鉴》第 1 册，中华书局，2011 年，第 26 页。
③ 见《苏文忠公全集》卷十六，收入《司马光集》第三册附录一，四川大学出版社，2010 年。
④ 见《东都事略》卷八十七上、下，收入《司马光集》第三册附录一。
⑤ 《宋史》卷二百九十八《司马池传》。
⑥ 清顾栋高《司马太师温国文正公年谱》考证，司马光于 1057 年夏六月已离并州，直言马峦《司马温公年谱》和《长编》俱误。清陈宏谋《宋司马文正公光年谱》也作嘉祐二年（1057）。
⑦ 龙图阁取“龙马负图”之意，是为收纳太宗翰墨御集而建，后逐渐发展为国家图书、档案文书的收藏之所。天章阁除了收藏皇家文物图书之外，还是皇帝与宰相议政之所；此外，接续唐朝的传统，北宋以昭文馆与集贤院、史馆为三馆，分掌藏书、校书与修史。
⑧ 《四库全书·史部·编年类·通鉴外纪》，刘恕《自序》。
⑨ 《司马光集》卷五十一《乞令校定〈资治通鉴〉所写〈稽古录〉札子》，第二册，四川大学出版社，2010 年，第 1078 页。司马光《稽古录》（王瑞来点校），整理前言，上海人民出版社，2022 年，第 4—9 页。
⑩ 参见聂崇岐《资治通鉴和胡注》，收入《宋史丛考》下册，中华书局，1980 年，第 388 页。
⑪ 文字出自北宋文学家王珪手笔。王珪（1019—1085），字禹玉，祖籍成都，迁居舒州（今安徽潜山）。宋仁宗庆历二年（1042）以榜眼高名进士及第，神宗熙宁年间为宰相。
⑫ 司马光从熙宁三年（1070）九月到次年四月以端明殿学士知永兴军（治今陕西西安），约半年左右，改任西京（今河南洛阳）御史台，从此他大多数时间都在洛阳担任闲职，专心修史。
⑬ 见《答范梦得书》，《司马光集·补遗》卷九，第三册，第 1741 页。
⑭ 范祖禹神宗熙宁三年（1070）才入局编书。
⑮ 关于《资治通鉴长编》初稿的分工问题，司马光《答范梦得书》（《司马光集·补遗》卷九）与晁说之《送王性之序》（《景迂生集》卷十七）有冲突，自清季以来，即有不同看法。此处对于诸家有分歧的部分，主要依据上引《答范梦得书》，并综合了诸家意见。刘恕最早入局，其曾一度离开洛阳，后来《资治通鉴》没有完全定稿时就去世了。但是，除了南北朝隋代部分，五代史的《长编》当出自其手。也许最后入局的范祖禹也参与了五代《长编》部分的编纂。参见姜鹏《〈资治通鉴〉长编分修再探》，载《复旦学报》

2006 年第 1 期，第 10—15 页。

⑯《与宋次道书》,《司马光集・补遗》卷九，第三册，第 1755 页。

⑰ 靳亚娟《〈资治通鉴〉唐宣宗时期的史源——兼论宋敏求及其〈宣宗实录〉》，载《文史》2019 年第 4 辑，第 119—153 页；特别是其中第 124—135 页。

⑱ 参见李全德《〈资治通鉴〉史话》，国家图书馆出版社，2019 年，第 81 页及页下注 2。

⑲ 参见顾炎武《日知录》卷二十六《通鉴不载文人》。

⑳ 关于《通鉴》未记屈原问题的讨论，参见姜鹏《稽古致治——司马光与〈资治通鉴〉》，上海人民出版社，2019 年，第 56—67 页。

㉑ 陈勇《〈资治通鉴〉汉赵国事迹考证》，收入氏著《汉赵史论稿——匈奴屠各建国的政治史考察》，商务印书馆，2009 年，第 212—291 页。

㉒《尔雅注疏》，李学勤主编《十三经注疏（标点本）》，北京大学出版社，1999 年，第 168—169 页。

㉓ 陈垣《通鉴胡注表微》卷二《书法篇》，中华书局，1962 年，第 20 页。

㉔《资治通鉴》卷六十九魏文帝黄初二年（221）“臣光曰”。

㉕《宋史》卷三百三十六《司马光传》有神宗赐序，“俾日进读”之语。

㉖《司马光集・补遗》卷四《迩英读〈资治通鉴〉录》，第三册，第 1680 页。

㉗《资治通鉴》卷十三汉文帝前元二年（前 178）贾山上书：要允许臣子提不同意见，“人主不得闻其过，社稷危矣”。

㉘ 张释之论“啬夫利口”事见《资治通鉴》卷十四汉文帝前元三年（前 177）五月。

㉙《续资治通鉴》卷六十七宋神宗熙宁三年（1070）。

㉚《资治通鉴》卷一百二十宋文帝元嘉元年（424）六月。

㉛ 黄以周等《续资治通鉴长编拾补》卷一治平四年（1067）。

㉜ 黄以周等《续资治通鉴长编拾补》卷一治平四年（1067）。

㉝《资治通鉴》卷一百二东晋废帝太和五年（370）“臣光曰”。

㉞《资治通鉴》卷七十三魏明帝景初元年（237）“臣光曰”。

㉟《贞观政要》卷一《君道第一》。

㊱《资治通鉴》卷一百四东晋孝武帝太元五年（380）“臣光曰”。

㊲《资治通鉴》卷一百一十八东晋安帝义熙十三年（417）“臣光曰”。

㊳《资治通鉴》卷二百四十四唐文宗太和六年（832）十二月。

㊴ 王夫之《读通鉴论》卷末，中华书局，2008 年，第 955—956 页。

㊵《资治通鉴》卷二百八十九后汉乾祐三年（950）。

㊶ 王国维《观堂集林》卷二十一，中华书局，1959 年，第 1047 页。

㊷ 辛德勇《所谓兴文署本胡注〈资治通鉴〉的真相及其他》，收入《通鉴版本谈》，生活·读书·新知三联书店，2021 年，第 2—94 页。

㊸ 章学诚《文史通义》卷一《内篇一·书教下》。

㊹ 《四库全书》“史部·编年类”收入《资治通鉴目录》，并作提要云：《资治通鉴目录》三十卷，与《资治通鉴》一同奏上，“其法年经国纬，著其岁阳（天干）、岁名（地支）于上，而各标《通鉴》卷数于下”。五星凌犯之类，见于旧史天文志的记载，《通鉴》例不备记，但是《目录》则“皆具列上方，亦足补本书所未及”。

㊺ 《朱子全书》（修订本），《资治通鉴纲目·序例》见第 8 册第 21—22 页，参见该册严文儒所写《点校说明》，上海古籍出版社、安徽教育出版社，2010 年。

㊻ 胡三省《新注资治通鉴序》，中华书局点校本《资治通鉴》第一册，第 30 页。

㊼ 《资治通鉴补》，王伯祥断句，中华书局影印本，全 30 册，2013 年。

㊽ 冯惠民《通鉴严补辑要》，中华书局，1983 年，并参见该书前言对于《通鉴补》的介绍。该书还收入了钱大昕《严衍传》，严衍《资治通鉴补序》《资治通鉴补凡例》等文献。

㊾ 张煦侯《通鉴学》，北京联合出版公司，2019 年，附有邓小南推荐序、陈尚君导读和辛德勇的长篇重版附言，亦可参看。

㊿ 主要有中华书局沈志华等主持的“文白对照全译”《资治通鉴》、线装书局楚水策划的“文白对照全译”《资治通鉴》，还有新世界出版社引进的中国台湾地区出版的黄锦鋐主编的同名书。

51 有关《资治通鉴》的研究综述，参见翟福清《近四十年来台湾地区〈资治通鉴〉研究概述》，《中国史研究动态》1993 年第 11 期；宋衍申《〈资治通鉴〉研究概述——为〈通鉴〉修成九百年而作》，收入刘乃和、宋衍申主编《〈资治通鉴〉丛论》，河南人民出版社，1985 年；汤勤福、李日升《近三十年来大陆地区〈资治通鉴〉研究述评（1983—2011）》，《史学史研究》2011 年第 4 期。

资治通鉴

卷一至卷五　周纪

【提要】《资治通鉴》周纪有五卷，从周威烈王二十三年（前403）到周赧王五十九年（前256）。袁枢《通鉴纪事本末》用两件事记录这段历史，即《三家分晋》《秦灭六国》，第二件事《秦灭六国》还包括了秦纪的部分内容。本编所选内容，分为七个小标题。内容大体也是从三家分晋到秦灭六国的关键战役。战国的变法和兼并的时代，斗智斗勇斗法，异常激烈。所选篇幅顾及于此。

一、智伯的覆亡

（威烈王二十三年，前403）初命晋大夫魏斯、赵籍、韩虔为诸侯[1]。

［注释］

[1] 魏斯（？—前396）：即魏文侯。赵籍（？—前400）：即赵烈侯。韩虔（？—前400）：即韩景侯。魏、赵、韩三家本来是晋国的正卿，后来虽然逐渐瓜分晋国，但仍然是卿大夫身份。此时得到周天子的任命，方才成为诸侯。司马光认为，周天子承认三家分晋，破坏了君臣名分，抛弃了礼法规矩，应该予以强烈抨击。

点出领导者的选择最重要的考量是什么。

初[1]，智宣子将以瑶为后[2]。智果曰[3]："不如宵也。瑶之贤于人者五[4]，其不逮者一也[5]。美鬓长大则贤[6]，射御足力则贤[7]，伎艺毕给则贤[8]，巧文辩慧则贤[9]，强毅果敢则贤，如是而甚不仁。夫以其五贤陵人[10]，而以不仁行之，其谁能待之[11]？若果立瑶也，智宗必灭。"弗听。智果别族于太史[12]，为辅氏。

［注释］

[1] 初：以下所述智宣子、赵简子立后及三家共灭智伯等事，皆在周天子承认三家分晋之前，所以用"初"字来标明。在编年体史书中，为了交代背景，或补述起始时限以前的事项，经常采用这种叙事办法。　[2] 智宣子：名申，晋国正卿，死后谥为宣，故称智宣子。东周时，列国大夫普遍称子。瑶：和下文的宵都是智宣子的儿子，后承袭宗主之位，即下文的智伯、智襄子。　[3] 智

果：与下文的智国同为智氏的族人。[4]贤：胜过。[5]不逮者一：不足之处有一个，即下文的“不仁”。[6]鬓：脸旁耳边的头发。长大：个子高挑。[7]射：射箭。御：驾马车。足力：力量足够。[8]伎艺毕给：是说智伯多才多艺。伎，才艺。毕，都。给，足够。[9]巧文：善于文辞，说话有文采。辩：敏慧，说话反应快。[10]陵：侵犯。[11]待：忍受，受得住。[12]“智果别族于太史”二句：智果担心将来受到宗族之祸的牵连，于是向掌管姓氏族属的太史请求，从智氏宗族分出，另立为辅氏。本段又见于《国语·晋语九》。

赵简子之子[1]，长曰伯鲁，幼曰无恤。将置后，不知所立，乃书训戒之辞于二简，以授二子曰：“谨识之[2]。”三年而问之，伯鲁不能举其辞[3]，求其简，已失之矣。问无恤，诵其辞甚习[4]，求其简，出诸袖中而奏之[5]。于是简子以无恤为贤，立以为后。

赵简子考察孩子的方法很独特！细心、恒心、谨慎！

简子使尹铎为晋阳[6]。请曰：“以为茧丝乎[7]？抑为保障乎？”简子曰：“保障哉！”尹铎损其户数[8]。简子谓无恤曰：“晋国有难，而无以尹铎为少[9]，无以晋阳为远，必以为归[10]。”

［注释］

[1]赵简子（？—前475）：名鞅，晋国正卿。[2]识：记

住。 [3] 不能举其辞：不能背诵简上的训诫之辞。 [4] 习：熟练。 [5] 出诸袖中而奏之：古人衣袖宽大，于其中有折层为口袋。无恤藏竹简于衣袖，时常习诵之，可见其谨遵父命。奏，进上。 [6] 尹铎：赵氏的家臣。为：治理。晋阳：赵氏的属邑，在今山西太原南。 [7] “以为茧丝乎”二句：是把晋阳作为税源地呢？还是作为根据地？茧丝，抽丝剥茧，比喻收取赋税。保障，危难时候的依靠。 [8] 尹铎损其户数：尹铎少报晋阳户数，因此摊派到每户的赋税得以减轻，这是在为赵氏收买民心。 [9] 而：汝，你。 [10] 归：依归。

及智宣子卒，智襄子为政[1]，与韩康子、魏桓子宴于蓝台[2]。智伯戏康子而侮段规[3]，智国闻之，谏曰：“主不备难[4]，难必至矣！”智伯曰：“难将由我。我不为难，谁敢兴之[5]！”对曰：“不然。《夏书》有之：‘一人三失[6]，怨岂在明，不见是图。’夫君子能勤小物[7]，故无大患。今主一宴而耻人之君相[8]，又弗备，曰‘不敢兴难’，无乃不可乎！蚋、蚁、蜂、虿[9]，皆能害人，况君相乎！”弗听。[10]

触犯对手，却不防备对手，为什么？骄傲狂妄而已！

[**注释**]

[1] 为政：执掌国政。当时晋国有智、赵、魏、韩四卿，智氏最强。 [2] 韩康子（？—前 425）：名虎，韩虔的祖父。魏桓子（？—前 446）：名驹，魏斯的祖父。 [3] 段规：韩康子家

臣。　[4] 主：大夫的族属及家臣对大夫的称呼。　[5] 兴之：发难。　[6]“一人三失”以下三句：所引《夏书》，今本《尚书》载于《五子之歌》篇，意思是一个人三次犯错，人家虽然怨恨，但未必会表现出来，一定要在怨恨还没显露时做好谋划防范。图，谋划。　[7] 勤小物：为小事而忧劳。　[8] 耻：让人感到耻辱。君相：指韩康子与段规。　[9] 蚋（ruì）：蚊子。虿（chài）：蝎子。　[10] 本段又见于《国语·晋语九》。

智伯请地于韩康子，康子欲弗与。段规曰：“智伯好利而愎[1]，不与，将伐我；不如与之。彼狃于得地[2]，必请于他人；他人不与，必向之以兵。然则我得免于患而待事之变矣。”康子曰：“善。”使使者致万家之邑于智伯，智伯悦。又求地于魏桓子，桓子欲弗与。任章曰[3]：“何故弗与？”桓子曰：“无故索地，故弗与。”任章曰：“无故索地，诸大夫必惧；吾与之地，智伯必骄。彼骄而轻敌，此惧而相亲。以相亲之兵待轻敌之人，智氏之命必不长矣。《周书》曰：‘将欲败之[4]，必姑辅之；将欲取之，必姑与之。’主不如与之，以骄智伯，然后可以择交而图智氏矣。奈何独以吾为智氏质乎[5]！”桓子曰：“善。”复与之万家之邑一。[6]

段规建议祸水外引，不要当头！任章主张将欲其亡，必令其狂！都是“以小事大”应有的策略。

[注释]

[1] 愎（bì）：心狠。 [2] 狃（niǔ）：习惯。 [3] 任章：魏氏的家臣。 [4] “将欲败之”以下四句：不见于今本《尚书》，胡三省认为出自亡逸的《尚书》篇章。《老子·第三十六章》“将欲废之，必固举之；将欲取之，必固与之”，与此数句意趣相似。 [5] 质：质的，靶子。 [6] 本段又见于《战国策》之《赵策一》及《魏策一》。

城高池深的防御工事、粮草充足的防御物资，都不如人心所向重要！

智伯又求蔡、皋狼之地于赵襄子[1]，襄子弗与。智伯怒，帅韩、魏之甲以攻赵氏[2]。襄子将出[3]，曰：“吾何走乎？”从者曰：“长子近[4]，且城厚完。”襄子曰：“民罢力以完之[5]，又毙死以守之，其谁与我！”从者曰：“邯郸之仓库实。”襄子曰：“浚民之膏泽以实之[6]，又因而杀之[7]，其谁与我！其晋阳乎，先主之所属也[8]，尹铎之所宽也[9]，民必和矣。”乃走晋阳。

[注释]

[1] 蔡：《战国策·赵策一》作“蔺”，是。蔺在今山西柳林县北，皋狼在今山西吕梁离石区北，两地相邻。赵襄子：即上文的无恤。 [2] 帅：通“率”。甲：铠甲，代指军队。 [3] 出：出奔。赵襄子此时当在晋国国都新田（今山西侯马）。 [4] 长（zhǎng）子：今山西长子县。 [5] “民罢（pí）力以完之”以下三句：百姓筋疲力尽才修好了这座城，又让他们拼死来守护，谁会支持我呢？罢，即“疲”。与，扶助，支持。 [6] 浚：挖取。 [7] 又因

而杀之：与上文“又毙死以守之”意思相同。　[8] 先主：指赵简子。属（zhǔ）：嘱咐。　[9] 宽：宽宏，无苛政。据《战国策·赵策一》，在尹铎之前，赵简子曾派家臣董安于治理晋阳，彼时就行宽仁之政，深得民心，同时还做了战略物资储备，尹铎继之，因此晋阳成为赵氏最安全的堡垒。

三家以国人围而灌之，城不浸者三版[1]。沈灶产蛙[2]，民无叛意。智伯行水[3]，魏桓子御[4]，韩康子骖乘。智伯曰：“吾乃今知水可以亡人国也。”桓子肘康子[5]，康子履桓子之跗，以汾水可以灌安邑[6]，绛水可以灌平阳也[7]。絺疵谓智伯曰[8]：“韩、魏必反矣。”智伯曰：“子何以知之？”絺疵曰：“以人事知之。夫从韩、魏之兵以攻赵[9]，赵亡，难必及韩、魏矣。今约胜赵而三分其地，城不没者三版，人马相食，城降有日，而二子无喜志，有忧色，是非反而何？”明日，智伯以絺疵之言告二子，二子曰：“此夫谗臣欲为赵氏游说，使主疑于二家而懈于攻赵氏也。不然，夫二家岂不利朝夕分赵氏之田，而欲为危难不可成之事乎！”二子出，絺疵入曰：“主何以臣之言告二子也？”智伯曰：“子何以知之？”

智伯的问话反映出其轻佻之态。

智伯的言论、行动都显示了其轻视对手、狂妄自大！当初，段规、任章示之以弱，其效果得到了体现。

对曰：“臣见其视臣端而趋疾，知臣得其情故也。”智伯不悛[10]。绨疵请使于齐[11]。

[注释]

[1] 版：古人用夹版来夯土筑墙，称为版筑，一版高二尺。 [2] 沈灶产蛙：沉没在水中的灶台里孵出了青蛙，形容晋阳城中被淹得严重且长久。 [3] 行：巡行查看。 [4] 御：驾车。先秦兵车上坐三人，驾车者（御）居中，尊者居左，陪同（骖乘）居右。魏、韩两家畏惧智氏之强，所以一为之御，一为之骖乘，显示出智伯高人一等。 [5] “桓子肘康子”二句：魏、韩两家担心将来智伯会如法炮制来对付他们，故而互相提醒。肘，用肘部戳。履，踩。跗（fū），脚背。 [6] 安邑：魏氏的都城，在今山西夏县，旁有涑水。按，汾水不流经安邑，疑有误。 [7] 平阳：韩氏的都城，在今山西临汾南，旁有汾水。按，绛水不流经平阳，疑有误。 [8] 绨疵（chī cī）：智伯的谋士。 [9] 从：使跟从，率领。 [10] 智伯不悛（quān）：智伯不听从绨疵的谏言。悛，改正。 [11] 绨疵请使于齐：绨疵请求出使齐国，以免覆亡之祸。

赵襄子使张孟谈潜出见二子[1]，曰：“臣闻唇亡则齿寒。今智伯帅韩、魏而攻赵，赵亡则韩、魏为之次矣[2]。”二子曰：“我心知其然也，恐事未遂而谋泄，则祸立至矣”。张孟谈曰：“谋出二主之口，入臣之耳，何伤也[3]！”二子乃潜与张孟谈约，为之期日而遣之。襄子夜使人杀守堤之吏，而决水灌智伯军。智伯军救水而乱，韩、魏翼而击之[4]，襄子将卒犯其前[5]，大败智伯之众。遂杀智伯，尽灭智氏之族。唯辅果在[6]。

赵襄子用唇亡齿寒的道理，说服了韩、魏两家，瓦解了智伯的联盟，建立了赵、魏、韩三家的命运共同体。智伯为自己的自私和狂妄付出了沉重的代价。

［注释］

[1]张孟谈：赵襄子的家臣。二子：即韩康子与魏桓子。 [2]赵亡则韩、魏为之次矣：赵国灭亡，其次就轮到韩、魏了。 [3]何伤也：有什么可担心的呢！伤，忧，担心。 [4]翼：从两翼。 [5]将（jiàng）：统领。犯：侵犯，进攻。 [6]唯辅果在：智果别为辅氏，因而避免了族灭。此处称作辅果，与上文相照应。按，《战国策·赵策一》载知过注意到张孟谈趾高气扬之态，揣知韩、魏两家阴谋反水，建议智伯争取两家的谋臣，以坚其主灭赵之心。智伯不听，知过请求别为辅氏。知过当即智果，与此故事有别。三家灭智伯在公元前453年。

臣光曰[1]：智伯之亡也，才胜德也。夫才与德异，而世俗莫之能辨，通谓之贤，此其所以失人也[2]。夫聪察强毅之谓才，正直中和之谓德。才者，德之资也；德者，才之帅也。云梦之竹[3]，天下之劲也，然而不矫揉[4]，不羽括[5]，则不能以入坚；棠谿之金[6]，天下之利也，然而不镕范[7]，不砥砺，则不能以击强。是故才德全尽谓之圣人，才德兼亡谓之愚人，德胜才谓之君子，司马光借题发挥，强调德才兼备，以德为先。

才胜德谓之小人。凡取人之术，苟不得圣人、君子而与之，与其得小人，不若得愚人。何则？君子挟才以为善，小人挟才以为恶。挟才以为善者，善无不至矣；挟才以为恶者，恶亦无不至矣。愚者虽欲为不善，智不能周，力不能胜，譬如乳狗搏人[8]，人得而制之。小人智足以遂其奸，勇足以决其暴，是虎而翼者也，其为害岂不多哉！夫德者人之所严[9]，而才者人之所爱。爱者易亲，严者易疏，是以察者多蔽于才而遗于德。自古昔以来，国之乱臣，家之败子，才有余而德不足，以至于颠覆者多矣，岂特智伯哉！故为国为家者，苟能审于才德之分而知所先后，又何失人之足患哉[10]！

司马光这段才、德之辨的评论很有名。

[注释]

[1] 臣光曰：《资治通鉴》本来是司马光进呈给宋代皇帝，以供治国理政借鉴的历史读物，所以在评论历史事件时，要冠以"臣光曰"，对皇帝称名而不称姓，以示尊卑。这些评论多数秉持着北宋士大夫的主流价值观，未必符合我们今日对历史的认知。 [2] 失人：失察，看错人。 [3] 云梦：古大泽名，在今湖北中部偏南，长江岳阳至武汉段西北。胡三省注："竹箭之产，荆楚为良；云梦，楚之地也。" [4] 矫揉：矫正木头，使之达到要求

的曲直，这里指制作直的箭杆。　[5] 羽：箭翎。括：箭末搭在弓弦的部位。　[6] 棠谿：在今河南舞阳县东南。胡三省注："战国之时，其地属韩，出金甚精利。"　[7] 镕：铸器的模范。　[8] 乳狗：尚在哺乳期的小狗。　[9] 严：敬畏。　[10] 足患：值得担心。

（选自《资治通鉴》卷一，周纪一）

[点评]

《资治通鉴》的历史叙述从"三家分晋"讲起，有编纂者的深思熟虑。一是要考虑与《春秋左氏传》记事的对接，二是考虑事件本身的意义。至于将智伯的覆亡作为第一件事加以叙述，并结合智伯之死，对领导者的德和才的问题发表长篇议论，更体现了司马光的经世情怀。司马光认为领导者的德比才重要，甚至认为宁可用无德无才的愚人，也不能用有才无德的小人。这里不无激愤之词。人究竟是性本善还是性本恶，孟子与荀子等儒家巨擘都争论不清。从今日角度言之，与领导者个人的道德修炼相比，制度对权力的约束则更为根本。但是，在制度约束的前提下，选择什么人当接班人，其人品高下还是很重要的。

司马光对于领导者的修炼有过很系统的看法。宋英宗治平四年（1067），司马光上书提到"人君修心治国之要"，排在第一位的就是"仁"。仁就是要讲政治，并且善于把政治理想濡化为社会的共识；同时，还得发展生产，重视民生，这样才能得到百姓的真心拥戴。智伯利令智昏，贪得无厌，不仁之名，当之无愧！但是，如果进一步追问，是否魏、赵、韩三家就不贪婪，比智氏更“仁德”？恐怕也不尽然。可是，赵襄子懂得，与城池、物资等条件相比，人心拥戴才是最可靠的保障，说明赵襄子比智瑶更懂政治。

智伯的问题，其实在他被选为接班人之时就暴露出来了。智伯的“五贤”即五大优点，在古人看来并不是人君最重要的素质。《荀子·王霸》说：“人主者，以官人为能者也；匹夫者，以自能为能者也。”智伯的本事属于“自能”。唐人赵蕤的《反经》在引用荀卿这段话时，提升到人君“大体”的高度。智伯的五大优势，是“匹夫之能”。领导者关键的本事在于识大体（懂政治），善用人（“以官人为能”）。智伯狂妄霸道，误判形势，轻视对手；决策上不明是非，不听谋士正确的谏言，都是领导者的大忌。与智伯的粗疏相反，赵襄子在被父亲选中为接班人的时候，就表现出过人的精明和细致。此外，智瑶在外交上也犯了错误。言语不谨慎，行为太张扬，引起盟友韩、魏两家的疑忌，临时的“统一战线”霎时解体，己方三对一的优势，变成了与敌方一比三的劣势，焉能不败！

二、魏文侯治国

本篇纪事的实际发生年份无法确定，大多在三家分晋前，因此《资治通鉴》权且系于公元前403年。

（威烈王二十三年，前403）魏文侯以卜子夏、田子方为师[1]，每过段干木之庐必式[2]。

四方贤士多归之。文侯与群臣饮酒，乐，而天雨，命驾将适野[3]。左右曰："今日饮酒乐，天又雨，君将安之？"文侯曰："吾与虞人期猎[4]，虽乐，岂可无一会期哉[5]！"乃往，身自罢之[6]。

礼贤下士，信守承诺。

[**注释**]

[1] 魏文侯：即上篇之魏斯，前445—前396在位。卜子夏（前507—？）：名商，晋国温（今河南温县）人。孔子弟子，晚年教授于西河，孔门文献多赖之以传播于三晋。田子方：名无择，受业于子贡，为孔子的再传弟子。 [2] 每过段干木之庐必式：《淮南子·修务训》载段干木辞官家居，魏文侯过其闾门而轼之，车夫不解，魏文侯回答说："段干木光于德，寡人光于势；段干木富于义，寡人富于财。势不若德尊，财不若义高。"魏文侯礼重贤人，可见一斑。段干木，子夏弟子。庐，房舍。式，通"轼"，指车前横木，亦指低头抚轼，以表礼敬。 [3] 适：去。 [4] 虞人：主管山林沼泽的官吏。期：约定。 [5] 岂可无一会期哉：怎么能不按约定前去一会呢！ [6] 身自罢之：亲自前往取消了这次打猎。

韩借师于魏以伐赵[1]。文侯曰："寡人与赵，兄弟也，不敢闻命。"赵借师于魏以伐韩，文侯应之亦然。二国皆怒而去。已而知文侯以讲于己也[2]，皆朝于魏[3]。魏由是始大于三晋，诸侯莫睦邻政策赢得韩、赵倾心，魏处于三晋的首出地位。

能与之争。

[注释]

[1] 师：军队。 [2] 讲：和解。在讲和这个意义上，讲与媾同义。 [3] 朝：朝见。春秋以来，诸侯向霸主朝见；但此处不是严格意义上的朝见，只是说明魏的势力及其睦邻外交政策，使其在三晋中处于首出地位。

使乐羊伐中山[1]，克之，以封其子击[2]。文侯问于群臣曰："我何如主？"皆曰："仁君。"任座曰[3]："君得中山，不以封君之弟而以封君之子，何谓仁君！"文侯怒，任座趋出。次问翟璜，对曰："仁君。"文侯曰："何以知之？"对曰："臣闻君仁则臣直。向者任座之言直，臣是以知之。"文侯悦，使翟璜召任座而反之[4]，亲下堂迎之，以为上客。

翟璜比任座更会讲话。

[注释]

[1] 乐羊：魏将，乐毅的先祖。中山：国名，地处燕、赵之间，都城在今河北新乐附近。公元前 407 年，魏灭中山。 [2] 击：魏文侯太子，后继位，为武侯。 [3] 任座：和下文的翟璜同为魏国客卿。 [4] 反：通"返"，使之返回。

文侯与田子方饮，文侯曰："钟声不比乎[1]？左高。"田子方笑。文侯曰："何笑？"子方曰："臣闻之，君明乐官[2]，不明乐音。今君审于音，臣恐其聋于官也。"文侯曰："善。"

子击出[3]，遭田子方于道，下车伏谒。子方不为礼。子击怒，谓子方曰："富贵者骄人乎[4]？贫贱者骄人乎？"子方曰："亦贫贱者骄人耳，富贵者安敢骄人！国君而骄人则失其国，大夫而骄人则失其家。失其国者未闻有以国待之者也，失其家者未闻有以家待之者也。夫士贫贱者，言不用，行不合，则纳履而去耳，安往而不得贫贱哉！"子击乃谢之。

位高权重者更需要谦卑谨慎。

［**注释**］

[1] 钟声不比：诸侯钟鸣鼎食，钟是大小不同的编钟，击打时要求互相配合，才能声音协和。比，协和。 [2]"君明乐官"以下四句：胡三省注："明乐官，知其才不才；明乐音，知其和不和。"田子方的意思是，国君应该明察乐官是否称职，不需要明审音律，国君如果执着于精通具体事务，就难免会因小失大，对官员失察。 [3]"子击出"以下五句：子击路遇田子方，以世子之尊，下车致谒见礼，可谓礼敬贤者。田子方不还礼，故而子击生气。 [4] 骄人：对人骄傲，傲慢。

察言观行，以辨其人。

文侯谓李克曰[1]："先生尝有言曰：'家贫思良妻，国乱思良相。'今所置非成则璜[2]，二子何如？"对曰："卑不谋尊[3]，疏不谋戚[4]。臣在阙门之外[5]，不敢当命。"文侯曰："先生临事勿让。"克曰："君弗察故也。居视其所亲[6]，富视其所与[7]，达视其所举，穷视其所不为[8]，贫视其所不取[9]，五者足以定之矣，何待克哉！"文侯曰："先生就舍[10]，吾之相定矣。"[11]

李克出，见翟璜。翟璜曰："今者闻君召先生而卜相[12]，果谁为之？"克曰："魏成。"翟璜忿然作色曰："西河守吴起[13]，臣所进也；君内以邺为忧[14]，臣进西门豹[15]；君欲伐中山，臣进乐羊；中山已拔，无使守之，臣进先生；君之子无傅[16]，臣进屈侯鲋[17]。以耳目之所睹记，臣何负于魏成？"李克曰："子言克于子之君者，岂将比周以求大官哉[18]？君问相于克，克之对如是。所以知君之必相魏成者，魏成食禄千钟[19]，什九在外[20]，什一在内，是以东得卜子夏、田子方、段干木。此三人者，君皆师之；子所进五人者，君皆臣之。子恶得与魏成比也[21]！”翟璜逡巡再拜曰[22]：“璜，鄙人也，失对[23]，愿卒为弟子。”

[注释]

[1] 李克：子夏弟子，魏国客卿，曾为子击中山相。一般认为，李克即著《法经》、主持魏国变法的李悝。　[2] 置：置相。成：即魏成子，魏文侯的弟弟。璜：即上文的翟璜。　[3] 卑不谋尊：李克只是客卿，职位卑于国相。　[4] 疏不谋戚：魏成子和翟璜都是魏文侯的近臣，李克作为客卿，关系相对疏远。戚，亲近。　[5] 阙门：王宫之门。李克平时在王宫之外，得召方能入宫，这是比喻自己关系疏远。　[6] 居：居常。　[7] 与：交往。　[8] 穷：穷蹙，困顿，与“达”相对。　[9] 贫：贫穷，与“富”相对。　[10] 就舍：回到居舍。　[11] 此段又见于《史记·魏世家》。　[12] 卜：选择。　[13] 西河：这里指西河之外，今晋陕之交南部黄河西岸地区。吴起：卫国人，战国初期著名军事家、政治家。公元前 407 年，吴起攻取秦国河西之地，魏文侯即命吴起守之。　[14] 君：指魏文侯，本段下同。邺：在今河北临漳县西南。　[15] 西门豹：魏人。为邺令，破除迷信，兴修水利，卓有成效，事载《史记·滑稽列传》。　[16] 傅：师傅。　[17] 屈侯鲋（fù）：胡三省注：“屈，晋地，时属魏；鲋盖魏封屈侯也。”《群书治要》卷三六引《尸子·劝学》载屈侯鲋语曰：“贤者易知也，观其富之所分，达之所进，穷之所不取。”　[18] 比周：互相亲近，结党营私。　[19] 钟：容量单位，六斛四斗为一钟。以汉制一斗合今二升多计算，一钟约合今 130 升。这里千钟的计量对象是粟（小米）。　[20] 什九在外：千钟粟的俸禄有十分之九都在外用来结交搜罗人才。　[21] 恶（wū）得：安得，怎么能。　[22] 逡（qūn）巡再拜：形容翟璜惭愧、恭敬之状。

逡巡，退却的样子。 [23] 失对：答话失误。

（选自《资治通鉴》卷一，周纪一）

［点评］

魏文侯在被正式封为诸侯之前，已经在位四十余年。正是在他的领导下，魏国成为战国第一个崛起的大国。

魏文侯对外致力于三晋结盟，营造和平的环境。对内通过改革，化解矛盾；同时注意识人、用人。战国的改革自三晋始，三晋之中，魏文侯首用李克变法。李克变法的宗旨是富国强兵，所谓“尽地力之教”，就是国家鼓励垦田、激励农耕。他颁布的《法经》，“以为王者之政莫急于盗、贼”，即要有效保障百姓的生命权和财产权。《法经》曾被商鞅带到秦国，是商鞅变法的起点。李克的思想务实，总体上属于儒法兼修的范畴。

《史记》和《资治通鉴》都提到魏文侯向李克请教国相人选的事：“先生总是告诉寡人：‘家贫思良妻，国乱思良相。’魏成与翟璜这两位大臣，先生看哪一位更合适担任国相呢？”李克没有说具体人选，只谈了谈自己对识人的看法：“居视其所亲，富视其所与，达视其所举，穷视其所不为，贫视其所不取。”也就是说，要细致地观察他的行为：居常看他亲近谁，富贵看他结交谁，显赫看他保荐谁，困顿时看他何事不为，贫穷时看他何利不取。李克说，凭这五条您就足以确定国相人选了，何必征求我的意见呢？李克的这一套识人术在春秋战国不乏类似表述，在后代也流衍甚广。

那么魏成、翟璜的差别在哪里呢？魏成把自己的绝大部分俸禄都用来搜罗人才，向国君推荐了卜子夏、田子方和段干木，这三个人都是大名鼎鼎的儒者。卜子夏是孔子的得意门生，在孔子最优秀的学生中，他以“文学”见长。有人甚至认为《论语》的编纂就出自子夏及其门人之手。子夏在魏国讲学授业，创立了“西河学派”，其中不乏济世英才。李克崇尚法治，兼习儒术，就是受到了子夏等的影响。魏文侯师从子夏学习经艺，向隐居不仕的段干木请教治国之道，聘请著名儒商子贡（即孔子爱徒端木赐）的入室弟子田子方为客卿，引起当时诸侯的震动：“文侯由此得誉于诸侯。”《史记·魏世家》记载，秦人曾欲伐魏，有人就提醒他：“魏君贤人是礼，国人称仁，上下和合，未可图也。”

翟璜也向国君推荐了许多优秀干才，比如西河守名将吴起，治理邺地的能臣西门豹，攻下中山国的大将乐羊，担任中山相的李克，乃至公子的师傅屈侯鲋等。这些人都是杰出的文臣武将，各有所长。于是我们发现，魏文侯治国用了两种不同类型的人才。卜子夏、段木干、田子方有道德上的优势——儒家自律较严，同时还有战略上的开阔视野，追求修身、齐家、治国、平天下。他们是帝王之师。而李克、吴起、西门豹在不同岗位上各司其责，是分而任事者。根据李克的说法，国君不仅需要各行各业的干才，更需要的是能够帮助其提升境界和格局的指导者。

总之，魏文侯治国理政的成就与经验，构成了中国古代明君治国的微型标本。

三、吴起的悲喜剧

（威烈王二十三年，前 403）吴起者[1]，卫人，仕于鲁。齐人伐鲁，鲁人欲以为将，起取齐女为妻[2]，鲁人疑之，起杀妻以求将，大破齐师。或谮之鲁侯曰："起始事曾参[3]，母死不奔丧，曾参绝之。今又杀妻以求为君将。起，残忍薄行人也。且以鲁国区区而有胜敌之名[4]，则诸侯图鲁矣。"起恐得罪，闻魏文侯贤[5]，乃往归之。

成功者背后必有人说坏话。如果还有道德瑕疵，更给人以攻击的借口。

［注释］

[1] 吴起（？—前 381）：《史记》卷六五与孙武、孙膑合传。《汉书·艺文志》著录《吴起》四十八篇，今已亡佚，残存于《群书治要》等书中。 [2] 取：通"娶"。 [3]"起始事曾参"以下三句：钱穆《先秦诸子系年》卷二《吴起仕鲁考》考证曾参当为曾申，曾申为曾参次子。吴起出身于卫国的商人家庭，为了谋求出仕，耗尽家财，仍未能成功。乡党耻笑他，吴起一怒之下，杀了三十余人，亡命于外。临别之时，他对母亲发誓说："不为卿相，不复入卫。"吴起最初师从儒家的曾申，因为母死不奔丧，被断绝了师徒关系，转而学习兵法。 [4] 区区：小，势力弱。 [5]"闻魏文侯贤"二句：据上引钱穆《吴起仕鲁考》，吴起离开鲁国前往

魏国，当在周威烈王十四年（前412）前后。《资治通鉴》系于二十三年，属于追叙。

文侯问诸李克，李克曰："起贪而好色，然用兵，司马穰苴弗能过也[1]。"于是文侯以为将，击秦，拔五城。起之为将，与士卒最下者同衣食[2]，卧不设席，行不骑乘，亲裹赢粮，与士卒分劳苦。卒有病疽者，起为吮之。卒母闻而哭之。人曰："子，卒也，而将军自吮其疽，何哭为？"母曰："非然也。往年吴公吮其父疽，其父战不旋踵[3]，遂死于敌。吴公今又吮其子，妾不知其死所矣，是以哭之。"

吴起懂带兵。他说过："勇敢"对于选拔将军的重要性乃数分之一耳。

［注释］

[1] 司马穰苴：《史记》卷六四有传，名穰苴，田氏，官大司马，齐景公（前547—前490在位）时名将。泷川资言《史记会注考证》对其年代表示怀疑，钱穆《先秦诸子系年》卷三《田忌邹忌孙膑考附司马穰苴》更考证司马穰苴乃战国时齐愍王将，年代远在吴起之后。《史记》既误以司马穰苴为齐景公时人，所以用之作比方，非李克当日实言。《资治通鉴》此处因袭《史记》。　[2]"与士卒最下者同衣食"以下七句：都是吴起笼络士卒军心的办法。骑，骑马。乘，乘车。亲裹赢粮，吴起亲自包裹士卒们要担负的口粮。赢，担负。疽（jū），毒疮。起为吮之，古代治疗疽疮，要有人用嘴吮吸其毒。　[3] 旋（xuán）踵：旋转脚后跟，比喻转身。

（安王十五年，前 387）魏文侯薨[1]，太子击立，是为武侯。

吴起懂得"德治"最重要，但是他本人并不重视"修德"。

武侯浮西河而下[2]，中流顾谓吴起曰："美哉山河之固，此魏国之宝也！"对曰："在德不在险。昔三苗氏[3]，左洞庭，右彭蠡[4]，德义不修，禹灭之；夏桀之居，左河济[5]，右泰华[6]，伊阙在其南[7]，羊肠在其北[8]，修政不仁，汤放之；商纣之国，左孟门[9]，右太行，常山在其北[10]，大河经其南，修政不德，武王杀之。由此观之，在德不在险[11]。若君不修德，舟中之人皆敌国也。"武侯曰："善。"[12]

［注释］

[1] 魏文侯薨：《资治通鉴》战国部分系年主要承袭《史记·六国年表》，由于司马迁所见战国史料残缺过甚，因此系年错误很多。魏文侯实际卒于周安王六年（前 396）。 [2] 西河：陕、晋间黄河段。 [3] 三苗氏：上古部族，又名有苗，分布于长江中游以南。 [4] 彭蠡：古大泽，在今长江九江至安庆段周围。 [5] 河济：黄河和济水。古济水发源于今河南济源，在今河南荥阳北斜穿过黄河，东流注于渤海。桀都安邑，河济地区在其东，古以南为上，所以东为左。 [6] 泰华（huà）：即华山。 [7] 伊阙：在今河南洛阳南，龙门石窟所在。伊水流经两山之间，两山若阙门相望，因此得名。传为大禹所凿。 [8] 羊肠：指羊肠坂，在今河

南沁阳北。又名太行陉，太行八陉最南端者，是沟通焦作平原和上党盆地的要道。　[9] 孟门：龙门上游的某处黄河峡谷；或以为山名，在商都朝歌东。　[10] 常山：即恒山，古恒山在今河北曲阳县北。　[11] 在德不在险：吴起列举大禹消灭三苗、商汤流放夏桀、周武王杀死商纣三个事例，说明历史上的亡国之君，都无法依靠山川险要来保护自己，修德保民，才是最可靠的。　[12] 本段更详细的记载见于《战国策・魏策一》，吴起因此被任命为西河守。本年所系吴起各事皆无明确年份，因为吴起奔楚发生于魏武侯时，所以《资治通鉴》姑且系于武侯即位之年。

魏置相，相田文[1]。吴起不悦，谓田文曰："请与子论功，可乎？"田文曰："可。"起曰："将三军，使士卒乐死，敌国不敢谋，子孰与起？"文曰："不如子。"起曰："治百官，亲万民，实府库，子孰与起？"文曰："不如子。"起曰："守西河，秦兵不敢东乡[2]，韩、赵宾从[3]，子孰与起？"文曰："不如子。"起曰："此三者子皆出吾下，而位居吾上，何也？"文曰："主少国疑[4]，大臣未附，百姓不信，方是之时，属之子乎[5]，属之我乎？"起默然良久，曰："属之子矣。"

功绩并不是任相的理由，还有权力的平衡。

久之，魏相公叔尚魏公主而害吴起[6]。公叔之仆曰："起易去也。起为人刚劲自喜[7]。子先言于君曰：‘吴起，贤人也，而君之国小，臣恐起之无留心也，君盍试延以女[8]？起无留心，则必辞矣。’子因与起归，而使公主辱子，起见公主之贱子也，必辞，则子之计中矣。”公叔从之，吴起果辞公主。魏武侯疑之而未信，起惧诛，遂奔楚[9]。

你的性格弱点决定了别人对付你的手段。

［注释］

[1] 田文：战国后期齐国有孟尝君田文，与此处的田文年代不合，当属异人同名。 [2] 乡（xiàng）：通“向”。 [3] 宾从：服从。 [4] 主少（shào）：魏武侯大约生于周威烈王三年（前 423），周安王七年（前 395）即位时，已经 29 岁，不算“少”。 [5] 属（zhǔ）：托付，给。 [6] 公叔：即公叔痤（？—前 361），接替田文出任魏国相。 [7] 起为人刚劲自喜：《史记》本传作“吴起为人节廉，而自喜（名）也”（“名”字衍，参见《史记会注考证》引王念孙等说）。自喜，自好（hào）、自负。 [8] 盍：何不。 [9] 遂奔楚：吴起离魏奔楚的时间，郭沫若《青铜时代·述吴起》、钱穆《先秦诸子系年》卷二《吴起去魏相楚考》均考订在魏武侯十三年、楚悼王十八年（前 384）。如此则吴起在楚国只有三年。司马光在《资治通鉴》里把吴起离开魏国和变法之事放在一起叙述，年代在周安王十五年，即公元前 387 年。是吴起在楚国变法，有六年时间。

楚悼王素闻其贤，至则任之为相。起明法审令，捐不急之官[1]，废公族疏远者，以抚养战斗之士，要在强兵[2]，破游说之言从横者[3]。于是南平百越[4]，北却三晋，西伐秦，诸侯皆患楚之强，而楚之贵戚大臣多怨吴起者[5]。

（安王二十一年，前381）楚悼王薨，贵戚大臣作乱，攻吴起，起走之王尸而伏之。击起之徒因射刺起，并中王尸。既葬，肃王即位，使令尹尽诛为乱者，坐起夷宗者七十余家[6]。

吴起自知不免，还拉上反对者陪死。

[注释]

[1] 捐：捐弃，除去。　[2] 要：主要。　[3] 从（zòng）横：即纵横，合纵连横。　[4]“于是南平百越”以下三句：楚悼王末年并无南北征战、西却秦国之事，这大概是后人增衍之说。　[5] 而楚之贵戚大臣多怨吴起者：上引钱穆《吴起去魏相楚考》考订吴起在楚国主要改革的是内政，废黜贵族特权，即上文裁撤冗官，废除与楚王室血缘关系疏远者的待遇，因此遭到楚国贵戚大臣的怨恨。　[6] 坐起夷宗者七十余家：损伤先王遗体等于谋刺楚王，是族灭的大罪，吴起也算是借此为自己报了仇。楚肃王虽然处死了那些作乱的贵戚大臣，但并没有继续推行吴起的变法。

（选自《资治通鉴》卷一，周纪一）

[点评]

吴起的一生引人深思。吴起事迹的系统记载见于《史记·孙子吴起列传》,《史记》之前的零星记载则见于《战国策》《韩非子》《尉缭子》《荀子》《吕氏春秋》等书,《资治通鉴》对此有所取舍。诸多记载虽然纷繁，但有一个聚焦点，就是吴起非常有个性。司马迁的用词是“节廉而自喜”，司马光的用词是“刚劲自喜”，它包含两个特征：第一，有自己的坚守和原则，“节廉”“刚劲”是也；第二，有时候不通人情，自视甚高，“自喜”是也。

《韩非子》记载了吴起的两件生活小事：

有一次，吴起与故友久别重逢，相谈甚欢，邀请一起吃饭。故友有事，答应马上就来。结果等待天黑，这人也没有来，吴起就一直等着，“至暮不食而待之”。次日早晨，吴起请人去找，直到把故友找来，吴起“方与之食”。(卷一一《外储说左上》)

吴起让妻子织布，尺寸不合乎要求——失“度”。吴起请妻子重纺，结果还是“失度”。吴起居然把妻子给休了。妻子恳请自己的哥哥，又恳求国君，来说情复婚，都没有用。(卷一三《外储说右上》)

对生活上这两件事的处理方式，就是吴起“刚劲自喜”性格的最好注脚。吴起的人生目标是“誓为卿相”，性格的刚劲，加上目标成瘾的执拗，铸就了吴起人生的悲剧基础。我们经常说，为人处世，应该刚柔兼济。“刚”的是意志坚定，威武不能屈，富贵不能淫。“柔”的是手段与方法，“与时迁移，应物变化，立俗施事，无所不宜”(《史记·太史公自序》)。世界上有许多事情，不是我们主观努力所能完全决定的。认清时世环境，因势利导，目标坚定，步履稳妥，是成就大事者应有的风度。

但是，决定命运的不仅仅是性格。木秀风摧，行高人非，这是比较普遍的社会现象。吴起为公叔痤所排挤，白起为范雎所忌惮。英雄时舛，红颜命薄，谦卑是人生的护身符。《周易》的第十五卦“谦”，是唯一没有灾咎的卦：“天道亏盈而益谦，地道变盈而流谦，鬼神害盈而福谦，人道恶盈而好谦。”谦者，尊而光，“君子之终也”！

问题的复杂还在于，嫉妒英雄的并不就是脸谱化了的“坏人”。公叔后来曾极力向魏惠王推荐卫鞅（即商鞅）；范雎辅佐秦昭王，功业卓著。复杂的社会环境和人际关系，要求所有向往建功立业的人，在提升建功立业的智商的同时，还需要有提升适应复杂环境和人际关系的情商。说智商重要，情商有时候更重要，就包含这层意思。

换一个角度，即从用人的角度看，不能否认，吴起是一个天才的军事家，也是一个很有才干的政治家。曹操就说，吴起在魏，秦人不敢东向；在楚，三晋不敢南谋。谁手下有吴起这样的人才，都可以建功立业。能否爱护、保护和用好像吴起这样虽有缺陷和不足，但确实有真本事的干部，对于我们的事业成败，至关重要，也是考验每一个领导干部识人用人能力的试金石！

四、子思对卫侯的忠告

（安王二十五年，前377）子思言苟变于卫侯曰[1]：“其材可将五百乘[2]。”公曰：“吾知其可将。然变也尝为吏，赋于民而食人二鸡子[3]，故弗用也。”子思曰：“夫圣人之官人[4]，犹匠之用木也，取其所长，弃其所短。故杞梓连抱而有数尺之朽[5]，良工不弃。今君处战国之世，选爪牙之士[6]，而以二卵弃干城之将[7]，此不可使闻于邻国也。”公再拜曰：“谨受教矣。”[8]

识人用人，要看主要方面，不要求全责备。

[注释]

[1] 子思：名伋，孔子嫡孙。钱穆《先秦诸子系年》卷二《子思生卒考》考订子思生于前 483 年，卒于前 402 年，享年八十二岁；《史记 · 孔子世家》载子思享年六十二岁，“六”或为“八”字之误。但亦未为定论。苟变：卫国将军。卫侯：昭公（前 431—前 426 在位）或慎公（前 414—前 372 在位）。 [2] 其材可将五百乘（shèng）：东周时战车一乘，一般载甲士三人，随行步兵七十二人。城濮之战，晋军出动战车七百乘；苟变可以指挥战车五百乘，可见有很高的军事才能。 [3] 赋：赋敛。鸡子：鸡蛋，即下文的“卵”。 [4] 官人：任人为官。 [5] 故杞梓连抱而有数尺之朽：杞树、梓树长到两个人合抱那么粗，而有几尺腐朽的地方，比喻苟变军事才能杰出，而其品行有小污点。 [6] 爪牙之士：武士，这里指军事将领。 [7] 干城之将：大将。《诗 · 周南 · 兔罝》：“赳赳武夫，公侯干城。”干，盾牌；城，城墙，皆以防御患难。 [8] 本段史源出自《孔丛子 · 居卫第七》。本篇所载子思两段谈话，《资治通鉴》系于鲁穆公（前 410—前 377）去世之年，是因为子思晚年，鲁穆公拜之为师；但子思不可能活到本年，两段谈话也应该远早于本年。

卫侯言计非是，而群臣和者如出一口。子思曰：“以吾观卫，所谓‘君不君，臣不臣’者也[1]。”公丘懿子曰[2]：“何乃若是？”子思曰：“人主自臧[3]，则众谋不进。事是而臧之[4]，犹却众谋，况和非以长恶乎！夫不察事之是非而悦人赞己，暗莫甚焉[5]；不度理之所在而阿谀求容[6]，谄莫甚焉。君暗臣谄，以居百姓之上，民不与也。若此不已，国无类矣[7]！”

子思言于卫侯曰：“君之国事将日非矣！”公曰：“何故？”对曰：“有由然焉。君出言自以为是，而卿大夫莫敢矫其非；卿大夫出言亦自以为是，而士庶人莫敢矫其非。君臣既自贤矣，而群下同声贤之，贤之则顺而有福，矫之则逆而有祸，如此则善安从生！《诗》曰：‘具曰予圣[8]，谁知乌之雌雄？’抑亦似君之君臣乎？”[9]

领导搞一言堂，文过饰非，大家都不敢说真话，成天揣摩领导心思，谄媚取宠，非亡国不可。

[注释]

[1] 君不君，臣不臣：语出《论语·颜渊》，君主不像君主，臣子不像臣子，是说都没有恪守各自的礼法，尽到各自的职责。 [2] 公丘懿子：卫国大夫，复姓公丘，谥懿。 [3] 自臧：自以为是。臧，善，好。 [4]“事是而臧之”以下三句：即使

领导的判断正确，也应该集思广益，何况决策错误，群臣竟然苟同附和，任由错误发展！ [5] 暗：昏昧。 [6] 求容：取容，讨好别人以求自己安身。 [7] 无类：无噍类，没有存者，比喻覆亡。 [8] “具曰予圣”二句：引《诗》出自《小雅·正月》，意思是说君臣都说自己圣明，贤愚莫辨，好像乌鸦一样雄雌难分。这里用来比喻如果君臣无原则地讲“同”，甚至掩盖错误，就会贤愚不辨，是非不分。 [9] 本节史源出自《孔丛子·抗志第十》。和而不同，进谏纳谏，是儒家圣王思想的一个重要内容，在北宋政治生态中，也是贯彻得比较好的。司马光曾经担任过谏职多年，敢于说真话。

（选自《资治通鉴》卷一，周纪一）

[点评]

子思对卫侯的上述两条忠告，道出了领导力修炼的核心内容：出主意（决策）、用干部（用人）。近年出土的郭店楚简记载鲁穆公问子思：“何如而可谓忠臣？”子思回答说：“恒称其君之恶者，可谓忠臣矣。”鲁公“不悦，揖而退之”。能够讲真话，指出国君过失的，就是忠臣。传承子思学说的孟子（约前 372—前 289）曾与齐宣王有一段问答：“王曰：‘请问贵戚之卿。’曰：‘君有大过则谏；反覆之而不听，则易位。’王勃然变乎色。”（《孟子·万章下》）敢于指出国君有重大过错，是贵戚重臣的本分。假如多次指正，国君仍不改正，就应该换掉他。这是何等大胆的言论！敢于向领导提意见，弥补其决策中的失误，不是给领导拆台，而是补台，即所谓“和而不同”。

和而不同，进谏纳谏，是中国古代中央集权体制的一个内在必须环节。

五、商鞅变法

（显王七年，前 362）秦献公薨[1]，子孝公立[2]。孝公生二十一年矣[3]。是时河、山以东强国六[4]，淮、泗之间小国十余[5]，楚、魏与秦接界。魏筑长城，自郑滨洛以北有上郡[6]；楚自汉中，南有巴、黔中[7]；皆以夷翟遇秦[8]，摈斥之，不得与中国之会盟[9]。于是孝公发愤，布德修政，欲以强秦。

春秋霸主之一秦穆公（前 659—前 621 在位）之后，秦国就在走下坡路。

八年。孝公下令国中曰：“昔我穆公[10]，自岐、雍之间修德行武[11]，东平晋乱，以河为界，西霸戎翟，广地千里，天子致伯[12]，诸侯毕贺，为后世开业甚光美。会往者厉、躁、简公、出子之不宁[13]，国家内忧，未遑外事。三晋攻夺我先君河西地[14]，丑莫大焉。献公即位，镇抚边境，徙治栎阳[15]，且欲东伐，复穆公之故地，修穆秦献公在三晋（魏）流亡近三十年，现在公孙鞅也从三晋（魏）过来了。

公之政令。寡人思念先君之意，常痛于心。宾客群臣有能出奇计强秦者，吾且尊官，与之分土。”于是卫公孙鞅闻是令下[16]，乃西入秦。

［注释］

[1] 秦献公（前 424—前 362）：嬴姓，名师隰（xí），未即位时称公子连，灵公（前 424—前 415 在位）子。灵公死，其叔父篡立，是为简公（前 414—前 400 在位），公子连被迫流亡于魏。简公死，子惠公立（前 399—前 387 在位）。惠公死，子出子立（前 386—前 385 在位），年仅二岁，其母主政，重用宦官与外戚，朝政不宁。公子连策动政变，杀出子及其母，回国即位，是为献公（前 384—前 362 在位）。献公执政期间，感奋内乱不已，国势衰弱，开始施行各项改革，是孝公任用商鞅变法的先声。 [2] 孝公（前 381—前 338）：名渠梁。 [3] 孝公生二十一年矣：献公薨时孝公实为二十岁，明年改元，方为二十一岁。 [4] 河：黄河。山：华山。强国六：韩、魏、赵、齐、楚、燕。 [5] 淮、泗之间小国十余：指宋、鲁、邹、滕、薛、郳等国，所谓“泗上十二诸侯”，在今豫东、鲁南、皖北、苏北一带。 [6] 郑：今陕西渭南市华州区。滨：沿着水滨。洛：黄河支流，在陕西，与河南的洛河异水同名。 [7] 巴：今四川东北部和重庆中北部。黔中：今鄂渝湘交界地带，非今之贵州。 [8] 夷翟：即夷狄。翟，通“狄”。遇：对待。 [9] 中国：以黄河中下游为中心的中原地区的华夏各国。 [10] 穆公（前 659—前 621 在位）：名任好，春秋五霸之一，用蹇叔、百里奚、由余、孟明视等，使秦国从僻居一隅的小国，成为争霸中原的大国。 [11] 岐：在今陕西岐山。雍：在今陕西宝鸡市凤翔区。 [12] 天子致伯：周天子授予方伯的荣任。 [13] 会：

会逢。厉、躁、简公、出子之不宁：秦国在厉共公（前 476—前 443 在位）、躁公（前 443—前 429 在位）至简公、惠公、出子近百年间，大臣专权，数易君主，政局不稳，国势衰微。孝公历数秦国先公国政之不良，为改革强国造势。 [14] 河西地：陕、晋间黄河南段以西地区，在简公时被魏国派吴起攻取。 [15] 徙治栎（yuè）阳：献公二年，自雍徙都栎阳（在今陕西西安市阎良区）。 [16] 公孙鞅（？—前 338）：卫国庶出的公孙，又叫卫鞅，其后在秦国立功被封于商，故又称商鞅。

公孙鞅者，卫之庶孙也，好刑名之学[1]。事魏相公叔痤[2]，痤知其贤，未及进。会病，魏惠王往问之曰[3]：“公叔病如有不可讳[4]，将奈社稷何？”公叔曰：“痤之中庶子卫鞅[5]，年虽少，有奇才，愿君举国而听之！”王嘿然。公叔曰：“君即不听用鞅，必杀之，无令出境。”王许诺而去。公叔召鞅谢曰[6]：“吾先君而后臣，故先为君谋，后以告子。子必速行矣！”鞅曰：“君不能用子之言任臣，又安能用子之言杀臣乎？”卒不去。王出，谓左右曰：“公叔病甚，悲乎，欲令寡人以国听卫鞅也！既又劝寡人杀之，岂不悖哉！”卫鞅既至秦，因嬖臣景监以求见孝公[7]，说以富国强兵之术。公大悦，与议国事。

公叔曾挤走吴起，也没有为公孙鞅提供上位的条件。

公叔痤排挤吴起，却器重公孙鞅。

[注释]

[1] 刑名之学：刑名即循名责实，明赏必罚，先秦为法家之学。刑，通“形”，指事实。名，指名称。 [2] 公叔痤（cuó）：即上篇排挤吴起的魏相公叔。 [3] 魏惠王（前 400—前 319）：名䓨（yīng），武侯子。因在位期间（前 369—前 319）由安邑徙都大梁（今河南开封），故又称梁惠王。 [4] 不可讳：死亡的委婉说法。 [5] 中庶子：战国时大夫家的属官，常侍从左右。 [6] 谢：道歉。 [7] 嬖（bì）臣景监（jiàn）：楚人，孝公宠臣。曾出使魏国，认识卫鞅，所以卫鞅入秦后，因之得见孝公。

辩论不可能说服对手，但可以说服决策者。

十年。卫鞅欲变法，秦人不悦。卫鞅言于秦孝公曰：“夫民不可与虑始，而可与乐成。论至德者不和于俗，成大功者不谋于众。是以圣人苟可以强国，不法其故。”甘龙曰[1]：“不然。缘法而治者，吏习而民安之。”卫鞅曰：“常人安于故俗，学者溺于所闻，以此两者，居官守法可也，非所与论于法之外也。智者作法，愚者制焉[2]；贤者更礼[3]，不肖者拘焉。”公曰：“善。”以卫鞅为左庶长[4]，卒定变法之令。[5]令民为什伍而相收司、连坐[6]，告奸者与斩敌首同赏，不告奸者与降敌同罚。有军功者，各以率受上爵[7]。为私斗者，各以轻重被刑大小。僇力本业[8]，耕织致粟帛多者，复其身[9]；事末利及怠而贫者[10]，举以为收孥[11]。宗室非有军功论，不得为属籍[12]。明尊卑爵秩等级[13]，各以差次名田宅、臣妾、衣服。有功者显荣[14]，无功者虽富无所芬华。

卫鞅变法，富国强兵，反对者众，怎么办？“成大功者不谋于众。”创新一定要在现有法度之外寻找。

［注释］

[1] 甘龙：秦国大臣，主张改良，反对变法。　[2] 制：受制。　[3] 更（gēng）：变革。　[4] 左庶长：秦国非王族的执政大臣官名（王族的称右庶长），后虚化，成为二十等军功爵中的第十等。　[5] 以上讨论详见《商君书·更法》，《资治通鉴》此处系节录《史记·商君列传》。商鞅并没有说服反对派，但其重大决策必须由君主独断的说辞，坚定了孝公变法强国的决心。　[6] 什伍：分别指十户、五户，是最基层组织。秦献公时已经模仿魏国建立了基层组织，商鞅进一步严密化，并建立连坐互保机制。　[7] 率（lǜ）：通“律”，法也。　[8] 僇力：尽力。本业：古代以农业为本，以工、商业为末。　[9] 复：免除赋税徭役。　[10] 事末利：从事工、商业者，这里大概是指其中的破产者。　[11] 举：纠举。收孥：妻子、子女没收为官奴婢。　[12] 属籍：公族户口簿。与国君有血缘关系的公室单独编籍，享有相应的政治经济特权。商鞅试图改革这一弊政，剥夺那些没有军功的公室的特权，同时主要根据军功来确定公室的任官和晋升。　[13]“明尊卑爵秩等级”二句：根据军功大小确定爵位，根据爵位确定地位尊卑，并占有不同等级的田宅、臣妾和衣服。名，在政府登记合法财产，可意译为占有。　[14]“有功者显荣”

二句：商鞅变法的核心内容就是上述的鼓励耕战，并为此建立相应的基层组织和社会等级制度。在秦国，农功和军功的大小决定个人社会等级的尊卑贵贱，因之享有高低不等的政治、经济权利。因此只有立功者才能在秦国光显荣耀，没有为国立功，即使有钱也没有什么社会地位。

徙木立信。

令既具未布[1]，恐民之不信，乃立三丈之木于国都市南门[2]，募民有能徙置北门者予十金。民怪之，莫敢徙。复曰："能徙者予五十金！"有一人徙之，辄予五十金。乃下令。

加刑于违背法令的贵族，百姓"皆趋令"。

令行期年[3]，秦民之国都言新令之不便者以千数。于是太子犯法[4]。卫鞅曰："法之不行，自上犯之。太子，君嗣也，不可施刑。刑其傅公子虔，黥其师公孙贾[5]。"明日，秦人皆趋令。行之十年，秦国道不拾遗，山无盗贼，民勇于公战，怯于私斗，乡邑大治。秦民初言令不便者，有来言令便。卫鞅曰："此皆乱法之民也！"尽迁之于边。其后民莫敢议令。[6]

[注释]

[1] 具：具备，完成。 [2] 国都市南门：都城有市，市是大型的集中交易场所，有南、北门。 [3] 期（jī）年：周年。 [4] 于

是：于时，此时。　[5] 黥（qíng）：用刀在面额上刺字，然后以墨涂之。　[6] 商鞅首次改革发生于秦孝公三年（前 359）。孝公十二年，秦再兴变革，迁都咸阳，重拾献公向东扩张、争衡中原的路线。十年后的这次改革还涉及推行小家庭（父子分家）制度和郡县制度、废除井田制、统一度量衡等措施。孝公二十二年，商鞅击魏，虏公子卬，大破魏师，夺取河西之地，于是“秦封卫鞅商、於十五邑（今陕西商洛地区），号曰商君”。两年后，孝公死，太子驷即位，是为惠文王。公子虔一党诬告商鞅谋反，于是惠文王将商鞅车裂示众，并族灭其家。但秦国在商鞅设计的道路上日渐壮大，蚕食六国百有余年，终于一统天下，结束了纷乱五百余年的东周列国时代。

（选自《资治通鉴》卷二，周纪二）

［点评］

商鞅变法家喻户晓，但我印象最深刻的已经不是他推行的那些影响深远的措施，而是当初变法的决策过程。商鞅最初来到秦国的时候，准备有帝道、王道、霸道、强国之政共四套改革方案，《史记·商君列传》对此有详细叙述。这也许只是法家后学整理条贯的结果，未必是当时的场景，但是至少可以看出，从魏国来的商鞅和当年流亡三晋近三十年的秦献公的儿子孝公，是有共鸣的。《商君书·更法》开篇即说：“孝公平画，公孙鞅、甘龙、杜挚三大夫御于君，虑世事之变，讨正法之本，求使民之道。”这是一个决定改革方向的会议。商鞅没有也不可能说服反对派，他只需要说服领导秦孝公就可以了，问题在于其理由是什么。《更法》篇中的内容，本篇所选《资治通鉴》都写进去了：

1. 夫民不可与虑始，而可与乐成。

2. 论至德者不和于俗，成大功者不谋于众。是以圣人苟可以强国，不法其故。

3. 常人安于故俗，学者溺于所闻，以此两者，居官守法可也，非所与论于法之外也。

4. 智者作法，愚者制焉；贤者更礼，不肖者拘焉。

核心意思就是说，真理往往掌握在少数人手里。不要一味迎合世俗的口味，“成大功者不谋于众”。常人拘泥于常法常理，学者习惯按照所学的知识做判断，这些人居官守法可以，但是要改革，要变法，则不可行。

这些道理，对于今天的我们，仍然有振聋发聩的意义。

六、韩昭侯用申不害

（显王十八年，前 351）韩昭侯以申不害为相[1]。

申不害者，郑之贱臣也，学黄老、刑名[2]，以干昭侯[3]。昭侯用为相，内修政教，外应诸侯，十五年，终申子之身，国治兵强。

申子尝请仕其从兄[4]，昭侯不许，申子有怨色。昭侯曰："所为学于子者，欲以治国也。今将听子之谒而废子之术乎[5]，已其行子之术而废子之请乎？子尝教寡人修功劳，视次第[6]；今有所私求，我将奚听乎？"申子乃辟舍请罪曰[7]："君真其人也[8]！"

制度规则只是对别人，对自己却网开一面，这就是申不害的局限。

昭侯有弊袴[9]，命藏之。侍者曰："君亦不仁者矣，不赐左右而藏之！"昭侯曰："吾闻明主爱一嚬一笑[10]，嚬有为嚬[11]，笑有为笑。今袴岂特嚬笑哉！吾必待有功者[12]。"

领导者一言一行，对部属而言，都意味着赏罚喜好。

[注释]

[1] 韩昭侯（？—前 333）：名武，韩国在其统治时期最为强盛。宋苏洵《谥法》："昭德有劳曰昭，圣闻周达曰昭。"申不害（前 385—前 337）：郑国京（今河南荥阳）人，国灭入韩。《史记·老子韩非列传》载其"学术以干韩昭侯"，主张"因任而授官，循名而责实，操杀生之柄，课群臣之能"（《韩非子·定法》），属于法家法、术、势三派中术派的代表人物。史载申不害"学黄老、刑名"，撷取黄老之学的精要，援道入法，以成术派。势派的韩非认为申不害的术和商鞅的法同等重要，不可偏废。 [2] 黄老：黄帝、老子。黄老之学是战国至汉初流行的道家流派，强调顺道而行，贵柔守雌，其治国主张无为而治，与儒家以仁义礼乐治国（有为而治）相对立。 [3] 干（gān）：求取。 [4] 从兄：

堂兄。 [5] 谒：请求。 [6] 修功劳，视次第："修"是"循"的误字，两句互文，意思是察看并遵循功劳的高低次第来任用官员。 [7] 辟（bì）舍：避开正房不敢居处。这里当指离开本该站立的位置，表示恭敬。辟，通"避"。 [8] 君真其人也：您真是我企望效力的贤君啊！本段史源出自《战国策·韩策一》。 [9] 弊袴（kù）：破旧的裤子。 [10] 嚬：通"颦"，皱眉。 [11]"嚬有为嚬"二句：君主的喜怒（一颦一笑）都是有原因的，不能随意喜怒。这里用来比况不能任意赏赐。 [12] 吾必待有功者：我留着弊袴，一定要赐给有功之人。意思是说赏罚要视功过而定，不能任凭君主好恶而肆意予夺。

（选自《资治通鉴》卷二，周纪二）

[点评]

战国变法，以魏文侯用李克、楚悼王用吴起、秦孝公用商鞅和韩昭侯用申不害最为有名。吴起在楚国，注重军事实力的培养，削弱贵族利益，以养战斗之士。申不害辅佐韩昭侯长达十五年，君臣默契，国治兵强。但是，他们都有一个致命的弱点，没有在发展农业生产上做出实实在在的改革。吴起抓兵，对外扩张；申不害抓权，具有很深的权谋家的特征。商鞅从法治建设入手，实实在在地抓经济。我们从《商君书》和《睡虎地秦墓竹简》中可以看出，商鞅的改革以法令的完整性、严肃性、可操作性为特征。不仅有原则，而且有很细致的法令条文，使之能落地，能贯彻。尤其是涉及农业生产、田间管理等的具体内容，其周密与完备令人叹为观止。

最可惜的是魏国。魏文侯用李克（李悝）等变法，国家强盛，为什么后来就衰落了呢？我想原因有三：首先是人才的流失，吴起是其一，商鞅是其二，张仪是其三，这些重要人才都流失了，孙膑、范雎曾来到魏国，后来也被迫离开。其次，魏文侯的改革未能很好地承继下去。魏武侯在改革上吃父亲的老本，更注重军事行为，虽然赖父祖的余烈，尚可得手，但是完全不可持续。人才流失，加速了其困境。其三，魏惠王扩张战略失误。魏惠王用庞涓攻赵、伐韩，被齐国击破。魏国本四战之地，没有秦国雄踞关中，进攻退守的地理优势，与四邻为敌，只会削弱国力。反观商鞅变法之后，秦国对战争的态度很谨慎。司马错智取巴蜀而不宜先东击韩国和东周的高见，被秦惠文王采纳，就体现了秦国早期发展中的这一战略。

七、长平之战

（赧王五十三年，前 262）武安君伐韩[1]，拔野王[2]。上党路绝[3]，上党守冯亭与其民谋曰：“郑道已绝，秦兵日进，韩不能应，不如以上党归赵。赵受我，秦必攻之；赵被秦兵，必亲韩。韩、赵为一，则可以当秦矣。”乃遣使者告于赵曰："韩不能守上党，入之秦，其吏民皆安于赵，不乐为秦。有城市邑十七[4]，愿再拜献之大王。"赵王以告平阳君豹[5]，对曰："圣人甚祸无故之利[6]。"王曰："人乐吾德，何谓无故？"对曰："秦蚕食韩地，中绝，不令相通，固自以为坐而受上党也。韩氏所以不入于秦者，欲嫁其祸于赵也。秦服其劳而赵受其利，虽强大不能得之于弱小，弱小固能得之于强大乎[7]！岂得谓之非无故哉？不如勿受。"王以告平原君[8]，平原君请受之。王乃使平原君往受地[9]，以万户都三封其太守为华阳君，以千户都三封其县令为侯，吏民皆益爵三级。冯亭垂涕不见使者，曰："吾不忍卖主地而食之也[10]！"

秦夺得韩上党郡，郡守献给赵国，赵若想要，就要面临秦的进攻。这样简单的道理为何不明白？

［注释］

[1] 武安君：秦国名将白起（？—前 257）。 [2] 野王：邑名，在今河南沁阳。 [3] 上党：郡名，辖今山西上党盆地。路绝：与下文的"郑道已绝"意思相同，是说上党郡通往韩都新郑的道路彻底断绝。 [4] 城市邑：邑之有城、市者，指大邑。 [5] 赵王：赵孝成王丹（？—前 245）。平阳君豹：赵惠文王同母弟，孝成王的叔父。 [6] 祸：认为是祸事。 [7] 弱小固能得之于强大乎：赵之于秦为弱小，不要指望能从秦手上获得韩的上党郡。 [8] 平

原君：赵胜（？—前251），亦惠文王之弟。 [9] 王乃使平原君往受地：胡三省认为秦有吞并天下之心，即使赵不受上党而秦得之，也一定会据上党而攻赵。所以赵的祸患不在于受上党，而在于用赵括。 [10] 食：收取租税。

五十五年。秦左庶长王龁攻上党[1]，拔之。上党民走赵。赵廉颇军于长平[2]，以按据上党民[3]。王龁因伐赵。赵军数战不胜，亡一裨将、四尉[4]。赵王与楼昌、虞卿谋[5]，楼昌请发重使为媾[6]。虞卿曰："今制媾者在秦，秦必欲破王之军矣，虽往请媾，秦将不听。不如发使以重宝附楚、魏[7]，楚、魏受之，则秦疑天下之合从，媾乃可成也。"王不听，使郑朱媾于秦[8]，秦受之。王谓虞卿曰："秦内郑朱矣[9]。"对曰："王必不得媾而军破矣。何则？天下之贺战胜者皆在秦矣。夫郑朱，贵人也，秦王、应侯必显重之以示天下[10]。天下见王之媾于秦，必不救王。秦知天下之不救王，则媾不可得成矣。"既而秦果显郑朱而不与赵媾。

赵要想与秦谈判，手中必须有牌可打！结交楚、魏，就是一张牌！

[注释]

[1] 王龁（hé，？—前244）：秦国大将。 [2] 廉颇（前327—前243）：赵国名将。长平：今山西高平西北。 [3] 按据：

据守援助。 [4] 裨将：副将。尉：都尉。 [5] 楼昌、虞卿：皆赵国大夫。虞卿行事详见《史记 · 平原君虞卿列传》。 [6] 媾：讲和。 [7] “不如发使以重宝附楚、魏”以下四句：虞卿认为要先用重宝联络楚、魏，约为盟友，再发使者与秦媾和，才有可能达成和议。 [8] 郑朱：赵国贵臣，即上文楼昌所谓的“重使”。 [9] 内（nà）：同“纳”。 [10] 秦王：秦昭襄王嬴稷（前325—前 251）。应侯：范雎（？—前 255），时为秦相邦。必显重之以示天下：是说秦会高调公开与赵国重使郑朱和谈的信息，以消弭其他国家救赵的意图。

蔺相如的话切中要害。纸上谈兵的最大问题是不知时变，用这样的人就是胶柱鼓瑟，必然坏事！

秦数败赵兵，廉颇坚壁不出。赵王以颇失亡多而更怯不战，怒，数让之[1]。应侯又使人行千金于赵为反间，曰：“秦之所畏，独畏马服君之子赵括为将耳[2]！廉颇易与[3]，且降矣！”赵王遂以赵括代颇将。蔺相如曰[4]：“王以名使括，若胶柱鼓瑟耳。括徒能读其父书传，不知合变也[5]。”王不听。

初，赵括自少时学兵法，以天下莫能当；尝与其父奢言兵事，奢不能难[6]，然不谓善。括母问其故，奢曰：“兵，死地也，而括易言之。使赵不将括则已；若必将之，破赵军者必括也。”及括将行，其母上书，言括不可使。王曰：“何以[7]？”对曰：“始妾事其父，时为将，身所奉饭而进食者以十数[8]，所友者以百数，王及宗室所赏赐者，尽以与军吏士大夫；受命之日，不问家事。今括一旦为将，东乡而朝[9]，军吏无敢仰视之者；王所赐金帛，归藏于家，而日视便利田宅可买者买之[10]。王以为如其父，父子异心，愿王勿遣！”王曰：“母置之[11]，吾已决矣！”母因曰：“即如有不称[12]，妾请无随坐[13]。”赵王许之。

为什么赵括不行？父亲赵奢认为他把战争看得太轻易了；母亲发现他不像父亲那样能笼络和团结部属，私心太重。

[**注释**]

[1] 让：责备。　[2] 马服君：赵奢，曾在阏（yù）与之战（前269）大败秦军，此时已卒。　[3] 与：对付。　[4] 蔺相如：赵国上卿。　[5] 合变：指实战。合，合战，正面交战。《孙子兵法·兵势》云：“凡战者，以正合，以奇胜。”变，变招。　[6] 难（nàn）：使折服。　[7] 何以：以何事知其不可使？　[8]“身所奉饭而进食者以十数”以下四句：是说赵奢礼贤下士，不以军主自傲。身，亲自。　[9]“东乡而朝”二句：赵括坐西朝东，以军主自居，让军吏来朝见，没有敢仰视他的。是说赵括为将，摆军威而不能得部属之情。　[10] 便利：有利可图的。便、利同义。　[11] 置之：废置此事，不要再说了。　[12] 不称：不称其职，这里指打败仗。　[13] 随坐：连坐，时败军之将，罪及其家。

为什么要偷偷换上白起而不使赵军知道？防止赵括因此变得谨慎而继续廉颇的做法，坚壁不出。

秦王闻括已为赵将，乃阴使武安君为上将军[1]，而王龁为裨将，令军中："有敢泄武安君将者斩！"赵括至军，悉更约束，易置军吏，出兵击秦师。武安君佯败而走，张二奇兵以劫之[2]。赵括乘胜追造秦壁[3]，壁坚拒不得入；奇兵二万五千人绝赵军之后，又五千骑绝赵壁间。赵军分而为二，粮道绝。武安君出轻兵击之，赵战不利，因筑壁坚守以待救至。秦王闻赵食道绝，自如河内发民年十五以上悉诣长平[4]，遮绝赵救兵及粮食[5]。

齐人、楚人救赵。赵人乏食，请粟于齐，齐王弗许。周子曰[6]："夫赵之于齐、楚，扞蔽也，犹齿之有唇也，唇亡则齿寒；今日亡赵，明日患及齐、楚矣。救赵之务，宜若奉漏瓮沃焦釜然[7]。且救赵，高义也；却秦师，显名也；义救亡国，威却强秦。不务为此而爱粟[8]，为国计者过矣！"齐王弗听。

数十万赵军的统帅赵括竟然需要自己带头冲出重围！可见他母亲的担心是有缘故的。

九月，赵军食绝四十六日，皆内阴相杀食。急来攻秦垒，欲出，为四队[9]，四，五复之，不能出。赵括自出锐卒搏战，秦人射杀之。赵师大败，卒四十万人皆降。武安君曰："秦已拔上党，上党民不乐为秦而归赵。赵卒反覆，非尽杀之，恐为乱。"乃挟诈而尽坑杀之，遗其小者二百四十人归赵[10]。前后斩首虏四十五万人[11]，赵人大震。

［注释］

[1]"乃阴使武安君为上将军"以下四句：秦国暗中换上白起为主帅，并下令封锁消息，是为了不引起赵括的警觉，以免其仍旧持重防守。 [2]张：设。劫：迫击。 [3]造：诣，到。壁：营垒。 [4]河内：在今河南焦作一带，通过羊肠坂与上党盆地相邻。民年十五以上：秦规定十七岁登记成丁，服兵役，老衰得免；现在大战紧急，故而自十五岁以上全部征发上前线。 [5]遮绝：遮断阻绝。 [6]周子：或即周最，西周君的公子，曾为齐相。 [7]奉漏瓮沃焦釜：捧着漏水的瓦罐去浇烧焦的釜，比喻事态紧迫，唯恐不及。奉，同"捧"。然：样子。 [8]爱：吝惜。 [9]"为四队"以下四句：赵括分其军为四队，自一队至四队轮流攻打秦垒，到第五次又轮到了一队，仍然不能突围。 [10]遗其小者二百四十人归赵：胡三省注云：四十余万人皆死，而独遗小者二百四十人得归赵，此非得脱也，白起之谲也。强壮尽死，则小弱得归者必言秦之兵威，所以破赵人之胆，将以乘胜取邯郸也；为应侯所沮，故白起之计不得行耳。 [11]前后斩首虏四十五万人：胡三省注云：此言秦兵自挫廉颇至大破赵括，前后所斩首虏之数耳。

（选自《资治通鉴》卷五，周纪五）

［点评］

公元前 262—前 260 年之间发生的秦赵长平之战，是战国历史的转折点。大约三十年后，秦开始了灭亡六国的兼并战争。

商鞅变法奠定了秦国发展的制度基础，包括法律制度、行政管理制度（郡县制、基层乡里制度）、军功爵制度（激励机制）、经济制度（废井田民得买卖的土地制度、农田管理制度）等。但是，如果没有高超的外交战略、切实的发展路线，要以西北一隅之地、单打独斗之力，吞并唇齿相依、命运相同的东方六国，也不是那么容易的。因此，如何选择优先发展目标和打击重点，是秦国外交战略中的重大问题。随着秦统一大业的推进，随着秦国与六国关系的变化，秦国的对外策略有几次大的阶段性调整。秦惠文王时期，采取了避重就轻、攻灭巴蜀的策略，不与中原国家过度纠缠。接下来武王之后的秦昭襄王时期，实施远交近攻、蚕食诸侯的策略，长平之战就是这个策略的一部分。到了秦王嬴政时期，则采用李斯的建议，用收买、暗杀和离间等手段削弱六国的人才。

长平之战消灭了赵国的精锐兵力，从此六国已经很难与秦国拼军事实力了。不过，时间的长河已经淡漠了人们对于那场战争的历史意义，留下来的是赵国君臣贪便宜，以及赵括纸上谈兵的历史教训。

卷六至卷八　秦纪

【**提要**】秦纪有三卷内容，从秦昭襄王五十二年（前 255）起，到秦二世三年（前 207）子婴杀赵高于斋宫止。这部分内容也是司马光最早以《通志》的书名送给宋英宗看的那一部分。本编选两篇分别是始皇统一与二世亡国，因为内容跨越时间比较长，每篇都列了几个小标题。

一、从秦王到秦始皇

1. 秦王嬴政亲政

初，王即位[1]，年少，太后时时与文信侯私通[2]。王益壮，文信侯恐事觉，祸及己，乃诈以舍人嫪毐为宦者[3]，进于太后。太后幸之，生二嬴政生父之外，还有仲父（吕不韦）和假父（嫪毐）干政。但他出手干净利落。

子，封毐为长信侯，以太原为毐国，政事皆决于毐；客求为毐舍人者甚众。王左右有与毐争言者，告毐实非宦者，王下吏治毐。毐惧，矫王御玺发兵，欲攻蕲年宫为乱[4]。王使相国昌平君、昌文君发卒攻毐[5]，战咸阳，斩首数百；毐败走，获之。

［注释］

[1] 王：秦王嬴政，秦庄襄王之子。秦昭王四十八年（前259）正月生于邯郸（今属河北），十三岁（前 246）继承王位，二十二岁（前 238）亲政，后统一六国，建立秦朝。 [2] 太后：嬴政母亲赵姬，原本是吕不韦家歌姬，在邯郸时嫁给秦公子异人（即后来的秦庄襄王），生下嬴政。文信侯：吕不韦，原是卫国商人，在邯郸结识秦公子异人。吕不韦认为异人“奇货可居”，入秦说华阳夫人立为嗣，更名子楚。子楚即位，是为庄襄王。吕不韦辅政，被封为文信侯，封地在河南。公元前 247 年，秦庄襄王病逝，嬴政即位，年仅十三岁，尊母赵姬为太后，垂帘听政。吕不韦继续辅政，被尊为“仲父”。赵太后与吕不韦二人旧情复发。 [3] 舍人：即门客。嫪毐（lào ǎi）：原为吕不韦的门客，后被吕不韦冒充宦者侍赵太后，深得宠幸，权势极大。秦王政八年（前 239），封长信侯。 [4] 蕲（qí）年宫：位于秦旧都雍（今陕西宝鸡市凤翔区），是秦王的行宫。秦王政九年（前 238），嫪毐企图发动叛乱，被秦王政先下手击败，史称蕲年宫之变。 [5] 相国昌平君、昌文君：究竟是“相国、昌平君、昌文君”，还是“相国昌平君、昌文君”，学术界有不同的

意见。分歧的关键是相国指吕不韦，还是相国就是昌平君、昌文君。昌平君熊起（前271—前223）是楚公子，为华阳太后所亲，被秦王政调去翦除嫪毐势力。事后被封为相国，取代吕不韦。此处称“相国昌平君、昌文君”有两种可能，一是以后来的官衔言之，另外一种可能是吕不韦也在名义上被嬴政用来剿除嫪毐，从策略上孤立嫪毐的势力。

（始皇九年，前238）秋，九月，夷毐三族；党与皆车裂灭宗；舍人罪轻者徙蜀，凡四千余家。迁太后于雍萯阳宫[1]，杀其二子。下令曰：“敢以太后事谏者，戮而杀之，断其四支，积于阙下！”死者二十七人。齐客茅焦上谒请谏。王使谓之曰：“若不见夫积阙下者邪？”对曰：“臣闻天有二十八宿，今死者二十七人，臣之来固欲满其数耳。臣非畏死者也！”使者走入白之。

齐客卿茅焦有胆有识。

茅焦邑子同食者[2]，尽负其衣物而逃。王大怒曰：“是人也，故来犯吾，趣召镬烹之，是安得积阙下哉！”王按剑而坐，口正沫出。使者召之入，茅焦徐行至前，再拜谒起，称曰：“臣闻有生者不讳死，有国者不讳亡。讳死者不可以得生，讳亡者不可以得存。死生存亡，圣主所欲急闻也，陛下欲闻之乎？”王曰：“何谓也？”茅焦曰：“陛下有狂悖之行，不自知邪？车裂假父，囊扑二弟，迁母于雍，残戮谏士，桀、纣之行不至于是矣。令天下闻之，尽瓦解，无向秦者，臣窃为陛下危之！臣言已矣！”乃解衣伏质[3]。王下殿，手自接之曰：“先生起就衣，今愿受事[4]！”乃爵之上卿。王自驾，虚左方[5]，往迎太后，归于咸阳，复为母子如初。

茅焦谏言的核心是：天下闻之，将“无向秦者”！

[**注释**]

[1] 萯（bèi）阳宫：秦国离宫，位于鄠（hù）县，即今陕西西安市鄠邑区。 [2] 邑子：胡三省注：“同邑之少年也。”即与茅焦一起在秦国为客卿的同乡。 [3] 质：同“锧”，《玉篇》释为铁砧。 [4] 今愿受事：胡三省注：“受事者，受所教之事也。”即接受茅焦的谏言。 [5] 虚左方：古人乘车，以左方为尊。故虚左方，尊迎母后。

（选自《资治通鉴》卷六，秦纪一）

2. 秦王用王翦灭楚

（始皇二十一年，前226）王贲伐楚[1]，取十余城。王问于将军李信曰[2]：“吾欲取荆，于将军度用几何人而足？”李信曰：“不过用二十万。”王以问王翦，王翦曰：“非六十万人不可。”王曰：“王将军老矣，何怯也！”遂使李信、蒙恬将二十万人伐楚；王翦因谢病归频阳。

（始皇二十二年，前225）李信攻平舆[3]，蒙恬攻寝[4]，大破楚军。信又攻鄢郢[5]，破之。于是引兵而西，与蒙恬会城父[6]。楚人因随之，三日三夜不顿舍，大败李信，入两壁，杀七都尉；李信奔还。

［注释］

[1] 王贲：字典武，战国时秦将，频阳东乡（今陕西富平）人，名将王翦之子。王贲之子王离，后在巨鹿之战中，败于项羽。　[2] 李信：战国时秦将。槐里（今陕西兴平东）人，汉将军李陵的先祖。　[3] 平舆：今河南平舆。　[4] 寝：即寝县，今河南固始。　[5] 鄢郢：今湖北宜城东南。　[6] 城父：今安徽亳州市谯城区城父镇。

王闻之，大怒，自至频阳谢王翦曰：“寡人不用将军谋，李信果辱秦军。将军虽病，独忍弃寡人乎！”王翦谢病不能将，王曰：“已矣，勿复言！”王翦曰：“必不得已用臣，非六十万

嬴政屈身再请王翦出山，身段柔软。

人不可！”王曰：“为听将军计耳。”于是王翦将六十万人伐楚[1]。王送至霸上[2]，王翦请美田宅甚众。王曰：“将军行矣，何忧贫乎！”王翦曰：“为大王将，有功，终不得封侯，故及大王之向臣，以请田宅为子孙业耳。”王大笑。王翦既行，至关，使使还请善田者五辈[3]。或曰：“将军之乞贷亦已甚矣！”王翦曰：“不然。王怚中而不信人[4]，今空国中之甲士而专委于我，我不多请田宅为子孙业以自坚，顾令王坐而疑我矣。”

王翦的逻辑：过于贪婪财富的人不会有政治野心。

（始皇二十三年，前224）王翦取陈以南至平舆。楚人闻王翦益军而来，乃悉国中兵以御之；王翦坚壁不与战。楚人数挑战，终不出。王翦日休士洗沐，而善饮食，抚循之；亲与士卒同食。久之，王翦使人问：“军中戏乎？”对曰：“方投石、超距[5]。”王翦曰：“可用矣！”楚既不得战，乃引而东。王翦追之，令壮士击，大破楚师，至蕲南[6]，杀其将军项燕[7]，楚师遂败走。王翦因乘胜略定城邑。

［注释］

[1] 六十万人：战国末秦国的兵力大约 50 多万。但必要的情况下，秦国有更大的军事动员能力。此处六十万军队几乎是秦国的举国兵力。　[2] 霸上：即灞上，在今陕西西安东，即所谓白鹿原。　[3] 使使还请善田者五辈：意谓派遣四五拨使者，要求秦王赐给美田宅。第一个使是动词，第二个是名词。　[4] 王怚（jù）中而不信人：意谓秦王嬴政内心猜忌多疑，不信任别人。怚，《集韵》释“妒也”。　[5] 投石、超距：指投掷、跳跃等田径类活动，既是士兵的休闲活动，也是军训的一种形式。　[6] 蕲南：湖北蕲春县之南。　[7] 项燕：楚国上将军，为项梁之父，项羽的祖父。项燕死后，王翦与蒙武（秦将蒙恬、蒙毅之父）等率军进击楚国，次年（前 223）俘虏末代楚王负刍，在楚地设立楚郡。

（选自《资治通鉴》卷七，秦纪二）

3. 秦始皇统一

王初并天下[1]，自以为德兼三皇，功过五帝，乃更号曰“皇帝”，命为“制”，令为“诏”，自称曰“朕”。追尊庄襄王为太上皇[2]。制曰：“死而以行为谥，则是子议父，臣议君也，甚无谓。自今以来，除谥法[3]。朕为始皇帝，后世以计数，二世、三世至于万世，传之无穷。”

初，齐威、宣之时[4]，邹衍论著终始五德之创始者总希望万世不替！五德之运却告诉你如何替代！秦人居然两样都信。

运；及始皇并天下，齐人奏之。始皇采用其说，以为周得火德，秦代周，从所不胜，为水德。始改年，朝贺皆自十月朔[5]；衣服、旌旄、节旗皆尚黑，数以六为纪[6]。

［注释］

[1] 王初并天下：秦王嬴政先后击灭韩、赵、魏、楚、燕、齐六国，于公元前 221 年统一天下，建立秦王朝。 [2] 追尊：为逝者加尊号。庄襄王：即秦庄襄王，嬴政生父，公元前 249—前 247 年在位。嬴政自称始皇帝，尊已故父王庄襄王为太上皇。西汉建立，刘邦尊父亲为太上皇。后世皇帝禅让给太子，称太上皇。 [3] 谥法：帝王及公卿大臣死后，根据其生前功过德行，用一两个字做出正面或者反面的评定，如夏桀、商纣、周武王、周赧王、齐桓公、晋文公、楚灵王等，谓之谥。 [4]“齐威、宣之时”二句：齐威王（前 378—前 320）、齐宣王（前 350—前 301）时代，齐国的稷下学宫吸引了各国学者，讲学辩难，成为战国文化学术的中心。邹衍（约前 324—约前 250）是稷下学宫著名学者，阴阳家代表人物。他提出天地按照五行运行，五行配五德，国运兴衰、王朝更替都是按照五行之德相克而运行，比如火克金、水克火之类。 [5] 朝贺皆自十月朔：秦始皇以每年的十月为一岁之首，此种礼法到汉武帝时才改变，改以正月为一岁之始。 [6] 以六为纪：据胡三省注：秦朝以水为行（水德），故色尚黑。水成数六，先天八卦有所谓“天一生水，地六成之”的说法（火成数七，木成数八，等等），故以六为纪。按，所谓以六为纪，指事物的尺寸崇尚六或者六的倍数，比如“符、法冠

皆六寸，而舆六尺。六尺为步，乘六马”（《史记·秦始皇本纪》），等等。

丞相绾等言[1]：“燕、齐、荆地远[2]，不为置王，无以镇之。请立诸子。”始皇下其议。廷尉斯曰[3]：“周文、武所封子弟同姓甚众[4]，然后属疏远，相攻击如仇雠，周天子弗能禁止。今海内赖陛下神灵一统，皆为郡、县，诸子功臣以公赋税重赏赐之，甚足易制，天下无异意，则安宁之术也。置诸侯不便。”始皇曰：“天下共苦战斗不休，以有侯王。赖宗庙[5]，天下初定，又复立国[6]，是树兵也；而求其宁息，岂不难哉！廷尉议是。”

裂土分封诸侯，会导致内战。

丞相王绾“远地置王”的意见，是要给地方独立的治理权。汉初刘邦在燕、齐、荆（楚）设置诸侯国，就是借鉴了这个意见。

分天下为三十六郡，郡置守、尉、监[7]。

收天下兵聚咸阳[8]，销以为钟鐻、金人十二，重各千石，置宫廷中。一法度、衡、石、丈尺。徙天下豪桀于咸阳十二万户。

诸庙及章台、上林皆在渭南[9]。每破诸侯[10]，写放其宫室，作之咸阳北阪上，南临渭，自雍门以东至泾、渭[11]，殿屋、复道、周阁相属[12]，所得诸侯美人、钟鼓以充入之。

[**注释**]

[1] 绾：丞相王绾。 [2] 荆：即楚国，因避庄襄王子楚名讳而称荆。 [3] 廷尉斯：廷尉李斯。 [4] 周文、武：指周文王、周武王。周文王时期未作大规模分封。西周分封诸侯，主要是周武王灭商及周公二次克商时。 [5] 赖宗庙：依赖宗族神灵保佑。 [6]“又复立国”二句：意谓分封诸侯国，就等于是树立敌人，引发战争。 [7] 郡置守、尉、监：胡三省注引班固《汉书·百官公卿表》：郡守掌治其郡，郡尉掌佐守典武职、甲卒，监御史掌监郡。由此看来，郡的主要官员配置，略同于中央的丞相、太尉、御史大夫。 [8] “收天下兵聚咸阳”以下三句：意谓搜缴天下兵器（通常以铜铸造），铸造成乐器、铜像（金人），重达千石，表示销兵。钟鐻（jù），悬钟磬鼓等乐器的架子。 [9] 章台、上林：均为秦宫苑名，即章台宫、上林苑。章台宫因其中有章台而得名，与上林苑皆在渭南，即今陕西西安附近的周至县、鄠邑区一带。 [10] “每破诸侯”以下四句：谓每灭亡一个国家，就按照其都城宫室的样子，在咸阳即渭水之北仿制一座。写放，按照原样仿制。 [11] 雍门：胡三省考证，长安城西出北头第一门为雍门，长安本为秦朝离宫所在地，大约是史家以后来汉代地名笼统言之。 [12] 复道：胡三省注，阁道也。上下有道，故名复道。宫殿之间不仅地下有路，而且空中还建造相互连接的复道。

（选自《资治通鉴》卷七，秦纪二）

[**点评**]

秦始皇“奋六世之余烈”，统一了中国，开创了此后几千年中国中央集权的治理模式，成为真正的千古一帝。秦始皇身上的“脏水”很多。但是，本段所选《资治通鉴》的段落，却显示出他在打天下过程中的若干品质，铁腕、果断，从善如流，改过迁善。

秦始皇很期待江山万世。他不知疲倦地工作，衡石程书；他车马劳顿，巡视各地，在咸阳享清福的日子并不多。年仅五十，就病死在巡视的路上。所有这一切，留给世人的，都是帝王的反面教材。刘邦的黄老无为，恰恰是从这里得到了启发。

二、秦二世与赵高

1. 沙丘之变

始皇恶言死，群臣莫敢言死事。病益甚，乃令中车府令行符玺事赵高为书赐扶苏曰[1]：“与丧，会咸阳而葬。”书已封，在赵高所，未付使者。（始皇三十七年，前210）秋，七月，丙寅，始皇崩于沙丘平台[2]。丞相斯为上崩在外，恐诸公子及天下有变，乃秘之不发丧，棺载辒凉车中[3]，故幸宦者骖乘[4]。所至，上食、百官奏事如故，宦者辄从车中可其奏事。独胡亥、赵高及幸宦者五六人知之[5]。

初，始皇尊宠蒙氏[6]，信任之。蒙恬任外将，蒙毅常居中参谋议，名为忠信，故虽诸将相莫敢与之争。赵高者，生而隐宫，始皇闻其强力，通于狱法，举以为中车府令，使教胡亥决狱，胡亥幸之。赵高有罪，始皇使蒙毅治之；毅当高法应死。始皇以高敏于事，赦之，复其官。赵高既雅得幸于胡亥，又怨蒙氏，乃说胡亥，请诈以始皇命诛扶苏而立胡亥为太子。胡亥然其计。赵高曰："不与丞相谋，恐事不能成。"乃见丞相斯曰："上赐长子书及符玺，皆在胡亥所。定太子，在君侯与高之口耳。事将何如？"斯曰："安得亡国之言！此非人臣所当议也！"高曰："君侯材能、谋虑、功高、无怨、长子信之，此五者皆孰与蒙恬？"斯曰："不及也。"高曰："然则长子即位，必用蒙恬为丞相[7]，君侯终不怀通侯之印归乡里明矣！胡亥慈仁笃厚，可以为嗣。愿君审计而定之！"丞相斯以为然，乃相与谋，诈为受始皇诏，立胡亥为太子。更为书赐扶苏，数以不能辟地立功，士卒多耗，数上书，直言诽谤，日夜怨望不

风光的背后，不是肮脏，就是沧桑。

李斯上了贼船。

贪婪解除了李斯对赵高的戒心。

得罢归为太子，将军恬不矫正，知其谋，皆赐死，以兵属裨将王离[8]。

扶苏发书，泣，入内舍，欲自杀。蒙恬曰："陛下居外，未立太子；使臣将三十万众守边，公子为监，此天下重任也。今一使者来，即自杀，安知其非诈！复请而后死[9]，未暮也。"使者数趣之[10]。扶苏谓蒙恬曰："父赐子死，尚安复请！"即自杀。蒙恬不肯死，使者以属吏，系诸阳周[11]。更置李斯舍人为护军[12]，还报。胡亥已闻扶苏死，即欲释蒙恬。会蒙毅为始皇出祷山川，还至。赵高言于胡亥曰："先帝欲举贤立太子久矣，而毅谏以为不可，不若诛之！"乃系诸代[13]。

扶苏知礼尊礼，也很迂腐！他要真接了秦始皇的班，未必能行。始皇没有立他为太子，大约也有不放心的意思。

[注释]

[1] 中车府令行符玺事：秦官于太仆下设车府令，掌车马。赵高为中车府令，当属此职，专为秦始皇出行掌管车马，他又有"行符玺事"的职务，即掌管皇帝的符节、印玺，属于秦始皇身边掌管机要的近臣。扶苏：秦始皇长子扶苏，此时监驻守长城的蒙恬军。　[2] 沙丘平台：地名，在今河北广宗县西北。　[3] 辒（wēn）凉车：又作"辒车"，皇帝乘用的专车，可以调节温凉。辒凉车可用于卧息，后亦用作丧车。辒，同"温"。　[4] 骖（cān）乘：

陪同乘坐之人。古代车中三人，除御（中前位置驾车）之外，有尊者（后座左侧）与骖乘（后座右侧）。 [5] 胡亥（前 230—前 207）：秦始皇幼子。 [6] 蒙氏：蒙氏本为齐国人，祖父蒙敖（？—前 240）在秦昭王时降秦，因军功为上卿。父亲蒙武（？—前 219）官至内史。蒙恬（？—前 210）善战，弟蒙毅（？—前 210）官至上卿，辅佐始皇。 [7]“必用蒙恬为丞相”二句：谓若蒙氏为丞相，你李斯就以通侯的身份退休回老家了。通侯，汉代叫彻侯，又称列侯。 [8] 王离：秦将，秦国著名大将王翦之孙。 [9]“复请而后死”二句：意谓先弄明白真相，再决定是否自杀，并不晚。未暮，未晚的意思。 [10] 使者数趣之：使者一遍遍地催促扶苏自尽。 [11] 阳周：秦朝县名，今属山西介休。 [12] 护军：秦官有护军都尉，掌监护军队。蒙恬已经被关押，为了防止军队动乱，改以李斯的舍人为护军。 [13] 代：地名，在今山西代县，此处距沙丘（河北广宗县）很远。胡三省注：代县距沙丘甚远，大概蒙毅出使回来到代，就地拘捕。

遂从井陉抵九原[1]。会暑，辒车臭，乃诏从官令车载一石鲍鱼以乱之[2]。从直道至咸阳[3]，发丧。太子胡亥袭位。

（始皇三十七年，前 210）九月，葬始皇于骊山，下锢三泉[4]；奇器珍怪，徙藏满之[5]。令匠作机弩[6]，有穿近者辄射之。以水银为百川、江河、大海，机相灌输。上具天文，下具地理。后宫无子者，皆令从死。葬既已下，或言工匠为机藏，皆知之，藏重即泄[7]。大事尽[8]，闭之墓中。

建造始皇墓葬的那些工匠，特别是制兵马俑的工匠，究竟是什么人？其技术汉代已经失传。

［注释］

[1] 井陉：秦县名，属恒山郡（今河北石家庄地区）。今地在太行山东麓。九原：秦郡名，治所在今内蒙古包头市九原区。[2] 乃诏从官令车载一石鲍鱼以乱之：意谓，用一石臭咸鱼的味道掩盖秦始皇尸体因为炎夏而腐的臭味。鲍鱼，臭咸鱼。一石，秦一石合 120 斤。　[3] 直道：秦始皇三十五年（前 212）派蒙恬修筑的从九原至咸阳的快速路。　[4] 锢：冶铜锢塞，使泉水不外溢。三泉：三重泉水，谓掘地很深。　[5] 徙：搬运，谓将府库珍宝搬运到墓葬里，塞得满满的。　[6]“令匠作机弩”二句：谓匠人做弩机，防止穿盗墓物。　[7] 藏重即泄：意谓若让工匠继续做第二重机关，就会向外人泄露先前的机密。藏，指暗藏的机关。重，第二重。　[8]“大事尽”二句：下葬之大事结束，为骊山墓做各种机巧设计和施工的工匠，被全部封闭在墓中死去。

（选自《资治通鉴》卷七，秦纪二）

2. 陈胜起兵

（二世元年，前 209）夏，四月，二世至咸阳，谓赵高曰：“夫人生居世间也[1]，譬犹骋六骥过决隙也。吾既已临天下矣，欲悉耳目之所好，穷心志之所乐，以终吾年寿，可乎？”高曰：“此贤主之所能行[2]，而昏乱主之所禁也。虽然，有所未可。臣请言之：夫沙丘之谋，诸公子及大臣皆疑焉；而诸公子尽帝兄，大臣又先帝之所置也。今陛下初立，此其属意怏怏皆不服，恐为变。臣战战栗栗，唯恐不终，陛下安得为此乐乎！”二世曰：“为之奈何？”赵高曰：“陛下严法而刻刑，令有罪者相坐，诛灭大臣及宗室；然后收举遗民，贫者富之，贱者贵之。尽除去先帝之故臣，更置陛下之所亲信者，此则阴德归陛下，害除而奸谋塞，群臣莫不被润泽，蒙厚德，陛下则高枕肆志宠乐矣。计莫出于此。”二世然之。乃更为法律，务益刻深，大臣、诸公子有罪，辄下高令鞠治之[3]。于是公子十二人僇死咸阳市，十公主矺死于杜[4]，财物入于县官[5]，相连逮者不可胜数。

用除旧布新的办法改造统治团队，此二世所以被赵高掌控和杀戮之因也。

公子将闾昆弟三人囚于内宫[6]，议其罪独后。二世使使令将闾曰：“公子不臣，罪当死！吏致法焉。”将闾曰：“阙廷之礼[7]，吾未尝敢不从宾赞也；廊庙之位，吾未尝敢失节也；受命应对，吾未尝敢失辞也；何谓不臣？愿闻罪而死！”使者曰：“臣不得与谋，奉书从事。”将闾乃仰天大呼“天”者三，曰：“吾无罪！”昆弟三人皆流涕，拔剑自杀。宗室振恐。公子高欲奔，恐收族，乃上书曰：“先帝无恙时，臣入则赐食，出则乘舆，御府之衣，臣得赐之，中厩之宝马，臣得赐之。臣当从死而不能，为人子不孝，为人臣不忠。不孝不忠者，无名以立于世，臣请从死，愿葬骊山之足。唯上幸哀怜之！”书上，二世大说[8]，召赵高而示之，曰：“此可谓急乎[9]？”赵高曰：“人臣当忧死而不暇，何变之得谋！”二世可其书，赐钱十万以葬。

可怜可叹的公子王孙们！

复作阿房宫。尽征材士五万人为屯卫咸阳，令教射。狗马禽兽当食者多，度不足，下调郡县，转输菽粟、刍稿。皆令自赍粮食[10]；咸阳三百里内不得食其谷。

［注释］

[1]“夫人生居世间也”二句：谓人生很短，就像六匹快马拉的车经过很狭窄的缝隙一样。决隙，很狭窄的缝隙。　[2]“此贤主之所能行”以下四句：此处赵高先说贤明之主可以享受人生，昏庸之主不能。尽管如此（意谓秦二世作为贤明之君可以畅怀享受人生），还是不行。接着下文就讲出政治危险，要二世大开杀戒。　[3] 辄下高令鞠治之：意谓对那些被指为有罪的大臣、公子

（胡亥之兄），统统交由赵高审查、治罪。高，指赵高。鞫，通“鞠”。 [4] 矺（zhé）：此处同“磔”，分裂肢体的酷刑。杜：即后世之杜陵，在今陕西西安市雁塔区三兆村。 [5] 财物入于县官：谓那些犯罪者的财物都没收归朝廷。县官，指朝廷。 [6] 公子将闾：与下文的“公子高”都是秦始皇的儿子。 [7]“阙廷之礼”以下七句：意思是说：宫中的礼仪，从来不敢不赞相遵奉；朝中的职位，从未敢僭越；朝堂问对，从未有不妥当的言辞。怎么说我不像个臣子呢？ [8] 大说：大悦。说，通“悦”。 [9] 此可谓急乎：意谓这是不是被逼急了呀？ [10] 皆令自赍粮食：意谓那些转运粮食的运夫，都自带粮食，不得食用所运输的粮食。

只有中国人在两千多年前就喊出“王侯将相宁有种乎”，几百年前世界上的其他国家还一直是世袭有种的。

（二世元年，前 209）秋，七月，阳城人陈胜、阳夏人吴广起兵于蕲[1]。是时，发闾左戍渔阳[2]，九百人屯大泽乡，陈胜、吴广皆为屯长[3]。会天大雨，道不通，度已失期。失期，法皆斩。陈胜、吴广因天下之愁怨，乃杀将尉，召令徒属曰：“公等皆失期当斩，假令毋斩，而戍死者固什六七。且壮士不死则已，死则举大名耳！王侯将相宁有种乎！”众皆从之。乃诈称公子扶苏、项燕[4]，为坛而盟，称大楚；陈胜自立为将军，吴广为都尉。攻大泽乡，拔之。收而攻蕲，蕲下。乃令符离人葛婴将兵徇蕲以东[5]，攻铚、酂、苦、柘、谯[6]，皆下之。行收兵，比至陈，车六七百乘，骑千余，卒数万人。攻陈[7]，陈守尉皆不在[8]，独守丞与战谯门中[9]，不胜；守丞死，陈胜乃入据陈。

陈王闻周文[10]，陈之贤人也，习兵，乃与之将军印，使西击秦。

周文行收兵至关，车千乘，卒数十万至戏[11]，军焉[12]。

二世乃大惊，与群臣谋曰："奈何？"少府章邯曰[13]："盗已至，众强，今发近县，不及矣。骊山徒多[14]，请赦之，授兵以击之。"二世乃大赦天下，使章邯免骊山徒、人奴产子[15]，悉发以击楚军，大败之。周文走。

（二世元年，前209）九月，沛人刘邦起兵于沛[16]，下相人项梁起兵于吴[17]，狄人田儋起兵于齐[18]。

［注释］

[1] 阳城：在今安徽宿州境内。阳夏：在今河南太康县境内。蕲：秦县名，楚为蕲邑。陈胜起兵之地在蕲县大泽乡（今安徽宿州市埇桥区大泽乡镇）。 [2] 闾左：贫苦农民。古制二十五家一闾，贫民居闾之左，富人居闾之右。渔阳：秦县名，在今北京市密云区西南。 [3] 屯长：屯守民丁之长，大约一屯数十人，犹小队长。900人当分为若干屯，陈胜、吴广均为屯长。 [4] 诈称

公子扶苏、项燕：指起义者冒充秦始皇长子扶苏和楚国名将项燕，以壮大声势。　[5] 葛婴（？—前 209）：陈胜起义的名将，符离人（今安徽宿州市埇桥区符离镇）。　[6] 铚（zhì）、酂（zàn）、苦、柘（zhè）、谯：均秦郡县名，位置大约在今河南商丘永城市、周口鹿邑县及安徽宿州、亳州交界地区。　[7] 陈：秦县名，在今河南商丘市睢阳区。　[8] 陈守尉：根据胡三省考证，秦朝无陈置县，县有令、丞、尉。此处“守尉”当作“守令、尉”，意谓陈县的代理县令、县尉。　[9] 守丞：陈县代理县丞。谯门：建有瞭望楼的城门。　[10] 周文：即周章，字文，陈县贤人，曾在楚上将军项燕手下为将。　[11] 戏：亭名，以戏水而得名，位于陕西西安市临潼区东。[12] 军焉：周文进军于此屯驻。军，驻屯。[13] 少府：秦官名，九卿之一，掌山林川泽之利以供养皇室。章邯（？—前 206）：秦末名将。　[14] 骊山徒：修骊山墓的囚徒。　[15] 人奴产子：奴仆所产之子，免其贱民身份而从军，不影响主人家的利益。　[16] 沛：秦县名，治今江苏徐州沛县。刘邦（前 256—前 195）：字季，即汉高祖。　[17] 下相：治今江苏宿迁。项梁：楚上将项燕之子，项羽之叔父。吴：会稽郡治所，在今江苏苏州。　[18] 狄：秦县名，东汉改名临济县，治今山东临淄高青县东南。田儋（dān）：战国时齐国的王族。

（选自《资治通鉴》卷七，秦纪二）

3. 李斯之死

（二世二年，前 208，十一月）二世数诮让李斯：“居三公位，如何令盗如此！”李斯恐惧，重爵禄[1]，不知所出，乃阿二世意，以书对曰：“夫贤主者，必能行督责之术者也。故申子曰[2]：‘有天下而不恣睢，命之曰“以天下为桎梏”者，无他焉，不能督责，而顾以其身劳于天下之民，若尧、禹然，故谓之桎梏也。’夫不能修申、韩之明术，行督责之道，专以天下自适也；而徒务苦形劳神，以身徇百姓，则是黔首之役，非畜天下者也，何足贵哉！故明主能行督责之术以独断于上，则权不在臣下，然后能灭仁义之涂，绝谏说之辩，荦然行恣睢之心，而莫之敢逆。如此，群臣、百姓救过不给，何变之敢图！”二世说，于是行督责益严，税民深者为明吏[3]，杀人众者为忠臣，刑者相半于道，而死人日成积于市，秦民益骇惧思乱。

李斯倡行的法家霹雳手段反噬了自己。

郎中令赵高恃恩专恣[4]，以私怨诛杀人众多，恐大臣入朝奏事言之，乃说二世曰：“天子之所以贵者，但以闻声，群臣莫得见其面故也。且陛下富于春秋，未必尽通诸事。今坐朝廷，谴举有不当者，则见短于大臣，非所以示神明于天下也。陛下不如深拱禁中，与臣及侍中习法者待事，事来有以揆之。如此，则大臣不敢奏疑事，天下称圣主矣。”二世用其计[5]，乃不坐朝廷见大臣，常居禁中。赵高侍中用事，事皆决于赵高。

李斯对秦二世的期望太高。

高闻李斯以为言[6]，乃见丞相曰：“关东群盗多，今上急，益发繇[7]，治阿房宫，聚狗马无用之物。臣欲谏，为位贱，此真君侯之事。君何不谏？”李斯曰：“固也，吾欲言之久矣。今时上不坐朝廷，常居深宫。吾所言者，不可传也。欲见，无闲。”赵高曰：“君诚能谏，请为君候上闲，语君。”于是赵高待二世方燕乐，妇女居前，使人告丞相：“上方闲，可奏事。”丞相至宫门上谒。如此者三。二世怒曰：“吾常多闲日，丞相不来；吾方燕私，丞相辄来请事！丞相岂少我哉[8]，且固我哉？”赵高因曰：“夫沙丘之谋，丞相与焉。今陛下已立为帝，而丞相贵不益，此其意亦望裂地而王矣。且陛下不问臣，臣不敢言。丞相长男李由为三川守[9]，楚盗陈胜等皆丞相傍县之子，以故楚盗公行，过三川城，守不肯击。高闻其文书相往来，未得其审，故未敢以闻。且丞相居外，权重于陛下。”二世以为然，欲案丞相，恐其不

赵高两面三刀。

审[10]，乃先使人按验三川守与盗通状[11]。

李斯闻之，因上书言赵高之短曰："高擅利擅害，与陛下无异。昔田常相齐简公[12]，窃其恩威，下得百姓，上得群臣，卒弑简公而取齐国，此天下所明知也。今高有邪佚之志，危反之行，私家之富，若田氏之于齐矣，而又贪欲无厌，求利不止，列势次主，其欲无穷，劫陛下之威信，其志若韩玘为韩安相也[13]。陛下不图，臣恐其必为变也。"二世曰："何哉！夫高，故宦人也，然不为安肆志，不以危易心，洁行修善，自使至此，以忠得进，以信守位，朕实贤之。而君疑之，何也？且朕非属赵君，当谁任哉！且赵君为人，精廉强力，下知人情，上能适朕，君其勿疑！"二世雅爱信高，恐李斯杀之，乃私告赵高。高曰："丞相所患者独高，高已死，丞相即欲为田常所为。"

李斯发现赵高奸邪，却不能有效应对。

帝王身边有两类人：大臣和亲信；就秦二世而言，分别是李斯与赵高。担心李斯权重，就完全信任赵高。结果导致信息被垄断，"事皆决于赵高"。

[**注释**]

[1]"重爵禄"以下四句：重视爵禄，舍不得失去爵禄，故李斯阿二世之意，建议严刑酷法治民。下文一段话出自《史记·李斯列传》，后世以《行督责之术》作为单篇论文知名。　[2]"故

申子曰”以下六句：申不害说过，“有天下却不得纵情享乐，天下就成了自己的镣铐”。此话没有别的意思，就是讲不督责臣下，自己反而为天下民众辛苦操劳，就像尧和禹那样，所以称之为“镣铐”。 [3]“税民深者为明吏”以下四句：以苛税剥削百姓被认为是贤明的官吏，滥杀无辜被认为是忠臣，路上一般是被刑罚过的人，而被处死的人堆积于市。 [4]郎中令：秦官，九卿之一，掌宫廷内务。相当于皇家大内总管。大约赵高拥戴有功，秦二世将其职务从秦始皇时的内车府令升任为郎中令。 [5]“二世用其计”以下五句：赵高用此言让秦二世居宫中不坐朝，也不理外事。赵高作为宫廷总管，只有通过他才能接触到皇帝，因此得以独揽大权。 [6]高闻李斯以为言：意谓赵高听说，李斯对于二世不坐朝有意见。 [7]益发繇：指越来越多地征发徭役。繇，指徭役。 [8]“丞相岂少我哉”二句：胡三省注：少我，谓轻我以为幼少也。固我，谓轻我以为固陋也。 [9]三川：秦郡名，以境内有河、雒、伊三川而得名。治今河南洛阳（一说治今荥阳）。当时三川郡守为李斯的长子李由。 [10]恐其不审：恐怕说李斯谋反之事不准确。审，准确。 [11]按验：调查。三川守与盗通状：三川守李由与陈胜等盗贼暗中勾通的事情。状，情状，事件。 [12]田常：又叫田成子，齐国大夫，辅佐齐简公（前484—前481在位），大斗出，小斗进，争取民心。公元前481年，杀死齐简公，自任相国，从此田氏掌握了齐国大权。后来田氏篡位，取代了姜氏齐国的王位。 [13]其志若韩玘为韩安相也：胡三省注：认为韩王安因为用了类似韩玘这样的奸臣，所以亡国（韩玘是韩昭侯时期的人）。李斯以此警示胡亥，重用赵高，离亡国不远了。

是时，盗贼益多，而关中卒发东击盗者无已。

右丞相冯去疾、左丞相李斯、将军冯劫进谏曰[1]：“关东群盗并起，秦发兵追击，所杀亡甚众，然犹不止。盗多，皆以戍、漕、转、作事苦[2]，赋税大也。请且止阿房宫作者，减省四边戍、转。”二世曰：“凡所为贵有天下者，得肆意极欲，主重明法[3]，下不敢为非，以制御海内矣。夫虞、夏之主，贵为天子，亲处穷苦之实以徇百姓，尚何于法！且先帝起诸侯，兼天下，天下已定，外攘四夷以安边境，作宫室以章得意，而君观先帝功业有绪[4]。今朕即位，二年之间，群盗并起，君不能禁，又欲罢先帝之所为，是上无以报先帝，次不为朕尽忠力，何以在位！”下去疾、斯、劫吏，案责他罪。去疾、劫自杀，独李斯就狱。二世以属赵高治之，责斯与子由谋反状，皆收捕宗族、宾客。赵高治斯，榜掠千余，不胜痛，自诬服。

斯所以不死者，自负其辩，有功，实无反心，欲上书自陈，幸二世寤而赦之。乃从狱中上书曰：“臣为丞相治民，三十余年矣。逮秦地之狭隘，不过千里，兵数十万。臣尽薄材，阴行谋臣，资

李斯把昏君的道德水平和判断能力看得太高了，居然还“上书自陈”。

之金玉，使游说诸侯；阴修甲兵，饬政教，官斗士，尊功臣；故终以胁韩，弱魏，破燕、赵，夷齐、楚，卒兼六国，虏其王，立秦为天子。又北逐胡、貉，南定百越，以见秦之强。更克画，平斗斛、度量，文章布之天下，以树秦之名。此皆臣之罪也，臣当死久矣！上幸尽其能力，乃得至今。愿陛下察之！”书上，赵高使吏弃去不奏，曰：“囚安得上书！”

赵高使其客十余辈诈为御史、谒者、侍中[5]，更往覆讯斯，斯更以其实对，辄使人复榜之。后二世使人验斯，斯以为如前，终不敢更言。辞服，奏当上。二世喜曰：“微赵君，几为丞相所卖！”及二世所使案三川守由者至[6]，则楚兵已击杀之。使者来，会丞相下吏，高皆妄为反辞以相傅会，遂具斯五刑[7]，论腰斩咸阳市。斯出狱，与其中子俱执[8]。顾谓其中子曰：“吾欲与若复牵黄犬，俱出上蔡东门逐狡兔[9]，岂可得乎！”遂父子相哭，而夷三族。二世乃以赵高为丞相，事无大小皆决焉。

李斯的悲剧，怎么可能是秦二世的喜剧呢？是讽刺剧。

[注释]

[1] 右丞相冯去疾：与下文“将军冯劫”都是战国末期韩国上党郡守冯亭之后，韩国被迫割让上党给秦国，郡守冯亭却将本郡献给赵国，引发长平之战。秦人尊右，故右丞相在左丞相前。　[2] 皆以戍、漕、转、作事苦：胡三省注云：戍，征戍也；漕，水运也；转，陆运也；作，役作也。事苦，言其事劳苦也。　[3] 主重明法：君主的威势重，法律严明。　[4] 君观先帝功业有绪：意谓你们是亲眼看见先帝创业过程的。有绪，指来由。　[5]“赵高使其客十余辈诈为御史、谒者、侍中”二句：赵高让自己的属下假装是皇帝身边的侍从前来审问李斯。御史、谒者、侍中，御史是监察官。谒者是宫廷里传令官。侍中是少府属下，往来奏事的散职。这些人都是皇帝身边的侍从。　[6]“及二世所使案三川守由者至”二句：谓派去调查三川守李由谋反的使者回到咸阳，李由已经被楚兵所杀。　[7] 五刑：胡三省注引《汉书·刑法志》记秦朝法律：“‘当三族者，皆先黥（脸上刺字）、劓（割鼻）、斩左右止，笞杀之，枭其首，菹其骨肉于市；其诽谤、詈诅者，又先断舌。’故谓之具五刑。”　[8] 中子：李斯的二儿子。中，同“仲”。　[9] 上蔡：秦县名，今仍叫上蔡县，是李斯的故乡，在今河南驻马店东北部。

（选自《资治通鉴》卷八，秦纪三）

4. 赵高与秦二世之死

初，中丞相赵高欲专秦权[1]，恐群臣不听，乃先设验[2]，持鹿献于二世曰：“马也。”二世笑曰：“丞相误邪，谓鹿为马！”问左右，左右或默，不让人说话，最有利的是权臣，不是帝王自身。

或言马以阿顺赵高，或言鹿者。高因阴中诸言鹿者以法[3]。后群臣皆畏高，莫敢言其过。

高前数言“关东盗无能为也”，及项羽虏王离等[4]，而章邯等军数败[5]，上书请益助。自关以东，大抵尽畔秦吏，应诸侯，诸侯咸率其众西乡。（二世三年，前207）八月，沛公将数万攻武关[6]，屠之。高恐二世怒，诛及其身，乃谢病，不朝见。

二世梦白虎啮其左骖马[7]，杀之，心不乐，怪问占梦。卜曰：“泾水为祟。”二世乃斋于望夷宫[8]，欲祠泾水，沈四白马。使使责让高以盗贼事。高惧，乃阴与其婿咸阳令阎乐及弟赵成谋曰[9]：“上不听谏。今事急，欲归祸于吾。欲易置上，更立子婴。子婴仁俭，百姓皆载其言。”乃使郎中令为内应，诈为有大贼，令乐召吏发卒追，劫乐母置高舍[10]。遣乐将吏卒千余人至望夷宫殿门，缚卫令仆射[11]，曰：“贼入此，何不止？”卫令曰：“周庐设卒甚谨[12]，安得贼敢入宫！”乐遂斩卫令，直将吏入，行射郎、宦者。郎、宦者大惊，或走，或格。格者辄死，死者数十人。郎中令与乐俱入，射上幄坐帏。二世怒，召左右，左右皆惶扰不斗。旁有宦者一人侍，不敢去。二世入内，谓曰："公何不早告我，乃至于此！"宦者曰："臣不敢言，故得全。使臣早言，皆已诛，安得至今！"阎乐前即二世，数曰："足下骄恣，诛杀无道，天下共畔足下。足下其自为计！"二世曰："丞相可得见否？"乐曰："不可！"二世曰："吾愿得一郡为王。"弗许。又曰："愿为万户侯。"弗许。曰："愿与妻子为黔首，比诸公子。"阎乐曰："臣受命于丞相，为天下诛足下。足下虽多言，臣不敢报！"麾其兵进。二世自杀。阎乐归报赵高。赵高乃悉召诸大臣、公子，告以诛二世之状，曰："秦故王国，始皇君天下，故称帝。今六国复自立，秦地益小，乃以空名为帝，不可。宜为王如故，便。"乃立子婴为秦王。以黔首葬二世杜南宜春苑中[13]。

秦二世死得真窝囊。

（二世三年，前 207）九月，赵高令子婴斋戒，当庙见[14]，受玉玺[15]。斋五日。子婴与其子二人谋曰："丞相高杀二世望夷宫，恐群臣诛之，乃佯以义立我。我闻赵高乃与楚约，灭秦宗子婴的手段，高于李斯、高于秦二世。

室而分王关中。今使我斋、见庙，此欲因庙中杀我。我称病不行，丞相必自来，来则杀之。”高使人请子婴数辈，子婴不行。高果自往，曰：“宗庙重事，王奈何不行？”子婴遂刺杀高于斋宫，三族高家以徇。

［注释］

[1] 中丞相：中官任丞相，“中”指中官，大约与前面赵高任中车府令相似。 [2] 设验：设置一个测验，指“指鹿为马”。 [3] 高因阴中诸言鹿者以法：对于敢说真话，是鹿不是马的官员，暗中陷害，加之以罪。 [4] 项羽虏王离：巨鹿之战中，项羽击破秦军，擒秦将王离。 [5] “而章邯等军数败”二句：在诸侯救援赵国的前线，章邯以及苏角、涉间等秦将，多次败于项羽率领的楚军。于是上书请求朝廷增援。 [6] 沛公：指刘邦。武关：秦楚边关，在今陕西商洛丹凤县东武关河北岸。 [7] 骖马：胡三省注：以马驾车，夹辕曰服，两旁曰骖。 [8] 望夷宫：在汉高祖长陵（位于今陕西咸阳东）的西北。临泾水而建宫，以望北夷，故名。 [9] 乃阴与其婿咸阳令阎乐及弟赵成谋：赵高女婿咸阳令阎乐、弟弟郎中令赵成的事迹仅此见。 [10] 劫乐母置高舍：将阎乐母亲劫持到赵高家里作人质。 [11] 缚卫令仆射：胡三省注：卫尉掌宫门屯兵，其属有卫士令。秦官自侍中、尚书、博士、郎及军屯吏驺、永巷皆有仆射，取其领事之号。按，仆射是侍中、尚书、卫士令等官的执事官员。 [12] 周庐设卒甚谨：宫室周边卫卒巡视护卫，非常严谨。胡注引三国名臣薛综曰：士傅宫外，内为庐舍，昼则巡行非常，夜则警备不虞。下文云阎乐等闯入宫

中，“射上幄坐帷”，谓向秦二世所居的帷帐射箭。 [13] 杜南：杜县之南，秦汉杜县，治今陕西西安市雁塔区曲江街道。胡三省注：宜春苑在杜县南，汉起宜春观于此地。 [14] 庙见：在宗庙谒告先祖。 [15] 受玉玺：接受传国玉玺。

（选自《资治通鉴》卷八，秦纪三）

［点评］

风光的背后，不是沧桑，就是肮脏。秦二世成为赵高的玩偶。李斯成为赵高的帮凶。子婴又杀死赵高，最后，成为刘邦的囊中物。

与统一战争过程中的秦王嬴政完全不同，作为秦始皇的嬴政，“焚书坑儒”，饰非拒谏，在最关键的接班人问题上，无所作为，竟然把江山交给宦官赵高这样的人决定，悲夫！

秦朝二世而亡，暴露了法家政治制度设计中的巨大漏洞。“事在四方，要在中央；圣人执要，四方来效。”（《韩非子·扬权》）只是设计权力的集中，而不思考如何制约集中了巨大权力的皇帝，全凭自觉，怎么可能？赵高的“指鹿为马”，屏蔽皇帝的信息来源，然后利用皇帝的绝对权威，遂行其奸。汉代以后，以天的权威制约天子，用兼听之明防范偏信之弊，就自然作为纠正措施，为知识精英所倡导。

卷九至卷六十八　汉纪

【提要】汉纪有六十卷，包括西汉和东汉，西汉之前有刘项争雄的部分；东汉之末有三国鏖兵的部分。我们的选文从楚汉之争，历刘秀起兵，再到官渡之战，凡九篇内容，力图反映这个时代的波澜壮阔。

一、楚汉争雄：刘邦的成功之路

1. 刘邦入咸阳

（高祖元年，前 206，十月）沛公西入咸阳，诸将皆争走金帛财物之府分之。萧何独先入收秦丞相府图籍藏之[1]，以此沛公得具知天下厄塞、户口多少、强弱之处。沛公见秦宫室，帷帐、狗马、重宝、妇女以千数，意欲留居之。樊哙谏曰：

“沛公欲有天下耶，将为富家翁耶？凡此奢丽之物，皆秦所以亡也，沛公何用焉！愿急还霸上[2]，无留宫中！”沛公不听。张良曰：“秦为无道，故沛公得至此。夫为天下除残贼，宜缟素为资[3]。今始入秦，即安其乐，此所谓‘助桀所虐’。且忠言逆耳利于行，毒药苦口利于病，愿沛公听樊哙言！”沛公乃还军霸上。

本性使刘邦住进了秦宫，理性又让他搬了出来。同样的道理，听张良而不听樊哙，就看说道理的人是谁！

（高祖元年，前 206）十一月，沛公悉召诸县父老、豪杰[4]，谓曰：“父老苦秦苛法久矣！吾与诸侯约，先入关者王之，吾当王关中。与父老约法三章耳：杀人者死，伤人及盗抵罪。余悉除去秦法，诸吏民皆案堵如故。凡吾所以来，为父老除害，非有所侵暴，无恐。且吾所以还军霸上，待诸侯至而定约束耳。”乃使人与秦吏行县、乡、邑[5]，告谕之。秦民大喜。争持牛羊、酒食献飨军士。沛公又让不受，曰：“仓粟多，非乏，不欲费民。”民又益喜，唯恐沛公不为秦王。

刘邦在争取民心。

［注释］

[1] 萧何：与下文“樊哙”“张良”均为随刘邦入咸阳的僚属或部将。　[2] 霸上：本作“灞上”，今谓之白鹿原，位于今陕西

西安东部。刘邦从武关入咸阳，屯军于此最方便。 [3] 缟素：缟、素均是白色的生绢，意为生活简朴。 [4] 父老：秦制，乡官有父老，此处概指乡里年高德劭者。 [5]“乃使人与秦吏行县、乡、邑”二句：意谓派人与秦朝官吏一齐到基层各地宣讲，沛公约法三章，无有侵害之意。

（选自《资治通鉴》卷九，汉纪一）

2. 韩信的汉中对

萧何能识人，刘邦能用人。

（高祖元年，前206）汉王至南郑[1]，诸将及士卒皆歌讴思东归，多道亡者。信度何等已数言王[2]，王不我用，即亡去。何闻信亡，不及以闻，自追之。人有言王曰：“丞相何亡。”王大怒，如失左右手。居一二日，何来谒王。王且怒且喜，骂何曰：“若亡[3]，何也？”何曰：“臣不敢亡也，臣追亡者耳。”王曰：“若所追者谁？”何曰：“韩信也。”王复骂曰：“诸将亡者以十数，公无所追。追信，诈也！”何曰：“诸将易得耳。至如信者，国士无双。王必欲长王汉中，无所事信，必欲争天下，非信无可与计事者。顾王策安所决耳。”王曰：“吾亦欲东耳，安能郁郁久居此乎！”何曰：“计必欲东，能用信，信即留；不能用信，终亡耳。”王曰：“吾为公以为将。”何曰：“虽为将，信不留。”王曰：“以为大将。”何曰：“幸甚！”于是王欲召信拜之。何曰：“王素慢无礼。今拜大将，如呼小儿，此乃信所以去也。王必欲拜之，择良日，斋戒，设坛场，具礼，乃可耳。”王许之。诸将皆喜，人人各自以为得大将。至拜大将，乃韩信也，一军皆惊。

萧何荐韩信：用得其所（为将）、用得其位（为大将）、用得其心（设坛拜将）！

［注释］

[1]“汉王至南郑”二句：刘邦的部将多为沛县起兵时的追随者，征战多年，如今推翻了秦朝，许多将领离家多年，也获得了不少钱财，故思归故乡。南郑，今陕西汉中市南郑区，时为汉王国的首府。歌讴思东归，唱着楚歌思东归故乡。　[2]“信度何等已数言王”以下三句：韩信估计萧何等已经多次向刘邦推荐过自己，但刘邦并没有重用的意思，想不辞而别。　[3]“若亡”二句：你为什么逃亡？若，你。

信拜礼毕，上坐。王曰：“丞相数言将军，将军何以教寡人计策？”信辞谢，因问王曰：“今东乡争权天下[1]，岂非项王耶？”汉王曰：“然。”曰：“大王自料勇悍仁强孰与项王[2]？”汉王默项羽虽强，不过是逞匹夫之勇，行妇人之仁。

然良久，曰："不如也。"信再拜贺曰："惟信亦以为大王不如也。然臣尝事之，请言项王之为人也。项王喑恶叱咤[3]，千人皆废，然不能任属贤将，此特匹夫之勇耳。项王见人，恭敬慈爱，言语呕呕，人有疾病，涕泣分食饮；至使人有功[4]，当封爵者，印刓敝，忍不能予，此所谓妇人之仁也。项王虽霸天下而臣诸侯，不居关中而都彭城；背义帝之约[5]，而以亲爱王诸侯[6]，不平；逐其故主而王其将相，又迁逐义帝置江南；所过无不残灭，百姓不亲附，特劫于威强耳。名虽为霸，实失天下心，故其强易弱。今大王诚能反其道，任天下武勇，何所不诛！以天下城邑封功臣，何所不服！以义兵从思东归之士，何所不散！且三秦王为秦将，将秦子弟数岁矣，所杀亡不可胜计；又欺其众，降诸侯，至新安，项王诈坑秦降卒二十余万，唯独邯、欣、翳得脱[7]。秦父兄怨此三人，痛入骨髓。今楚强以威王此三人，秦民莫爱也。大王之入武关，秋毫无所害；除秦苛法，与秦民约法三章；秦民无不欲得大王王秦者。于诸侯之约，大王当王关中，关中民咸知之；大王失职入汉中，秦民无不恨者。今大王举而东，三秦可传檄而定也。”于是汉王大喜，自以为得信晚，遂听信计，部署诸将所击；留萧何收巴、蜀租，给军粮食。

韩信的“汉中对”，抓住人心向背来分析刘项的优势与劣势！

［注释］

[1]“今东乡争权天下”二句：现在你向东争夺天下权力，对手是项羽。东乡，即东向的意思。乡，通“向”。　[2] 勇悍：勇猛强悍。仁强：古人把仁者分为安仁、利仁、强仁。所谓仁强即强仁的意思，就是勉强做出仁者的表面功夫。　[3] 喑恶（yīn è）：满怀怒气的样子。叱咤（chì zhà）：厉声吆喝。　[4]“至使人有功”以下四句：立功者当封爵时，印章都快磨坏了，还舍不得给人家。指项羽用人不懂得激励，不能与部下分享胜利成果。刓（wán），磨去棱角。敝，损坏。　[5] 义帝之约：当初楚怀王与诸将约定，先入关中者封关中王。　[6]“而以亲爱王诸侯”以下四句：鸿门宴之后，项羽入关中，杀秦王子婴，自为西楚霸王，分封十八位诸侯，其余诸王分封，多有不公平处。故韩信论及之。　[7] 邯、欣、翳：分别指章邯、司马欣、董翳，三人均为秦将，因为投降了项羽，分别被封为雍王、翟王、塞王。

（选自《资治通鉴》卷九，汉纪一）

3. 项羽乌江自刎

（高祖五年，前 202）十二月，项王至垓四面楚歌，项羽真成了匹夫。

下[1]，兵少，食尽，与汉战不胜，入壁[2]；汉军及诸侯兵围之数重[3]。项王夜闻汉军四面皆楚歌，乃大惊曰："汉皆已得楚乎？是何楚人之多也？"则夜起，饮帐中，悲歌慷慨，泣数行下；左右皆泣，莫能仰视。于是项王乘其骏马名骓，麾下壮士骑从者八百余人，直夜，溃围南出驰走。平明，汉军乃觉之，令骑将灌婴以五千骑追之。项王渡淮，骑能属者才百余人。至阴陵[4]，迷失道，问一田父，田父绐曰"左"。左，乃陷大泽中，以故汉追及之。

[注释]

[1] 垓下：一般认为，在今安徽灵璧县南、固镇县北。　[2] 壁：指项羽的军营。　[3] 汉军及诸侯兵：汉军指刘邦的军队，诸侯兵则是魏相国彭越、齐王韩信、九江王英布等率领的军队。下文追击项羽的只有灌婴率领的汉王的军队。　[4] 阴陵：县名，位于今安徽滁州定远县西北。

项王乃复引兵而东，至东城，乃有二十八骑。汉骑追者数千人，项王自度不得脱，谓其骑曰："吾起兵至今，八岁矣[1]；身七十余战，未尝败北，遂霸有天下。然今卒困于此，此天之亡我，非战之罪也。今日固决死，愿为诸君快战，必溃围，斩将，刈旗，三胜之，令诸君知天亡我，非战之罪也。”乃分其骑以为四队，四乡。汉军围之数重。项王谓其骑曰：“吾为公取彼一将。”令四面骑驰下，期山东为三处。于是项王大呼驰下，汉军皆披靡，遂斩汉一将。是时，郎中骑杨喜追项王[2]，项王瞋目而叱之，喜人马俱惊，辟易数里[3]。项王与其骑会为三处，汉军不知项王所在，乃分军为三，复围之。项王乃驰，复斩汉一都尉，杀数十百人。复聚其骑，亡其两骑耳。乃谓其骑曰：“何如？”骑皆伏曰：“如大王言！”

项羽将失败归结为“天意”是推脱，将成功的原因定位在“能战”，是失焦。

于是项王欲东渡乌江[4]，乌江亭长檥船待[5]，谓项王曰：“江东虽小，地方千里，众数十万人，亦足王也。愿大王急渡！今独臣有船，汉军至，无以渡。”项王笑曰：“天之亡我，我何渡为！且籍与江东子弟八千人渡江而西，今无一人还；纵江东父兄怜而王我，我何面目见之！纵彼不言，籍独不愧于心乎！”乃以所乘骓马赐亭长，令骑皆下马步行，持短兵接战。独籍所杀汉军数百人，身亦被十余创。顾见汉骑司马吕马童[6]，曰：“若

项羽之死，对民生国计是幸事。但是项羽放弃东山再起则是源于他缺乏坚忍的性格。

自刎一了百了，江东再起需要何等勇气！但是，项羽认输对国族却是好事情！

非吾故人乎？”马童面之，指示中郎骑王翳曰：“此项王也！”项王乃曰：“吾闻汉购我头千金，邑万户，吾为若德[7]。”乃自刎而死。

[注释]

[1] 八岁矣：秦二世元年（前 209）九月，项羽随叔父项梁在吴中（今江苏苏州）起兵，至此时前后约略八年。 [2] 杨喜：华阴人，汉王二年（前 205）投奔刘邦，任命为郎中骑都尉，名义上掌宫中车驾门户，实际上带兵参与征战。因参与杀死项羽之战，被封为赤泉侯。 [3] 人马俱惊，辟易数里：意谓汉军为项羽的吼叫所震慑，后退了数里。辟易，倒退。 [4] 乌江：秦代东城县下有乌江亭，为一渡口。今名为乌江浦，位于今安徽马鞍山和县。 [5] 檥（yǐ）船待：停船在江边等待。檥船，使船停靠的意思。檥，同“舣”。 [6] 骑司马：即骑兵将领，司马为楚国官制，最高的称大司马，为全军总长。吕马童为汉骑兵将领，但曾在项羽军中任职，故下文说“若（你）非吾故人乎”。 [7] 吾为若德：意谓我成就你，我给你一份好处。若，你。

（选自《资治通鉴》卷十一，汉纪三）

[点评]

48 岁的刘邦与 24 岁的项羽，同年同月起兵。后来在楚怀王的旗帜下，一个北上救赵，一个西向击秦。前线的秦兵强悍，保卫首都的卫戍部队，当然也很强悍。陈胜派出西进咸阳的军队，就失败而回。最后的结局，项羽破釜沉舟，赢得荡气回肠。刘邦势如破竹，没有经历大的战斗和伤亡就进了武关，接受子婴的投降，所谓“不战而屈人之兵”者也。从兵法上说，刘邦更高明。

刘邦之所以能胜项羽，在于他强大的人格魅力和仁义甲天下的江湖声誉。整个楚汉之争的过程，项羽都在自己打，谁也打不过他；而刘邦却自始至终在下一盘棋。刘邦最大的本事，在于他会用人，这是他成功的关键。

公元前202年，刘邦定都洛阳（二年后迁都长安），宴会群臣，酒酣耳热，一向行事不拘的刘邦，竟然一本正经地总结起成功经验来。刘邦询问群臣：“吾所以有天下者何？项氏之所以失天下者何？”而且预先申明要讲真话，“毋敢隐朕，皆言其情”。群臣恭维说，陛下与大家一同分享胜利的成果，项羽却不能。刘邦说，你们知其一，不知其二。他自己娓娓道来：

“夫运筹帷幄之中，决胜千里之外，吾不如子房；填国家，抚百姓，给饷馈，不绝粮道，吾不如萧何；连百万之众，战必胜，攻必取，吾不如韩信。三者皆人杰，吾能用之，此吾所以取天下者也。项羽有一范增而不能用，此所以为我禽也。”

大家都很佩服刘邦的结论。

刘邦把成功归于张良、萧何、韩信，说他们才是人中豪杰啊！说明他不仅有自知之明，而且有知人之智。假如做进一步的分析，刘邦用萧何是可以理解的，萧何与他是发小。刘邦用张良也是可以理解的，子房出身高贵（韩国相门之后），秦二世元年（前209）刘邦起事不久，与子房相遇于留（今江苏邳州），二人就有合作关系。张良的智谋是久经沙场考验的。最体现刘邦识人用人魄力的是用韩信。

韩信的家乡淮阴（今属江苏淮安），离刘邦的故乡沛县（今属江苏徐州）、项羽的故乡下相（今属江苏宿迁）并不远。项羽大将龙且瞧不起韩信，因为韩信年轻时胆小怕事，忍受“胯下之辱”。大约这也是韩信在项梁、项羽叔侄手下，一再献计却不得重用的原因之一。

韩信少年时代的平庸，这事情项家军知道，刘家军一定也知道。刘邦以汉王之尊，入主汉中，韩信只身来投，不得重用，可想而知。但是，经过一系列事故，在夏侯婴、萧何的力荐下，特别是在萧何月下追韩信之后，刘邦一改先前的轻视态度，拜韩信为大将，你就不能不佩服刘邦的气度。

第一，刘邦的大将周勃、灌婴、曹参、王陵、樊哙，都是从沛县起兵的老臣，论年纪、资历、军功，都在韩信之上。任命年仅28岁的韩信为大将军，凌驾诸将之上，刘邦不仅要说服自己，还要说服军中高层。看后来陈平来投之时，刘邦用以监护诸将，周勃等一片反对之声，不难想象，重用韩信时的阻力，一定更大。事实证明，诸将都能服从韩信，刘邦能把自己的意志贯彻下去，体现了其非凡的领导力。

第二，韩信拜将之后，提出的“汉中对”，分析刘项双方的战略态势，提出明修栈道暗度陈仓的策略，刘邦相见恨晚，立即付诸实施，表现出高度的判断和决断能力。彭城之败后，刘邦又采纳韩信建议，开辟北方战场，授以数万之众，令其独当一面。并且故意南下出兵宛、叶，把项羽引向南阳方向，配合韩信在北边开展的军事行动。

第三，如何驾驭韩信这样的军事天才，也考验着刘邦的领导智慧。首先是“用人不疑，疑人不用”。刘邦重用韩信，言听计从。韩信破齐，龙且救齐被杀，项羽感到了危机，派武涉去游说韩信，策反韩信背汉。韩信谢绝说：“臣事项王，官不过郎中，位不过执戟；言不听，画不用，故倍楚而归汉。汉王授我上将军印，予我数万众，解衣衣我，推食食我，言听计用，故吾得以至于此。夫人深亲信我，我倍之不祥；虽死不易！幸为信谢项王！”可见，刘邦的恩德感召了韩信。

其次是“用人要疑，虽疑要用”。刘邦驾驭韩信，并不仅仅停留在恩宠笼络上，而是有制约措施。韩信的监军张耳，是刘邦的儿女亲家。韩信手下的大将周勃、樊哙等，都是刘邦的铁杆心腹，韩信的军队保持着对于刘邦的忠诚，破赵之后、灭楚之后，刘邦轻易就把韩信的军队收回了。因此，韩信要想背叛刘邦，并不那么容易。

能识人，能用人，能驾驭，在用韩信的问题上，刘邦的领袖风范表现得淋漓尽致。

同时，刘邦是个务实的人，他能够把握住根本利益与次要利益的关系，把面子之类的事情看得最不重要。

而对手项羽的弱点却是匹夫之勇。

项羽最大的特点是“刚猛”。秦二世元年九月起兵于会稽郡，击杀郡守殷通。攻克襄城，屠杀生灵无噍类。北上救赵，击杀卿子冠军宋义，夺得上将之位。巨鹿之战前，破釜沉舟，豪气万丈，击破秦军，诸侯军不敢仰视，膝行而前。章邯投降，坑秦降卒二十万于新安，毫不手软。进咸阳后，屠城焚宫室，杀降王子婴。正如韩信所指出的，项羽的这些刚猛行为，有些只是“匹夫之勇”，更多的则是残暴不仁。

垓下之战，败局已定。项羽黯然神伤地对部下说：“吾起兵至今，八岁矣；身七十余战，未尝败北，遂霸有天下。然今卒困于此，此天之亡我，非战之罪也。今日固决死，愿为诸君快战，必溃围，斩将，刈旗，三胜之，令诸君知天亡我，非战之罪也。”项羽认为自己的失败是天意，不是因为不会打仗。这就是大错特错。从司马迁到司马光，无不加以批驳。统帅的作战能力当然重要，但是并不是决定性因素。吴起批评说，世人选将，常观于勇。勇者之于将军，乃数分之一耳！统帅最重要的能力不是挺矛弄枪，而是运筹帷幄，知人、用人。韩信、陈平这样级别的帅才、智囊都离开项羽而投奔刘邦，范增也负气而走，发疽而死。人才没了，项羽焉能不败！

从公元前206年，到公元前202年，楚汉之争延续了四五年，彭城之败后，刘邦屡战屡败，屡败屡战，不屈不挠。刘邦是下一盘大棋，除主战场上的相持之外，还在北方战场、敌后地区，互相策应，包抄的战略布局，破坏敌方粮道的战术安排，都构成一个整体的部署。项羽则被牵着鼻子走，虽然局部战争都赢了，整个战场却输了。

项羽把失败的原因归结于天意，不仅是推卸责任，也是为了挽回面子。项羽做出溃围、斩将、拔旗，三胜之的豪举，给自己留足了面子，宁死也不认输。或者说，明明输了，但不是我不行，而是天不佑。

被汉兵追杀到江边，项羽很镇定。江边有船夫劝他过江，卷土重来。项羽是笑着回答船夫的："天之亡我，我何渡为！且籍与江东子弟八千人渡江而西，今无一人还；纵江东父兄怜而王我，我何面目见之！纵彼不言，籍独不愧于心乎！"你看，在生命的最后时刻，除了"天命"的托词之外，还是面子！无颜见江东父老，"面子"不好看，是击垮项羽的最后一根稻草。

二、吴楚七国之乱

初，孝文时[1]，吴太子入见，得侍皇太子饮、博[2]。吴太子博争道，不恭；皇太子引博局提吴太子，杀之。遣其丧归葬，至吴，吴王愠曰："天下同宗，死长安即葬长安，何必来葬为！"复遣丧之长安葬。吴王由此稍失藩臣之礼，称疾不朝。京师知其以子故，系治、验问吴使者；吴王恐，始有反谋。后使人为秋请，文帝复问之，使者对曰："王实不病；汉系治使者数辈，吴王恐，以故遂称病。夫'察见渊中鱼不祥'[3]，唯上弃前过，与之更始。"于是文帝乃赦吴使者，

未来的汉景帝为太子时，失手杀死吴国太子，惹下祸根。

汉文帝温和处理与吴国的关系，符合当时的国情。

归之，而赐吴王几杖，老，不朝。吴得释其罪，谋亦益解。然其居国，以铜、盐故，百姓无赋；卒践更[4]，辄予平贾；岁时存问茂材，赏赐闾里；他郡国吏欲来捕亡人者，公共禁弗予。如此者四十余年。

［注释］

[1]“孝文时”二句：汉孝文帝刘恒时，吴王刘濞的太子进京朝见。胡三省注引《楚汉春秋》，吴太子名贤，字德明。 [2]侍皇太子饮、博：指吴太子与皇太子刘启饮酒下棋。博，六博棋，又作陆博，二人对弈，六白六黑十二棋，双方争博一局，博时先掷采，后行棋。下文的“博局”，指棋盘。汉代的陆博参见熊传新《谈马王堆三号西汉墓出土的陆博》，载《文物》1979 年第 4 期，第 35—39 页。 [3]“夫‘察见渊中鱼不祥’”以下三句：君王知悉臣下隐私，使其忧虑，为不祥之事，应该赦免其罪，化解矛盾。察见渊中鱼，语出《列子·说符》，眼睛能看见深渊里的鱼，以喻深探别人隐私。 [4]“卒践更”二句：谓吴国富庶，轮到老百姓服徭役的时候，由吴国官府出钱，雇人服役。践更，受钱代人服徭役。平贾，即“平价”，指政府出钱。

鼂错数上书言吴过[1]，可削；文帝宽，不忍罚，以此吴日益横。及帝即位[2]，错说上曰：“昔高帝初定天下，昆弟少，诸子弱，大封同姓，齐七十余城，楚四十余城，吴五十余城；封三庶孽，分天下半。今吴王前有太子之郄，诈称病不朝，于古法当诛。文帝弗忍，因赐几杖，德至厚，当改过自新，反益骄溢，即山铸钱，煮海水为盐，诱天下亡人谋作乱。今削之亦反，不削亦反。削之，其反亟，祸小；不削，反迟，祸大。”上令公卿、列侯、宗室杂议，莫敢难；独窦婴争之[3]，由此与错有郄。（前元三年，前 154）及楚王戊来朝[4]，错因言：“戊往年为薄太后服[5]，私奸服舍，请诛之。”诏赦，削东海郡。及前年，赵王有罪[6]，削其常山郡[7]；胶西王卬以卖爵事有奸[8]，削其六县。

晁错的“削之，其反亟，祸小；不削，反迟，祸大”，不是没有道理，问题在于，对付“其反亟”的下一步棋怎么走，你想好了没有？

［注释］

[1] 晁错（前 200—前 154）：颍川（今河南禹州）人，汉文帝时任太子舍人、太子家令，是太子刘启的老师，曾上书文帝削藩。　[2] 帝：汉景帝刘启（前 188—前 141），公元前 157 年即位。　[3] 窦婴（？—前 131）：汉文帝窦皇后之堂侄，吴楚七国之乱时被任命为大将军，守荥阳，因功封魏其侯。　[4] 楚王戊：楚王刘戊（？—前 154），汉高祖刘邦四弟刘交之孙，汉文帝时（前 174）继承父王刘郢客而立。　[5]“戊往年为薄太后服”二句：意谓汉文帝母薄太后服丧期间，楚王刘戊违反礼制有奸淫之事。服舍，服丧时的居所。　[6] 赵王：赵王刘遂（？—前 154），汉高祖刘邦之孙，刘邦第六子刘友之子。　[7] 常山郡：秦汉有恒山

郡，西汉避汉文帝刘恒讳改为常山郡，西汉属赵国，治所在今河北石家庄附近。 [8] 胶西王卬：胶西王刘卬（？—前154），汉高祖刘邦之孙，刘邦庶出长子齐王刘肥第十一子。汉文帝十六年（前164）分齐国为六国，刘卬封为胶西王。

中央集权不能容忍诸侯坐大。削藩与否，全看实力。

廷臣方议削吴。吴王恐削地无已，因发谋举事。念诸侯无足与计者，闻胶西王勇，好兵，诸侯皆畏惮之，于是使中大夫应高口说胶西王曰："今者主上任用邪臣，听信谗贼，侵削诸侯，诛罚良重，日以益甚。语有之曰：'狧穅及米[1]。'吴与胶西，知名诸侯也，一时见察，不得安肆矣。吴王身有内疾[2]，不能朝请二十余年，常患见疑，无以自白，胁肩累足[3]，犹惧不见释。窃闻大王以爵事有过。所闻诸侯削地[4]，罪不至此；此恐不止削地而已。"王曰："有之[5]。子将奈何？"高曰："吴王自以为与大王同忧，愿因时循理，弃躯以除患于天下，意亦可乎？"胶西王瞿然骇曰："寡人何敢如是！主上虽急，固有死耳，安得不事！"高曰："御史大夫晁错，营惑天子，侵夺诸侯，诸侯皆有背叛之意，人事极矣。彗星出，蝗虫起，此万世一时；而愁劳，圣人所以起也。吴王内以晁错为诛，外从大王后车，方洋天下，所向者降，所指者下，莫敢不服。大王诚幸而许之一言，则吴王率楚王略函谷关，守荥阳、敖仓之粟，距汉兵，治次舍[6]，须大王。大王幸而临之，则天下可并，两主分割，不亦可乎！”王曰：“善！”归，报吴王，吴王犹恐其不果，乃身自为使者，至胶西面约之。胶西群臣或闻王谋，谏曰：“诸侯地不能当汉十二，为叛逆以忧太后，非计也。今承一帝，尚云不易；假令事成，两主分争，患乃益生。”王不听，遂发使约齐、菑川、胶东、济南[7]，皆许诺。

“今承一帝，尚云不易；假令事成，两主分争，患乃益生”，这么简单的道理，胶西王难道不明白？原因何在？“勇而好兵”而已！

[注释]

[1] 狧（shì）穅及米：胡三省注引《索隐》等云，舔食糠尽，自然及于米。意谓削地尽至于灭国。狧，古同“舐”，用舌头舔。 [2] 内疾：内在有病，外面不显而已。 [3] 胁肩累足：据胡三省引颜师古的解释，指紧张害怕之意。 [4]“所闻诸侯削地”以下三句：诸侯之过失不至于到削减封地之罪，而且朝廷的目的不仅仅是削地而已。 [5]“有之”二句：如果朝廷的意图不止于削地，你有什么对策呢？ [6]“治次舍”二句：整治好您歇息驻屯之地，等待大王光临。次舍，即驻屯之处。须，等待。 [7] 齐、菑（zī）川、胶东、济南：此四地为齐国的四个小国。汉文帝

十六年（前 164）分齐为六国，其中刘将闾（？—前 154）仍称齐王，刘志为济北王，刘辟光为济南王，刘贤为菑川王，此外还有胶西王刘印、城阳王刘章、胶东王刘雄渠。

历朝历代诸位王爷无能无德者多！

及削吴会稽、豫章郡书至[1]，吴王遂先起兵，诛汉吏二千石以下；胶西、胶东、菑川、济南、楚、赵亦皆反。楚相张尚、太傅赵夷吾谏王戊，戊杀尚、夷吾。赵相建德、内史王悍谏王遂，遂烧杀建德、悍。齐王后悔，背约城守。济北王城坏未完，其郎中令劫守，王不得发兵。胶西王、胶东王为渠率，与菑川、济南共攻齐，围临菑。赵王遂发兵住其西界，欲待吴、楚俱进，北使匈奴与连兵。

吴王悉其士卒，下令国中曰："寡人年六十二，身自将；少子年十四，亦为士卒先。诸年上与寡人同，下与少子等，皆发。"凡二十余万人。南使闽、东越[2]，闽、东越亦发兵从。吴王起兵于广陵，西涉淮，因并楚兵，发使遗诸侯书，罪状晁错，欲合兵诛之。吴、楚共攻梁，破棘壁[3]，杀数万人；乘胜而前，锐甚。梁孝王遣将军击之[4]，又败梁两军，士卒皆还走。梁王城守睢阳[5]。

[注释]

[1] 会稽：治吴县，在今江苏苏州。豫章郡：治南昌县，在今江西南昌。　[2] 闽、东越：汉高祖刘邦封勾践的后代无诸为闽越王，惠帝时又封无诸之兄弟摇为东海王，都东瓯（今浙江温州），辖境在今浙江东南和福建北部地区。东越，即东瓯，见《史记》卷一百一十四“东海国”或“东瓯国”。　[3] 棘壁：地名，今河南永城西。　[4] 梁孝王：梁孝王刘武（？—前144），景帝之弟。　[5] 睢阳：地名，在今河南商丘。

初，文帝且崩[1]，戒太子曰[2]：“即有缓急，周亚夫真可任将兵[3]。”及七国反书闻，上乃拜中尉周亚夫为太尉[4]，将三十六将军往击吴、楚，遣曲周侯郦寄击赵，将军栾布击齐；复召窦婴，拜为大将军，使屯荥阳监齐、赵兵。

观文帝给景帝荐周亚夫之言，可见他是知道会出事的！

初，晁错所更令三十章[5]，诸侯讙哗。错父闻之，从颍川来[6]，谓错曰：“上初即位，公为政用事，侵削诸侯，疏人骨肉，口语多怨，公何为也？”错曰：“固也[7]。不如此，天子不尊，宗庙不安。”父曰：“刘氏安矣而晁氏危，吾去公归矣！”遂饮药死，曰：“吾不忍见祸逮身！”

晁错父亲是知道景帝的为人，还是懂得政治的游戏规则呢？后来的事实表明，他的自杀有先见之明。

后十余日，吴、楚七国俱反，以诛错为名。

[注释]

[1] 文帝：汉文帝刘恒（前 203—前 157），本为代王，周勃等诛吕氏势力，迎代王即位。 [2] 太子：汉景帝刘启（前 188—前 141）。 [3] 周亚夫（前 199—前 143）：汉文、景之世名将。绛侯周勃之子，平定吴楚七国之乱后，被封为条侯。 [4] “上乃拜中尉周亚夫为太尉”以下四句：写汉派四位大将出击叛军，以周亚夫为主力，侧翼有曲周侯郦寄击赵，栾布击齐。太尉，西汉最高军事长官，与丞相、御史大夫号为三公。郦寄，其父郦商是汉初大将，叔父郦食其为楚汉之争中的辩士。栾布，汉初军将，曾以为彭越叫屈而知名，刘邦任命为都尉，文帝时为燕相，至将军，平七国之乱立功，封俞侯。 [5] 三十章：指晁错关于削弱诸侯的条令。 [6] 从颍川来：晁错是颍川人，所以言晁父从颍川来到京师。 [7] 固也：事情本来就应该是这样。

上与错议出军事，错欲令上自将兵而身居守；又言：“徐、僮之旁吴所未下者[1]，可以予吴。”错素与吴相袁盎不善[2]，错所居坐，盎辄避；盎所居坐，错亦避；两人未尝同堂语。及错为御史大夫，使吏按盎受吴王财物，抵罪；诏赦以为庶人。吴、楚反，错谓丞、史曰[3]：“袁盎多受吴王金钱，专为蔽匿，言不反；今果反，欲请治盎，宜知其计谋。”丞、史曰：“事未发，治

晁错耿介有余，身段不够柔软。袁盎时作耿直状，实则颇懂权术。

之有绝；今兵西向，治之何益！且盎不宜有谋。”错犹与未决。人有告盎，盎恐，夜见窦婴[4]，为言吴所以反，愿至前，口对状。婴入言，上乃召盎。盎入见，上方与错调兵食[5]。上问盎：“今吴、楚反，于公意何如？”对曰：“不足忧也！”上曰：“吴王即山铸钱，煮海为盐，诱天下豪杰；白头举事、此其计不百全，岂发乎！何以言其无能为也？”对曰[6]：“吴铜盐之利则有之，安得豪杰而诱之！诚令吴得豪杰，亦且辅而为谊，不反矣。吴所诱皆无赖子弟、亡命、铸钱奸人，故相诱以乱。”错曰：“盎策之善。”上曰：“计安出？”盎对曰：“愿屏左右。”上屏人，独错在。盎曰：“臣所言，人臣不得知。”乃屏错。错趋避东厢，甚恨。上卒问盎，对曰：“吴、楚相遗书，言高皇帝王子弟各有分地，今贼臣晁错擅適诸侯[7]，削夺之地，以故反，欲西共诛错，复故地而罢。方今计独有斩错，发使赦吴、楚七国，复其故地，则兵可毋血刃而俱罢。”于是上默然良久，曰：“顾诚何如[8]？吾不爱一人以谢天下。”盎曰：“愚计出此，唯上孰计之！”乃拜盎为太常，密装治

富庶超群，此即吴王对抗汉廷的本钱。

大敌当前，景帝竟然听信袁盎，抛弃力主削藩的帝师。

晁错被杀之时，身上还穿着朝服！真是讽刺。

行。后十余日，上令丞相青、中尉嘉、廷尉欧劾奏错[9]："不称主上德信，欲疏群臣、百姓，又欲以城邑予吴，无臣子礼，大逆无道。错当要斩，父母、妻子、同产无少长皆弃市。"制曰："可。"错殊不知。（前元三年，前154，正月）壬子，上使中尉召错，给载行市[10]，错衣朝衣斩东市。上乃使袁盎与吴王弟子宗正德侯通使吴[11]。

［注释］

[1]"徐、僮之旁吴所未下者"二句：胡三省注："徐、僮二县皆属临淮郡。错初议削诸侯地以强汉，及七国反，乃欲以徐、僮之旁予吴；是自畔其说，恶得无死乎！" [2]袁盎（约前200—前150）：又作爰盎，字丝，历任齐相、吴相。袁盎收受吴王贿赂，被御史大夫晁错告发，降为庶人（见下文）。 [3]丞、史：胡三省注引班固《汉书·百官公卿表》：御史大夫有两丞，秩千石；侍御史十五人。丞、史当即此。 [4]"夜见窦婴"以下四句：谓袁盎希望通过窦婴（景帝母窦太后之族侄）面见景帝，当面口述吴国反叛的原因。 [5]上方与错调兵食：景帝正在与晁错商量调遣兵马钱粮。 [6]"对曰"以下十句：袁盎陈说吴国虽有铸钱制盐之利，但是并没有招揽到豪杰，所诱惑的皆是无赖不逞之徒，他们相互勾结来发动叛乱。晁错认为袁盎说得对，即"盎策之善"。 [7]適（zhé）：通"谪"，谴责，责备。 [8]"顾诚何如"二句：如果的确如此，我不会为了爱护一个人而得罪天下。 [9]"上令丞相青、中尉嘉、廷尉欧劾奏错"以下十一句：

指汉景帝让丞相陶青、中尉嘉、廷尉张欧三位大臣上书弹劾晁错，晁错本人却不知情。 [10] 绐（dài）载行市：欺骗晁错一起乘车巡视市中。绐，欺骗。行市，巡视市中。 [11] 吴王弟子宗正德侯：高祖刘邦之兄刘仲，有子名刘广，封德侯，生刘通，袭副侯爵，官宗正。

谒者仆射邓公为校尉[1]，上书言军事，见上，上问曰："道军所来[2]，闻晁错死，吴、楚罢不？"邓公曰："吴为反数十岁矣；发怒削地，以诛错为名，其意不在错也。且臣恐天下之士拑口不敢复言矣。"上曰："何哉？"邓公曰："夫晁错患诸侯强大不可制，故请削之以尊京师，万世之利也。计画始行，卒受大戮。内杜忠臣之口，外为诸侯报仇，臣窃为陛下不取也。"于是帝喟然长息曰："公言善，吾亦恨之！"

为什么景帝这时才明白诛晁错只是借口？

袁盎、刘通至吴，吴、楚兵已攻梁壁矣[3]。宗正以亲故，先入见，谕吴王，令拜受诏。吴王闻袁盎来，知其欲说，笑而应曰："我已为东帝，尚谁拜！"不肯见盎，而留军中，欲劫使将；盎不肯，使人围守，且杀之。盎得间，脱亡归报。

周亚夫一方面用梁国来牵制叛军，另一方面断叛军粮道。

太尉亚夫言于上曰："楚兵剽轻，难与争锋，愿以梁委之[4]，绝其食道，乃可制也。"上许之。亚夫乘六乘传[5]，将会兵荥阳。

太尉引兵东北走昌邑[6]。吴攻梁急，梁数使使条侯求救，条侯不许。又使使愬条侯于上。上使告条侯救梁，亚夫不奉诏，坚壁不出；而使弓高侯等将轻骑兵出淮泗口，绝吴、楚兵后，塞其饷道。梁使中大夫韩安国及楚相尚弟羽为将军；羽力战，安国持重，乃得颇败吴兵。吴兵欲西，梁城守，不敢西；即走条侯军，会下邑[7]，欲战。条侯坚壁不肯战；吴粮绝卒饥，数挑战，终不出，条侯军中夜惊，内相攻击，扰乱至帐下，亚夫坚卧不起，顷之，复定。吴奔壁东南陬，亚夫使备西北；已而其精兵果奔西北，不得入。吴、楚士卒多饥死叛散，乃引而去。（前元三年，前154）二月，亚夫出精兵追击，大破之。吴王濞弃其军，与壮士数千人夜亡走；楚王戊自杀。

吴王之败败在不得汉朝人心，违背时代大势。

吴王之弃军亡也，军遂溃，往往稍降太尉条侯及梁军。吴王渡淮，走丹徒[8]，保东越，兵可万余人，收聚亡卒。汉使人以利啖东越，东越即给吴王出劳军，使人鏦杀吴王[9]，盛其头，驰传以闻。吴太子驹亡走闽越。吴、楚反，凡三月，皆破灭。

七国之乱的平定，除了周亚夫的军事才能，还因为这是一场不得人心的战争！文景之治，天下晏然，战争只是政治家的权力游戏。

[注释]

[1] 谒者仆射：官名，为谒者长官。秦、西汉属郎中令（光禄勋），统诸谒者，掌朝会司仪，传宣诏令。邓公：成固（今陕西城固）人，景帝时以谒者仆射任校尉。 [2] 道军所来：从军事前线来。吴楚反时，邓公任校尉击叛军，回师后上书言军事。 [3]梁壁：梁国的军营。时景帝弟刘武为梁王。壁，营垒。 [4]“愿以梁委之”二句：意谓让叛军进攻梁国，以吸引其兵力，使得周亚夫军队可以断绝叛军粮道。 [5] 六乘传（zhuàn）：据胡三省注，六乘传为传车的一种。乘传为驿站的车，四匹马拉。六乘传，当为六匹马拉的传车。 [6] 昌邑：地名，在今山东巨野县。 [7] 下邑：地名，在今安徽砀山县。 [8] 丹徒：地名，在今江苏镇江。 [9] 鏦（cōng）：胡三省注引《方言》，戟谓之鏦。戟，一种兵器。

（选自《资治通鉴》卷十六，汉纪八）

[点评]

吴楚七国之乱，是必然的历史事件。汉初的“郡国并行”（郡县制和分封制并存）就埋下了这个祸根。问题是什么时候爆发。汉文帝的时候，就有贾谊、晁错先后尖锐地指出诸侯坐大的弊端。文帝的隐忍是性格使然，也是时势使然。拖到景帝即位初，晁错的急切行动刺破了这个痈疽。遗憾的是他自己成为完全无补于平叛事业的牺牲品。奇怪的是始作俑者袁盎竟然毫发无损。

吴王刘濞的失败是必然的。汉初将近半个世纪的休养生息，彰显了大一统王朝对于国家安全和经济发展的优越性。民心不思乱。吴国的那一点福利（吴国百姓给朝廷的赋役发放补贴之类），根本不足以撼动汉朝的江山。号称七国，吴国之外，其他都是乌合之众。汉朝与叛乱诸侯实力不侔，也是周亚夫胜利的原因。

再经过景帝时期的黄老政治，汉朝的国力日益丰厚，为汉武帝的开拓政策打下了根基。

三、汉武帝派张骞出使西域

张骞的西行打开了一片新天地!

初，匈奴降者言："月氏故居敦煌、祁连间[1]，为强国，匈奴冒顿攻破之[2]。老上单于杀月氏王[3]，以其头为饮器。余众遁逃远去，怨匈奴，无与共击之。"（元朔三年，前126，四月）上募能通使月氏者，汉中张骞以郎应募[4]，出陇西，径匈奴中；单于得之，留骞十余岁。骞得间亡，乡月氏西走，数十日，至大宛[5]。大宛闻汉之饶财，欲通不得，见骞，喜，为发导译抵康居[6]，传致大月氏。大月氏太子为王，既击大夏，分其地而居之，地肥饶，少寇，殊无报胡之心[7]。骞留岁余，竟不能得月氏要领，乃还；并南山，欲从羌中归，复为匈奴所得，留岁余。会伊稚斜逐於单[8]，匈奴国内乱，骞乃与堂邑氏奴甘父逃归[9]。上拜骞为太中大夫，甘父为奉使君。骞初行时百余人，去十三岁，唯二人得还。

张骞坚忍不拔，万古流芳。

［注释］

[1] 月氏（旧读 ròu zhī）：古游牧部族名。月氏的族属，一说为印欧人（吐火罗人）的一支，学界意见不一。汉文帝时，遭匈奴击败后，大部分西迁，定居大夏（今阿富汗境内），称大月氏。一世纪中叶，建贵霜王国，都蓝市城。小部分留在甘青地区，与羌人融合，称小月氏。祁连：今日之祁连山在甘肃境内，有学者推测此处的祁连山指天山。　[2] 冒顿（mò dú）：秦二世元年（前209）杀父自立，前209—前174在位。在位期间，东败东胡，西逐月氏，围困汉高祖刘邦于白登山（前200），在东北亚地区建立强大的匈奴霸权。　[3] 老上单于：匈奴冒顿单于之子，前174—前160在位。曾经击败大月氏，并以其王头骨为饮器。又曾多次进攻汉地。死后，其子军臣单于即位。　[4] 汉中张骞以郎应募：汉中郡的张骞以郎官的身份应募出使西域。郎，官名。郎官为天子侍从之职，可通过任子（高官子弟中挑选）、赀选（出钱被选）或者特殊原因应诏入选，是西汉选拔和培养官员的一种制度。张骞（约前164—前114），汉中郡城固（今陕西城固）人，汉武帝建元二年（前139）奉命出使西域，联络大月氏，以从右翼（西侧）打击匈奴。　[5] 大宛（yuān）：汉代中亚国家，在今

中亚费尔干纳盆地。 [6] 导译：向导与翻译。康居（qú）：汉代中亚国家，大约在今锡尔河下游到吉尔吉斯平原地区。 [7] 殊无报胡之心：完全没有报复匈奴之心。 [8] 伊稚斜（yī zhì chá）逐於单：公元前126年，军臣单于死，伊稚斜击败王位继承人於单，自立为单于。伊稚斜，人名，军臣单于之弟。於单，人名，军臣单于之子。 [9] 骞乃与堂邑氏奴甘父逃归：谓张骞与堂邑氏的家奴甘父二人回到了汉朝。堂邑，复姓。

西域诸国风俗因张骞得以流传给后人知晓，功莫大焉！

初，张骞自月氏还，具为天子言西域诸国风俗："大宛在汉正西，可万里。其俗土著[1]，耕田；多善马，马汗血；有城郭、室屋，如中国。其东北则乌孙[2]，东则于窴[3]。于窴之西，则水皆西流注西海，其东，水东流注盐泽[4]。盐泽潜行地下，其南则河源出焉。盐泽去长安可五千里。匈奴右方居盐泽以东，至陇西长城，南接羌，鬲汉道焉[5]。乌孙、康居、奄蔡、大月氏[6]，皆行国[7]，随畜牧，与匈奴同俗。大夏在大宛西南[8]，与大宛同俗。臣在大夏时，见邛竹杖、蜀布[9]，问曰：'安得此？'大夏国人曰：'吾贾人往市之身毒[10]。'身毒在大夏东南可数千里，其俗土著，与大夏同。以骞度之，大夏去汉万二千里，居汉西南；今身毒国又居大夏东南数千里，有蜀物，此其去蜀不远矣。今使大夏，从羌中，险，羌人恶之；少北，则为匈奴所得；从蜀，宜径，又无寇。”

张骞是汉中人，熟悉蜀地风物，蜀地经西南通印度与中亚，激发了汉人经营西南！“夜郎自大”成语背后是一个宏大的故事。

[**注释**]

[1] 土著：与下文的“行国”相对，指农耕定居民族。 [2] 乌孙：汉代西域国家，西汉初年曾为匈奴所逼，从甘肃走廊西迁到葱岭以西的中亚地区，位于今巴尔喀什湖东南、伊犁河流域。 [3] 于寘：即于阗，在今新疆和田。 [4] 盐泽：古湖泊名，即今新疆罗布泊。 [5] 鬲：通“隔”。 [6] 奄蔡（yǎn cài）：又译作阖苏、阿兰等，张骞通西域时首次提到的西域古国，位于西伯利亚西南部的欧亚交界处。 [7] 行国：指游牧国家，逐水草而居，人无定所。 [8] 大夏：今阿富汗，国都蓝市城（治今阿富汗的巴尔赫），据说繁荣时有 100 多万居民。 [9] 见邛竹杖、蜀布：张骞是汉中人，在这里发现了他熟悉的来自四川的竹杖和纺织品。邛，地名，今四川邛崃临邛镇一带。 [10] 身毒：即今印度。

天子既闻大宛及大夏、安息之属皆大国[1]，多奇物，土著，颇与中国同业，而兵弱，贵汉财物。其北有大月氏、康居之属，兵强，可以赂遗设利朝也[2]。诚得而以义属之，则广地万里，重九译[3]，致殊俗[4]，威德遍于四海，欣然以骞言为然。（元狩元年，前 122）乃令骞因蜀、犍为发间使王然于等四道并出[5]，出駹[6]，出冉，出

汉武帝“施之以利，诱令入朝”，获得政治上的虚荣。

徙，出邛、僰，指求身毒国，各行一二千里，其北方闭氐、筰[7]，南方闭嶲、昆明。昆明之属无君长[8]，善寇盗，辄杀略汉使，终莫得通。于是汉以求身毒道[9]，始通滇国。滇王当羌谓汉使者曰："汉孰与我大？"及夜郎侯亦然[10]。以道不通，故各自以为一州主，不知汉广大。使者还，因盛言滇大国，足事亲附；天子注意焉，乃复事西南夷[11]。

[注释]

[1] 安息：张骞通西域时提到的古国名，在今伊朗东北部地区，指公元前 247—公元 224 年建国的帕提亚帝国。 [2] 赂遗设利朝：贿赂以利，使其来朝。胡三省注引颜师古曰："施之以利，诱令入朝。" [3] 重九译：意为经过九次转译，泛指中间需要多重翻译的遥远之地。 [4] 致殊俗：招致风俗完全不同的远方民族来朝。 [5] 乃令骞因蜀、犍为发间使王然于等四道并出：指从蜀郡（治今四川成都）、犍为（治今云南盐津）派出王然于等四道使节。犍为，郡名，汉武帝元光五年（前 130）为开"西南夷"而设置。王然于，人名。 [6] 駹（máng）：与下文"冉""徙""邛""僰（bó）"均为地名，即上文所说王然于等四道使节为寻求身毒（印度）的出发之地。 [7]"其北方闭氐、筰"二句：胡三省引服虔注："汉使见闭于夷也。"即派出的汉使在北边被氐、筰所阻遏，在南方被嶲、昆明所阻遏。 [8] 昆明之属无君长：昆明等地的政权无君长，即处于氏族部落阶段。 [9]"于是汉以求身毒道"二句：

意谓汉朝派使节通印度，印度没有打通，却通了滇国。滇国，战国楚将庄蹻所建，位于今以滇池为中心的云南地区，建国一百多年（前278—前109）。 [10] 夜郎侯亦然：谓夜郎国也与滇王一样，问汉朝使节：是你们汉朝大，还是我国（夜郎）大？夜郎侯，指夜郎国国君。 [11] 乃复事西南夷：意谓汉武帝又开始了对于西南地区的经营。

（选自《资治通鉴》卷十八，汉纪十；卷十九，汉纪十一）

［点评］

张骞通西域，在《史记·大宛列传》《汉书·张骞传》等资料中都有丰富记载，本节所选资料，其史源当根据于此。

与文景的低调相比，汉武帝文治武功，都是彪炳史册的。就文治论，他把秦始皇开创的各项制度，经过改革、调整、完善之后，都巩固了下来。

武功方面，汉武帝的最大表现是对匈奴的战争。汉朝初年，匈奴十分强悍，而且不时南下侵扰汉地。匈奴的强悍不是一朝一夕了，就在刘邦死后不久，当时的匈奴冒顿单于就给吕后写信求偶，说：“陛下你寡居，我也孤身一人，咱们两人多么孤独，都不怎么开心，无以自我娱乐，愿以所有，易其所无。”就是说你没有丈夫，我没有老婆，我们正好结合在一起。吕后当时大约四十五岁，写了一封回信，大气都不敢出，说：“我年纪大了，年老气衰，发齿堕落，行步失度，单于你听错了，我这颜值，不足以自污啊。”你看，吕后都不敢对匈奴轻佻的言辞进行反击，可见当时的情况很严重。

汉武帝多次派卫青、霍去病出击匈奴。为了配合对匈奴的打击，还派张骞通西域，试图联络友邦，夹击匈奴，虽然军事目的没有达成，却从此开通了官方的丝绸之路。

开发西南夷，征服南越，东北设乐浪、玄菟、真番、临屯四郡，还有西域置都护府，这都是汉武帝奉行积极对外开拓政策的结果。从东北地区朝鲜半岛，到西南地区，包括夜郎国，都有汉朝军队的身影。

四、霍光拥立汉宣帝

霍光受汉武帝顾命之托，辅佐未成年的昭帝。昭帝死后无嗣。昌邑立后仅27日被废。朝廷眼光转向“皇曾孙”。

初，卫太子纳鲁国史良娣[1]，生子进，号史皇孙。皇孙纳涿郡王夫人，生子病已，号皇曾孙。皇曾孙生数月，遭巫蛊事[2]，太子三男、一女及诸妻、妾皆遇害，独皇曾孙在，亦坐收系郡邸狱[3]。故廷尉监鲁国丙吉受诏治巫蛊狱[4]，吉心知太子无事实，重哀皇曾孙无辜，择谨厚女徒渭城胡组、淮阳郭征卿[5]，令乳养曾孙，置闲燥处。吉日再省视[6]。

刘病已是卫太子刘据之孙，皇位继承人又回到了巫蛊之祸前的谱系。

[注释]

[1] 卫太子：汉武帝的长子刘据（前 128—前 91），7 岁时被立为太子，母亲卫子夫，故称卫太子。良娣：太子宫中有妃、良娣、孺人三个等级。 [2] 巫蛊事：巫蛊本属民间邪术，将针插在小木人上，用来影射或诅咒仇敌，以期害死对手，均为历代严刑惩治。汉武帝征和二年（前 91），酷吏江充等诬告太子刘据宫中埋有木人诅咒汉武帝，太子被迫杀死江充，武帝发兵追捕，酿成一场政治事变。太子及卫皇后都被迫自杀。史称巫蛊之祸。 [3] 坐收系郡邸狱：胡三省注引颜师古："此盖巫蛊狱收系者众，故皇曾孙寄在郡邸狱。"太子刘据兵败后，与家人逃亡到潼关东的湖县（今河南阌乡），其时属于京兆府，此处的郡邸狱当属京兆府，故下文有"移书京兆尹"之词。 [4] 廷尉：汉代中央最高审判机构的长官，其下有正及左右监各一人。丙吉：鲁国（今山东曲阜）人，时任廷尉右监，奉诏审理巫蛊之祸一案。 [5]"择谨厚女徒胡组、淮阳郭征卿"以下三句：指丙吉命女囚胡组、郭征卿哺养刘病已，并尽量安置在干燥洁净的地方。曾孙，刘病已为汉武帝的曾孙，故称之，下文曾孙同此。 [6] 吉日再省视：丙吉每天去看望两次。

巫蛊事连岁不决，武帝疾，来往长杨、五柞宫[1]，望气者言长安狱中有天子气，于是武帝遣使者分条中都官[2]，诏狱系者，无轻重，一切皆杀之。内谒者令郭穰夜到郡邸狱[3]，吉闭门拒使者不纳，曰："皇曾孙在。他人无辜死者犹不可，况亲曾孙乎！"相守至天明，不得入。穰还，以闻，因劾奏吉。武帝亦寤，曰："天使之也。"因赦天下。郡邸狱系者，独赖吉得生。

既而吉谓守丞谁如[4]："皇孙不当在官。"使谁如移书京兆尹，遣与胡组俱送；京兆尹不受，复还。及组日满当去[5]，皇孙思慕[6]，吉以私钱雇组令留，与郭征卿并养，数月，乃遣组去。后少内啬夫白吉曰[7]："食皇孙无诏令。"时吉得食米、肉，月月以给皇曾孙。曾孙病，几不全者数焉，吉数敕保养乳母加致医药，视遇甚有恩惠。吉闻史良娣有母贞君及兄恭[8]，乃载皇曾孙以付之。贞君年老，见孙孤，甚哀之，自养视焉。

幸有丙吉养护，汉朝得一中兴天子。

［注释］

[1] 长杨、五柞（zhà）宫：汉代离宫名。长杨宫在今陕西周至县东南三十里，五柞宫在周至县集贤镇。 [2]"于是武帝遣使者分条中都官"以下四句：谓汉武帝派使者（宦官）分别到在京各官府监狱中传令，凡诏狱关押的犯人，无论罪行轻重，一律处死。中都官，《汉书·宣帝纪》颜师古注："中都官，京师诸官府也。"颜师古又注云："《汉仪注》长安中诸官狱三十六所。"诏狱，奉皇帝诏令拘禁犯人的监狱，也用作称皇帝下令审理的案件。 [3] 内谒者令：宫中主管传宣诏令的官员，由宦官担任。 [4] 守丞谁如：名叫谁如。此守丞当为郡邸狱的守丞，负责皇曾孙的案子。 [5] 组日满：胡组服刑期满。 [6]"皇孙思

慕”以下三句：没有母亲的刘病已离不开这位奶妈，丙吉自己出钱，雇佣胡组、郭征卿一起照顾刘病已。　[7]“后少内啬夫白吉曰”二句：少内啬夫向丙吉报告说，朝廷没有下达拨付皇孙生活费的诏令。少内啬夫，掖庭宫中主管府库物资的下层官员。白，报告。　[8]“吉闻史良娣有母贞君及兄恭”二句：丙吉听闻史良娣（刘病已的祖母）的母亲贞君和哥哥史恭还在，便把刘病已送去抚养。此时巫蛊之祸已结案，刘病已无罪。

后有诏掖庭养视[1]，上属籍宗正。时掖庭令张贺[2]，尝事戾太子，思顾旧恩，哀曾孙，奉养甚谨，以私钱供给，教书。既壮，贺欲以女孙妻之。（元平元年，前 74，六月）是时昭帝始冠，长八尺二寸。贺弟安世为右将军[3]，辅政，闻贺称誉皇曾孙，欲妻以女，怒曰：“曾孙乃卫太子后也，幸得以庶人衣食县官足矣，勿复言予女事！”于是贺止。时暴室啬夫许广汉有女[4]，贺乃置酒请广汉，酒酣，为言：“曾孙体近，下乃关内侯，可妻也。”广汉许诺。明日，妪闻之[5]，怒。广汉重令人为介，遂与曾孙。贺以家财聘之。曾孙因依倚广汉兄弟及祖母家史氏，受《诗》于东海澓中翁，高材好学；然亦喜游侠，斗鸡走狗，以是具知闾里奸邪，吏治得失。数上下诸陵，周遍

张安世阻止兄张贺颂扬卫太子后裔，不可危及昭帝的地位！

宣帝刘病已的这种民间经历成就了他后来的执政。

三辅[6]，尝困于莲勺卤中[7]，尤乐杜、鄠之间[8]，率常在下杜[9]。时会朝请[10]，舍长安尚冠里。

[注释]

[1]“后有诏掖庭养视”二句：武帝晚年下令刘据遗孤（孙子刘病已）可以编入皇室属籍，在宫中鞠养。掖庭，宫中劳作的宫人所在的地方，由掖庭令管理，一般由宦者担任。宗正，官名，管理皇家宗族事务。 [2]“时掖庭令张贺”以下七句：张贺是汉武帝时著名酷吏张汤之长子，张安世之兄。曾为太子刘据属官，因巫蛊之祸遭受腐刑，此时担任掖庭令。张贺感念刘据旧恩，又同情孤孙的无辜，故处处照顾刘病已。戾太子，汉宣帝后来给祖父刘据追加的谥号，并在湖县死难之处建立戾园以纪念。 [3]“贺弟安世为右将军”以下八句：张贺的弟弟张安世为右将军，协助霍光辅佐昭帝。张安世认为刘病已是戾太子刘据之孙，若巫蛊之祸平反，刘病已对于昭帝的帝位是一种隐形的威胁。所以，张安世制止了张贺要把孙女嫁给刘病已的做法。县官，此处指朝廷。 [4]“时暴室啬夫许广汉有女”以下七句：张贺请许广汉喝酒，告诉他，皇曾孙刘病已是皇帝很近的血亲，将来至少是关内侯，你可以把女儿嫁给他呀。暴室啬夫，暴室是掖庭令属下的机构，主管宫女织染（一说主管宫人疾患者，相当于冷宫）之事，啬夫为其主管。许广汉因事受腐刑，任啬夫，是张贺的直接下属。 [5]“妪闻之”以下五句：尽管妻子不高兴，许广汉还是重新请人正式说媒，最终张贺自己出了聘礼，完成了婚事。妪，妇人，此指许广汉的妻子。介，媒介。 [6]三辅：汉代京畿地区划分为京兆、左冯翊、右扶风三个郡府级行政区划。 [7]莲勺卤中：县名，隶属左冯翊，有盐池，乡人谓之卤中。 [8]杜：即杜县，

属京兆府。鄠（hù）：即鄠县，属右扶风。　[9] 下杜：即下杜城，胡三省注引《括地志》说，位于长安县东南九里地。　[10]“时会朝请”二句：刘病已平时在三辅郊地游玩，岁时朝请就回到尚冠里家中。朝请，作为宗室要参加春秋二季的宗室朝会，春曰朝，秋曰请。尚冠里，长安里名，京兆府所在地。

及昌邑王废[1]，霍光与张安世诸大臣议所立，未定。丙吉奏记光曰：“将军事孝武皇帝，受襁褓之属，任天下之寄。孝昭皇帝早崩亡嗣，海内忧惧，欲亟闻嗣主。发丧之日，以大谊立后，所立非其人，复以大谊废之；天下莫不服焉。方今社稷、宗庙、群生之命在将军之壹举，窃伏听于众庶，察其所言诸侯、宗室在列位者，未有所闻于民间也。而遗诏所养武帝曾孙名病已在掖庭、外家者，吉前使居郡邸时，见其幼少；至今十八九矣，通经术，有美材，行安而节和。愿将军详大义，参以蓍龟岂宜[2]，褒显先使入侍，令天下昭然知之，然后决定大策，天下幸甚！”杜延年亦知曾孙德美[3]，劝光、安世立焉。

推举皇帝人选的场景。

（元平元年，前 74）秋，七月，光坐庭中，会丞相以下议定所立，遂复与丞相敞等上奏在上奏立刘病已为帝的奏表中，排第一的是丞相杨敞，排第二的是霍光。

曰[4]："孝武皇帝曾孙病已，年十八，师受《诗》《论语》《孝经》，躬行节俭，慈仁爱人，可以嗣孝昭皇帝后，奉承祖宗庙，子万姓。臣昧死以闻！"皇太后诏曰[5]："可。"光遣宗正德至曾孙家尚冠里[6]，洗沐，赐御衣；太仆以軨猎车迎曾孙[7]，就斋宗正府。庚申，入未央宫，见皇太后，封为阳武侯。已而群臣奏上玺绶，即皇帝位，谒高庙[8]；尊皇太后为太皇太后[9]。

[注释]

[1] 昌邑王：刘贺，汉武帝孙。汉武帝后元元年（前 88）嗣父爵为昌邑王。公元前 74 年，昭帝死后无嗣，刘贺被大将军霍光迎立为帝。因为作恶多端，不为霍光等老臣所容，登基仅二十七日就被废黜。后宣帝封其为海昏侯。 [2] 参以蓍（shī）龟岂宜：此处意谓，丙吉上奏霍光介绍了刘病已的情况，并希望霍光详加了解审查，同时占卜以问天意，断定刘病已是否适合继承帝位。蓍龟，古人以蓍草、龟甲占卜吉凶，因此用来指代占卜。 [3] 杜延年（？—前 52）：酷吏杜周之子，拥立昭帝、宣帝有功。霍光死后，霍氏家族被诛，杜延年作为霍光旧人，受到牵连。后复出，历官西河太守、御史大夫。 [4] 丞相敞：杨敞（？—前 74），昭帝时担任丞相，是司马迁的女婿。 [5] 皇太后：上官皇太后，昭帝的皇后，霍光的外孙女。 [6] 宗正德：刘德（？—前 57），楚元王刘交之后，担任宗正，主管皇室宗族事务。 [7] 軨（líng）猎车：据胡三省注，軨猎车是一种敞篷小车。 [8] 谒高

庙：拜谒汉高祖刘邦的陵庙。这是西汉新皇帝登基必须有的仪式。 [9] 太皇太后：刘病已之祖父刘据，是昭帝之长兄，则昭帝皇后上官氏是刘病已的祖母辈，故称太皇太后。

（选自《资治通鉴》卷二十四，汉纪十六）

［点评］

霍光去世之后，备极哀荣。汉宣帝封他为麒麟阁功臣之首。麒麟阁十一位功臣，霍光为首，最后一位是苏武。可是霍光去世后仅仅两年，霍氏家族就被满门抄斩。这又是什么原因呢？《资治通鉴》作者司马光以“臣光曰”的形式发问道：“霍光之辅汉室，可谓忠矣；然卒不能庇其宗，何也？”

还在霍光生前，茂陵姓徐的儒生就预测霍氏必亡！“初，霍氏奢侈，茂陵徐生曰：霍氏必亡。”司马光自己的回答是，霍光大权在握，“多置亲党，充塞朝廷，使人主蓄愤于上，吏民积怨于下，切齿侧目，待时而发，其得免于身幸矣，况子孙以骄侈趣之哉”！简单地说就是，权势过于煊赫，不受制约；家族奢侈腐败，不合法度。

先说权势煊赫。《资治通鉴》记载霍光权势煊赫说：早在昭帝时，霍光的儿子霍禹和霍去病的孙子霍云就担任中郎将，霍云的弟弟霍山以及霍光的女婿都身居要职，或者给事禁中，或者带兵宿卫宫廷。其他兄弟、女婿、侄女婿、外孙之类，都在朝廷任职，结党营私，出入宫禁，所谓“党亲连体，根据于朝廷”。霍光本人权力更重了，皇帝见了他，都“虚己敛容，礼下之已甚”。这说明霍光的作为，实际上损害了皇帝权威。表面上谦卑，心里面实际已经使皇帝不满，别人看在眼里也不舒服。所谓那位茂陵徐生论述霍氏必亡就说：“夫奢则不逊，不逊必侮上。侮上者，逆道也，在人之右，众必害之。霍氏秉权日久，害之者多矣。天下害之，而又行以逆道，不亡何待！”（《资治通鉴》卷二十五）

再说家族腐败。霍家骄奢淫逸的第一条是太夫人霍显（霍光遗孀），给自家盖了很多豪华的高级住宅，弄了很多豪华的高级车乘。装修的标准都是一流的，房子、车子都有精美的图案装饰，锦绣的靠垫，黄金涂饰，熟牛皮和柔絮包裹着车轮，侍女丫鬟用五彩丝绣挽着霍显在宅内游戏。她还不甘寂寞，与管家冯子都通奸。第二条是其他家属。儿子、侄子、侄孙等霍家人占据高官厚禄，但不务正业，大肆修治豪宅，声色犬马。长安有一处宫观，叫平乐馆，是高祖刘邦时始建的，武帝时扩建，位置在皇家上林苑，成了他们走马逐猎的场所。还有渭北的黄山苑，也属于皇家上林苑的一部分，霍氏子孙带着狐朋狗友在这里围猎。本该在宫中履职，自己出去游玩，却让家仆去当差，给自己顶班，对此没有人敢说一个“不”字。霍显与女眷们，不分白天黑夜，进出上官太后所居长信宫，没有任何约束和规矩。

霍家不仅为官的子孙狂妄，即使是家人门客也十分凶悍。有一次，霍氏的家人（以冯子都为首）与御史大夫魏相的家人争路，谁也不相让。霍氏家仆（冯子都的身份属于奴）直接闯入御史大夫府中，要踹人家的大门，是御史大夫亲自出来赔礼道歉，霍氏家仆才扬长而去。

此时霍光已死，为什么霍氏家族还如此嚣张？其实，这与霍光本人不是完全没有关系的。举一个例子。霍光的夫人霍显，缺乏教养，而且野心极大。她是霍光的继室，本来是霍光原配的侍婢，原配死后由小妾升级的，应该比霍光年轻许多，为霍光生了个小女儿。为了把这个女儿送进宫，霍显竟然收买女医师淳于衍，毒死了孕娠中的许皇后。作为交换，霍显答应安排淳于衍的丈夫（一个宫禁卫士）出任朝廷某盐池的总监。

皇后怀孕而死，这件事当然不能稀里糊涂就算了，有人上书要追查诸医的责任。霍显恐怕逼急了淳于衍，顶不住会招供出来，就把事情的原委告诉了丈夫霍光，还补充说，既然已经做错了，无法挽回，别把女医师淳于衍逼急了。霍光听后大吃一惊，本来想检举老婆的不法行为，却不忍心，而隐忍了下来；还利用职权，包庇了淳于衍，蒙混过关。同时，满足老婆的心思，把小女嫁给了皇帝。

这件事值得特别讨论的倒不是霍光的不忍大义灭亲，而是此时此刻的霍光，为人风格发生了如此重大的变化。

从汉武帝时代入官开始，到辅佐昭帝，霍光一直是战战兢兢，克己奉公。他的谨慎与正直，打动了汉武帝，也打动了所有人。为什么现在却粗疏了，忍让家人犯法了呢？这才是特别值得我们深切留意和反思的。也就是说，人总是在变的！即使是像霍光这样谦卑低调的人，时间长了，功劳大了，也会发生变化，变得苟且，变得不再对错误零容忍。在没有刚性的制度和法律的约束下，任何圣贤也会自觉不自觉地违规违法犯错误，而且犯了错误还会心存侥幸。

值得指出的是，史学家班固在总结霍光悲剧的时候提到霍光“不学亡术，闇于大理”的问题。我想这也对。霍光不是一个爱学习的人，也不是一个读书识理的人，他就是一个谦卑谨慎的人，天生谦卑谨慎。假如他能够读书学习，多了解一些历史上成败得失的案例，也许他会更加谨慎本分，会更加严格地要求自己，更加严格地约束家人吧！

要有制度的刚性约束，要通过学习提升自己内在的修为。这两点，是霍光家族腐败给我们最重要的警示。

五、刘秀起兵

长沙王刘发是汉景帝之子，汉武帝之弟。

初，长沙定王发生舂陵节侯买，买生戴侯熊渠，熊渠生考侯仁。仁以南方卑湿，徙封南阳之白水乡，与宗族往家焉。仁卒，子敞嗣；值莽篡位，国除。节侯少子外为郁林太守，外生钜鹿都尉回，回生南顿令钦。钦娶湖阳樊重女，生三男：縯，仲，秀，兄弟早孤，养于叔父良[1]。

縯性刚毅[2]，慷慨有大节，自莽篡汉，常愤愤，怀复社稷之虑，不事家人居业，倾身破产，交结天下雄俊。秀隆准日角，性勤稼穑。缜常非笑之，比于高祖兄仲。秀姊元为新野邓晨妻，秀尝与晨俱过穰人蔡少公，少公颇学图谶，言“刘秀当为天子”。或曰：“是国师公刘秀乎[3]？”秀戏曰：“何用知非仆邪？”坐者皆大笑，晨心独喜。

观此语，刘秀心中并不甘平庸，大约类似刘邦看到秦皇车队后所说的“大丈夫当如是也”。

宛人李守[4]，好星历、谶记，为莽宗卿师[5]。尝谓其子通曰：“刘氏当兴，李氏为辅。”（新莽地皇三年，22）及新市、平林兵起[6]，南阳骚动，通从弟轶谓通曰：“今四方扰乱，汉当复兴。南阳宗室，独刘伯升兄弟泛爱容众，可与谋大事。”通笑曰：“吾意也！”会秀卖谷于宛，通遣轶往迎秀，与相见，因具言谶文事[7]，与相约结，定计议。通欲以立秋材官都试骑士日[8]，劫前队大夫甄阜及属正梁丘赐，因以号令大众，使轶与秀归舂陵举兵以相应。

［注释］

[1] 养于叔父良：刘秀是西汉疏属，传到父亲这一辈，已经没有宗亲特权。兄弟三人，自己排行老三，此外还有两个姐姐刘黄、刘元，一个妹妹刘伯姬。父亲早死，在叔父刘良家鞠养。他们都是地道的农民。　[2]“缜性刚毅”以下十二句：刘秀与大哥刘缜性

格很不同。刘縯为人外向，慷慨热情，喜好交朋结友，以高祖刘邦自许。刘秀内向、腼腆，为人柔顺谦和，做事踏实，种田、卖粮，安分守己。刘縯笑话他就像刘邦的二哥刘仲。刘邦的父亲曾经责怪刘邦，不像二哥那样善于经营家业。 [3] 国师公刘秀：指古文经学家刘歆（约前 50—23），汉哀帝建平元年（前 6）曾改名刘秀。刘秀为刘氏宗亲，且是王莽的亲家。王莽篡位，尊为“国师公”。 [4]“宛人李守”二句：宛是南阳郡首府，治今河南南阳。古南阳地区则跨今河南南阳、湖北襄阳等地区。西汉末期兴起谶纬之学，以隐语形式影射政治、预言社会变动。李守喜欢观察星象、拆解图谶。汉光武帝刘秀本人也喜好这一手。 [5] 宗卿师：胡三省注谓，此宗卿师是王莽篡位时在各郡设立的主持宗室事务的官员。李守的这个身份，有利于他了解南阳宗室子弟的情况。他看好刘縯、刘秀兄弟。大约这个看法影响到其子李通。 [6] 新市、平林兵：两支都是绿林起义兵。新市兵首领王匡、王凤都是新市（今湖北京山）人，于地皇三年（22）在荆州江夏郡新市起义，故称“新市兵”。陈牧等聚众千余人响应新市兵，在平林（今湖北随县）起义，故称“平林兵”。 [7] 谶文：即“刘氏当兴，李氏为辅”的传言。 [8]“通欲以立秋材官都试骑士日”以下四句：李通谋划在材官秋日骑士集中训练的日子，聚众起事。材官，秦汉时期在地方各郡设置的预备兵役。立秋时分，材官要集中训练教习。前队大夫甄阜及属正梁丘赐，王莽改南阳郡为前队，置大夫如郡太守，属正职如郡都尉。此时的大夫与属正分别是甄阜和梁丘赐，梁丘是复姓。春陵，南阳郡下辖湖阳县春陵乡，为刘秀的家乡，今属湖北枣阳。

于是，縯召诸豪桀计议曰：“王莽暴虐，百姓分崩。今枯旱连年，兵革并起，此亦天亡之时，复高祖之业，定万世之秋也！”众皆然之。于是分遣亲客于诸县起兵，縯自发舂陵子弟。诸家子弟恐惧，皆亡匿，曰；“伯升杀我！”及见秀绛衣大冠[1]，皆惊曰：“谨厚者亦复为之！”乃稍自安。凡得子弟七八千人，部署宾客，自称“柱天都部”。秀时年二十八。李通未发，事觉，亡走；父守及家属坐死者六十四人。

刘秀为人谨厚，更有号召力。

縯使族人嘉招说新市、平林兵，与其帅王凤、陈牧西击长聚；进屠唐子乡，又杀湖阳尉。军中分财物不均，众恚恨，欲反攻诸刘。刘秀敛宗人所得物，悉以与之，众乃悦。进拔棘阳，李轶、邓晨皆将宾客来会。

严尤、陈茂破下江兵[2]。成丹、王常、张卬等收散卒入蒌溪，略钟、龙间[3]，众复振。引军与荆州牧战于上唐，大破之。

（新莽地皇三年，22）十一月，有星孛于张。刘縯欲进攻宛，至小长安聚[4]，与甄阜、梁丘赐战。时天密雾，汉军大败。秀单马走，遇女弟伯姬，与共骑而奔。前行，复见姊元，趣令上马，元以手挥曰：“行矣，不能相救，无为两没也！”会追

刘秀家人作出了巨大牺牲。

兵至，元及三女皆死[5]，缜弟仲及宗从死者数十人。

［注释］

[1] 绛衣大冠：将军之服。当时刘秀头戴大冠，穿着绛色的将军服。 [2] 下江兵：也是绿林起义军的一支，由成丹、王常、张卬等率领。此时被王莽派遣的将军严尤、陈茂击破。 [3] 钟、龙：据胡三省注，安州、随州界内有钟山、石龙山。 [4] 小长安聚：地名，在今河南南阳南。聚，即聚落，村镇居民点称聚。 [5] “元及三女皆死”二句：在攻打南阳郡首府宛的过程中，刘秀的大姐刘元、二哥刘仲及其他亲戚宗属数十人，均死于难。看来为了防止官军抄家，刘缜、刘秀兄弟是带着家属一起随军作战的。第一次攻打宛城，汉军损失惨重，七八千人的队伍还剩下多少，历史没有记载，若领兵首领的至亲都死于战场，损兵折将，一定不是小数。

刘缜有行动能力。

缜复收会兵众，还保棘阳[1]。阜、赐乘胜留辎重于蓝乡，引精兵十万南度潢淳，临泚水[2]，阻两川间为营，绝后桥，示无还心。新市、平林见汉兵数败，阜、赐军大至，各欲解去，缜甚患之。会下江兵五千余人至宜秋[3]，缜即与秀及李通俱造其壁曰：“愿见下江一贤将，议大事。”众推王常。缜见常，说以合从之利，常大悟曰：“王莽残虐，百姓思汉。今刘氏复兴，即真主也；诚思出身为用，辅成大功。”縯曰：“如事成，岂敢独飨之哉！”遂与常深相结而去[4]。

常还，具为余将成丹、张卬言之。丹、卬负其众曰：“大丈夫既起，当各自为主，何故受人制乎！”常乃徐晓说其将帅曰[5]：“王莽苛酷，积失百姓之心，民之讴吟思汉，非一日也，故使吾属因此得起。夫民所怨者，天所去也；民所思者，天所与也。举大事，必当下顺民心，上合天意，功乃可成。若负强恃勇，触情恣欲，虽得天下，必复失之。以秦、项之势，尚至夷覆，况今布衣相聚草泽，以此行之，灭亡之道也。今南阳诸刘举兵，观其来议者，皆有深计大虑，王公之才，与之并合，必成大功，此天所以祐吾属也！”下江诸将虽屈强少识，然素敬常，乃皆谢曰：“无王将军，吾属几陷于不义！”即引兵与汉军、新市、平林合。于是诸部齐心同力，锐气益壮。縯大飨军士[6]，设盟约，休卒三日，分为六部。（新莽地皇三年，22）十二月，晦，潜师夜起，袭取蓝乡，尽获其辎重。

几支绿林好汉，联合了起来。

[注释]

[1] 棘阳：县名，治今河南新野县东。今河南南阳溧河，古称棘水。 [2] 泚水：又名泌水，西南向流经河南新野县入湖北襄阳。 [3] 宜秋：地名，即宜秋聚，在今河南唐河县东南。 [4] 遂与常深相结而去：看来汉军与新市兵、平林兵的合作出了些问题，否则不会因为看见汉军败而欲离去。这时恰逢下江兵五千人至，于是，刘縯、刘秀等前往造访，说服了王常。于是，四支军队决定联合作战。此点，可见刘縯的政治活动能力很强。但是，为什么他搞不定新市兵和平林兵呢？是由于湖阳县分战利品不均的后遗症？还是已经发生了权力之争？ [5] 常乃徐晓说其将帅曰：王常于是慢慢地说服诸将。下文的一段话认为拥立刘氏，可以在混乱中夺得天下。 [6] "縯大飨军士"以下九句：绿林起兵，当初只是为了反抗压迫，解决生计。各种各样的人混杂其中。经过刘縯兄弟的启发，他们开始有了政治目标，这就是推翻新莽朝廷，恢复汉室江山。蓝乡大捷之前，汉军与绿林军整合在新的奋斗目标之下，是否全是刘縯的功劳，我们目前没有其他史料加以印证。但是，可以肯定的是几支军队的协商，获得了三大成果：一是统一的战争目标；二是统一的军事组织，分为六部；三是一场新的胜利，"袭取蓝乡，尽获其辎重"。晦（huì），农历每月的末一天，朔日的前一天。

（选自《资治通鉴》卷三十八，汉纪三十）

[点评]

东汉的立国是建立在王莽失败基础之上的。王莽的失败则是因为他那理想主义"王田"制改革和野蛮的金融改革，等等，脱离实际，既得罪了富人，也损害了穷人利益。

刘秀是在王莽时代的长安太学上过学的“诸生”（太学生），又是很接地气的青年农民，出自殷实的农民家庭，虽然也是刘邦的后代，但已经没有了官荫特权。少年的理想是“仕宦当作执金吾，娶妻当娶阴丽华”（执金吾是首都地区的警备司令，带着队伍巡视，威风凛凛，留给少年时期在长安读书的刘秀印象深刻）。

南宋学者陈亮特别推崇刘秀，认为他的“中兴大业”是超迈古今的壮举。这虽然说是“天命”，也要靠人的谋略！没有谋略，光靠天命是不成的。“有一定之略，然后有一定之功。”他还说，智慧谋略不是短期养成的，功业也不是侥幸可得的。刘秀有武人的功夫，也有文人的智谋，是起义建立王朝的开国皇帝中唯一上过太学的。

在打天下的过程中，刘秀有胸襟，能韬晦，该出手时就出手。昆阳之战后，大哥被杀，他强忍悲痛不露声色。到河北发展之后，运用“统一战线”的策略，积蓄力量，战胜邯郸王郎政权。羽翼丰满之后，果断与更始政权脱钩。在刘玄还没有彻底失败之前，于25年自立为帝，经过十几年的征战，中兴了汉室。

六、邓太后临朝称制

初，太傅邓禹尝谓人曰[1]：“吾将百万之众，未尝妄杀一人，后世必有兴者。”其子护羌校尉邓绥从小爱读书。

训[2]，有女曰绥[3]，性孝友，好书传，常昼修妇业，暮诵经典，家人号曰“诸生”。叔父陔曰：“尝闻活千人者子孙有封。兄训为谒者[4]，使修石臼河，岁活数千人，天道可信，家必蒙福。”绥后选入宫为贵人[5]，恭肃小心，动有法度，承事阴后[6]，接抚同列，常克己以下之，虽宫人隶役，皆加恩借，帝深嘉焉。

邓绥情商高，也属于“德”的范围。

每有宴会，诸姬竞自修饰，贵人独尚质素，其衣有与阴后同色者，即时解易，若并时进见，则不敢正坐离立，行则偻身自卑，帝每有所问，常逡巡后对，不敢先后言。阴后短小，举止时失仪，左右掩口而笑，贵人独怆然不乐，为之隐讳，若己之失。帝知贵人劳心曲体，叹曰：“修德之劳，乃如是乎！”后阴后宠衰，贵人每当御见，辄辞以疾。时帝数失皇子，贵人忧继嗣不广，数选进才人以博帝意。阴后见贵人德称日盛，深疾之。

及阴后之废，贵人请救，不能得。帝欲以贵人为皇后，贵人愈称疾笃，深自闭绝。（永元十四年，102）冬，十月，辛卯，诏立贵人邓氏为皇后；后辞让，不得已，然后即位。郡国贡献，悉令禁绝，岁时但供纸墨而已，帝每欲官爵邓氏，后辄哀请谦让，故兄骘终帝世不过虎贲中郎将[7]。

邓绥后来的权力欲与她此时的谦卑形成很大反差。

[**注释**]

[1] 太傅：官名，东汉时位列上公，位高无实职，多用以尊崇德高望重的前朝老臣。邓禹（2—58）：曾与汉光武帝刘秀同游太学，刘秀曾表彰开国功臣，号称云台二十八将，邓禹以早年的定策功，列名首位。 [2] 训：邓训（40—92），邓禹第六子，曾任护乌桓校尉、护羌校尉，即边军总管。东汉以校尉为领兵主将。 [3]“有女曰绥（suí）”以下六句：意谓邓绥（81—121）自幼喜欢读书，白天做女红（妇业），晚上挑灯夜读经史，家人称为“诸生”。有意思的是，其父邓训年轻时不喜欢读书，其女邓绥却称“诸生”。诸生，指太学里的学生。 [4]“兄训为谒者”二句：章帝时，邓绥的父亲邓训曾以谒者（官名，奉使之任）之职，受命修河，有便民的政绩。 [5] 贵人：妃嫔称号。东汉后宫，皇后之下，有贵人，员额无定。一般封皇后者，亦大多先为贵人。永元八年（96），邓绥入宫为贵人。 [6] 阴后：即阴皇后，和帝的第一个皇后，为阴丽华娘家远亲，无子，后因巫蛊之事被废。 [7] 骘（zhì）：邓骘（？—121），一作邓陟，邓禹之长子，邓绥之兄。官至大将军，封上蔡侯。虎贲（bēn）中郎将：领虎贲禁兵。东汉和帝之后，一般以贵戚充任。

（元兴元年，105）冬，十二月，辛未，帝崩于章德前殿。初，帝失皇子，前后十数，后生者辄隐秘养于民间，群臣无知者。及帝崩，邓皇后乃收皇子于民间。长子胜[1]，有痼疾[2]；少子隆[3]，生始百余日，迎立以为皇太子，是夜，即皇帝位。尊皇后曰皇太后，太后临朝。

立幼不立长，邓太后敢做！

是时新遭大忧[4]，法禁未设，宫中亡大珠一箧；太后念欲考问，必有不辜，乃亲阅宫人，观察颜色，即时首服。又，和帝幸人吉成御者[5]，共枉吉成以巫蛊事，下掖庭考讯[6]，辞证明白。太后以吉成先帝左右[7]，待之有恩，平日尚无恶言，今反若此，不合人情；更自呼见实核，果御者所为，莫不叹服以为圣明。

邓太后判案若神明！

[注释]

[1] 胜：刘胜（？ —113），和帝刘肇长子，因病未即位，被封为平原王。 [2] 痼疾：历久难治的沉重疾病。 [3] 隆：汉殇帝刘隆（105—106），东汉第五任皇帝，和帝刘肇次子。殇帝不足一岁即帝位，邓太后临朝执政，在位仅八个多月即夭亡。 [4] “是时新遭大忧”以下八句：意谓皇帝大丧期间，宫中丢失了一箧珍珠，邓太后不想拷问株连，只是察言观色，发现可疑的宫人，宫人马上自首认罪。胡三省注：“考问则下之狱，辞所连及，必有无辜而被逮者。” [5] “和帝幸人吉成御者”二句：和帝生前宠幸的宫人吉成，被其御者（即侍者）共同诬告行巫蛊之

事，致使和帝驾崩。　[6]“下掖庭考讯”二句：意谓吉成交由掖庭内部审讯，证词确凿。　[7]“太后以吉成先帝左右”以下七句：谓邓太后觉得吉成是先帝的侍从，对她有恩泽，平时没有不满言行，现在搞巫蛊之术不合人情，便进一步审查，发现果然是御者所诬。

（延平元年，106）春，正月，辛卯，以太尉张禹为太傅[1]，司徒徐防为太尉，参录尚书事。太后以帝在襁褓[2]，欲令重臣居禁内。乃诏禹舍宫中，五日一归府；每朝见[3]，特赞，与三公绝席。

邓太后重视与群臣的合作。

封皇兄胜为平原王。

癸卯，以光禄勋梁鲔为司徒。

三月，甲申，葬孝和皇帝于慎陵，庙曰穆宗。

丙戌，清河王庆、济北王寿、河间王开、常山王章始就国[4]；太后特加庆以殊礼。庆子祜，年十三，太后以帝幼弱[5]，远虑不虞，留祜与嫡母耿姬居清河邸。耿姬，况之曾孙也；祜母，犍为左姬也。

邓太后担心小皇帝身体不行，留了后手。

（四月）丙寅，以虎贲中郎将邓骘为车骑将军、仪同三司[6]。骘弟黄门侍郎悝为虎贲中郎将[7]，弘、阊皆侍中[8]。

（六月）郡国三十七雨水。己未，太后诏减太官、导官、尚方、内署诸服御、珍膳、靡丽难成之物[9]，自非供陵庙，稻粱米不得导择，朝夕一肉饭而已。旧太官、汤官经用岁且二万万[10]，自是裁数千万。及郡国所贡，皆减其过半；悉斥卖上林鹰犬；离宫、别馆储峙米糒、薪炭，悉令省之。

邓太后劳心国事，很有能力。

丁卯，诏免遣掖庭宫人及宗室没入者皆为庶民。

秋，七月，庚寅，敕司隶校尉、部刺史曰："间者郡国或有水灾，妨害秋稼，朝廷惟咎，忧惶悼惧。而郡国欲获丰穰虚饰之誉，遂覆蔽灾害，多张垦田，不揣流亡，竞增户口，掩匿盗贼，令奸恶无惩，署用非次，选举乖宜，贪苛惨毒，延及平民。刺史垂头塞耳[11]，阿私下比，不畏于天，不愧于人。假贷之恩，不可数恃，自今以后，将纠其罚。二千石长吏其各实核所伤害，为除田租刍稿。"

这一段话，言邓太后整顿吏治、减省地方上的赋税，以便民。

［注释］

[1] 张禹：与下文"徐防"均为和帝时淳厚大臣，邓太后临朝，深得信任。参录尚书事，二人共同总理朝政。时三公主持外朝事务，

录尚书事总理内廷机密。　[2]“太后以帝在襁褓”以下四句：意谓，邓太后考虑到殇帝年幼，需要年老重臣在宫中值班，这些人得到隆重的尊宠与优待。但是，实际的朝政决策，必定是邓太后亲掌，邓太后娘家兄弟也长居禁中，只是不让他们带总录尚书事之名而已。由此可见，邓绥处事周密，心机很深。　[3]“每朝见”以下三句：胡三省注：“特赞者，每朝见，赞拜者先独赞禹名，既乃赞太尉名以下，禹不与三公同赞也。绝席者，朝位独在百僚上，不与三公联席也。”　[4]就国：各王回到自己的封国。此处令各王离开洛阳，回到封地，有出于皇权安全的考虑。　[5]“太后以帝幼弱”以下三句：办完和帝丧事，殇帝刘隆已经即位。但是邓太后考虑到殇帝年幼体弱，难免有夭折之虞。于是，便把目光放在了清河王刘庆的十三岁儿子刘祜（hù）身上，留下刘祜与其嫡母耿姬住在清河王在京城的官邸。　[6]车骑将军：次于大将军、骠骑将军。三司：此处指三公。车骑将军低于三司，加仪同三司以宠之。后世仪同三司之名始于此。　[7]黄门侍郎：侍奉宫禁。黄门，宫禁门。　[8]侍中：侍从皇帝。邓悝、邓弘、邓阊都得以加官，可以在宫禁侍从顾问。　[9]“太后诏减太官、导官、尚方、内署诸服御、珍膳、靡丽难成之物”以下四句：言邓太后减省宫廷各种开支，除了祭祀所用的稻米，不得简择，每餐只有一个荤菜。胡三省注：“太官令，周官也，秩千石，典天子御膳。导官，掌择御米。导，择也。尚方，掌作御刀剑诸器物；内署，掌内府衣物：令秩皆六百石。”　[10]汤官：胡三省注：“汤官丞，主酒，属太官令。”　[11]“刺史垂头塞耳”二句：指责地方官敷衍塞责，互相包庇不作为。

（延平元年，106）八月[1]，辛卯，帝崩。癸丑，殡于崇德前殿。太后与兄车骑将军骘、虎贲中郎将悝等定策禁中[2]，其夜，使骘持节以王青盖车迎清河王子祜，斋于殿中。皇太后御崇德殿，百官皆吉服陪位，引拜祜为长安侯。乃下诏，以祜为孝和皇帝嗣，又作策命。有司读策毕，太尉奉上玺绶，即皇帝位，太后犹临朝。

邓太后立皇侄不立皇子（因其痼疾），真的是决绝的手腕！

诏告司隶校尉、河南尹、南阳太守曰[3]：“每览前代，外戚宾客浊乱奉公[4]，为民患苦，咎在执法怠懈，不辄行其罚故也。今车骑将军骘等虽怀敬顺之志，而宗门广大，姻戚不少，宾客奸猾，多干禁宪，其明加检敕，勿相容护。”自是亲属犯罪，无所假贷。

邓太后能够约束外戚。

自和帝之丧，邓骘兄弟常居禁中，骘不欲久在内，连求还第，太后许之。（永初元年，107）夏，四月，封太傅张禹、太尉徐防、司空尹勤、车骑将军邓骘[5]，城门校尉邓悝、虎贲中郎将邓弘、黄门郎邓阊皆为列侯，食邑各万户，骘以定策功增三千户；骘及诸弟辞让不获，遂逃避使者，间关诣阙，上疏自陈，至于五六，乃许之。

（九月）大长秋郑众、中常侍蔡伦等皆秉势豫政[6]，周章数进直言，太后不能用。初，太后

蔡伦，就是那个改进造纸术的科学家。

以平原王胜有痼疾，而贪殇帝孩抱，养为己子，故立焉。及殇帝崩，群臣以胜疾非痼，意咸归之；太后以前不立胜，恐后为怨，乃迎帝而立之。周章以众心不附[7]，密谋闭宫门，诛邓骘兄弟及郑众、蔡伦，劫尚书，废太后于南宫，封帝为远国王而立平原王。事觉，冬，十一月，丁亥，章自杀。

戊子，敕司隶校尉、冀、并二州刺史，“民讹言相惊，弃捐旧居，老弱相携，穷困道路。其各敕所部长吏躬亲晓喻：若欲归本郡，在所为封长檄[8]；不欲，勿强”。

从平原王刘胜（？—前113）夭亡看，所谓痼疾一定很严重！

周章之徒，以正义之名，行非法之事。

[注释]

[1]“八月”二句：据陈垣《二十史朔闰表》，延平元年（106）八月丙午朔，无辛卯日。据《后汉书·殇帝纪》，殇帝崩于八月辛亥，辛亥为初六，《资治通鉴》误。　[2]“太后与兄车骑将军骘、虎贲中郎将悝等定策禁中”以下四句：邓太后临朝称制之后，封兄邓骘为车骑将军，邓悝等亦皆擢用，至此定策迎立刘祜为帝。王青盖车，汉代皇太子、皇子所乘安车，朱轮青盖，装饰华丽。　[3] 司隶校尉：职掌京畿地区的监察事务，与河南尹共同治理首都地区。南阳是邓氏的家乡，邓太后给这些地方官打招呼，要他们约束邓氏外戚，不可放纵外戚违法乱政。邓太后临朝称制，连立二帝，此举既是为了防范外戚腐败，也是为了笼络人心。　[4] 浊乱奉公：胡三省注云：“言其挟势恣横，奉公之吏为

所浊乱也。” [5]“封太傅张禹、太尉徐防、司空尹勤、车骑将军邓骘”以下十句：因为定策立安帝之功，邓太后封赏了张禹、徐防和邓氏兄弟，越发可以看出邓太后重用张禹、徐防的意图，即不要使外界认为邓家一手遮天。邓骘等兄弟五人都能够一再推让，当不仅仅是邓氏家风，也是邓太后影响所致。 [6] 大长秋郑众、中常侍蔡伦：都是拥立和帝、除掉外戚窦宪的忠臣，为邓太后信任之人。可见，邓太后继和帝之后执政，并没有在人事上推倒重来，大批换血。 [7]“周章以众心不附”以下六句：指周章想发动政变，杀掉邓太后身边的得力宦官以及邓骘兄弟，废黜安帝刘祜，封到远处做藩王，而迎立生病的平原王刘胜（即下文的平原怀王）。 [8] 在所为封长檄：胡三省注：“封，谓印封之也。长檄，犹今长牒也。欲归者，皆给以长牒为验。”

（永初二年，108）五月，丙寅，皇太后幸雒阳寺及若卢狱录囚徒[1]。雒阳有囚[2]，实不杀人而被考自诬，羸困舆见，畏吏不敢言，将去，举头若欲自诉。太后察视觉之[3]，即呼还问状，具得枉实。即时收雒阳令下狱抵罪。行未还宫，澍雨大降。

邓太后明察勤政。

（永初四年，110）春，正月，元会，彻乐，不陈充庭车。邓骘在位，颇能推进贤士，荐何熙、李郃等列于朝廷[4]，又辟弘农杨震、巴郡陈禅等置之幕府，天下称之。震孤贫好学，明欧阳《尚书》，通达博览，诸儒为之语曰：“关西孔子杨伯起。”教授二十余年，不答州郡礼命，众人谓之晚暮，而震志愈笃。骘闻而辟之，时震年已五十余，累迁荆州刺史、东莱太守。当之郡[5]，道经昌邑[6]，故所举荆州茂才王密为昌邑令[7]，夜怀金十斤以遗震。震曰：“故人知君，君不知故人，何也？”密曰：“暮夜无知者。”震曰：“天知，地知，我知，子知，何谓无知者！”密愧而出。后转涿郡太守[8]。性公廉，子孙常蔬食、步行；故旧或欲令为开产业，震不肯，曰：“使后世称为清白吏子孙，以此遗之，不亦厚乎！”

邓太后及其家族总体而言，是东汉外戚中比较收敛的。

［注释］

[1] 雒阳寺：官府刑狱机构。若卢狱：审判囚禁将相大臣的刑狱机构，西汉以来属少府，东汉初省去，和帝永元九年（97）复置。录囚徒：重新审查在押囚犯，这是古代减少和纠正冤假错案的一种司法形式。邓太后亲自到洛阳检查冤狱。此前邓太后多次下诏减免租赋，文多不录。　[2]“雒阳有囚”以下六句：言洛阳监狱里关押的一个犯人，没有杀人，却被诬告入狱，屈打成招。人瘦得不成样子，见了太后顾忌旁边的官吏，欲言还止，不敢开口。　[3]“太后察视觉之”以下六句：此言邓太后察觉后下令重审，得知冤枉，立即逮捕造成冤案的洛阳令，据说老天也为冤狱得申而降雨。　[4] 何熙、李郃：与下文“杨震”“陈禅”都是东汉中期名臣，其中尤以杨震最为著名。杨震（？—124），字伯起，弘

农杨氏家族的开山人物。 [5] 之郡：去东莱郡上任，东莱郡时治黄县（今山东龙口）。 [6] 昌邑：县名，现为山东昌邑。 [7] 荆州茂才王密：茂才是汉代察举科目之一，荆州刺史部，监察范围大约包括今河南南阳以南至两湖地区。 [8] 涿州：治今河北涿州。

（元初二年，115）夏，四月，丙午，立贵人荥阳阎氏为皇后[1]。后性妒忌，后宫李氏生皇子保[2]，后鸩杀李氏。

邓太后处事有章法。

前虎贲中郎将邓弘卒[3]。弘性俭素，治欧阳《尚书》[4]，授帝禁中。有司奏赠弘骠骑将军[5]，位特进[6]，封西平侯[7]。太后追弘雅意，不加赠位、衣服，但赐钱千万，布万匹；兄骘等复辞不受。诏封弘子广德为西平侯。将葬，有司复奏发五营轻车骑士[8]，礼仪如霍光故事。太后皆不听，但白盖双骑[9]，门生挽送[10]。后以帝师之重，分西平之都乡，封广德弟甫德为都乡侯。

［注释］

[1] 荥阳阎氏：即安思阎皇后，河南荥阳（今河南荥阳东北）人。其母与邓弘（太后邓绥之弟）之妻是亲姊妹，故阎氏得立皇后。 [2] 保：汉顺帝刘保（115—144），东汉第八位皇帝。 [3] 前虎贲中郎将邓弘（？—115）：邓弘其时守母丧，故称前虎贲中郎将。 [4] 欧阳《尚书》：《尚书》欧阳氏学。因西汉儒者欧阳生传

授，故名。邓弘即专攻《尚书》欧阳氏学，以教授安帝。　[5] 骠骑将军：汉代散号将军中仅次于大将军，位在三公上。　[6] 特进：封侯中特异人士加特进，为加官，仅表示身份。　[7] 西平：县名，东汉隶汝南郡，今属河南驻马店。　[8]“有司复奏发五营轻车骑士”二句：指有官员上奏请求以五营轻车骑士作邓弘丧礼的仪仗，礼仪比照霍光旧例。西汉霍光去世，汉宣帝隆重礼葬。五营轻车骑士，乃朝廷禁军。　[9] 白盖双骑：以双骑拉丧车，表示节俭之意。　[10] 门生挽送：突出邓弘帝师的身份。

（元初五年，118）邓遵募上郡全无种羌雕何刺杀狼莫[1]；封雕何为羌侯。自羌叛十余年间，军旅之费，凡用二百四十余亿，府帑空竭，边民及内郡死者不可胜数，并、凉二州遂至虚耗。及零昌、狼莫死，诸羌瓦解，三辅、益州无复寇警。诏封邓遵为武阳侯，邑三千户。遵以太后从弟，故爵封优大。任尚与遵争功[2]，又坐诈增首级、受赇枉法赃千万已上，十二月，槛车征尚，弃市，没入财物。邓骘子侍中凤尝受尚马，骘髡妻及凤以谢罪。

东汉一直与羌人战斗不休，邓太后时期算比较能够控制局面的时期。

（元初六年，119）是岁，太后征和帝弟济北王寿、河间王开子男女年五岁以上四十余人[3]，及邓氏近亲子孙三十余人，并为开邸第，邓太后从小爱读书，延及皇亲宗族。

教学经书，躬自监试。诏从兄河南尹豹、越骑校尉康等曰："末世贵戚食禄之家，温衣美饭，乘坚驱良，而面墙术学[4]，不识臧否，斯故祸败之所从来也。"

（永宁元年，120）夏，四月，丙寅，立皇子保为太子，改元，赦天下。

己巳，绍封陈敬王子崇为陈王，济北惠王子苌为乐成王，河间孝王子翼为平原王。

邓康之意是要太后归政于已成年的安帝。

太后从弟越骑校尉康[5]，以太后久临朝政，宗门盛满，数上书太后，以为宜崇公室，自损私权，言甚切至，太后不从。康谢病不朝，太后使内侍者问之；所使者乃康家先婢[6]，自通"中大人"，康闻而诟之。婢怨恚，还，白康诈疾而言不逊。太后大怒，免康官，遣归国[7]，绝属籍[8]。

［注释］

[1]"邓遵募上郡全无种羌雕何刺杀狼莫"二句：元初五年（118），邓遵为度辽将军，刺杀滇零部领狼莫，汉封雕何为羌侯。东汉边境与羌人的战争是朝廷头疼之事。邓太后曾用邓骘、虞诩、邓遵等，或统兵征讨，或任边军太守防虞，总体上对羌人的战争取得了胜利。全无种羌，东羌的一支，居上郡（治肤施县，今陕西榆林东南）。雕何，全无种羌首领之一。 [2]"任尚与遵争功"

以下八句：任尚（？—118）是邓太后之父邓训任护羌校尉时的长史（相当于秘书长、参谋长），在边疆多有战功，此次因为与邓遵争功、虚报战绩、贪污受贿而被杀。邓骘的儿子邓凤曾接受任尚贿赂的马，大约邓骘之妻也有牵连。邓骘剃掉老婆和儿子的头发请罪（髡发），如此非常举动，也可以看出邓太后管束外戚之严厉。　[3]“太后征和帝弟济北王寿、河间王开子男女年五岁以上四十余人”以下五句：邓太后征召和帝的弟弟济北王刘寿、河间王刘开的四十余名五岁以上的幼童，以及邓氏近亲子弟 70 余人，专门为他们开设学校，教学经术，亲自监督考试。　[4] 面墙术学：胡三省注引《尚书·周书·周官》曰：弗（不）学墙面。言正墙面而立，无所见也。意谓邓太后告诫外戚必须学习，以提升自己，防止祸败。　[5] 从弟：胡注谓当作从兄。康：邓康，邓禹之孙，袭父邓珍爵为夷安侯。汉夷安县，治今山东高密。　[6]“所使者乃康家先婢”以下三句：胡三省注解释，出使的宫女原是邓康家的婢女，后入宫侍奉太后。宫女自称“中大人”，邓康很不屑。中大人，汉代宫中耆宿皆称中大人。　[7] 遣归国：遣归夷安侯国。　[8] 绝属籍：当时指从朝觐太后的邓氏名册上除名。

（建光元年，121）二月，皇太后寝疾，癸亥，赦天下。三月，癸巳，皇太后邓氏崩。未及大敛，帝复申前命，封邓骘为上蔡侯，位特进。丙午，葬和熹皇后[1]。

太后自临朝以来，水旱十载，四夷外侵，盗贼内起，每闻民饥，或达旦不寐，躬自减彻[2]，以救灾厄，故天下复平，岁还丰穰。

史家于邓太后治国有公正的评价。

上始亲政事，尚书陈忠荐隐逸及直道之士颍川杜根、平原成翊世之徒[3]，上皆纳用之。忠[4]，宠之子也。初，邓太后临朝，根为郎中，与同时郎上书言："帝年长，宜亲政事。"太后大怒，皆令盛以缣囊，于殿上扑杀之，既而载出城外，根得苏；太后使人检视，根遂诈死，三日，目中生蛆，因得逃窜，为宜城山中酒家保[5]，积十五年。成翊世以郡吏亦坐谏太后不归政抵罪；帝皆征诣公车，拜根侍御史，翊世尚书郎。或问根曰："往者遇祸，天下同义[6]，知故不少[7]，何至自苦如此？"根曰："周旋民间[8]，非绝迹之处，邂逅发露，祸及亲知，故不为也。"

汉安帝后来的统治一塌糊涂，使东汉政治变得更糟糕，为什么要邓太后归政才是正道呢？可见自以为是坚守道统，其实不值一哂！

[注释]

[1] 和熹：邓绥谥号和熹。谥法：有功安人曰熹。 [2] 减彻：减膳撤乐之类。 [3] 颍川杜根、平原成翊世：杜根、成翊世均因为上书邓太后，请还政于安帝而被贬黜。杜根差点丢了性命。但是，从安帝后来的治理能力看，比起邓太后差很多。如果跳出旧史立场看杜根和成翊世的上书，并不值得表彰。 [4]"忠"二句：陈忠之父陈宠在邓太后临朝称制之时，颇不得志。陈忠对邓家心怀怨恨，故后文说他"数上疏陷成其恶"。 [5] 宜城：县名，今属湖北襄阳。 [6] 天下同义：胡三省注："天下之士以（杜）根直谏遇祸，同义之也。" [7]"知故不少"二句：意谓杜根不必那么受苦，

可以让同情你的人在生活上救助你。　[8]“周旋民间”以下五句：杜根认为，万一不期而然意外被发现，祸及亲朋故友，没有必要。

帝少号聪明，故邓太后立之。及长，多不德，稍不可太后意；帝乳母王圣知之。太后征济北、河间王子诣京师，河间王子翼美容仪，太后奇之，以为平原怀王后[1]，留京师。王圣见太后久不归政[2]，虑有废置，常与中黄门李闰、江京候伺左右，共毁短太后于帝，帝每怀忿惧。及太后崩[3]，宫人先有受罚者怀怨恚，因诬告太后兄弟悝、弘、阊先从尚书邓访取废帝故事，谋立平原王。帝闻，追怒，令有司奏悝等大逆无道，遂废西平侯广宗、叶侯广德、西华侯忠、阳安侯珍、都乡侯甫德皆为庶人[4]，邓骘以不与谋[5]，但免特进，遣就国；宗族免官归故郡，没入骘等赀财田宅。徙邓访及家属于远郡，郡县迫逼，广宗及忠皆自杀。又徙封骘为罗侯；（建光元年，121）五月，庚辰，骘与子凤并不食而死。骘从弟河南尹豹、度辽将军舞阳侯遵、将作大匠畅皆自杀；唯广德兄弟以母与阎后同产[6]，得留京师。复以耿夔为度辽将军，

邓太后当初选刘祜，因其从小聪明。

安帝治国不怎么样，忘恩报复却一点儿不差。

征乐安侯邓康为太仆。丙申，贬平原王翼为都乡侯，遣归河间。翼谢绝宾客[7]，闭门自守，由是得免。

[注释]

[1] 以为平原怀王后：平原怀王刘胜无后，邓太后取其侄子刘翼嗣平原王。 [2]“王圣见太后久不归政”以下五句：安帝的乳母王圣担心邓太后会废黜安帝，而立平原王刘翼，因此经常在安帝面前讲邓太后的坏话。安帝恐惧，怨恨邓太后。 [3]“及太后崩”以下四句：那些曾经受到处罚的宫人也诬告说，邓太后曾让邓氏兄弟向尚书索要废帝先例的资料，谋立平原王刘翼为帝。 [4] 遂废西平侯广宗、叶侯广德、西华侯忠、阳安侯珍、都乡侯甫德皆为庶人：被废黜的邓广宗、邓广德、邓忠、邓珍、邓甫德都是邓氏家族成员，如邓广宗就是邓弘的儿子，袭爵西平侯。父辈有谋逆之罪，儿子承担。安帝是在借此清洗邓氏家族。 [5]“邓骘以不与谋”以下五句：邓骘并没有参与所谓废安帝立平原王的事件，但也遭到惩处。先是贬官没收财产，后又被迫与儿子邓凤绝食自杀。 [6]“唯广德兄弟以母与阎后同产”二句：邓广德兄弟因为母亲是安帝皇后阎氏的姐妹，所以得免于流放，留在京师。 [7]“翼谢绝宾客”以下三句：刘翼也受到连累，从平原王贬为都乡侯，责令离开京师回到河间。刘翼十分低调，保全了一条命。

初，邓后之立也，太尉张禹、司徒徐防欲与司空陈宠共奏追封后父训[1]，宠以先世无奏请故事，争之，连日不能夺；及训追加封谥，禹、防复约宠俱遣子奉礼于虎贲中郎将骘，宠不从[2]；故宠子忠不得志于邓氏。骘等败，忠为尚书，数上疏陷成其恶。

陈忠之类丝毫不忠，泄私愤却以主持正义的名义行之。

大司农京兆朱宠痛骘无罪遇祸[3]，乃肉袒舆榇上疏曰[4]："伏惟和熹皇后圣善之德，为汉文母[5]。兄弟忠孝，同心忧国，宗庙有主，王室是赖。功成身退，让国逊位，历世贵戚，无与为比，当享积善履谦之祐。而横为宫人单辞所陷[6]，利口倾险，反乱国家，罪无申证[7]，狱不讯鞠，遂令骘等罹此酷滥，一门七人，并不以命，尸骸流离，冤魂不反，逆天感人，率土丧气。宜收还冢次，宠树遗孤，奉承血祀，以谢亡灵。"宠知其言切[8]，自致廷尉；陈忠复劾奏宠，诏免官归田里。众庶多为骘称枉者[9]，帝意颇悟，乃谴让州郡，还葬骘等于北芒，诸从兄弟皆得归京师。

［注释］

[1] 徐防（生卒年不详）：字谒卿，沛国铚（今安徽濉溪县临涣镇）人，祖父宣、父亲宪，均以《易》学知名于世。与张禹、陈宠同时为三公。 [2]"宠不从"以下五句：陈宠坚守惯

例，不主张追封邓太后父亲邓训，故在邓氏当政时不受重用，其子陈忠怀恨在心，不择手段地陷害邓氏。胡三省注云：“宠之所守是也，忠之所为非也。” [3] 大司农：九卿之一，主管农业事务。 [4] 舆榇（chèn）上疏：朱宠为邓家抱不平，抬着棺材上书喊冤。舆榇，随车带着棺材，表示决死一拼之意。榇，棺材。 [5] 汉文母：朱宠认为邓太后犹如周文王之母，有圣善之德。 [6] 横为宫人单辞所陷：这里明确指出邓骘等人被“宫人单辞所陷”。 [7]“罪无申证”二句：意谓邓骘等人虽被定罪，却没有明确的证据，案件也没有经过审讯。讯鞠（jū），审问，审讯。 [8]“宠知其言切”二句：朱宠自知言语过激，自己到廷尉处等待处分。廷尉，九卿之一，主管刑法。 [9]“众庶多为骘称枉者”以下五句：许多官员为邓太后及邓骘喊冤，安帝似乎有所领悟，毕竟解除了威胁，乃令迁葬邓骘于洛阳北邙山，其他流放的邓氏家族回京。真正为邓骘等平反，要到和帝即位之后。谴让州郡，因为上文提到由于“郡县逼迫，广宗及忠皆自杀”，故州郡长官受到责令。

（选自《资治通鉴》卷四十八，汉纪四十；卷四十九，汉纪四十一；卷五十，汉纪四十二）

［点评］

在东汉临朝称制的六位皇后（章帝窦皇后、和帝邓皇后、安帝阎皇后、顺帝梁皇后、桓帝皇后窦妙、灵帝何皇后）中，与其他皇后多仰仗父兄执政不同，只有和帝皇后邓绥，是自己走在前台，直接掌握朝政。

邓绥也是名门之后，她的祖父是汉初开国名臣、位居云台十八将之首的邓禹。邓绥在娘家的时候就以聪慧著称。小时候奶奶给她梳头，不小心误伤了其前额，她眼泪在眼眶里打转，却忍着不哭。大人问她为什么，她说，奶奶疼我，才给我梳头，若哭会让老人家伤心的。

邓绥为皇后，谦卑自律，为皇太后，却显露出她对于权位的热衷。和帝（79—105）有两个儿子，长子刘胜有痼疾，幼子刘隆年仅百日，邓太后养以为子。和帝驾崩，谁为嗣君？史称邓太后贪刘隆年幼，可以久权固位。其实，立长固然应为刘胜，但是，皇后的养子即是嫡子，立嫡则应是刘隆。可惜刘隆为皇帝，仅三个月就去世了，是为殇帝。这时候理应立长子刘胜了，大臣们都说，刘胜“疾非痼”，病并不严重。可是，邓绥担忧此前没有立刘胜，现在若立刘胜，他心怀怨恨怎么办？这个时候就看出邓绥的坚忍了，她干脆抛开丈夫的这位长子，改立侄子即刘庆的儿子刘祜（94—125）为帝，是为安帝。有叫周章的大臣出来抗议，甚至想发动政变，改立刘胜，被邓绥镇压。还有一个叫杜根的年轻郎官，上书要邓绥归政给安帝刘祜，也被严厉处置。但是，刘胜果然不久去世，说明邓绥不立他，不完全排除有“痼疾”的原因。

邓太后临朝称制，执政17年，总体而言，政绩可嘉。史称“太后自临朝以来，水旱十载，四夷外侵，盗贼内起，每闻民饥，或达旦不寐，躬自减彻，以救灾厄，故天下复平，岁还丰穰”（《资治通鉴》卷五十，汉安帝建光元年二月）。内政、外交，邓太后都有政绩可称。她限制外戚的权力，兄长邓骘等在外朝用事，但是不能专权，更不敢贪腐。外戚有违法乱纪之行为，邓太后严惩不贷。

范晔虽然也指责邓绥抓住权力不放，但却也承认："然而，建光（建光为安帝年号）之后，王柄有归，遂乃名贤戮辱，便孽党进，衰斁之来，兹焉有征。"（《后汉书》卷十《皇后纪》）范晔也看出来了，邓太后死后归政安帝，朝政又怎么样？竟然是"名贤"被杀戮，"便孽"之党却竞相擢用。他认为，"故知持权引谤，所幸者非己；焦心卹患，自强者唯国"。邓太后政令己出，引来谤议，未必是为了她自己；邓太后劳心焦思国事，除去灾患，是有益于国家强盛。

邓绥有魄力，有担当，有政绩，处事理性，刚柔兼济，是值得肯定的女政治家。当时有人对于其热衷权位、"贪殇帝孩抱"的指控，是"牝鸡司晨"、男尊女卑的价值观在作祟，体现了时人认识的偏见和局限性。

七、东汉党锢之祸

初，李膺等虽废锢[1]，天下士大夫皆高尚其道而污秽朝廷[2]，希之者唯恐不及，更共相标榜，为之称号：以窦武、陈蕃、刘淑为三君，君者，言一世之所宗也；李膺、荀翌、杜密、王畅、刘祐、魏朗、赵典、朱寓为八俊，俊者，言人之英也；郭泰、范滂、尹勋、巴肃及南阳宗慈、陈留夏馥、汝南蔡衍、泰山羊陟为八顾，顾者，言能以德行引人者也；张俭、翟超、岑晊、苑康及山阳刘表、汝南陈翔、鲁国孔昱、山阳檀敷为八及，及者，言其能导人追宗者也；度尚及东平张邈、王孝、东郡刘儒、泰山胡母班、陈留秦周、鲁国蕃向、东莱王章为八厨，厨者，言能以财救人者也。及陈、窦用事[3]，复举拔膺等；陈、窦诛，膺等复废。

这样一些名人，多数后世并不知名。诸如刘表、张邈之类，事实证明，粪土而已！

［注释］

[1]李膺（110—169）：字元礼，颍川郡襄城县（今属河南襄城）人。东汉名士，祖父太尉李修，父亲是赵国相李益。曾任青州刺史、渔阳太守、护乌桓校尉、度辽将军等职，所在有政声，御边有功，声威远播。后入朝为河南尹、司隶校尉，打击宦官，名列“八俊”之首，有“天下模楷”之称。桓帝时第一次党锢之祸，李膺遭免职回乡。灵帝建宁二年（169），因张俭得罪宦官侯览（详下段），牵连到李膺，被迫害致死于狱中。 [2]“天下士大夫皆高尚其道而污秽朝廷”以下四句：桓帝延熹九年（166），第一次党锢之祸，李膺等名士遭朝廷禁锢，不得做官，他们在社会上的名气却因此更大了。士大夫和太学生，在推崇他们道德情操的同时，用更加激烈的言辞批评朝廷（“污秽朝廷”）。追慕李膺等党锢名士的人越来越多，他们互相标榜，弄出“三君”“八俊”等名号。下文就是这些名号及其名士，不一一作注。 [3]陈、窦：指陈蕃、窦武。陈蕃（？—168），

字仲举，汝南平舆人（治今河南平舆北），东汉末名士，官至太尉。窦武（？—168），扶风平陵（治今陕西咸阳西北）人。长女窦妙为桓帝皇后。桓帝死，无嗣，灵帝即位，窦太后临朝称制，太后之父窦武为大将军，与太尉陈蕃共主朝政。二人谋尽诛宦官，不成，反为宦官所杀。

"正义"的事业，背后常龌龊的起因。

宦官疾恶膺等，每下诏书，辄申党人之禁。侯览怨张俭尤甚[1]，览乡人朱并素佞邪，为俭所弃，承览意指，上书告俭与同乡二十四人别相署号，共为部党，图危社稷，而俭为之魁。诏刊章捕俭等[2]。（建宁二年，169）冬，十月，大长秋曹节因此讽有司奏"诸钩党者故司空虞放及李膺、杜密、朱寓、荀翌、翟超、刘儒、范滂等，请下州郡考治"[3]。是时上年十四，问节等曰："何以为钩党？"对曰："钩党者，即党人也。"上曰："党人何用为恶而欲诛之邪？"对曰："皆相举群辈，欲为不轨。"上曰："不轨欲如何？"对曰："欲图社稷。"上乃可其奏。或谓李膺曰："可去矣！"对曰："事不辞难，罪不逃刑，臣之节也。吾年已六十，死生有命，去将安之！"乃诣诏狱，考死；门生故吏并被禁锢。侍御史蜀郡景毅子顾为膺门徒[4]，未有录牒，不及于谴，毅慨然曰：“本谓膺贤，遣子师之，岂可以漏脱名籍，苟安而已！”遂自表免归[5]。

宦官骗皇帝以镇压党人，士大夫以不屈的“气节”激励社会！

［注释］

[1] 侯览：山阳高平（今山东邹平）人，是一名权宦。桓帝延熹九年（166），山阳郡东部督邮张俭痛恨侯览擅权贪腐，以惩治贪腐名义，抄了侯览的家，还发掘了侯母新下葬的坟墓。故侯览痛恨张俭。 [2] 刊章：胡三省解释说，删去朱并的姓名，而以其章奏下发。 [3] 钩党：指相互勾结、拉帮结派之人。此处指李膺等名士互相声援、结成反对宦官的士人团体。 [4]“侍御史蜀郡景毅子顾为膺门徒”以下三句：当时李膺等名士，一方面做官，另一方面收徒讲学，学生有千人之多。此处是说景毅之子景顾，本为李膺门徒，名册里却没有记录，因此未被惩罚。录牒，即名册。 [5] 自表免归：宦官抓捕李膺及其门生故吏，景毅不愿因儿子“未有录牒”而苟且偷生，上表请罪辞职。

汝南督邮吴导受诏捕范滂[1]，至征羌，抱诏书闭传舍，伏床而泣，一县不知所为。滂闻之曰：“必为我也。”即自诣狱。县令郭揖大惊，出，解印绶，引与俱亡，曰：“天下大矣，子何为在此！”滂曰：“滂死则祸塞，何敢以罪累君。又令老母流离乎！”其母就与之诀，滂白母曰：“仲博孝敬，足以供养。滂从龙舒君归黄泉，存亡各得其所。惟大人割不可忍之恩，勿增感戚！”仲博者，滂弟也。龙舒君者，滂父龙舒侯相显也。母曰：“汝今得与李、杜齐名[2]，死亦何恨！既有令名，复求寿考，可兼得乎！”滂跪受教，再拜而辞。顾其子曰：“吾欲使汝为恶，恶不可为；使汝为善，则我不为恶。”行路闻之，莫不流涕。凡党人死者百余人，妻子皆徙边，天下豪桀及儒学有行义者，宦官一切指为党人；有怨隙者，因相陷害，睚眦之忿，滥入党中。州郡承旨，或有未尝交关，亦离祸毒[3]，其死徙、废禁者又六七百人[4]。

据说范滂母子的事迹影响到少年苏轼的价值观！

郭泰闻党人已死[5]，私为之恸曰：“《诗》云：‘人之云亡[6]，邦国殄瘁。’汉室灭矣，但未知‘瞻乌爰止，于谁之屋’耳[7]！”泰虽好臧否人伦，而不为危言核论，故能处浊世而怨祸不及焉。

［注释］

[1] 范滂（137—169）：字孟博，汝南郡征羌（今河南漯河召陵区）人，曾为汝南郡功曹，以敢于惩治奸恶著称，桓帝与灵帝时两次党锢之祸，都曾被下狱。　[2] 李、杜：大名士李膺

（110—169）、杜密（？—169）。二人均获胡广举荐，历任地方守相，以惩治宦官子弟知名。　[3] 离祸毒：指遭遇毒祸。离，同“罹（lí）”。　[4] 死徙、废禁：死、徙指刑法上惩治，处死或者流放（徙）；废、禁指废弃而禁锢，不得为官。　[5] 郭泰（128—169）：字林宗，范晔《后汉书》为避父讳改郭太。山西介休人，以讲学为业，屡拒入仕，游学洛阳，为名士李膺赏识。　[6]“人之云亡”二句：语出《诗经・大雅・瞻卬》，意思是贤人离去，国家就危险了。　[7] 瞻乌爰止，于谁之屋：语出《诗经・小雅・正月》，原意是说乌鸦落在谁的屋上啊，暗中比喻士人当求明君而出仕。

张俭亡命困迫[1]，望门投止，莫不重其名行，破家相容。后流转东莱，止李笃家。外黄令毛钦操兵到门，笃引钦就席曰：“张俭负罪亡命，笃岂得藏之！若审在此，此人名士，明廷宁宜执之乎[2]！”钦因起抚笃曰：“蘧伯玉耻独为君子[3]，足下如何专取仁义！”笃曰：“今欲分之，明廷载半去矣。”钦叹息而去。笃导俭经北海戏子然家[4]，遂入渔阳出塞[5]。其所经历，伏重诛者以十数，连引收考者布遍天下，宗亲并皆殄灭，郡县为之残破。俭与鲁国孔褒有旧，亡抵褒，不遇，褒弟融[6]，年十六，匿之。后事泄，俭得亡走，国相收褒、融送狱，未知所坐。融曰：“保纳舍

宦官势力强大，莫敢与争是非，张俭挺身而出，故得到社会的推崇。此名士所能以有名也！

藏者，融也，当坐。”褒曰：“彼来求我，非弟之过。”吏问其母，母曰：“家事任长，妾当其辜。”一门争死，郡县疑不能决，乃上谳之，诏书竟坐褒。及党禁解，俭乃还乡里，后为卫尉，卒，年八十四。夏馥闻张俭亡命[7]，叹曰：“孽自己作，空污良善，一人逃死，祸及万家，何以生为！”乃自翦须变形，入林虑山中，隐姓名，为冶家佣，亲突烟炭，形貌毁瘁，积二三年，人无知者。馥弟静载缣帛追求饷之，馥不受曰：“弟奈何载祸相饷乎！”党禁未解而卒。

夏馥认为，为保护张俭之类的人而祸及百姓，不值！

［注释］

[1]“张俭亡命困迫”以下四句：张俭作为党人，被朝廷追捕甚急，望见人家就投宿求止。人家都很重视他的名声与品行，破家容留。 [2] 明廷：犹言明府，对县令的尊称。此处指外黄县令毛钦。 [3] 蘧（qú）伯玉：名贤，春秋时卫国大夫，号为君子。 [4] 戏子然：人名，姓戏，名子然。 [5] 渔阳：郡名，治所在今北京市密云区。出塞：指长城边塞。 [6] 融：孔融（153—208），字文举，东汉末年名士，建安七子之一，为人不拘小节，喜评论时政，因为言辞激烈，为曹操所杀。 [7] 夏馥：东汉末年名士，与范滂、张俭等齐名，党锢之祸时亦被追捕。夏馥宁愿变容为他人做佣工，也不愿意像张俭那样逃亡，累及无辜。夏馥在党锢未解前而卒，然张俭在党锢解禁后，还做到大官，享年逾

八十。史家记此，对比二者，其间的讽刺之情，溢于言表。

初，中常侍张让父死[1]，归葬颍川，虽一郡毕至，而名士无往者，让甚耻之，陈寔独吊焉[2]。及诛党人，让以寔故，多所全宥。南阳何颙[3]，素与陈蕃、李膺善，亦被收捕，乃变名姓匿汝南间，与袁绍为奔走之交，常私入雒阳，从绍计议，为诸名士罹党事者求救援，设权计，使得逃隐，所全免甚众。

名士们歧视鄙薄宦官，陈寔则否，故张让等全宥之。

初，范滂等非讦朝政，自公卿以下皆折节下之，太学生争慕其风，以为文学将兴，处士复用。申屠蟠独叹曰[4]："昔战国之世，处士横议，列国之王至为拥彗先驱，卒有坑儒烧书之祸，今之谓矣。"乃绝迹于梁、砀之间，因树为屋，自同佣人。居二年，滂等果罹党锢之祸，唯蟠超然免于评论。

臣光曰：天下有道[5]，君子扬于王庭，以正小人之罪，而莫敢不服；天下无道，君子囊括不言，以避小人之祸，而犹或不免。党人生昏乱之世，不在其位，四海横流，而欲以口舌救之，臧从司马光的评论看，后世高标的东汉士人的气节，不过是不识时务的悲剧而已。

否人物，激浊扬清，撩虺蛇之头，践虎狼之属，以至身被淫刑，祸及朋友，士类歼灭而国随以亡，不亦悲乎！夫唯郭泰既明且哲，以保其身，申屠蟠见几而作，不俟终日，卓乎其不可及已！

[**注释**]

[1] 中常侍：常侍在西汉本为宫中侍奉皇帝左右的加官，东汉章帝以后则由宦官担任中常侍，员额也由四人增至十人、十二人。东汉末年，十常侍成为朝廷炙手可热的宦官首领，著名者有张让、段珪、赵忠等。张让（？—189）：颍川郡（治今河南禹州）人，东汉末权宦，十常侍之首。 [2] 陈寔（shí，104—187）：东汉名士，出身寒微，曾为太丘县长。此处引陈寔吊唁宦官张让亡父，使许多党人免祸之事，曲折地批评党人处事激进鲁莽。 [3] 何颙（yóng）：东汉末名士，与郭泰等相交，虽为后辈，颇获称誉。此处用何颙事迹，表彰他用权变之法，保全党人的事迹，其实也是在批评张俭为了自己逃命而祸及无辜的做法。 [4] 申屠蟠：东汉名士，家贫，精通“五经”，为李膺、郭泰所重。申屠蟠见李膺等人矫激之言行，提前隐退，避免了一场祸害。此处记述申屠蟠的言论和行为，意在对党人的过激言行表达不同看法。 [5]“天下有道”以下二十五句：天下有道，治理清明，君子在朝堂上直接批评小人之罪，无人不服。天下无道，治理混乱，君子就要闭嘴少说，以避免被小人陷害，尚或不能免祸。党人生当混乱之世，又不在执政的位置上，面对四海横流的危乱局面，却想以口舌之快来拯救，臧否人物，激浊扬清，这是撩拨毒蛇的头，脚踏老虎之尾呀！怎能不身被酷刑，祸及朋辈，士人遭灭顶之灾，国家亦

随之而亡。岂不可悲啊！只有郭泰明哲保身，申屠蟠见机而作，他们的智慧卓然不可企及啊！

（选自《资治通鉴》卷五十六，汉纪四十八）

［点评］

汉武帝独尊儒术的政策到了东汉时代，得到了切切实实的落实和强化。儒学成为社会行为的准则，三纲五常成为判断是非的标准。于是儒家思想开始固化，腐儒、陋儒、伪儒，为了利禄之途，纷纷登场。东汉士大夫有了自己坚持的道德主张，用这个标准去谈论时政，品评公卿，鞭笞各级官吏，形成了一股“清议”的风气。

“清议”是把双刃剑，一方面有激浊扬清之效，另一方面也有不切实际之弊。加上东汉章帝之后，外戚掌权，继之以桓灵时代的宦官干政，党争成为东汉政治的毒瘤。历代都有人赞赏东汉的士人有风骨，不畏宦官迫害的淫威，视死如归，赞扬他们用极端手法惩处宦官及其亲属。这样的历史书写，符合后朝统治者贬低前朝的需要，也符合后代士人抬高自己的需要，也似乎符合儒家的某种道德崇高感。但是，如果叩问一下，这些清议和激越行为，是否有利于当时的社会进步，是否真能够哪怕是在一点点意义上纾解民生艰难（而不仅仅是让当事的士人觉得扬眉吐气），则是要打一个大问号的。这样的历史书写站在道德制高点上，只看到了“激浊扬清”的一面，没有看到不切实际、治丝益棼的另一面。明清之际学者王夫之《读通鉴论》以及现代学者吕思勉论东汉事，都批评东汉政治中的“士风矫激”之弊。如本节所选，司马光《资治通鉴》于此处着墨亦有微词。

八、董卓进京城

初，帝数失皇子[1]，何皇后生子辩[2]，养于道人史子眇家，号曰“史侯”。王美人生子协，董太后自养之[3]，号曰“董侯”。群臣请立太子。帝以辩轻佻无威仪，欲立协，犹豫未决。会疾笃，属协于蹇硕[4]。（中平六年，189，四月）丙辰，帝崩于嘉德殿。硕时在内，欲先诛何进而立协[5]，使人迎进，欲与计事；进即驾往。硕司马潘隐与进早旧，迎而目之。进惊，驰从儳道归营[6]，引兵入屯百郡邸[7]，因称疾不入。戊午，皇子辩即皇帝位，年十四。尊皇后曰皇太后。太后临朝。赦天下，改元为光熹。封皇弟协为勃海王。协年九岁。以后将军袁隗为太傅[8]，与大将军何进参录尚书事[9]。

汉灵帝在立皇位继承人问题上的犹豫，造成了后来的纷争。

[注释]

[1] 帝：汉灵帝刘宏（157—189），章帝玄孙，东汉第十一位皇帝（168—189 在位）。　[2] 何皇后：灵帝皇后何氏，南阳宛（今河南南阳）人。何氏生少帝刘辩。又性情强忌，迫害后宫生子者。王美人生皇子刘协，被何氏逼死。　[3] 董太后：灵帝生母，本为河间解渎亭侯刘苌之妻，桓帝无嗣，刘宏被选继任大统，即位后，追尊父亲为孝仁皇帝，母董氏尊为“慎园贵人”、孝仁皇后。　[4] 蹇硕（？—189）：灵帝宠任的宦官，推测是从河间国带来的。时为西园八校尉的上军校尉。　[5] 何进（？—189）：字遂高，南阳郡宛县（今河南南阳）人，何皇后异母兄，以外戚为大司马大将军。　[6] 儳（chán）道：便道，小道。　[7] 百郡邸：邸是各郡国驻京办事机构，胡三省注：“谓之百郡邸者，百郡总为一邸也。”大约何进的军队驻扎在此。　[8] 袁隗（wěi，？—190）：字次阳，豫州汝南汝阳（今河南商水）人。袁绍、袁术叔父，官至太傅。后为董卓所杀。　[9] 录尚书事：汉代一般以大司马大将军录尚书奏报，称录尚书事，秉持朝政，行使内廷决策之权。袁隗以上公的身份参录尚书事。

进既秉朝政，忿蹇硕图己，阴规诛之。袁绍因进亲客张津[1]，劝进悉诛诸宦官。进以袁氏累世贵宠[2]，而绍与从弟虎贲中郎将术皆为豪桀所归，信而用之。复博征智谋之士何颙、荀攸及河南郑泰等二十余人[3]，以颙为北军中候[4]，攸为黄门侍郎[5]，泰为尚书[6]，与同腹心。攸，爽之

宦官是有派别的，蹇硕来自董太后身边，与张让、段珪不是一伙。

从孙也。

蹇硕疑不自安，与中常侍赵忠、宋典等书曰："大将军兄弟秉国专朝，今与天下党人谋诛先帝左右，扫灭我曹，但以硕典禁兵，故且沈吟。今宜共闭上阁，急捕诛之。"中常侍郭胜[7]，进同郡人也，太后及进之贵幸，胜有力焉，故亲信何氏；与赵忠等议，不从硕计，而以其书示进。庚午，进使黄门令收硕，诛之，因悉领其屯兵。

票骑将军董重，与何进权势相害，中官挟重以为党助。董太后每欲参干政事，何太后辄相禁塞，董后忿恚詈曰："汝今辀张[8]，怙汝兄耶！吾敕票骑断何进头，如反手耳！"何太后闻之，以告进。（中平六年，189）五月，进与三公共奏："孝仁皇后使故中常侍夏恽等交通州郡，辜较财利，悉入西省[9]。故事，蕃后不得留京师[10]；请迁宫本国[11]。"奏可。辛巳，进举兵围票骑府，收董重，免官，自杀。六月，辛亥，董太后忧怖，暴崩。民间由是不附何氏。

何氏兄妹手段太粗糙，果然是因为出身屠户吗?

辛酉，葬孝灵皇帝于文陵。何进惩蹇硕之谋，称疾，不入陪丧，又不送山陵。

[注释]

[1] 袁绍（？—202）：时为西园八校尉之一的中军校尉。 [2] 袁氏累世贵宠：袁氏四世有五人任三公，即袁绍之高祖袁安为司空、司徒，曾祖袁敞为司空，祖袁汤为司空、司徒、太尉，父袁逢为司空，叔父袁隗亦为太尉、太傅。 [3] 何颙、荀攸及河南郑泰：均为当时名士。荀攸的叔祖荀爽（128—190）为著名易学家。 [4] 北军中候：东汉禁军有北军五营，即屯骑、越骑、步兵、长水、射声五位校尉所统之宿卫兵。北军中候为其监察官，秩六百石。 [5] 黄门侍郎：禁中侍从之职。 [6] 尚书：掌内廷文书与章奏。 [7] 郭胜：与何进皆南阳郡人。 [8] 鞅张：强梁之意。 [9] 西省：谓董太后所居永乐宫。 [10] 蕃后：这里指汉灵帝母董太后。不得留京师：当初西汉王莽时有此规定，故引以为据（“故事”）。 [11] 请迁宫本国：即要董太后迁回河间侯国。

（中平六年，189）秋，七月，徙勃海王协为陈留王。

袁绍复说何进曰：“前窦武欲诛内宠而反为所害者[1]，但坐言语漏泄；五营兵士皆畏服中人[2]，而窦氏反用之，自取祸灭。今将军兄弟并领劲兵，部曲将吏皆英俊名士[3]，乐尽力命，事在掌握，此天赞之时也。将军宜一为天下除患，以垂名后世，不可失也！”进乃白太后，请尽罢中常侍以下[4]，以三署郎补其处[5]。太后不听，

袁绍不如陈蕃，何进却成了窦武。

何太后疑虑尽诛宦官之后，她那同父异母的哥哥何进会危害社稷。

陈琳的话在《三国志》上还有一句："行权立断，违经合道！"非常时期必须把"道"（最高利益）放在常理（经）之上。

曰："中官统领禁省，自古及今，汉家故事，不可废也。且先帝新弃天下，我奈何楚楚与士人共对事乎！"进难违太后意，且欲诛其放纵者。绍以为中官亲近至尊，出纳号令，今不悉废，后必为患。而太后母舞阳君及何苗数受诸宦官赂遗[6]，知进欲诛之，数白太后为其障蔽；又言："大将军专杀左右，擅权以弱社稷。"太后疑以为然。进新贵，素敬惮中官，虽外慕大名而内不能断，故事久不决。

绍等又为画策，多召四方猛将及诸豪杰，使并引兵向京城，以胁太后；进然之；主簿广陵陈琳谏曰[7]："谚称'掩目捕雀'[8]，夫微物尚不可欺以得志，况国之大事，其可以诈立乎！今将军总皇威，握兵要，龙骧虎步，高下在心，此犹鼓洪炉燎毛发耳。但当速发雷霆，行权立断，则天人顺之。而反委释利器，更征外助，大兵聚会，强者为雄，所谓倒持干戈，授人以柄，功必不成，只为乱阶耳！"进不听。典军校尉曹操闻而笑曰[9]："宦者之官，古今宜有，但世主不当假之权宠，使至于此。既治其罪，当诛元恶，一狱吏足矣，何至纷纷召外兵乎！欲尽诛之，事必宣露，吾见其败也。”

［注释］

[1] 窦武：字游平，扶风平陵（今陕西咸阳）人。欲诛内宠：事见《资治通鉴》卷五十六汉灵帝建宁元年（168），因计谋泄露，窦武、陈蕃均被宦官所杀。故袁绍以此警告何进。　[2] 五营兵士：东汉中央禁军。　[3] 部曲：汉唐间地方军阀的私兵谓之部曲。贴身亲从之兵，亦称部曲，如后文称何进部曲吴匡等。　[4] 中常侍以下：指中常侍以下宦官，包括黄门侍郎、小黄门、中黄门等。　[5] 三署郎：东汉的三署为五官署、左署、右署，各有郎官。　[6] 舞阳君：何太后之生母，何进之后母。何苗：亦为舞阳君所生，何进之异父异母弟。　[7] 陈琳（？—217）：字孔璋，广陵射阳（今江苏宝应）人，建安七子之一。　[8]“谚称‘掩目捕雀’”以下二十句：又见《三国志・魏书・王粲传》，陈琳劝何进当机立断诛灭宦官，“但当速发雷霆，行权立断，违经合道，天人顺之”。《后汉书・何进传》略同。其中“违经合道”四字尤其体现陈琳建议的关键。　[9] 典军校尉：西园八校尉之一。曹操（155—220）：字孟德，东汉末政治家、军事家与文学家，三国时魏国的奠基人。

初，灵帝征董卓为少府[1]，卓上书言：“所将湟中义从及秦、胡兵皆诣臣言[2]：‘牢直不毕[3]，禀赐断绝[4]，妻子饥冻。’牵挽臣车，使不得行。羌、胡憋肠狗态，臣不能禁止，辄将顺安慰。增异复上[5]。”朝廷不能制。及帝寝疾，玺书拜卓并州牧，令以兵属皇甫嵩。卓复上书言：“臣误蒙天恩[6]，掌戎十年，士卒大小，相狎弥久，恋臣畜养之恩，为臣奋一旦之命，乞将之北州，效力边垂。”嵩从子郦说嵩曰：“天下兵柄，在大人与董卓耳。今怨隙已结，势不俱存，卓被诏委兵而上书自请[7]，此逆命也。彼度京师政乱，故敢踌躇不进，此怀奸也。二者，刑所不赦。且其凶戾无亲，将士不附。大人今为元帅，杖国威以讨之，上显忠义，下除凶害，无不济也。”嵩曰：“违命虽罪，专诛亦有责也。不如显奏其事，使朝廷裁之。”乃上书以闻。帝以让卓。卓亦不奉诏，驻兵河东以观时变。

董卓从历史上到现实中都不是东汉朝廷所能轻易利用的人，何况是何进与袁绍！

[注释]

[1] 董卓（？—192）：字仲颖，陇西临洮（今甘肃岷县）人。与羌人大小百余战，先后在车骑将军皇甫嵩、张温手下立功，拜将封侯。朝廷征其入朝为少府，借口推辞。少府：九卿之一，掌宫内事务。 [2] 湟中义从：湟中地区指今青海省湟水两岸，汉代为羌、汉、月氏胡等各族杂居之地。这些胡羌少数民族归顺朝廷的被称为义从。秦、胡兵：即秦地（关中）的胡族军队。董卓所率部队中包括以上这些人组成的军队。 [3] 牢直不毕：谓军粮

没有到位。牢直，此处指军粮。 [4] 禀（bǐng）赐断绝：饷赏缺乏。 [5] 增异复上：胡三省注认为此为当时公文常用语，“盖言继今事有增于此者，异于此者，将复上奏也”。前句说羌胡兵士拽住董卓的车，不让离开。如果有所变化（“增异”），董卓将另行报告（“复上”）。 [6]“臣误蒙天恩”以下八句：大意指董卓上书请求带领跟随自己多年的士卒一起到并州赴任。实际以此为借口拒交兵权。 [7] 被诏委兵：被朝廷要求放下兵权。委兵，放下军队。

何进召卓使将兵诣京师。侍御史郑泰谏曰：“董卓强忍寡义，志欲无厌，若借之朝政，授以大事，将恣凶欲，必危朝廷。明公以亲德之重[1]，据阿衡之权，秉意独断，诛除有罪，诚不宜假卓以为资援也！且事留变生，殷鉴不远[2]，宜在速决。”尚书卢植亦言不宜召卓，进皆不从。泰乃弃官去，谓荀攸曰：“何公未易辅也。”

引狼入室。

进府掾王匡[3]，骑都尉鲍信，皆泰山人，进使还乡里募兵；并召东郡太守桥瑁屯成皋，使武猛都尉丁原将数千人寇河内，烧孟津，火照城中，皆以诛宦官为言。

董卓闻召，即时就道，并上书曰：“中常侍张让等，窃幸承宠，浊乱海内。臣闻扬汤止沸，莫若去薪；溃痈虽痛，胜于内食。昔赵鞅兴晋阳之甲以逐君侧之恶[4]，今臣辄鸣钟鼓如雒阳，请收让等以清奸秽！”太后犹不从。何苗谓进曰[5]：“始共从南阳来，俱以贫贱依省内以致富贵，国家之事，亦何容易。覆水不收，宜深思之，且与省内和也[6]。”卓至渑池[7]，而进更狐疑，使谏议大夫种劭宣诏止之[8]。卓不受诏，遂前至河南；劭迎劳之，因譬令还军。卓疑有变，使其军士以兵胁劭。劭怒，称诏叱之，军士皆披，遂前质责卓；卓辞屈，乃还军夕阳亭[9]。劭，暠之孙也。

袁绍用阴谋手段逼何进按照自己的意图行事。

袁绍惧进变计，因胁之曰：“交构已成，形势已露，将军复欲何待而不早决之乎？事久变生，复为窦氏矣！”进于是以绍为司隶校尉[10]，假节，专命击断；从事中郎王允为河南尹。绍使雒阳方略武吏司察宦者[11]，而促董卓等使驰驿上奏，欲进兵平乐观[12]。太后乃恐，悉罢中常侍、小黄门使还里舍，唯留进所私人以守省中。诸常侍、小黄门皆诣进谢罪，唯所措置。进谓曰：“天下匈匈，正患诸君耳。今董卓垂至，诸君何不早各就国！”袁绍劝进便于此决之，至于再三；进不许。绍又为书告诸州郡[13]，诈宣进意，使捕案中官亲属。进谋积日，颇泄，中官惧而思变。张让子妇，太后之妹也，让向子妇叩头曰："老臣得罪，当与新妇俱归私门。唯受恩累世，今当远离宫殿，情怀恋恋，愿复一入直，得暂奉望太后陛下颜色，然后退就沟壑，死不恨矣！"子妇言于舞阳君[14]，入白太后，乃诏诸常侍皆复入直。

宦官惧而生变。

[注释]

[1]"明公以亲德之重"二句：言何进当利用自己的辅政地位，速断速决。亲德之重，何进为皇亲，故云。阿衡，阿衡为上古官名，辅弼之意，如周公阿衡。　[2]殷鉴不远：此处指窦武、陈蕃当年的失败。　[3]"进府掾王匡"以下九句：王匡（生卒年不详）、鲍信（151—192）均为泰山人，皆何进掾属。何进秘密派其回家乡泰山募兵。同时派东郡（治今河南濮阳）太守桥瑁屯兵成皋。其意图也是为了应对召外兵进京后的局面。丁原军队从河内（黄河北岸）而来，火烧孟津（今河南洛阳市孟津区），声势及于都城。成皋，又名虎牢，为古代军事要地，故址在今河南荥阳汜水镇虎牢关村西北，有成皋古城。丁原，字建阳，也是泰山人。　[4]赵鞅兴晋阳之甲以逐君侧之恶：指春秋末期，赵简子起兵诛杀晋国大夫荀寅以清君侧之事。赵鞅，即春秋时期晋国大夫赵简子。　[5]何苗（？—189）：本姓朱，因随母改嫁而姓何，与大将军何进是异父异母之兄弟，何皇后之同母异父兄弟。因何皇后之故任车骑将军。　[6]省内：指禁省内，此指宦官。　[7]渑（miǎn）池：今属

河南三门峡。　[8] 种劭（shào，？—194）：字申甫，河南洛阳人。　[9] 夕阳亭：在洛阳城西。　[10]“进于是以绍为司隶校尉”以下四句：为了不像窦武那样先遭宦官攻杀，何进在袁绍建议下，采取两项措施。一是任命袁绍为司隶校尉（犹诸州刺史之任），专门监察京城及朝廷官员；二是任命幕僚王允（山西祁县人）出任河南尹，担任京畿最高行政长官。　[11] 雒阳方略武吏司：司隶校尉下属官吏。　[12] 平乐观：宫苑名，汉明帝时建置，位于京师洛阳城西白马寺以北（今河南洛阳市孟津区平乐镇）。　[13]“绍又为书告诸州郡”以下三句：袁绍假传何进之意，抓捕和审查各地宦官亲属。这就激起了宦官的反抗。　[14]“子妇言于舞阳君”以下三句：张让的儿媳妇也是舞阳君（即何进后母、何皇后生母）的女儿，她通过舞阳君告诉何皇后，使得本来已经解职的宦官再回到宫中入值当班。直，通“值”。

何进德不配位，才不堪用，想诛杀全体宦官以成大名，自己先丧命。

（中平六年，189）八月，戊辰，进入长乐宫，白太后，请尽诛诸常侍。中常侍张让、段珪相谓曰：“大将军称疾，不临丧，不送葬，今欻入省，此意何为？窦氏事竟复起邪？”使潜听，具闻其语。乃率其党数十人持兵窃自侧闼入，伏省户下，进出，因诈以太后诏召进，入坐省阁[1]。让等诘进曰：“天下愦愦，亦非独我曹罪也。先帝尝与太后不快[2]，几至成败，我曹涕泣救解，各出家财千万为礼，和悦上意，但欲托卿门户耳。今乃欲灭我曹种族，不亦大甚乎！”于是尚方监渠穆[3]，拔剑斩进于嘉德殿前。让、珪等为诏，以故太尉樊陵为司隶校尉[4]，少府许相为河南尹[5]。尚书得诏版[6]，疑之，曰："请大将军出共议。"中黄门以进头掷与尚书曰："何进谋反，已伏诛矣！"

宦官倒是先下手为强！

[注释]

[1] 省阁：与上文"省户"均指禁省之阁门。阁，原作"閤"。[2]"先帝尝与太后不快"以下六句：此指灵帝曾因为何皇后鸩杀王美人一事，几乎要废黜何皇后，是张让等出钱出力，帮助和解。意谓何进家族之有今日，张让等实为功臣，只是想获得何家门户的保护。[3] 尚方监渠穆：胡三省注：根据《百官志》，汉代尚方有令、丞而无监，此必桓帝、灵帝新设，此时由一个叫渠穆的宦官担任。[4] 樊陵：东汉安帝时著名隐士樊英之孙，曾任太尉。[5] 许相：本人及父祖许劭等均为三公，史称谄事宦官。故后来袁绍诛宦官，一并杀之。[6]"尚书得诏版"以下四句：谓尚书（卢植此时就在尚书任职）得到司隶校尉、河南尹这么重大的任命稿（诏版），要求主持朝政的大将军何进出来核定。

进部曲将吴匡、张璋在外[1]，闻进被害，欲引兵入宫，宫门闭。虎贲中郎将袁术与匡共斫攻之[2]，中黄门持兵守閤。会日暮，术因烧南宫青琐门，欲以胁出让等。让等入白太后，言大将军兵反，烧宫，攻尚书闼，因将太后、少帝及陈留王，劫省内官属，从复道走北宫。尚书卢植执戈于阁道窗下[3]，仰数段珪；珪惧，乃释太后，太后投阁，乃免。袁绍与叔父隗矫诏召樊陵、许相，斩之。绍及何苗引兵屯朱雀阙下，捕得赵忠等，斩之。吴匡等素怨苗不与进同心，而又疑其与宦官通谋，乃令军中曰："杀大将军者，即车骑也，吏士能为报仇乎？"皆流涕曰："愿致死！"匡遂引兵与董卓弟奉车都尉旻攻杀苗，弃其尸于苑中。绍遂闭北宫门，勒兵捕诸宦者，无少长皆杀之，凡二千余人，或有无须而误死者。绍因进兵排宫，或上端门屋[4]，以攻省内。

（中平六年，189，八月）庚午，张让、段珪等困迫，遂将帝与陈留王数十人步出谷门[5]，夜，至小平津[6]，六玺不自随，公卿无得从者，唯尚书卢植、河南中部掾闵贡夜至河上[7]。贡厉声质责让等，且曰："今不速死，吾将杀汝！"因手剑斩数人。让等惶怖，叉手再拜，叩头向帝辞曰："臣等死，陛下自爱！"遂投河而死。

宦官杀何进，下一步怎么办？没有想。所以只能投水而死。

[**注释**]

[1] 吴匡、张璋：均是何进部曲的将领。吴匡是兖州陈留（今河南开封）人，儿子吴班、侄子吴懿后为蜀汉军将。 [2] 袁术（？—199）：字公路，袁绍异母弟。 [3] 卢植（139—192）：字子干，涿郡涿县（今河北涿州）人，著名经学家，被奉为中古世家大族范阳卢氏先祖。居官以刚正闻名。 [4] 端门屋：宫之正南门曰端门，其内则禁省之地。 [5] 谷门：洛阳城的正北门。 [6] 小平津：在今河南巩义西北。 [7] 河南中部掾：掾相当于督邮。汉制，诸郡设置五部督邮，以察属县。河南尹下有四部（东南西北）督邮，另于中部设掾。闵贡：以救驾之功后来封为都亭侯。

贡扶帝与陈留王夜步逐萤光南行，欲还宫，行数里，得民家露车 [1]，共乘之，至雒舍止 [2]。辛未，帝独乘一马，陈留王与贡共乘一马，从雒舍南行，公卿稍有至者。董卓至显阳苑 [3]，远见火起，知有变，引兵急进；未明，到城西，闻帝在北，因与公卿往奉迎于北芒阪下 [4]。帝见卓将兵卒至，恐怖涕泣。群公谓卓曰："有诏却兵。"卓曰："公诸人为国大臣，不能匡正王室，至使国家播荡，何却兵之有！"卓与帝语，语不可了；乃更与陈留王语，问祸乱由起，王答，自初至终，无所遗失。卓大喜，以王为贤，且为董太后所养，

董卓逮着机会了。

卓自以与太后同族，遂有废立之意。

是日，帝还宫，赦天下，改光熹为昭宁。失传国玺，余玺皆得之。以丁原为执金吾。骑都尉鲍信自泰山募兵适至，说袁绍曰："董卓拥强兵，将有异志，今不早图，必为所制；乃其新至疲劳，袭之，可禽也！"绍畏卓，不敢发。信乃引兵还泰山。

袁绍是孬种。

董卓之入也，步骑不过三千，自嫌兵少，恐不为远近所服，率四五日辄夜潜出军近营，明旦，乃大陈旌鼓而还，以为西兵复至，雒中无知者。俄而进及弟苗部曲皆归于卓，卓又阴使丁原部曲司马五原吕布杀原而并其众[5]，卓兵于是大盛。乃讽朝廷，以久雨，策免司空刘弘而代之。

［注释］

[1] 露车：胡三省注："露车者，上无巾盖，四旁无帷裳，盖民家以载物者耳。" [2] 雒舍：地名，在北邙山之北。 [3] 显阳苑：地名，在洛阳西，桓帝时建造的皇家园林。 [4] 北芒阪：北邙山坡地。阪，通"坂"。 [5] 吕布（？—199）：字奉先，并州五原郡九原县（今山西忻州）人。以骁勇知名，初被并州牧丁原收为骁骑尉，至此变节投奔董卓。

初，蔡邕徙朔方[1]，会赦得还。五原太守王智，甫之弟也，奏蔡邕谤讪朝廷；邕遂亡命江海，积十二年。董卓闻其名而辟之，称疾不就。卓怒，詈曰："我能族人！"邕惧而应命，到，署祭酒[2]，甚见敬重，举高第，三日之间，周历三台，迁为侍中[3]。

史称董卓"粗中有谋"。观其用蔡邕等士人，信然！

董卓谓袁绍曰："天下之主，宜得贤明，每念灵帝，令人愤毒！董侯似可[4]，今欲立之，为能胜史侯否？人有小智大痴，亦知复何如？为当且尔，刘氏种不足复遗！"绍曰："汉家君天下四百许年，恩泽深渥，兆民戴之。今上富于春秋，未有不善宣于天下。公欲废嫡立庶，恐众不从公议也。"卓按剑叱绍曰："竖子敢然！天下之事，岂不在我！我欲为之，谁敢不从！尔谓董卓刀为不利乎！"绍勃然曰："天下健者，岂惟董公！"引佩刀，横揖，径出。卓以新至，见绍大家，故不敢害。绍县节于上东门[5]，逃奔冀州[6]。

董卓废少帝立献帝，其实符合当年灵帝的初衷，但是，却授人以柄。可见他不懂政治。

（中平六年，189）九月，癸酉，卓大会百僚，奋首而言曰："皇帝暗弱，不可以奉宗庙，为天下主。今欲依伊尹、霍光故事，更立陈留王，何董卓引霍光废立说事，卢植说你不是霍光，今上非昌邑王。卢植能保命，说明董卓还是不想把事做绝。

如？”公卿以下皆惶恐，莫敢对。卓又抗言曰：“昔霍光定策[7]，延年按剑。有敢沮大议，皆以军法从事！”坐者震动，尚书卢植独曰：“昔太甲既立不明，昌邑罪过千余，故有废立之事。今上富于春秋，行无失德，非前事之比也。”卓大怒，罢坐。将杀植，蔡邕为之请，议郎彭伯亦谏卓曰：“卢尚书海内大儒，人之望也。今先害之，天下震怖。”卓乃止，但免植官，植遂逃隐于上谷[8]。卓以废立议示太傅袁隗，隗报如议[9]。

[注释]

[1] 蔡邕（133—192）：陈留（今河南开封）人，东汉末著名文学家及书法家，曾为熹平石经书丹。灵帝时因为得罪权要而流亡十几年，董卓召回重用，任命为祭酒、侍中。 [2] 祭酒：相当于太学的校长。 [3] 侍中：禁中侍从顾问之职。 [4]“董侯似可”以下七句：意谓，刘辩不行，姑且换上刘协试试，也许刘协也是表面聪明实际上愚蠢（小智大痴），那么，刘氏种也就这样了。故胡三省注云，董卓“意欲废汉自立”。董侯，指刘协，后为献帝。史侯，指少帝刘辩。 [5] 县：通“悬”，悬挂。节：指司隶校尉之节（何进任命袁绍为司隶校尉，假节）。上东门：洛阳城东面北头门。 [6] 冀州：在今河北南部，治邺都（今河北邯郸临漳）。 [7]“昔霍光定策”二句：指西汉昭帝驾崩后，霍光定策废黜昌邑王，群臣不敢表态，田延年按剑曰，不从者斩。 [8] 上谷：郡名，治今河北张家口怀来。 [9] 隗报如议：袁隗回复同意

废黜少帝，立献帝。

（中平六年，189，九月）甲戌，卓复会群僚于崇德前殿，遂胁太后策废少帝，曰：“皇帝在丧，无人子之心，威仪不类人君，今废为弘农王，立陈留王协为帝。”袁隗解帝玺绶，以奉陈留王，扶弘农王下殿，北面称臣。太后鲠涕，群臣含悲，莫敢言者。

袁隗与董卓合作，仍未免被杀。

卓又议：“太后踧迫永乐宫[1]，至令忧死，逆妇姑之礼。”乃迁太后于永安宫。赦天下，改昭宁为永汉。丙子，卓鸩杀何太后，公卿以下不布服[2]，会葬，素衣而已。卓又发何苗棺，出其尸，支解节断，弃于道边，杀苗母舞阳君，弃尸于苑枳落中。

诏除公卿以下子弟为郎[3]，以补宦官之职，侍于殿上。

东汉之前，宫中内侍，本来就不全是宦者。

乙酉[4]，以太尉刘虞为大司马，封襄贲侯。董卓自为太尉，领前将军事，加节传、斧钺、虎贲，更封郿侯。

丙戌，以太中大夫杨彪为司空。

甲午，以豫州牧黄琬为司徒。

董卓率诸公上书，追理陈蕃、窦武及诸党人，悉复其爵位，遣使吊祠，擢用其子孙。

自六月雨至于是月。

（中平六年，189）冬，十月，乙巳，葬灵思皇后。

十一月，以董卓为相国[5]，赞拜不名，入朝不趋，剑履上殿。

十二月，戊戌，以司徒黄琬为太尉，司空杨彪为司徒，光禄勋荀爽为司空。

尽诛宦官，为党人报仇，自当擢用名士。可惜名士们看不起董卓。

初，尚书武威周毖、城门校尉汝南伍琼，说董卓矫桓、灵之政，擢用天下名士以收众望，卓从之，命毖、琼与尚书郑泰、长史何颙等沙汰秽恶，显拔幽滞。于是征处士荀爽、陈纪、韩融、申屠蟠[6]。复就拜爽平原相，行至宛陵，迁光禄勋，视事三日，进拜司空。自被征命及登台司，凡九十三日。又以纪为五官中郎将，融为大鸿胪。纪，寔之子；融，韶之子也。爽等皆畏卓之暴，无敢不至。独申屠蟠得征书，人劝之行，蟠笑而不答，卓终不能屈，年七十余，以寿终。卓又以尚书韩馥为冀州牧，侍中刘岱为兖州刺史，陈留孔伷为豫州刺史，东平张邈为陈留太守，颍川张咨为南阳太守。卓所亲爱，并不处显职，但将校而已。

董卓性残忍[7]，一旦专政，据有国家甲兵、珍宝，威震天下，所愿无极，语宾客曰："我相，贵无上也！"侍御史扰龙宗诣卓白事，不解剑，立檛杀之。是时，雒中贵戚，室第相望，金帛财产，家家充积，卓纵放兵士，突其庐舍，剽虏资物，妻略妇女，不避贵贱。人情崩恐，不保朝夕。

董卓是一个两面人：一方面对反对自己的人表现出宽厚，另一方面却残忍狠毒，最终成为一颗政治流星。

卓购求袁绍急，周毖、伍琼说卓曰："夫废立大事，非常人所及。袁绍不达大体，恐惧出奔，非有他志。今急购之，势必为变。袁氏树恩四世，门生故吏遍于天下，若收豪桀以聚徒众，英雄因之而起，则山东非公之有也。不如赦之，拜一郡守，绍喜于免罪，必无患矣。"卓以为然[8]，乃即拜绍勃海太守，封邟乡侯。又以袁术为后将军，曹操为骁骑校尉。

术畏卓，出奔南阳。操变易姓名，间行东归，过中牟[9]，为亭长所疑，执诣县。时县已被卓书，唯功曹心知是操，以世方乱，不宜拘天下雄儁，因白令释之。操至陈留，散家财，合兵得五千人。

[注释]

[1]“太后蹴（cù）迫永乐宫”以下三句：谓董太后之死，是何太后迫害所致。蹴迫，逼迫，欺压。蹴，通“蹙”。妇姑之礼，婆媳之礼，古时把公婆叫舅姑。 [2]“公卿以下不布服”以下三句：言何太后葬礼，完全不按照礼制穿丧服。 [3]“诏除公卿以下子弟为郎”以下三句：意谓宦官被袁绍等诛灭之后，内廷侍奉之职由公卿子弟任为郎官者担任。 [4]“乙酉”以下十六句：从启用刘虞、杨彪、黄琬，到为陈蕃、窦武平反，都是站在士大夫立场采取的政治措施。故下文有“擢用天下名士以收众望”。 [5]以董卓为相国：汉代自萧何之后，不曾拜相国，至此董卓自为之。 [6]“于是征处士荀爽、陈纪、韩融、申屠蟠”以下三十句：此段讲董卓任命天下名士，但是并没有重用自己的部下，以此收买人心。 [7]董卓性残忍：此一段写董卓粗暴残忍，因此“擢用天下名士”收买人心的措施并不能起作用。 [8]“卓以为然”以下五句：用袁绍、袁术、曹操，虽然是一种怀柔策略，但是并不高明，适足以助长其势焰。其后袁绍以渤海太守、袁术以后将军号令天下举兵反董卓，曹操也散家财募集五千人加入讨董行列。 [9]“过中牟”以下八句：曹操过中牟（今属河南郑州），被亭长抓捕送往中牟县衙，县功曹（县令的主要属吏）知道是曹操，建议县令释放他。

（选自《资治通鉴》卷五十九，汉纪五十一）

[点评]

三国的历史分为两段，一段是东汉末年皇权旁落，诸侯割据争雄的时代，另外一段是魏蜀吴先后建国称帝，最后被西晋统一的时代。从189年董卓进京，到280年西晋统一，前后有90年历史。

何进出身卑微，想通过诛杀宦官来扬名立万，可以说是糊涂透顶。袁绍的一生是含着金钥匙长大的，出身官宦世家。但是，他其实是一个书生，政治雄心很大，文韬武略不足。他三番五次怂恿何进召董卓进京，自己反被董卓所制，是政治幼稚。两人都被汉末名士的虚名所害。

董卓出身草莽，长期在西北边陲，与羌人作战立功，逐渐做到边州刺史的高位。他对于朝廷一向桀骜不驯。为什么何进、袁绍单单邀请董卓入京呢?

董卓是战功卓然的一员猛将，中平二年（185）以中郎将辅佐左车骑将军皇甫嵩，大破边章、韩遂。中平六年（189），以前将军身份会同左将军皇甫嵩击破王国、韩遂、马腾。事后，朝廷试图把董卓调离前线，到中央任少府（九卿之一），董卓以前线将士不放为由拒绝。随后朝廷又调其任并州牧，把手下的军队交给皇甫嵩。董卓公然拒绝，说愿意带领所部移镇并州。这个时候朝廷形势十分复杂，董卓“于是驻兵河东，以观时变”（《后汉书·董卓传》）。史称董卓粗猛有谋，他正在一边瞅着朝廷动向呢。

东汉一朝与西羌打了几十年的仗，很是艰巨。精兵皆在西北，“天下所畏者，无若并、凉之人与羌、胡义从

（义从就是志愿军的意思）”（《资治通鉴》卷五十九）。皇甫嵩和董卓是当时西部最重要的武将。皇甫嵩为将门之子，孝廉、茂才出身，陈蕃、窦武都曾想辟署他出来做官，他没有应召。灵帝时，他以公车辟召为侍郎，出任北地太守。皇甫嵩是党人名士体制内的将军，董卓却不同，“出自西州，少为将帅，闲习军事”，是军人出身的西北豪族，朝廷对他并不放心。现在，何进居然要请董卓进京对付宦官，岂非引狼入室。

“董卓闻召，即时就道”（《资治通鉴》卷五十九）。从河东进京，最为方便。进京之时，正值宦官诛杀何进，少帝逃到洛阳北边的邙山。八月二十八日，董卓迎驾回宫，可是传国玺却在动乱中丢失。此时，宦官固然已经诛灭干净，何太后却仍然在朝。

为此，董卓分三步走摄取权力。首先是掌控兵权，董卓入京的兵马不多，但是，他掌控了何进及其弟何苗统领的禁军。同时，又收买了吕布，兼并了并州丁原的部队。其次，董卓仍在极力争取文士的支持，他启用名满天下的蔡邕为幕僚，也努力争取袁绍兄弟。只因为袁绍反对董卓废黜少帝，两人才发生了冲突。第三，废帝弑后，掌控朝政。九月初一，董卓废黜少帝刘辩，立献帝刘协，倒是完成了汉灵帝派给蹇硕的任务。可是，董卓此举，只是为扳倒何太后铺路。董卓废黜了少帝，目的是迫使何太后让出权力。两天后，何太后被迁出皇宫鸩杀，董卓完全掌握了朝廷大权。外戚、宦官专权之弊，至此被清除干净，东汉王朝也该寿终正寝了。

190年初，关东军在袁绍的领导下，讨伐董卓。董卓一边布置向长安方向撤退，一边在洛阳一线实施抵抗。曹操领军五千冲上前，被董卓大将徐荣所败，身负重伤；孙坚甚至直接打到了洛阳附近，董卓派李傕诱和，表示愿意结婚姻之好，被孙坚断然拒绝，孙坚还意外地得到了落入井中的传国玉玺。袁绍等其他各路英雄都在抢夺自己的地盘。可是，后来的历史走向却是曹、孙（包括其时还在草莽中的刘备），开启了三分天下的局面，其余各怀鬼胎的党人名士，拥兵自重，都被先后诛灭。

诚如官渡之战前夕，沮授感叹地说，“六国蚩蚩，为嬴弱姬”。这是以东周末年战国的局势比喻他所在的汉末。他已经感觉到东汉末年的所有折腾，包括董卓进京，无非是削弱刘氏汉朝，为以曹操为代表的三国演义铺路而已。

九、官渡之战：曹操奇袭乌巢

（建安五年，200）春，正月，董承谋泄[1]；壬子，曹操杀承及王服、种辑，皆夷三族。

操欲自讨刘备[2]，诸将皆曰：“与公争天下者，袁绍也，今绍方来而弃之东，绍乘人后，若何？”操曰：“刘备，人杰也，今不击，必为后患。”郭嘉曰：“绍性迟而多疑，来必不速。备新

刘备装蒜，仍逃不过曹操眼睛，“天下英雄，唯使君与操”吓得刘备找机会离开了许昌。

起，众心未附，急击之，必败。”操师遂东。冀州别驾田丰说袁绍曰[3]：“曹操与刘备连兵，未可卒解。公举军而袭其后，可一往而定。”绍辞以子疾，未得行。丰举杖击地曰：“嗟乎！遭难遇之时，而以婴儿病失其会，惜哉，事去矣！”

曹操击刘备，破之，获其妻子；进拔下邳[4]，禽关羽[5]；又击昌豨[6]，破之。备奔青州，因袁谭以归袁绍[7]。绍闻备至，去邺二百里迎之，驻月余，所亡士卒稍稍归之。

刘备江湖声誉很高，到哪里都被视为英雄。

［注释］

[1]“董承谋泄”以下四句：董承本董卓女婿牛辅的部下。196年李傕、郭汜内讧，董承护卫汉献帝东归洛阳有功，历卫将军、车骑将军。199年，董承自称得献帝衣带密诏诛杀曹操，联络王服（时任越骑校尉）、种辑（时任长水校尉）等人行事，刘备也参与其中，至此事情泄露，参与者皆被诛杀，夷灭三族。三族，一般指父、子、孙；也有说指父族、母族、妻族，则株连最广。 [2]操欲自讨刘备：199年曹操遣刘备邀击袁术，“衣带诏”事泄露时，刘备不在朝中，却在山东纠集当地武装对抗曹操。故曹操欲讨之。 [3]别驾：与长史等皆属于州上佐（相当于副州长）。田丰（？—200）：字元皓，巨鹿人（今河北巨鹿），袁绍谋士，性刚直。 [4]下邳：郡名，治今江苏邳州。 [5]关羽：刘备部将。 [6]昌豨（xī）：泰山郡（今山东新泰）人。曾从吕布，吕布败降归曹操，被任命为东海（治今山东郯城）太守。200年，

又联手刘备背叛曹操。后又一再反叛，终被于禁所杀。 [7] 袁谭（？—205）：字显思，汝南汝阳（今河南商水）人。袁绍长子，刘备为豫州刺史，曾举袁谭为孝廉，此时为青州刺史。

曹操还军官渡[1]，绍乃议攻许[2]，田丰曰："曹操既破刘备，则许下非复空虚。且操善用兵，变化无方，众虽少，未可轻也，今不如以久持之。将军据山河之固，拥四州之众[3]，外结英雄，内修农战，然后简其精锐，分为奇兵，乘虚迭出以扰河南，救右则击其左，救左则击其右，使敌疲于奔命，民不得安业，我未劳而彼已困，不及三年，可坐克也。今释庙胜之策而决成败于一战[4]，若不如志，悔无及也。"绍不从。丰强谏忤绍，绍以为沮众，械系之。于是移檄州郡，数操罪恶。（建安五年，200）二月，进军黎阳[5]。沮授临行[6]，会其宗族，散资财以与之曰："势存则威无不加，势亡则不保一身，哀哉！"其弟宗曰："曹操士马不敌，君何惧焉？"授曰："以曹操之明略，又挟天子以为资，我虽克伯珪，众实疲敝，而主骄将忲，军之破败，在此举矣。扬雄有言：'六国蚩蚩[7]，为嬴弱姬。'其今之谓乎！"

袁绍刚刚很费劲地拿下幽州，未必一定要与曹操决战。

田丰、沮授都是高人，但是主君不能辨别，奈何！

［注释］

[1] 官渡：今河南中牟县东北。 [2] 许：又称许下，今河南许昌，其时为东汉首都。 [3] 拥四州之众：指袁绍占领了冀州、青州、幽州、并州四州地盘。 [4] 庙胜之策：坐在朝堂上就可以做出的决胜之策，意思是用三年疲曹，稳操胜券。 [5] 黎阳：治今河南浚县。 [6] 沮授（？—200）：袁绍重要谋士之一。 [7]“六国蚩（chī）蚩”二句：语出扬雄《法言》。意思是说，战国时代的山东六国争雄，削弱周朝（姬姓），不过是为秦做嫁衣裳而已。暗指袁绍等割据，削弱东汉朝廷，不过是助力曹操改朝换代而已。

（建安五年，200）九月，庚午朔，日有食之。

曹操出兵与袁绍战，不胜，复还，坚壁[1]。绍为高橹[2]，起土山，射营中，营中皆蒙楯而行。操乃为霹雳车[3]，发石以击绍楼，皆破，绍复为地道攻操，操辄于内为长堑以拒之。操众少粮尽，士卒疲乏，百姓困于征赋，多叛归绍者，操患之，与荀彧书，议欲还许，以致绍师[4]。彧报曰：“绍悉众聚官渡[5]，欲与公决胜败。公以至弱当至强，若不能制，必为所乘，是天下之大机也。且绍，布衣之雄耳，能聚人而不能用。以公之神武明哲而辅以大顺，何向而不济！今谷食虽少，未若楚、汉在荥阳、成皋间也。是时刘、项莫肯先退

荀彧看出袁绍外强中干，现在正是破袁良机。

者，以为先退则势屈也。公以十分居一之众，画地而守之，扼其喉而不得进，已半年矣。情见势竭，必将有变。此用奇之时，不可失也。”操从之，乃坚壁持之。

荀彧的意见很明确：画地而守，正面顶住其进攻态势，“此用奇之时”。

操见运者，抚之曰：“却十五日为汝破绍，不复劳汝矣。”绍运谷车数千乘至官渡。荀攸言于操曰：“绍运车旦暮至，其将韩猛锐而轻敌。击，可破也！”操曰：“谁可使者？”攸曰：“徐晃可。”乃遣偏将军河东徐晃与史涣邀击猛，破走之，烧其辎重。

（建安五年，200）冬，十月，绍复遣车运谷，使其将淳于琼等将兵万余人送之[6]，宿绍营北四十里。沮授说绍：“可遣蒋奇别为支军于表[7]，以绝曹操之钞[8]。”绍不从。许攸曰：“曹操兵少而悉师拒我，许下余守，势必空弱。若分遣轻军，星行掩袭[9]，许可拔也。许拔，则奉迎天子以讨操，操成禽矣。如其未溃，可令首尾奔命，破之必也。”绍不从，曰：“吾要当先取操。”会攸家犯法[10]，审配收系之，攸怒，遂奔操。

袁、曹各有“奇”可用。用奇就是攻其软肋、击其弱点。曹操的软肋是许昌空虚，朝廷所在，坛坛罐罐，很容易砸烂。可是，许攸献策，袁绍不能用。

［注释］

[1] 壁：此处指营垒。 [2] 高橹：高高的楼橹，楼橹是一种攻城器具，与土山配合，可以俯瞰敌城。 [3] 霹雳车：人或马拉的车，上设机关，可以机动行走，连续不断地抛出石块，攻击在高处的敌人。 [4] 以致绍师：意思是调动袁绍军队到许下作战，而不至于袁绍攻击许都时曹军被动应战。语出《孙子兵法》："善战者，致人而不致于人。"意思是善于作战的人要调动敌人（致人）而不至于被敌人所调动（致于人）。 [5] 官渡：今在河南郑州中牟县东官渡镇。 [6] 淳于琼：汉末名士之一，曾与袁绍、曹操同为灵帝西园八校尉之一，后追随袁绍，此时奉命守乌巢屯粮。 [7] 别为支军于表：意思是另外带一支军队在运粮队伍的外围。 [8] 钞：抄略，突然袭击。 [9] 星行：星夜行军，偷袭之意。 [10] "会攸家犯法"二句：许攸子侄在冀州课税违法，被审配收治。审配，字正南，魏郡阴安（治今河南清丰县北）人。

曹操一开始不敢对许攸道出实情。

操闻攸来，跣出迎之[1]，抚掌笑曰："子卿远来[2]，吾事济矣！"既入坐，谓操曰："袁氏军盛，何以待之？今有几粮乎？"操曰："尚可支一岁。"攸曰："无是，更言之！"又曰："可支半岁。"攸曰："足下不欲破袁氏邪！何言之不实也！"操曰："向言戏之耳。其实可一月，为之奈何？"攸曰："公孤军独守，外无救援而粮谷已尽，此危急之日也。袁氏辎重万余乘，在故市、乌巢[3]，屯军无严备，若以轻兵袭之，不意而至，爇其积聚，不过三日，袁氏自败也。”

操大喜，乃留曹洪、荀攸守营，自将步骑五千人，皆用袁军旗帜，衔枚缚马口[4]，夜从间道出，人抱束薪，所历道有问者，语之曰：“袁公恐曹操钞略后军，遣军以益备。”闻者信以为然，皆自若[5]。既至，围屯，大放火，营中惊乱。会明，琼等望见操兵少，出陈门外，操急击之，琼退保营，操遂攻之。

袁绍的软肋是乌巢的粮草，尤其是守乌巢的淳于琼是一个庸人。曹操想过爇其粮草，但是，细节则由许攸提供，破除了疑虑。

绍闻操击琼，谓其子谭曰[6]：“就操破琼，吾拔其营，彼固无所归矣！”乃使其将高览、张郃等攻操营[7]。郃曰：“曹公精兵往，必破琼等，琼等破，则事去矣，请先往救之。”郭图固请攻操营[8]。郃曰：“曹公营固，攻之必不拔。若琼等见禽，吾属尽为虏矣。”绍但遣轻骑救琼，而以重兵攻操营，不能下。

袁绍又一次不知好歹，采取错误行动。

绍骑至乌巢，操左右或言：“贼骑稍近，请分兵拒之。”操怒曰：“贼在背后[9]，乃白！”士卒皆殊死战，遂大破之，斩琼等，尽爇其粮谷，杀士卒千余人，皆取其鼻，牛马割唇舌，以示绍军，绍军将士皆恟惧。郭图惭其计之失，复谮张郃于绍曰："郃快军败[10]。"郃忿惧，遂与高览焚攻具，诣操营降。曹洪疑，不敢受，荀攸曰："郃计画不用，怒而来奔，君有何疑！"乃受之。

于是绍军惊扰，大溃，绍及谭等幅巾乘马，与八百骑渡河。操追之不及，尽收其辎重、图书、珍宝。余众降者，操尽坑之，前后所杀七万余人。

曹操焚书信，有度量，更有智慧。

操收绍书中[11]，得许下及军中人书，皆焚之，曰："当绍之强，孤犹不能自保，况众人乎！"

［注释］

[1] 跣出迎之：来不及穿鞋，就出来迎接。 [2] 子卿远来：许攸自袁绍军营来投，不当称"远来"。此处或有误植。许攸，字子远，当作"子远卿来"。 [3] 故市、乌巢：均为地名，都在今河南新乡延津县境内。 [4] 衔枚缚马口：意谓让军士口里含着一块木片，同时裹住马嘴，使整个行军没有声响发出。枚，木头片。 [5] 皆自若：遇到的袁军都没有意识到是曹军偷袭，表现得镇静自若。 [6] 谭：袁绍长子袁谭，时任青州刺史。 [7] 高览、张郃：均今河北人，为袁绍大将，此战之后降曹。 [8] 郭图：字公则，颍川（今河南禹州）人，袁绍谋士。 [9]"贼在背后"二句：敌人到了背后再来报告。上文提到袁绍分兵，轻兵救乌巢，重兵攻曹营，没有攻下来。不过曹操却知道，要集中精力急攻其要害，故言此。 [10] 郃快军败：谓张郃因为计谋没有被采纳，很高兴袁绍军败。快，快意。 [11]"操收绍书中"以下三句：在袁绍

与曹操对决的时候，许下有人首鼠两端，给袁绍写效忠信，以便留一条后路。曹操付之一炬，可见其心胸之广大。

（选自《资治通鉴》卷六十三，汉纪五十五）

[点评]

袁绍居然是讨伐董卓的盟主。他之所以成为北方最大的雄主，一是因为父祖之资荫结下的人脉；二是因为困难时节，他也颇能约束自己，礼贤下士。他费了九牛二虎之力拿下幽州，拥有青州、幽州、冀州、并州，黄河中下游靠北的最大一片土地。这一点成功和积累的势力害了他，让他以为有夺取天下的能力。领导者拥有强大的势力，没有驾驭这一势力的能力也是徒劳的。年轻时的好友、后来的最大对手曹操就说："吾知绍之为人，志大而智小，色厉而胆薄，忌克而少威，兵多而分画不明，将骄而政令不一，土地虽广，粮食虽丰，适足以为吾奉也。"(《资治通鉴》卷六十三）

对于曹操的评论已经很多。"治世之能臣，乱世之奸雄"是当时人对他的评价。治世之能臣，我们可以理解，即认可曹操是有能耐的。乱世之奸雄则常被人诟病，因为"奸雄"似乎不是好人。其实，所谓"奸雄"就是带有"猴气"的英雄。在乱世建功立业，没有猴气是不行的。曹操之所以在群雄竞争中打出最大的一片地盘，有几点原因。一是政治方向很清楚，关东军讨董卓过程中，曹操的挺身而出与袁绍的畏葸不前形成鲜明对比；汉献帝逃出长安向东寻求诸侯救驾，袁绍的拒绝与曹操的积极迎奉形成明显反差。不能说曹操始终保有忠于汉室的政治立场，但是曹操有高度的政治敏感，知道做出正确的政治选择。二是军事能力高超，曹操曾经认真研究兵法，并有心得笔记传世，曹操还在实战中不断积累作战经验，用兵如神。三是治理能力一流，曹操善于听取不同意见，屯田制的推行解决了战争时代的军粮问题，唯才是举的人才思想使得曹操帐下人才济济，远远超过所有的对手。在敌方阵营不出众的人才如张辽、高览，甚至郭嘉、荀彧，来到曹营都能施展拳脚，有用武之地。

就官渡之战而论，荀彧、许攸都知道两军相持不下，要另谋思路，所谓“用奇之时”。袁绍的奇在于偷袭许都，曹操的奇在于偷袭乌巢。主意都在许攸心中，就看哪一位雄主能决断采纳了。

卷六十九至卷一百十八
魏纪、晋纪

【提要】《资治通鉴》魏纪十卷，起魏文帝黄初元年（220），迄于魏元帝咸熙元年（264）；晋纪四十卷，起晋武帝泰始元年（265），迄于晋恭帝元熙元年（419）。这是中国历史上比较混乱的一个时期。曹操、刘关张的事迹主要见于东汉末，到三国在名分上各自立国，才进入《资治通鉴》的魏纪。其后三国纷争、五胡乱华、晋室南渡，晋纪包含西晋、东晋（含五胡十六国）的内容。本编所选六题，尽量包括三国战争与外交、魏晋政权更替与内乱，以及十六国胡汉关系与南北纷争的内容。

一、夷陵之战

（黄初二年，221）汉主耻关羽之没[1]，将刘备不是想为关羽报仇，而是想要荆州。诸葛亮没有全力谏阻，因为当初就是他提出“横跨荆益”的蓝图。

击孙权。翊军将军赵云曰：“国贼，曹操，非孙权也。若先灭魏，则权自服。今操身虽毙，子丕篡盗[2]，当因众心，早图关中，居河、渭上流以讨凶逆，关东义士必裹粮策马以迎王师。不应置魏，先与吴战。兵势一交，不得卒解[3]，非策之上也。”群臣谏者甚众，汉主皆不听[4]。广汉处士秦宓陈天时必无利[5]，坐下狱幽闭，然后贷出[6]。

初，车骑将军张飞，雄壮威猛亚于关羽；羽善待卒伍而骄于士大夫，飞爱礼君子而不恤军人。汉主常戒飞曰：“卿刑杀既过差[7]，又日鞭挝健儿而令在左右[8]，此取祸之道也。”飞犹不悛。汉主将伐孙权，飞当率兵万人自阆中会江州[9]。临发，其帐下将张达、范彊杀飞，以其首顺流奔孙权。汉主闻飞营都督有表[10]，曰：“噫，飞死矣！”

秋，七月，汉主自率诸军击孙权，权遣使求和于汉。南郡太守诸葛瑾遗汉主笺曰[11]：“陛下以关羽之亲，何如先帝[12]？荆州大小，孰与海内？俱应仇疾[13]，谁当先后？若审此数，易于反掌矣。”汉主不听。

汉主遣将军吴班、冯习攻破权将李异、刘阿等于巫[14]，进兵秭归[15]，兵四万余人。武陵蛮夷皆遣使往请兵[16]。权以镇西将军陆逊为大都督、假节[17]，督将军朱然、潘璋、宋谦、韩当、徐盛、鲜于丹、孙桓等五万人拒之。

（黄初三年，222，二月）汉主自秭归将进击吴，治中从事黄权谏曰[18]：“吴人悍战，而水军沿流，进易退难。臣请为先驱以当寇，陛下宜为后镇。”汉主不从，以权为镇北将军，使督江北诸军；自率诸将，自江南缘山截岭[19]，军于夷道猇亭[20]。吴将皆欲迎击之。陆逊曰：“备举军东下，锐气始盛；且乘高守险，难可卒攻。攻之纵下，犹难尽克，若有不利，损我大势，非小故也。今但且奖厉将士，广施方略，以观其变。若此间是平原旷野，当恐有颠沛交逐之忧；今缘山行军，势不得展，自当罢于木石之间[21]，徐制其敝耳。”诸将不解，以为逊畏之，各怀愤恨。汉人自佷山通武陵[22]，使侍中襄阳马良以金锦赐五谿诸蛮夷[23]，授以官爵。

[注释]

[1] 汉主：指刘备。《资治通鉴》在三国纪年上以曹魏为正统，故称刘备为汉主，孙权为吴主。关羽之没：汉献帝建安二十四年（219）末，东吴大将吕蒙伪装成商旅，袭取荆州，擒斩关羽于临沮。 [2] 篡盗：篡夺帝位，盗窃神器。 [3] 卒（cù）：通“猝”，短时间。 [4] 汉主皆不听：赵云这番谏言十分有理，但刘备不听。他知道灭掉曹魏谈何容易，借为关羽报仇之名，觊觎荆州，才是真实意图。 [5] 处士：未应征召做官的士人。秦宓（？—226）：广汉绵竹（今四川德阳北）人，博学能辩，是蜀中士人的代表人物。后主时出仕，官至大司农。 [6] 贷出：赦免放出。 [7] 过差：过分。 [8] 檛（zhuā）：本义马鞭，此处为杖打。 [9] 阆中：巴西郡治，今四川阆中。刘备占领蜀中，即封张飞为巴西太守，驻扎阆中，以备北方。江州：巴郡治，今重庆。自阆中到江州，顺嘉陵江可直达。 [10]“汉主闻飞营都督有表”以下四句：张飞没有上表，而是其军营都督上表，刘备就觉得张飞出事了。 [11] 南郡：荆州首郡，在今湖北中部一带。诸葛瑾（174—241）：诸葛亮胞兄，仕吴，为孙权重臣。 [12] 先帝：时蜀人传汉献帝（181—234）已被曹魏杀害，故称先帝。 [13] 疾：痛恨。 [14] 巫：县名，即今重庆巫山县，孙吴袭取荆州后沿长江最西端的据点，紧邻蜀汉控制的永安（今重庆奉节）。 [15] 秭归：县名，即今湖北秭归县，在巫县东百余里。 [16] 武陵蛮夷：武陵郡及其周边（今湘西、鄂西南）的少数民族，又称五溪蛮，即下文的“五谿诸蛮夷”。胡三省注：今峡州夷陵县有马鞍山。则此山在今湖北宜昌市夷陵区内。 [17] 陆逊（183—245）：吴郡吴（今江苏苏州）人，为吴国江东本土势力的代表人物，官至丞相。 [18] 黄权（？—240）：巴西阆中人，曾劝谏刘璋不要迎刘备入蜀，后蒙刘备拔擢，为益州治中（州刺史的高级佐官）。后夷陵战败，归蜀路绝，率江

北诸军降魏，官至车骑将军、开府仪同三司。[19] 截：横跨，翻越。岭：原作“领”，据绍兴本改。[20] 猇（xiāo）亭：夷道县下亭名，即今湖北宜昌市猇亭区，在秭归东偏南约二百里。再往东即入荆州平原。[21] 罢（pí）：疲弊。[22] 佷（hěn）山：县名，在今湖北长阳土家族自治县西。[23] 马良（187—222）：襄阳宜城（今湖北宜城）人，刘备荆州旧部，随从入蜀，死于夷陵之战。

汉人自巫峡建平连营至夷陵界[1]，立数十屯，以冯习为大督，张南为前部督，自正月与吴相拒，至六月不决。汉主遣吴班将数千人于平地立营，吴将帅皆欲击之，陆逊曰：“此必有谲[2]，且观之。”汉主知其计不行，乃引伏兵八千从谷中出。逊曰：“所以不听诸君击班者，揣之必有巧故也[3]。”逊上疏于吴王曰：“夷陵要害，国之关限，虽为易得，亦复易失。失之，非徒损一郡之地，荆州可忧，今日争之，当令必谐[4]。备干天常[5]，不守窟穴而敢自送，臣虽不材，凭奉威灵，以顺讨逆，破坏在近，无可忧者。臣初嫌之水陆俱进，今反舍船就步，处处结营，察其布置，必无他变。伏愿至尊高枕，不以为念也。”

当年麻痹关羽，现在击败刘备！蜀汉的强敌不是曹操，而是陆逊和东吴！这就是所谓吴蜀联盟！

闰月，逊将进攻汉军，诸将并曰：“攻备当在初，今乃令入五六百里，相守经七八月，其诸要害皆已固守，击之必无利矣。”逊曰：“备是猾虏，更尝事多，其军始集，思虑精专，未可干也。今住已久，不得我便，兵疲意沮，计不复生[6]。犄角此寇[7]，正在今日。”乃先攻一营，不利，诸将皆曰：“空杀兵耳！”逊曰：“吾已晓破之之术。”乃敕各持一把茅[8]，以火攻，拔之；一尔势成[9]，通率诸军，同时俱攻，斩张南、冯习及胡王沙摩柯等首，破其四十余营。汉将杜路、刘宁等穷逼请降。

官渡火烧乌巢，其后孙刘火烧赤壁，如今，陆逊火烧夷陵破刘备。

汉主升马鞍山[10]，陈兵自绕，逊督促诸军，四面蹙之，土崩瓦解，死者万数。汉主夜遁，驿人自担烧铙铠断后[11]，仅得入白帝城[12]，其舟船、器械，水、步军资，一时略尽，尸骸塞江而下。汉主大惭恚曰：“吾乃为陆逊所折辱，岂非天耶！”将军义阳傅彤为后殿[13]，兵众尽死，彤气益烈。吴人谕之使降，彤骂曰：“吴狗，安有汉将军而降者！”遂死之。从事祭酒程畿溯江而退，众曰：“后追将至，宜解舫轻行[14]。”畿曰：“吾在军，未习为敌之走也。”亦死之。

汉人看不起吴人，不仅是气节。此时孙权向曹丕称臣。

[**注释**]

[1] 巫峡建平：当指巫县以东，东吴永安三年（260）于此地置建平郡。夷陵：县名，即今湖北宜昌市夷陵区，在猇亭西北约五十里。　[2] 谲（jué）：诡计。　[3] 巧故：巧诈。　[4] 谐：办妥。　[5] 干：干犯。　[6] 计不复生：不再能生发出新的计谋。　[7] 掎（jǐ）角：抓捕野兽时拖住兽脚叫"掎"，抓住兽角叫"角"，一般比喻分兵牵制或夹击敌人，这里指抓住降服。　[8] 敕：命令。　[9] 一尔势成：一次烧营成功，胜势就成了。尔，如此。　[10] 马鞍山：在夷陵西北，不是今天安徽的马鞍山。　[11] 驿：刘备驻军夷陵，沿途设驿，达于永安。　[12] 白帝城：在永安，为东汉初年割据蜀地的公孙述所建，因公孙述自号白帝而得名。后刘备崩于此。　[13] 肜：音 róng。　[14] 解舫轻行：大约蜀汉水军原本舟船相连，属下劝程畿解开相连的船的绳索，驾轻舟逃命。舫，两船相并。

初，吴安东中郎将孙桓别击汉前锋于夷道[1]，为汉所围，求救于陆逊，逊曰："未可。"诸将曰："孙安东，公族，见围已困，奈何不救！"逊曰："安东得士众心，城牢粮足，无可忧也。待吾计展，欲不救安东，安东自解。"及方略大施，汉果奔溃。桓后见逊曰："前实怨不见救；定至今日，乃知调度自有方耳！"

初，逊为大都督，诸将或讨逆时旧将[2]，或公室贵戚，各自矜恃，不相听从。逊按剑曰："刘陆逊能够以柔道驾驭诸将，孙权称善。孙权本人也曾如此。

备天下知名，曹操所惮，今在疆界，此强对也。诸君并荷国恩，当相辑睦，共翦此虏，上报所受，而不相顺，何也？仆虽书生，受命主上，国家所以屈诸君使相承望者[3]，以仆尺寸可称，能忍辱负重故也。各在其事，岂复得辞！军令有常，不可犯也！”及至破备，计多出逊，诸将乃服。

吴王闻之曰：“公何以初不启诸将违节度者邪？”对曰：“受恩深重，此诸将或任腹心，或堪爪牙，或是功臣，皆国家所当与共克定大事者，臣窃慕相如、寇恂相下之义以济国事[4]。”王大笑称善，加逊辅国将军，领荆州牧，改封江陵侯。

如何解读诸葛亮的一声叹息：“孝直若在，必能制主上东行。”

初，诸葛亮与尚书令法正好尚不同[5]，而以公义相取，亮每奇正智术。及汉主伐吴而败，时正已卒，亮叹曰：“孝直若在，必能制主上东行。就使东行，必不倾危矣。”汉主在白帝，徐盛、潘璋、宋谦等各竞表言：“备必可禽，乞复攻之。”吴王以问陆逊。逊与朱然、骆统上言曰：“曹丕大合士众，外托助国讨备，内实有奸心，谨决计辄还。”

初，帝闻汉兵树栅连营七百余里[6]，谓群臣曰：“备不晓兵，岂有七百里营可以拒敌者乎！

‘苞原隰险阻而为军者为敌所禽’[7]，此兵忌也。孙权上事今至矣[8]。”后七日，吴破汉书到。

[注释]

[1] 孙桓（198—223）：孙权族侄。夷道：即今湖北宜都，在猇亭东南三十余里。 [2] 讨逆：指孙策（175—200），去世时为讨逆将军。孙策拓定江东六郡，是孙吴政权的奠基人。讨逆诸旧将如韩当（？—226）等资历远在陆逊之上。 [3] 承望：承顺观望，听从指挥。 [4] 相如：蔺相如以完璧归赵、渑池之会等功拜为赵国上卿，位在廉颇之上。廉颇不服，屡次挑衅，蔺相如顾全大局，不予计较。廉颇悔悟，负荆请罪，终于将相和谐。寇恂（？—36），东汉开国功臣。任颍川太守时，曾为严明军纪，处死了大将贾复（？—55）的部将。贾复扬言报复，寇恂从大局出发，避免相见。最后经光武帝劝解，两人冰释前嫌。陆逊用这个典故，表明自己作为文官统帅，为了国家前途，不愿与不服节度的武将冲突。 [5] 法正（176—220）：字孝直，客居蜀地，奇谋为多，深得刘备信任。原为刘璋下属，因仕途不得意，转而辅助刘备，攻夺巴蜀及汉中。 [6] 帝：指魏文帝曹丕（187—226）。 [7] 苞原隰险阻而为军者为敌所禽：当出自佚兵书，意思是草木茂盛、平地开阔、湿地低洼、艰险不易通行等地形，不宜驻扎军营，否则容易为敌人所败。苞，茂盛。 [8] 上事：上奏言兵事，这里指奏捷。彼时孙权是曹魏封的吴王，名义上臣服于魏，因此进呈文书要称作“上”。今：将要。

（选自《资治通鉴》卷六十九，魏纪一）

［点评］

夷陵之战的起因，为关羽报仇是假，刘备想趁机夺回荆州是真。

早先，刘备对于荆州的局面和关羽的行动就缺乏管控。他应该知道关羽的优点和缺点，知道孙权对于荆州的觊觎，但却并没有对荆州的工作做出妥善的应对。刘备称帝之后，更是有些狂妄轻敌了，居然要去打孙权。所有人的话都听不进去，诸葛亮不敢深谏。赵云的话："国贼，曹操，非孙权也。若先灭魏，则权自服。"刘备更是置若罔闻。

诸葛瑾的话更直接了：您为二弟关羽报仇，与汉献帝被废（刘备说被杀）相比，哪一个仇更应该报？荆州丢失，与汉室江山被曹氏夺取，哪一个更重要？（"陛下以关羽之亲，何如先帝？荆州大小，孰与海内？俱应仇疾，谁当先后？若审此数，易于反掌矣。"）

刘备一意孤行，所有的韬略、所有的审时度势都没有了。他被三弟张飞的亲情所绑架，一定要为关羽报仇，攻打东吴。在这种道德绑架背后，其实是刘备的狂妄轻敌，是刘备想收复荆州的贪欲与执念。被暂时的成功冲昏了头脑，格局限制了他的发展。

失败让刘备恢复了冷静。在白帝城驾崩之前，蜀汉已经与东吴外交和好。这虽然是孙权的主动行为，因为曹丕要孙权送太子孙登入质不果，已经威胁要动兵了；虽然刘备在病中也说要同时出兵东讨，以复前耻，但是，他最终还是奉行了现实主义路线，这就很了不起。更了不起的是他的托孤，成功地笼络住了忠贞的诸葛亮，交给他一个终生无法完成，只能以生命报答的任务：光复汉室。

二、邓芝使吴

（黄初四年，223）五月，太子禅即位，时年十七。尊皇后曰皇太后，大赦，改元建兴[1]。封丞相亮为武乡侯，领益州牧，政事无巨细，咸决于亮。

蜀汉政治：政归诸葛氏，祭则寡人（刘禅）。

汉尚书义阳邓芝言于诸葛亮曰[2]：“今主上幼弱，初即尊位，宜遣大使重申吴好。”亮曰：“吾思之久矣，未得其人耳，今日始得之。”芝问：“其人为谁？”亮曰：“即使君也。”乃遣芝以中郎将修好于吴。冬，十月，芝至吴[3]。时吴王犹未与魏绝[4]，狐疑，不时见芝[5]。芝乃自表请见曰：“臣今来，亦欲为吴，非但为蜀也。”吴王见之，曰：“孤诚愿与蜀和亲，然恐蜀主幼弱，国小势逼，为魏所乘，不自保全耳。”芝对曰：“吴、蜀二国[6]，四州之地。大王命世之英，诸葛亮亦一时之杰也；蜀有重险之固，吴有三江之阻。合此二长，共为唇齿，进可并兼天下，退可鼎足而立，此理之自然也。大王今若委质于魏[7]，魏必上望大王之入朝，下求太子之内侍，若不从命，则奉辞伐叛，蜀亦顺流见可而进。如此，江南之地非复大王之有也。”吴王默然良久曰：“君言是也。”遂绝魏，专与汉连和。

蜀汉放弃荆州，吴蜀之盟始成！

（黄初五年，224，四月）吴王使辅义中郎将吴郡张温聘于汉[8]，自是吴、蜀信使不绝。时事所宜，吴王常令陆逊语诸葛亮[9]；又刻印置逊所[10]，王每与汉主及诸葛亮书，常过示逊，轻重、可否有所不安，每令改定，以印封之。汉复遣邓芝聘于吴，吴王谓之曰：“若天下太平，二主分治，不亦乐乎？”芝对曰：“天无二日，土无二王。如并魏之后，大王未深识天命[11]，君各茂其德，臣各尽其忠，将提枹鼓[12]，则战争方始耳。”吴王大笑曰：“君之诚款乃当尔邪！”

春秋时晋公子重耳，过楚，对楚成王，其意类此。

［注释］

[1] 改元建兴：刘备死，刘禅未逾年而改章武三年为建兴元年，可谓异类。 [2] 邓芝（178—251）：义阳新野（今河南新野）人，汉末避乱入蜀。刘备据蜀，擢为太守、尚书。诸葛亮去世后，

镇守江州（今重庆）十八年，负责蜀汉东陲的稳定，仕至车骑将军。 [3] 芝至吴：此时孙吴国都在武昌（今湖北鄂州）。 [4] 时吴王犹未与魏绝：黄初二年（221），面对刘备东伐的压力，孙权向曹魏称臣，获封吴王。夷陵之战（222）后的当年秋冬，曹魏以孙权不遣侍子为由，三路伐吴，互有胜败。吴、魏虽交恶，但尚未完全断绝来往。 [5] 时：立即。 [6]“吴、蜀二国”二句：吴国据有扬州、荆州和交州，蜀汉只有益州。从邓芝的言论看来，蜀汉已经务实地放弃了与东吴争夺荆州的目标。 [7] 委质：臣服。 [8] 张温（193—230）：出身吴郡顾、陆、朱、张四望族的张姓，才德出众，是孙吴建国初期的政治明星。但此次出使后不久，即因暨艳案被废。 [9] 陆逊：此时任荆州牧，居江陵（今湖北荆州），在吴都武昌至蜀都成都的孔道上。“王”，原作“主”，此时孙权为吴王，尚未称帝，据《资治通鉴》体例，不应称“吴主”，故从绍兴本改。下文“吴王谓之曰”同。 [10]“又刻印置逊所”以下六句：汉魏时书信或用木牍，或用帛纸，都须在封装完毕后外施封泥，上盖印章，类似于外国信封上的火漆，用以保密。孙权将其用印另刻一方置于陆逊处，是对陆逊的绝对信任，赋予了他相当大的处理与蜀汉外交的决策权力。 [11] 大王未深识天命：这句话是东吴不主动投降的委婉说法。 [12] 将提枹鼓：将军拿着鼓锤和战鼓，比喻准备打仗。

（选自《资治通鉴》卷七十，魏纪二）

［点评］

刘备一生就栽在孙权这个盟友上。关羽之死，张飞之死，刘备因为战败气病而死，都是因为东吴。但是，蜀汉与曹魏“汉贼不两立”，限制了自己的外交空间。不结合孙权，又能怎么样呢？

本节所选内容，是刘备驾崩不久，诸葛亮就派邓芝修好于东吴的故事。

吴蜀联盟因为魏明帝太和三年（229）孙权即位称帝，提出“并尊二帝”（即互相承认对方为皇帝），遭到了挑战。蜀汉朝野都有人表示反对：“以为交之无益而名体弗顺，宜显明正义，绝其盟好。”诸葛亮对此有一段深入的分析。

首先，孙权僭逆称帝之心，由来已久，不始于今日，我蜀汉之所以容忍不计，是为了取得犄角为援的效果。如果断绝关系，双方关系恶化，其仇我必深，我国必须移兵东戍，甚至发生战斗，只有并吞其疆土，才能进行讨伐中原的大业。其次，东吴人才济济，将相和睦，并非一朝一夕可以取胜。我们双方斗得难解难分，师老兵疲，反而使北边的曹氏政权占便宜。我们应该学习先帝与东吴结盟的做法，深思远虑，通权达变，不可逞匹夫之忿。有人说孙权最大的利益就是三足鼎立，不会与我们结盟对付北方，更无渡江北上之意，这都是似是而非的看法。怎么说呢？东吴方面是因为实力不够才限江自保。孙权之不能渡江北上，犹如曹魏之不能跨汉水南下，不是力有余而是有利也不取。我们发大军北伐曹魏，东吴方面一定会采取配合行动，或者分割其土地，或者掳掠其民众，绝不会端坐不动。退一步说，即使东吴不出兵配合我们的北伐行动，至少我们没有东顾之忧。曹魏在南境防范东吴的军队，不会全部调到西边来对付我们吧！就此而言，已经是对我们很大的利好了。因此我们不宜公开谴责孙权僭逆之罪。

于是，诸葛亮派人出使东吴，“贺称尊号。吴主与汉人盟”(《资治通鉴》卷七十一太和三年四月)。吴蜀联盟经历了一次政治风波的考验。诸葛亮的务实精神，在以上的这段分析中表现得淋漓尽致。

三、高平陵政变

（正始八年，247）大将军爽用何晏、邓飏、丁谧之谋[1]，迁太后于永宁宫[2]；专擅朝政，多树亲党，屡改制度。太傅懿不能禁[3]，与爽有隙。五月，懿始称疾，不与政事[4]。

司马懿以屈求伸。

（正始九年，248）大将军爽，骄奢无度，饮食衣服，拟于乘舆[5]；尚方珍玩，充牣其家[6]；又私取先帝才人以为伎乐[7]。作窟室[8]，绮疏四周[9]，数与其党何晏等纵酒其中。弟羲深以为忧，数涕泣谏止之，爽不听。爽兄弟数俱出游，司农沛国桓范谓曰：“总万机，典禁兵，不宜并出。若有闭城门，谁复内入者[10]？”爽曰：“谁敢尔邪[11]！”

既要享乐，又要揽权，曹爽就要排除强者。司马懿示之以弱，曹爽果然上当！

［注释］

[1] 爽：曹爽（？—249），魏宗室，明帝（206—239）托孤

重臣，与司马懿（179—251）共同辅佐齐王曹芳（232—274）。何晏（？—249）：曹操养子，娶操女金乡公主。曹爽辅政，援引至吏部尚书，典选举事。邓飏、丁谧：皆曹爽之党。 [2] 太后：即明帝郭皇后（？—264）。胡三省认为，曹魏太后所居宫本名永宁宫，大概是晋朝史官想要增重曹爽的罪恶，所以如此书写。 [3] 太傅：受遗诏辅政时，司马懿本官太尉，加录尚书事。曹爽为了揽权，隔月即佯尊司马懿为太傅（上公），而实夺其录尚书奏报的行政决策权。 [4] 与（yù）：参预。 [5] 乘（shèng）舆：皇帝的车驾，代指皇帝。 [6] 牣：满。 [7] 才人：低级宫妃。伎乐：乐舞表演。 [8] 窟室：地下室。《左传》襄公三十年："郑伯有耆酒，为窟室，而夜饮酒，击钟焉。"杜预注云："窟室，地室。"此处未知是实指，抑或是引用典故。 [9] 绮疏四周：四壁雕刻有绮丽的花纹。 [10] 内（nà）：同"纳"。 [11] 邪（yé）：同"耶"。

初，清河、平原争界[1]，八年不能决。冀州刺史孙礼请天府所藏烈祖封平原时图以决之[2]；爽信清河之诉，云图不可用，礼上疏自辨，辞颇刚切。爽大怒，劾礼怨望，结刑五岁[3]。久之，复为并州刺史，往见太傅懿，有忿色而无言。懿曰："卿得并州少邪[4]？恚理分界失分乎？"礼曰："何明公言之乖也！礼虽不德，岂以官位往事为意邪！本谓明公齐踪伊、吕，匡辅魏室，上报明帝之托，下建万世之勋。今社稷将危，天下凶凶[5]，此礼之所以不悦也！”因涕泣横流。懿曰：“且止，忍不可忍！”

忍不可忍（忍人所不堪忍）！司马懿可怕之处在此。

冬，河南尹李胜出为荆州刺史[6]，过辞太傅懿。懿令两婢侍，持衣，衣落；指口言渴，婢进粥，懿不持杯而饮，粥皆流出沾胸。胜曰：“众情谓明公旧风发动[7]，何意尊体乃尔！”懿使声气才属[8]，说：“年老枕疾，死在旦夕。君当屈并州[9]，并州近胡，好为之备！恐不复相见，以子师、昭兄弟为托。”胜曰：“当还忝本州[10]，非并州。”懿乃错乱其辞曰：“君方到并州？”胜复曰：“当忝荆州。”懿曰：“年老意荒，不解君言。今还为本州，盛德壮烈，好建功勋！”胜退，告爽曰：“司马公尸居余气，形神已离，不足虑矣。”他日，又向爽等垂泣曰：“太傅病不可复济，令人怆然！”故爽等不复设备。

太傅懿阴与其子中护军师、散骑常侍昭谋诛曹爽[11]。

［注释］

[1] 清河、平原：相邻二郡，皆属冀州。　[2] 孙礼（？—250）：魏明帝临终拜为曹爽大将军长史，正直敢言，曹爽不便，

遂遭外放。高平陵之变后，入为司隶校尉，官至司空。烈祖：明帝庙号。明帝即位前封平原王，时有地图标明边界，以旧档藏于天府。 [3] 结刑五岁：判五年徒刑，但不用服刑。 [4] “卿得并州少邪”二句：你是嫌并州刺史官不如冀州刺史呢？还是在为处理争界遭到不公待遇的事儿生气呢？ [5] 凶凶：骚动不安。 [6] 李胜（？—249）：曹爽亲信。 [7] 旧风：早年曹操征辟司马懿时，他曾以身患风痹（风湿）推辞，所以李胜说是旧病。 [8] 懿使声气才属（zhǔ）：司马懿故意有气无力，说话勉强成句。属，连接。 [9] 君当屈并州：司马懿假装衰老病重之态，故意将荆州说成是并州，显示自己神昏耳背。 [10] 本州：李胜是南阳人，南阳为荆州属郡，故云本州。 [11] 太傅懿阴与其子中护军师、散骑常侍昭谋诛曹爽：据此可见，高平陵之变是司马家蓄谋已久的。

从司马懿的部署，他的威信很高。曹魏老臣大都支持他。

嘉平元年（249）[1]。春，正月，甲午，帝谒高平陵[2]，大将军爽与弟中领军羲、武卫将军训、散骑常侍彦皆从[3]。太傅懿以皇太后令，闭诸城门，勒兵据武库[4]，授兵出屯洛水浮桥[5]；召司徒高柔假节行大将军事[6]，据爽营；太仆王观行中领军事，据羲营。因奏爽罪恶于帝曰：“臣昔从辽东还[7]，先帝诏陛下、秦王及臣升御床[8]，把臣臂，深以后事为念。臣言：‘太祖、高祖亦属臣以后事[9]，此自陛下所见，无所忧苦[10]。万一有不如意，臣当以死奉明诏。’今大将军爽，背弃顾命，败乱国典，内则僭拟，外则专权，破坏诸营，尽据禁兵，群官要职，皆置所亲，殿中宿卫，易以私人，根据盘互[11]，纵恣日甚。又以黄门张当为都监，伺察至尊，离间二宫[12]，伤害骨肉，天下汹汹，人怀危惧。陛下便为寄坐[13]，岂得久安！此非先帝诏陛下及臣升御床之本意也。臣虽朽迈，敢忘往言！太尉臣济等皆以爽为有无君之心[14]，兄弟不宜典兵宿卫，奏永宁宫，皇太后令敕臣如奏施行。臣辄敕主者及黄门令：'罢爽、羲、训吏兵[15]，以侯就第，不得逗留，以稽车驾[16]；敢有稽留，便以军法从事！'臣辄力疾将兵屯洛水浮桥，伺察非常。"爽得懿奏事[17]，不通；迫窘不知所为，留车驾宿伊水南[18]，伐木为鹿角[19]，发屯田兵数千人以为卫[20]。

魏文帝以来抑制宗室、外戚，削弱地方，果然只要一关城门，曹爽就无能为力。

懿使侍中高阳许允及尚书陈泰说爽，宜早自归罪，又使爽所信殿中校尉尹大目谓爽，唯免官而已，以洛水为誓。泰[21]，群之子也。

信了司马懿，曹爽果然是孬种。

[注释]

[1]嘉平元年：本年四月方才改元嘉平，此时还是正始十年。《资治通鉴》的体例是，每年有多个年号时，以最末者纪年。　[2]帝：

齐王曹芳（240—254在位），后为司马师所废。高平陵：魏明帝陵，在汉魏洛阳城南约五十里万安山北麓。 [3] 中领军：与下文“武卫将军”皆为禁军高级将领，统率宿卫禁军。 [4] 勒：指挥，部署。 [5] 洛水浮桥：在汉魏洛阳城南，从高平陵还都的要道。 [6] 高柔（174—263）：与下文的“王观（？—260）”“蒋济（？—249）”均为曹魏老臣，都支持废黜曹爽，可见曹爽一党与元老集团矛盾之深。 [7] 昔从辽东还：魏明帝景初二年（238）冬，司马懿征讨辽东公孙渊凯旋。 [8] 秦王：名询，与曹芳同为明帝养子。 [9] 太祖、高祖：魏武帝曹操、文帝曹丕庙号。曹丕很器重司马懿，曾以明帝相托付，但是曹操不曾托以后事。属（zhǔ）：同“嘱”。 [10] 苦：担忧。 [11] 根据盘互：盘踞勾结。 [12] 离间二宫：指上文“迁太后于永宁宫”。皇帝曹芳年届十八，郭太后非生母，搬出皇宫另居永宁宫，应该属于正常情况，但司马懿认为是曹爽离间二宫。 [13] 寄坐：寄居于皇帝之位，比喻地位不稳且无实权。 [14] 太尉臣济：蒋济。司马懿在表文中拉上太尉蒋济，以增强其政变的合法性，并壮声势。 [15]“罢爽、羲、训吏兵”二句：不仅罢免曹爽兄弟三人兵权，还撤销其职务上的属吏和随从（吏兵），以列侯的身份居家。 [16] 以稽车驾：延缓皇帝的车驾回宫。 [17]“爽得懿奏事”二句：司马懿的奏报虽然是进呈给皇帝的，但首先要经过录尚书事的曹爽之手。曹爽不转呈，就叫“未通”，与下文“通懿奏事”相对应。 [18] 伊水：该段在万安山北、洛水之南。 [19] 鹿角：防御器材，又叫拒马。 [20] 屯田兵：负责屯种耕作的军士，由典农都尉、中郎将管理。曹魏各郡国多有，此处的屯田兵数千人当属洛阳典农中郎将治下。 [21]“泰”二句：《资治通鉴》在介绍新出场的重要人物时，如果与已经出现的人物有关系，就省略籍贯，在段末注明关系，比如这里的“泰，群之子也”；如果都没有关系，就注明籍贯，比如上文的“高阳许允”。

初，爽以桓范乡里老宿[1]，于九卿中特礼之，然不甚亲也。及懿起兵，以太后令召范，欲使行中领军[2]。范欲应命，其子止之曰："车驾在外，不如南出。"范乃出。至平昌城门[3]，城门已闭。门候司蕃，故范举吏也，范举手中版示之，矫曰："有诏召我，卿促开门！"蕃欲求见诏书，范呵之曰："卿非我故吏邪？何以敢尔！"乃开之。范出城，顾谓蕃曰："太傅图逆，卿从我去！"蕃徒行不能及，遂避侧[4]。懿谓蒋济曰："智囊往矣！"济曰："范则智矣，然驽马恋栈豆[5]，爽必不能用也。"

桓范不识人，算什么智慧？

蒋济知道：用保持富家翁的享乐作诱饵，曹爽必定就范！

范至，劝爽兄弟以天子诣许昌，发四方兵以自辅。爽疑未决，范谓羲曰："此事昭然，卿用读书何为邪！于今日卿等门户，求贫贱复可得乎！且匹夫质一人，尚欲望活；卿与天子相随，令于天下，谁敢不应也！"俱不言。范又谓羲曰："卿别营近在阙南[6]，洛阳典农治在城外，呼召如意。今诣许昌，不过中宿[7]，许昌别库[8]，足相被假[9]；所忧当在谷食，而大司农印章在我身。"羲兄弟默然不从，自甲夜至五鼓[10]，爽桓范看走眼了，曹爽表面的客套并不代表信重。魏徵《群书治要》保留了桓范的一些文字，颇有纵横家的智慧，看来也是纸上谈兵。

乃投刀于地曰："我亦不失作富家翁！"范哭曰："曹子丹佳人[11]，生汝兄弟，犊犊耳[12]！何图今日坐汝等族灭也！"

爽乃通懿奏事[13]，白帝下诏免己官，奉帝还宫。爽兄弟归家，懿发洛阳吏卒围守之；四角作高楼，令人在楼上察视爽兄弟举动。爽挟弹到后园中，楼上便唱言："故大将军东南行！"爽愁闷不知为计。

戊戌，有司奏："黄门张当私以所择才人与爽，疑有奸。"收当付廷尉考实，辞云："爽与尚书何晏、邓飏、丁谧、司隶校尉毕轨、荆州刺史李胜等阴谋反逆，须三月中发[14]。"于是收爽、羲、训、晏、飏、谧、轨、胜并桓范皆下狱，劾以大逆不道，与张当俱夷三族。

[注释]

[1] 乡里老宿：桓范为沛国人，曹爽为谯国谯人，谯县原属沛国，所以说是乡里。 [2] 欲使行中领军：据此可知因为桓范拒绝，才改使太仆王观行中领军事。 [3] 平昌城门：洛阳城南面从西数第三座城门。 [4] 避侧：避于路旁。 [5] 驽马恋栈豆：比喻曹爽顾恋家室而思不及远。 [6] 卿别营近在阙南：中领军大营已被王观所据，今有城南别营尚在曹羲手中。阙，宫阙，这里代指都

城。 [7] 中宿：隔夜。 [8] 许昌别库：相对于洛阳武库，许昌武库称别库。 [9] 被（pī）假：披甲授兵，分发武器装备。 [10] 甲夜：初更。 [11] 曹子丹（？—231）：名真，曹爽之父，曹操族子，官至大司马，先于司马懿镇守关中，抵御诸葛亮北伐。佳人：豪杰。 [12] 豘（tún）犊：比喻胆怯愚蠢。豘，同“豚”，小猪。犊，小牛。 [13] “爽乃通懿奏事”以下三句：曹爽傻傻地相信了司马懿保全其性命富贵的承诺，放弃了抵抗。 [14] 须：等待。

（选自《资治通鉴》卷七十五，魏纪七）

［点评］

司马懿的上位，是偶然的。

景初二年（238）冬，司马懿在从辽东凯旋的途中，被要求直接回到关中前线去，无需来洛阳陛见。这时的魏明帝已经病危，曹家人大约已经忌惮司马懿了，司马懿被排除在中枢和顾命大臣之外。

但是，在半途中，曹叡又突然下诏，召司马懿火速进京陛见。《资治通鉴》记载说，是孙资、刘放这两位“大内高手”，改变了曹叡的主意。最后时刻曹叡决定启用曹爽、司马懿合作模式，辅佐年仅八岁的养子齐王曹芳继位。几年之后，随着齐王曹芳年龄的增长，罢黜司马懿的兵权，就成为自然而然的事。遗憾的是，曹爽远不是司马懿的对手，曹爽所重用的亲信中，如何晏（其母是曹操的小妾，从小在曹家长大，娶曹家公主为妻）等人，荒诞放浪，排斥异己，朝野侧目，只会加速曹爽的灭亡。

曹爽的问题是什么？第一，他想排挤的对手，远比他自己更有本事和谋略。第二，他信任的帮手，都是轻佻狂妄之人。第三，有本事的人，如号称“智囊”的桓范，曹爽却不相信。除了这些问题以外，还有曹爽本人并不过硬，他骄奢淫逸，贪恋富贵，大权在握，却不懂得用权，自然就会给司马懿留下翻盘的机会。

事变就发生在正始十年（249）正月。十年前的正月魏明帝托孤的两个大臣，在十年后的正月发生了火并。司马懿以皇太后的名义，关闭城门，拿出武器，给城外参加祭祀活动的皇帝送去表文，指责曹爽，“背弃顾命，败乱国典，内则僭拟，外则专权，……伺察至尊，离间二宫，伤害骨肉，天下汹汹，人怀危惧”，要求皇帝罢免曹爽及其兄弟的兵权。

司马懿还给了对方一个诱饵，说你只要交出兵权就可以了，我们保你的性命无虞，指洛水为誓，特地派曹爽信任的官员尹大目传达这个信息。曹爽就犹豫了，第一，鱼死网破跟司马懿干的话，怕自己干不过；第二，死拼的话，我们在洛阳的娇妻美妾、金银财宝不都没了吗？曹爽犹豫了一宿，决定投降，以为如果认输，交出兵权，也许司马懿会给他一条命，做个富家翁得了。

老谋深算的桓范特地跑出城外，劝阻曹爽，并且跟他讲，匹夫手握人质，还求活命呢？何况你跟着天子呢？像你现在这样的身份，你怎么能够投降？怎么能够回去过平静的富家翁生活？你看看，这儿到许昌，不过半宿路程，许昌有钱财、有武库，周边有屯田，大司农军印我也带着。桓范要曹爽以天子的名义直接与司马懿对着干！可是，正如蒋济跟司马懿讲的，桓范虽然有智慧，但是驽马恋栈豆，曹爽一定不会听桓范的。所谓“驽马恋栈豆”，是说曹爽不想吃苦拼斗，他那点出息，就想守住现有的荣华富贵。

蒋济是对的，桓范看错人了。桓范痛心疾首地哭着说，曹子丹何等英雄，生了你们这几个兄弟，真是小猪小牛都不如啊！唐人赵蕤《长短经》(讲谋略的书)曾多处引用桓范的言论，显示出他的谋略智慧，可惜他看错了人，栽在了曹爽手里。

最后，曹爽束手就擒，司马懿没有兑现不杀的承诺。曹爽等人都以谋反罪被杀，桓范也搭上了性命。曹魏的大权完全掌控在司马懿手里了。

考察司马懿上位的高平陵政变，可以发现这样一个现象：司马懿能够动员一切力量对付曹爽。除了老臣蒋济之外，永宁宫太后也为他所用。“智囊”桓范与曹爽关系密切，但司马懿最初仍然让桓范占据中领军曹羲大营，只是桓范听从儿子的话逃出洛阳城追随曹爽去了。他还派曹爽信任的殿中校尉尹大目前往游说曹爽归降。尽量团结一切可以团结的人，是司马懿战胜曹爽的重要原因。

四、东晋建国与王敦之乱

(太兴元年，318)三月，癸丑，愍帝凶问至建康[1]，王斩缞居庐[2]；百官请上尊号，王不许。纪瞻曰[3]：“晋氏统绝，于今二年，陛下当承大业；顾望宗室，谁复与让！若光践大位，则神、民有所凭依；苟为逆天时，违人事，大势一去，不可复还。今两都燔荡，宗庙无主，刘聪窃号于西北[4]，而陛下方高让于东南，此所谓揖让而救火也。”王犹不许，使殿中将军韩绩彻去御坐。瞻叱绩曰：“帝坐上应列星[5]，敢动者斩！”王为之改容。

奉朝请周嵩上疏曰[6]：“古之王者，义全而后取，让成而后得，是以享世长久，重光万载也。今梓宫未返[7]，旧京未清，义夫泣血，士女遑遑。宜开延嘉谋，训卒厉兵，先雪社稷大耻，副四海之心，则神器将安适哉[8]！”由是忤旨[9]，出为新安太守[10]，又坐怨望抵罪。嵩，顗之弟也。

司马睿急于登位，岂能让。过江士族也需要司马睿树立旗帜，也不能让。周嵩上书，不识时务。

丙辰，王即皇帝位，百官皆陪列。帝命王导升御床共坐[11]，导固辞曰：“若太阳下同万物，苍生何由仰照！”帝乃止。大赦，改元，文武增位二等。帝欲赐诸吏投刺劝进者加位一等[12]，民投刺者皆除吏，凡二十余万人。散骑常侍熊远曰[13]：“陛下应天继统，率土归戴，岂独近者情重，远者情轻！不若依汉法遍赐天下爵，于恩为普，

司马睿请王导同升御座，是谦让，还是将一军？

且可以息检核之烦，塞巧伪之端也。”帝不从。

庚午，立王太子绍为皇太子[14]。太子仁孝，喜文辞，善武艺，好贤礼士，容受规谏，与庾亮、温峤等为布衣之交[15]。亮风格峻整，善谈老、庄，帝器重之，聘亮妹为太子妃。帝以贺循行太子太傅[16]，周𫖮为少傅[17]，庾亮以中书郎侍讲东宫。帝好刑名家，以《韩非》书赐太子[18]。庾亮谏曰：“申、韩刻薄伤化，不足留圣心。”太子纳之。

司马睿好刑名之学？只是“好”而已，比如用刘隗、刁协，但是，不会用！

[**注释**]

[1] 愍帝：晋愍帝司马邺（300—318），武帝炎之孙，建兴四年（316）被俘，西晋灭亡。第二年年末，于平阳被害。建康：今江苏南京，东晋都城所在。　[2] 王：指司马睿（276—323），建武元年（317）奉愍帝诏，即晋王位。司马睿于愍帝为族父，其祖父伷是司马懿的庶子，世袭琅琊王。斩缞（cuī）：穿粗麻布衣服守孝，是诸侯为天子所服的重孝。居庐：谓服孝期间，不居正室，结庐而居。　[3] 纪瞻（253—324）：丹阳秣陵（今江苏南京）人，东晋初年江左本土势力的代表人物，在晋元帝司马睿政权立足江左的过程中多有功劳，官至骠骑将军。　[4] 刘聪（？—318）：匈奴族汉国皇帝（310—318 在位），都于平阳（今山西临汾），曾攻破洛阳，灭亡西晋。　[5] 帝坐上应列星：《史记・天官书》载南宫有五颗星，对应五帝坐。　[6] 奉朝请：闲职，朝会请召时可以面见皇帝。周嵩（？—324）：出身汝南周氏，为两晋望族，官至御史中丞，后为王敦所害。　[7] 梓宫：愍帝的灵

枢。[8]安适哉：到哪儿去呢！意思是跑不掉的。[9]由是忤旨：周嵩认为应该先雪社稷之耻，然后称帝，忤逆了司马睿的意旨。可见前面司马睿的辞让帝位完全是忸怩作态。[10]新安：治所在今安徽徽州。[11]王导（276—339）：字茂弘，出身琅琊王氏，为两晋南朝第一等高门。王导对于东晋政权的建立和稳定，起了极为重要的作用。晋元帝请王导同升御座，一来说明对王导的倚重和认可，二来显示出皇权的不稳定和不自信。[12]投刺劝进：指实名上书敦请司马睿称帝。刺，名帖。[13]熊远（？—322）：豫章南昌（今江西南昌）人，为官清正敢谏。[14]王太子绍：即后来的晋明帝司马绍（299—325）。[15]庾亮（289—340）：出身颍川庾氏，为东晋前期高门。明帝庾后之兄，助平王敦之乱。温峤（288—329）：太原祁（今山西祁县）人，东晋初期大臣，先后参与平定王敦、苏峻之乱，对东晋政权的稳固起到重要作用。[16]贺循（260—319）：会稽山阴（今浙江绍兴）人，东晋初年江左士族领袖，精于礼制，曾任太常。贺氏与虞氏、孔氏皆为会稽望族。[17]周颛（yǐ，269—322）：字伯仁，周嵩之兄，东晋初年极有名望的名士、大臣，忠于帝室，为王敦所杀。[18]以《韩非》书赐太子：晋元帝让太子阅读《韩非子》之类的法家著作，有深意在。

夏，四月，丁丑朔，日有食之。

加王敦江州牧[1]，王导骠骑大将军、开府仪同三司。

导遣八部从事行扬州郡国[2]，还，同时俱见。诸从事各言二千石官长得失，独顾和无言[3]。导问之，和曰："明公作辅，宁使网漏吞舟，何缘采听风闻，以察察为政邪！"导咨嗟称善[4]。和，荣之族子也。

宁使网漏吞舟！何等直截了当！东晋政权初建，"和"为上策。

司徒荀组在许昌[5]，逼于石勒，帅其属数百人渡江。诏组与太保西阳王羕并录尚书事[6]。

六月，甲申，以刁协为尚书令[7]，荀崧为左仆射[8]。协性刚悍，与物多忤，与侍中刘隗俱为帝所宠任[9]；欲矫时弊，每崇上抑下，排沮豪强，故为王氏所疾，诸刻碎之政，皆云隗、协所建。协又使酒放肆，侵毁公卿，见者皆侧目惮之。

十一月，乙卯，日夜出，高三丈。

诏以王敦为荆州牧，加陶侃都督交州诸军事[10]。敦固辞州牧[11]，乃听为刺史。

庚申，诏群公卿士各陈得失。御史中丞熊远上疏，以为："胡贼猾夏[12]，梓宫未返，而不能遣军进讨，一失也。群官不以仇贼未报为耻，务在调戏、酒食而已[13]，二失也。选官用人，不料实德，惟在白望[14]，不求才干，惟事请托；当官者以治事为俗吏，奉法为苛刻，尽礼为谄谀，从容为高妙，放荡为达士，骄蹇为简雅，三失也。

世之所恶者，陆沈泥滓[15]；时之所善者，翱翔云霄。是以万机未整，风俗伪薄。朝廷群司，以从顺为善，相违见贬，安得朝有辨争之臣，士无禄仕之志乎[16]！古之取士，敷奏以言；今光禄不试[17]，甚违古义。又举贤不出世族，用法不及权贵，是以才不济务，奸无所惩。若此道不改，求以救乱，难矣！”

熊远所论，都是西晋遗风。

先是，帝以离乱之际，欲慰悦人心，州郡秀、孝，至者不试，普皆署吏。尚书陈頵亦上言[18]：“宜渐循旧制，试以经策。”帝从之，仍诏：“不中科者，刺史、太守免官。”于是秀、孝皆不敢行，其有到者，亦皆托疾，比三年无就试者。帝欲特除孝廉已到者官，尚书郎孔坦奏议[19]，以为：“近郡惧累君父，皆不敢行；远郡冀于不试，冒昧来赴。今若偏加除署，是为谨身奉法者失分，侥幸投射者得官[20]，颓风伤教，恐从此始。不若一切罢归，而为之延期，使得就学，则法均而令信矣。”帝从之，听孝廉申至七年乃试。坦，愉之从子也。

建国之初，入仕积极性不高。

从以上两段论述可以看出，东晋建立之初，政事混乱，元帝又缺乏决断。

[注释]

[1] 王敦（266—324）：字处仲，王导堂兄，娶晋武帝爱女襄城公主。永嘉之乱后，与王导共同辅佐司马睿在江东建国。王敦原为大将军、江州刺史，现在进刺史为州牧，职任未变，名位更尊。江州：治湓城（今江西九江）。 [2] 八部从事：王导时为扬州刺史，扬州下辖八郡，所以派遣从事八人巡视。从事，刺史属吏。刺史所管辖的行政区域称部，本来与地理区域的州有别，魏晋后二者等同。 [3] 顾和（288—351）：出身吴郡顾氏，为魏晋江南第一等望族，后官至尚书令。 [4] 导咨嗟称善：王导对顾和的"宁使网漏吞舟"大加赞赏，显然是认为东晋建国之初，须镇之以和静，对各地豪强势力让步。 [5] 荀组（257—322）：出身颍川荀氏，魏晋第一流高门，官至太尉。 [6] 西阳王羕：即司马羕（284—329），父汝南王亮（？—291），为司马懿第四子。五马渡江，司马亮子孙居其三，以羕为长。 [7] 刁协（？—322）：渤海饶安（今河北盐山）人。 [8] 荀崧（262—328）：荀组族子。原以平南将军镇守宛城（今河南南阳），现征入朝，与刁协共同制定朝廷礼仪。 [9] 刘隗（wěi，273—333）：字大连，彭城（今江苏苏州）人。 [10] 陶侃（259—334）：庐江浔阳（今湖北黄梅）人，时为广州刺史。出身低微，西晋末年，镇压荆湘地方叛乱，积功至荆州刺史。王敦忌之，改广州。东晋建国后，平苏峻之乱，官至太尉，封长沙郡公。 [11]"敦固辞州牧"二句：荆州刺史原为王敦的堂弟王廙，因施政不善，罢职归朝（详见下一大段），改由王敦接任，仍为琅琊王氏所掌控。王敦本为江州牧，此时又加荆州刺史，统领长江中游两大重镇，势力极大，后来就以这两州之兵作乱。 [12] 猾：乱。 [13] 调戏：诙谐嘲谑以为戏笑。 [14] 白望：虚名。 [15] 陆沈：即"陆沉"。 [16] 禄仕：

为拿俸禄而做官。 [17] 光禄不试：光禄勋不考试地方举荐上来的秀才、孝廉，即下文所说的“州郡秀、孝，至者不试，普皆署吏”。 [18] 陈頵（jūn）：陈国苦（今河南鹿邑）人，出身孤寒，官至梁州刺史。 [19] 孔坦（285—335）：会稽山阴人，官至廷尉。 [20] 投射：投机谋利。

诸事草创，不尽合“礼”。

（太兴二年，319，三月）帝令群臣议郊祀[1]，尚书令刁协等以为宜须还洛乃修之。司徒荀组等曰：“汉献帝都许，即行郊祀，何必洛邑！”帝从之，立郊丘于建康城之巳地[2]。辛卯，帝亲祀南郊。以未有北郊，并地祇合祭之[3]，诏：“琅邪恭王宜称皇考[4]。”贺循曰：“《礼》[5]，子不敢以己爵加于父。”乃止。

（四月）江东大饥，诏百官各上封事[6]。益州刺史应詹上疏曰[7]：“元康以来[8]，贱《经》尚道[9]，以玄虚弘放为夷达，以儒术清俭为鄙俗。宜崇奖儒官，以新俗化。”

梁州刺史周访击杜曾[10]，大破之。马隽等执曾以降[11]，访斩之；并获荆州刺史第五猗[12]，送于武昌[13]。访以猗本中朝所署[14]，加有时望，白王敦不宜杀，敦不听而斩之。初，敦患杜曾难制，谓访曰："若擒曾，当相论为荆州[15]。"及曾死而敦不用。王廙在荆州[16]，多杀陶侃将佐；以皇甫方回为侃所敬，责其不诣己，收斩之。士民怨怒，上下不安。帝闻之，征廙为散骑常侍，以周访代廙为荆州刺史。王敦忌访威名，意难之。从事中郎郭舒说敦曰[17]："鄗州虽荒弊，乃用武之国，不可以假人，宜自领之，访为梁州足矣。"敦从之[18]。六月，丙子，诏加访安南将军[19]，余如故。访大怒，敦手书譬解，并遗玉环、玉椀以申厚意。访抵之于地[20]，曰："吾岂贾竖，可以宝悦邪！"访在襄阳，务农训兵，阴有图敦之志，守宰有缺辄补，然后言上；敦患之而不能制[21]。

敉平江东并不容易！周访不听王敦的，并不是因为忠于皇室，而只是不满王敦挤对自己。

魏该为胡寇所逼[22]，自宜阳率众南迁新野，助周访讨杜曾有功，拜顺阳太守。

（太兴三年，320）闰（三）月，以周颉为尚书左仆射[23]。

八月，辛未，梁州刺史周访卒。访善于抚纳，士众皆为致死。知王敦有不臣之心，私常切齿。敦由是终访之世，未敢为逆。敦遣从事中郎郭舒监襄阳军，帝以湘州刺史甘卓为梁州刺史[24]，督沔北诸军事[25]，镇襄阳。舒既还，帝征为右丞；敦留不遣。

[注释]

[1] 郊祀：天子祭祀天地的大典。南郊祭天，北郊祭地。 [2] 巳地：用十二地支将三百六十度均分，子、午分居正北、正南，所以巳地在南偏东三十度方向，于此建立南郊的祭坛。 [3] 祇（qí）：地神。 [4] 琅邪恭王：司马睿之父觐（256—290）。 [5] "《礼》"二句：皇考是皇帝对先帝的称呼。司马睿虽然是皇帝，但其父司马觐未尝当皇帝，按照《礼经》，儿子不敢以自己的爵位（皇帝）加给父亲，所以不能称皇考。 [6] 封事：密封的奏章，直达皇帝，类似于清代的密折。 [7] 应詹（274—326）：汝南南顿（今河南项城）人，曾连兵陶侃，讨平巴蜀流民杜弢之乱，迁益州刺史，领巴东监军（此时蜀中为成汉政权所据，益州治所移设于巴东鱼复，即今重庆奉节），此时已调任回建康。 [8] 元康（291—299）：晋惠帝司马衷（259—307）年号。 [9] 贱《经》尚道：贱弃儒家六经，崇尚道家玄学。 [10] 梁州：本治南郑（今陕西汉中），其时移治襄阳。周访（260—320）：庐江寻阳人，出身寒素，与陶侃为同乡兼亲家，东晋初年名将。杜曾（？—319）：本为晋朝将领，作战骁勇，后趁乱占据汉沔（今湖北襄阳南北一带），不服从司马睿政权，先后遭到陶侃、周访等的围剿。 [11] 马隽：杜曾部将。 [12] 第五猗（yī）：西晋末年晋愍帝任命的荆州刺史，被杜曾挟持，来和司马睿政权争夺荆州。 [13] 武昌：今湖北鄂州，王敦治所在此。 [14] 中朝：建都中原的西晋朝廷。 [15] 论：论奏。 [16] 王廙（276—322）：王敦堂弟，继陶侃为荆州刺史。 [17] 郭舒：顺阳（今河南淅川）人，

历任荆州治中、别驾多年，此时为王敦大将军从事中郎。　[18] 敦从之：此事在去年十一月王敦加荆州刺史前，属于追叙。　[19] 诏加访安南将军：周访擒斩杜曾，王敦本应按照约定让出荆州刺史，但最后却只给了一个安南将军的虚衔。　[20] 抵：掷，扔。　[21] 敦患之而不能制：梁州虽然不在王敦所督江、扬、荆、湘、交、广六州内，但他带大将军衔，梁州军政应当受其节制，因此上文周访拿获第五猗后，送与王敦。现在关系破裂，周访自专州政，不再上禀王敦。　[22] 魏该（？—328）：西晋末在洛阳地区抗拒匈奴刘汉政权的军主。　[23] 以周颉为尚书左仆射：《晋书・元帝纪》载，此次周颉拜尚书仆射，至永昌元年（322）三月，始拜尚书左仆射。此处的“左”字为衍文。　[24] 甘卓（259—322）：丹阳（今安徽当涂）人，曾经随陈敏割据江东，后背叛攻杀之。司马睿镇建康，积军功至湘州刺史。　[25] 沔（miǎn）北：汉江以北的襄阳至南阳盆地一带。沔，汉江的别称。

（十月）王敦杀武陵内史向硕[1]。

帝之始镇江东也[2]，敦与从弟导同心翼戴，帝亦推心任之，敦总征讨，导专机政，群从子弟布列显要，时人为之语曰：“王与马，共天下。”后敦自恃有功，且宗族强盛，稍益骄恣[3]，帝畏而恶之。乃引刘隗、刁协等以为腹心，稍抑损王氏之权，导亦渐见疏外。中书郎孔愉陈导忠贤[4]，有佐命之勋，宜加委任；帝出愉为司徒左长史[5]。导能任真推分[6]，澹如也，有识皆称其善处兴废。

“王与马，共天下”，君弱臣强，必然生乱。

王导、王敦推戴司马睿，司马睿却同时用刘隗、刁协为亲信以防之。

而敦益怀不平，遂构嫌隙。

初，敦辟吴兴沈充为参军[7]，充荐同郡钱凤于敦，敦以为铠曹参军。二人皆巧谄凶狡，知敦有异志，阴赞成之，为之画策；敦宠信之，势倾内外。敦上疏为导讼屈，辞语怨望。导封以还敦，敦复遣奏之。左将军谯王承[8]，忠厚有志行，帝亲信之。夜，召承，以敦疏示之，曰："王敦以顷年之功，位任足矣；而所求不已，言至于此，将若之何？"承曰："陛下不早裁之，以至今日，敦必为患。"

刘隗为帝谋，出心腹以镇方面。会敦表以宣城内史沈充代甘卓为湘州刺史[9]，帝谓承曰："王敦奸逆已著[10]，朕为惠皇，其势不远。湘州据上流之势，控三州之会，欲以叔父居之，何如？"承曰："臣奉承诏命，惟力是视[11]，何敢有辞！然湘州经蜀寇之余[12]，民物凋弊，若得之部[13]，比及三年，乃可即戎[14]；苟未及此，虽复灰身[15]，亦无益也。"十二月，诏曰："晋室开基，方镇之任，亲贤并用，其以谯王承为湘州刺史。"长沙邓骞闻之，叹曰："湘州之祸，其在斯乎！"

承行至武昌[16]，敦与之宴，谓承曰："大王雅素佳士，恐非将帅才也。"承曰："公未见知耳，铅刀岂无一割之用[17]！"敦谓钱凤曰[18]："彼不知惧而学壮语，足知其不武，无能为也。"乃听之镇。时湘土荒残，公私困弊，承躬自俭约，倾心绥抚，甚有能名。

胡三省于此评论说："承虽忠有余而才不足，敦窥见而知其无能为。"

［注释］

[1] 武陵：时为王国，所以长官是内史，职掌同郡太守。属荆州刺史部，治所在今湖南常德。王敦以荆州刺史擅杀属官，胡三省认为这是"无君（目无君上）之罪"。　[2]"帝之始镇江东也"以下五句：晋怀帝永嘉元年（307），琅琊王司马睿从下邳移镇建邺（扬州刺史治所，后改建康），以王导为安东将军府司马。两年后，王敦被任命为扬州刺史。在东晋建国过程中，兄弟二人团结北来士族和江东土著，共同拥戴司马睿。王导居枢机之任，王敦则居上游负责征讨。　[3] 稍益：渐渐。　[4] 孔愉（268—342）：孔坦的再从父。　[5] 帝出愉为司徒左长史：中书郎在皇帝身边，职涉机密。司徒左长史（公府秘书长）在外朝，官虽升而权则失，所以叫"出"。　[6] 任真推分：听其自然，守分自安。　[7] 沈充（？—324）：吴兴武康（今浙江德清）人。吴兴沈氏为江东豪强大族。　[8] 谯王承（chéng）：司马承（264—322），司马懿六弟进之孙，于晋元帝为族父。　[9] 敦表以宣城内史沈充代甘卓为湘州刺史：本年八月周访死，梁州刺史出缺，甘卓调任，其原官湘州刺史又出缺。王敦奏请自己的亲信沈充担任，企图进一步扩大自己的势力。湘州，治所在今湖南长沙。　[10]"王敦奸逆已著"以下六句：

晋元帝觉得王敦不知收敛，无君之心已经显露，所以不允其奏，改用宗室任湘州刺史，来阻遏王敦势力。惠皇，指晋惠帝司马衷，末年成为八王之乱中的傀儡。三州，谓荆、交、广三州。 [11] 惟力是视：出自《左传》僖公二十四年，意思是竭尽全力去做。 [12] 蜀寇：指巴蜀流民杜弢（？—315）等兵乱。 [13] 之：去，到。 [14] 即戎：参与军事，指攻守战斗。 [15] 灰身：身体变成灰，即粉身碎骨之意。 [16] 丞行至武昌：司马丞从建康到长沙就任，当沿长江、湘江而上，经过武昌。 [17] 铅刀岂无一割之用：铅制的刀虽然不锋利，但偶尔也能割断东西，虽属谦词，却有鱼死网破之意。 [18] “敦谓钱凤曰”以下五句：司马丞的话让王敦觉得他既无武略，又乏文韬，所以给他放行。

抽空北来士族庄园的劳作者“僮客”，彻底得罪了这些权势者。

（太兴四年，321）五月，庚申，诏免中州良民遭难为扬州诸郡僮客者[1]，以备征役。尚书令刁协之谋也，由是众益怨之。

秋，七月，甲戌，以尚书仆射戴渊为征西将军、都督司·兖·豫·并·雍·冀六州诸军事、司州刺史[2]，镇合肥[3]；丹杨尹刘隗为镇北将军、都督青·徐·幽·平四州诸军事、青州刺史，镇淮阴[4]；皆假节领兵，名为讨胡，实备王敦也。

隗虽在外，而朝廷机事，进退士大夫，帝皆与之密谋。敦遗隗书曰：“顷承圣上顾眄足下，今大贼未灭，中原鼎沸，欲与足下及周生之徒戮力王室[5]，共静海内。若其泰也[6]，则帝祚于是乎隆；若其否也，则天下永无望矣。”隗答曰：“‘鱼相忘于江湖[7]，人相忘于道术。’‘竭股肱之力[8]，效之以忠贞’，吾之志也。”敦得书，甚怒[9]。

王敦有和好之意，又语带威胁；刘隗说我们不是一路人，将竭力以保皇室！全然不接茬。故王敦愤怒。

壬午，以骠骑将军王导为侍中、司空、假节、录尚书、领中书监。帝以敦故[10]，并疏忌导。御史中丞周嵩上疏，以为：“导忠素竭诚，辅成大业，不宜听孤臣之言，惑疑似之说，放逐旧德，以佞伍贤[11]，亏既往之恩，招将来之患。”帝颇感寤，导由是得全。

（八月）豫州刺史祖逖[12]，以戴渊吴士，虽有才望，无弘致远识；且已翦荆棘、收河南地，而渊雍容，一旦来统之，意甚快快；又闻王敦与刘、刁构隙，将有内难，知大功不遂，感激发病；九月，壬寅，卒于雍丘[13]。豫州士女若丧父母，谯、梁间皆为立祠[14]。王敦久怀异志，闻逖卒，益无所惮。

祖逖闻鸡起舞，中流击楫。其志在收复中土，壮志不遂而殁。

冬，十月，壬午，以逖弟约为平西将军、豫州刺史[15]，领逖之众。约无绥御之才，不为士卒所附。

[注释]

[1]“诏免中州良民遭难为扬州诸郡僮客者”二句：中原的难民来到江南，成为士族的僮客，助长了门阀士族的经济和社会势力。现在朝廷以征兵加强边防为由，免除僮客的低贱身份，使他们成为国家编户，此消彼长，一箭双雕。但是这个政策也招致门阀士族的强烈不满，所以下文说：“众益怨之。”僮客，奴仆、田客一类的贱民。 [2] 戴渊（269—322）：字若思，扬州广陵（今江苏扬州）人，大名士。 [3] 合肥：合肥在建康的西边，既拱卫京师，又牵制豫州刺史祖逖的北伐行动。 [4] 淮阴：今江苏淮安，在建康的北边。 [5] 周生：指周顗。 [6]“若其泰也”以下四句：王敦希望和刘隗、周顗等妥协，和则两利，斗则两伤。泰、否是指两方能否和谐共济。 [7]“鱼相忘于江湖”二句：出自《庄子・大宗师》，这里用来表示自己和王敦不是同一类人。 [8]“竭股肱之力”二句：出自《左传》僖公九年，意思是将誓死捍卫皇室。 [9] 甚怒：刘隗完全不理会王敦寻求妥协之意，所以王敦很生气。 [10]“帝以敦故”二句：追述任命王导为司空、录尚书的起因。 [11] 伍：与同列。 [12] 祖逖（tì，266—321）：范阳遒（今河北涞水）人。永嘉之乱，率族人和流民避乱江淮。矢志北伐，收复了黄河以南的大片领土，但一直受到东晋朝廷的忌惮。 [13] 雍丘：县名，即今河南杞县。 [14] 谯：王国，治所在今安徽亳州。梁：郡名，治所在今河南商丘。 [15] 约：祖约（？—330），官至镇西将军，后与苏峻反叛，失败后奔后赵，被石勒族灭。

（永昌元年，322）春，正月，郭璞复上疏[1]，请因皇孙生[2]，下赦令，帝从之。乙卯，大赦，改元。

王敦以璞为记室参军。璞善卜筮，知敦必为

乱，已预其祸，甚忧之。大将军掾颍川陈述卒，璞哭之极哀，曰："嗣祖[3]，焉知非福也！"

敦既与朝廷乖离，乃羁录朝士有时望者，置己幕府，以羊曼及陈国谢鲲为长史[4]。曼，祜之兄孙也。曼、鲲终日酣醉，故敦不委以事。敦将作乱，谓鲲曰："刘隗奸邪，将危社稷，吾欲除君侧之恶，何如？"鲲曰："隗诚始祸，然城狐社鼠[5]。"敦怒曰："君庸才，岂达大体！"出为豫章太守，又留不遣。

又是一个以"清君侧"名义犯上作乱。

戊辰，敦举兵于武昌，上疏罪状刘隗，称："隗佞邪谗贼，威福自由[6]，妄兴事役，劳扰士民，赋役烦重，怨声盈路。臣备位宰辅，不可坐视成败，辄进军致讨。隗首朝悬，诸军夕退。昔太甲颠覆厥度[7]，幸纳伊尹之忠，殷道复昌。愿陛下深垂三思，则四海乂安[8]，社稷永固矣。"沈充亦起兵于吴兴以应敦，敦以充为大都督、督护东吴诸军事。敦至芜湖[9]，又上表罪状刁协。帝大怒，乙亥，诏曰："王敦凭恃宠灵，敢肆狂逆，方朕太甲[10]，欲见幽囚。是可忍也，孰不可忍！今亲帅六军以诛大逆，有杀敦者，封五千户侯。"

敦兄光禄勋含乘轻舟逃归于敦[11]。

太子中庶子温峤谓仆射周顗曰："大将军此举似有所在，当无滥邪[12]？"顗曰："不然。人主自非尧、舜，何能无失，人臣安可举兵以胁之！举动如此，岂得云非乱乎！处仲狼抗无上[13]，其意宁有限邪[14]！"

敦初起兵，遣使告梁州刺史甘卓，约与之俱下，卓许之。及敦升舟，而卓不赴，使参军孙双诣武昌谏止敦。敦惊曰："甘侯前与吾语云何[15]，而更有异？正当虑吾危朝廷耳！吾今但除奸凶，若事济，当以甘侯作公[16]。"双还报，卓意狐疑。或说卓："且伪许敦，待敦至都而讨之。"卓曰："昔陈敏之乱[17]，吾先从而后图之，论者谓吾惧逼而思变，心常愧之。今若复尔，何以自明！"

甘卓心怀二端，说明当时形势对朝廷确实不利。

卓使人以敦旨告顺阳太守魏该，该曰："我所以起兵拒胡贼者，正欲忠于王室耳。今王公举兵向天子，非吾所宜与也。"遂绝之[18]。

[注释]

[1] 郭璞（276—324）：河东闻喜（今山西闻喜）人。博学多识，曾注释《方言》《山海经》等。在东晋官著作佐郎。后因劝谏

王敦第二次起兵被杀。 [2] 皇孙：指司马衍（321—342），即后来的晋成帝（326—342 在位）。 [3] 嗣祖：陈述字。 [4] 羊曼（274—328）：泰山南城（今山东新泰）人。泰山羊氏为西晋高门，身又是名士。王敦乱平，为丹阳尹。死于苏峻之乱。谢鲲（281—324）：陈郡阳夏（今河南太康）人，东晋名相谢安的伯父。为时名士，后卒于豫章太守任。 [5] 城狐社鼠：寄身城墙、土地庙的狐狸和老鼠，想要捕杀，又怕毁坏了城墙和土地庙。比喻投鼠忌器，清君侧、讨刘隗，可能会伤及晋元帝。这正说中了王敦的要害。 [6] 自由：由自己，比喻专擅。 [7] “昔太甲颠覆厥度”以下三句：商汤之孙太甲在位时，荒淫怠政。伊尹辅政，将太甲流放于桐宫。三年后太甲改过，伊尹迎其复位。 [8] 乂（yì）：治理，安定。 [9] 敦至芜湖：王敦从武昌顺流而下，自戊辰至乙亥，不过八日而抵芜湖（在建康上游近二百里），是因为他兼领荆、江二州，不曾在江州地界遭遇抵抗。 [10] 方：比方，比作。 [11] 含：即王含（？—324），王敦胞兄。王敦第二次起兵失败后，投奔堂弟荆州刺史王舒，父子俱被沉入长江而死。 [12] 当无滥邪：应当不会滥杀无辜吧？ [13] 处仲：王敦的字。狼抗：傲慢，暴戾。 [14] 其意宁有限邪：王敦既然起兵威胁君父，他的目标就绝对不只是刘隗、刁协，肯定会多杀朝臣以立威逞欲。 [15] 甘侯：甘卓时封于湖侯。 [16] 公：五等爵中的公爵。 [17] 陈敏之乱：西晋末年（305—307），广陵官吏陈敏发动叛乱，占据扬州，自称楚国。后因江东大族反水，失败被杀。 [18] 遂绝之：魏该于是就和王敦断绝关系。对比甘卓的“狐疑”，正见魏该的忠果。

敦遣参军桓罴说谯王丞，请丞为军司[1]。丞叹曰：“吾其死矣！地荒民寡，势孤援绝，将何此段写司马承鼓动反王敦。但没有实力。

以济！然得死忠义，夫复何求！”承檄长沙虞悝为长史，会悝遭母丧，承往吊之，曰：“吾欲讨王敦，而兵少粮乏，且新到[2]，恩信未洽。卿兄弟，湘中之豪俊，王室方危，金革之事[3]，古人所不辞，将何以教之？”悝曰：“大王不以悝兄弟猥劣，亲屈临之，敢不致死！然鄙州荒弊，难以进讨；宜且收众固守，传檄四方，敦势必分，分而图之，庶几可捷也。”承乃囚桓罴，以悝为长史，以其弟望为司马，督护诸军，与零陵太守尹奉、建昌太守长沙王循、衡阳太守淮陵刘翼、舂陵令长沙易雄[4]，同举兵讨敦。雄移檄远近，列敦罪恶，于是一州之内皆应承。惟湘东太守郑澹不从[5]，承使虞望讨斩之，以徇四境。澹，敦姊夫也。

承遣主簿邓骞至襄阳[6]，说甘卓曰：“刘大连虽骄蹇失众心，非有害于天下。大将军以其私憾[7]，称兵向阙，此忠臣义士竭节之时也。公受任方伯，奉辞伐罪，乃桓、文之功也[8]。”卓曰：“桓、文则非吾所能，然志在徇国，当共详思之。”参军李梁说卓曰：“昔隗嚣跋扈[9]，窦融保河西以奉光武，卒受其福。今将军有重望于天下，但当按兵坐以待之，使大将军事捷，当委将军以方面，不捷，朝廷必以将军代之，何忧不富贵；而释此庙胜[10]，决存亡于一战邪？”骞谓梁曰：“光武当创业之初，故隗、窦可以文服从容顾望[11]。今将军之于本朝，非窦融之比也；襄阳之于太府[12]，非河西之固也。使大将军克刘隗，还武昌，增石城之戍[13]，绝荆、湘之粟[14]，将军欲安归乎！势在人手，而曰我处庙胜，未之闻也。且为人臣，国家有难，坐视不救，于义安乎！”卓尚疑之。骞曰：“今既不为义举，又不承大将军檄，此必至之祸，愚智所见也。且议者之所难，以彼强而我弱也。今大将军兵不过万余，其留者不能五千；而将军见众既倍之矣。以将军之威名，帅此府之精锐，杖节鸣鼓，以顺讨逆，岂王含所能御哉[15]！溯流之众，势不自救，将军之举武昌，若摧枯拉朽，尚何顾虑邪！武昌既定，据其军实，镇抚二州，以恩意招怀士卒[16]，使还者如归，此吕蒙所以克关羽也。今释必胜之策，安坐以待危亡，不可以言智矣。”

此段写有实力者持观望态度。

[注释]

[1] 军司：军队中负责军纪的高级参佐。 [2] 且新到：自太兴三年（320）十二月至此永昌元年（322）正月，才刚过一年，与原来向晋元帝说的“比及三年，可使即戎”相距尚远。 [3]“金革之事”二句：《左传》僖公三十三年载墨绖从戎事，比喻军情紧急，即使是服丧期间的孝子，也可以出来参与军事。 [4] 零陵：与下文“建昌”“衡阳”都是湘州属郡，建昌在长沙北，衡阳、零陵在长沙南。舂陵：零陵属县。 [5] 湘东：湘州属郡，在衡阳之南、零陵之东。治所在今湖南衡阳。 [6] 邓骞：长沙人，忠信有节操，后官至大司农。 [7] 私憾：王敦对刘隗打压王氏家族势力的行为不满，并因此举兵，大约是朝野皆知的事。 [8] 桓、文之功：春秋时，齐桓公、晋文公都打着尊王攘夷的旗号，建立霸业。后世用以比喻为匡扶岌岌可危的政权，建立的伟大功勋。这里指劝甘卓勤王。 [9]“昔隗嚣（wěi xiāo）跋扈”以下三句：东汉初年，窦融控制河西数郡（今甘肃西部）。当时隗嚣割据秦陇（今甘肃东部），跋扈不臣，光武帝前去讨伐，窦融虽然出兵相助，却没有实质上的夹攻。隗嚣、公孙述等割据势力都被剿灭后，窦融才举河西归朝，但仍得到褒赏，富贵不绝。李梁借此劝甘卓在朝廷与王敦之间保持中立。 [10] 庙胜：不出庙堂即可决胜的策略。 [11] 文服：胡三省注曰：“谓非心服，特以虚文示相臣服而已。” [12] 太府：指王敦的荆州刺史府或大将军府，可节制梁州刺史府，故称。 [13] 石城：在今湖北钟祥南，控扼汉水交通的要塞。 [14] 荆、湘之粟：襄阳驻军的粮食要由荆、湘二州通过长江、汉水供给。 [15] 岂王含所能御哉：王含自建康逃出后，被王敦派遣至武昌戍守大本营。 [16]“以恩意招怀士卒”以下三句：吕蒙袭取荆州时，关羽正在襄阳与曹魏作战。吕蒙安抚关羽士卒在荆州的家属，致使他们无心回击自己，最终擒斩关羽。邓骞以此事游说甘卓起兵，袭击王敦的荆州后院。

敦恐卓于后为变，又遣参军丹杨乐道融往邀之，必欲与之俱东。道融虽事敦，而忿其悖逆，乃说卓曰："主上亲临万机，自用谯王为湘州，非专任刘隗也。而王氏擅权日久，卒见分政[1]，便谓失职，背恩肆逆，举兵向阙。国家遇君至厚，今与之同，岂不违负大义！生为逆臣，死为愚鬼，永为宗党之耻，不亦惜乎！为君之计，莫若伪许应命，而驰袭武昌，大将军士众闻之，必不战自溃，大勋可就矣。"卓雅不欲从敦，闻道融之言，遂决，曰："吾本意也。"乃与巴东监军柳纯、南平太守夏侯承、宜都太守谭该等露檄数敦逆状[2]，帅所统致讨。遣参军司马讚、孙双奉表诣台[3]，罗英至广州约陶侃同进[4]。戴渊在江西[5]，先得卓书，表上之，台内皆称万岁。陶侃得卓信，即遣参军高宝帅兵北下[6]。武昌城中传卓军至，人皆奔散。

从这段话可见，刘隗名声很臭，不得人心。

敦遣从母弟南蛮校尉魏乂、将军李恒帅甲卒二万攻长沙[7]。长沙城池不完，资储又阙，人情震恐。或说谯王承，南投陶侃或退据零、桂[8]。承曰："吾之起兵，志欲死于忠义，岂可贪生苟免，为奔败之将乎！事之不济，令百姓知吾心耳。”乃婴城固守[9]。未几，虞望战死，甘卓欲留邓骞为参军，骞不可。卓乃遣参军虞冲与骞偕至长沙，遗谯王承书，劝之固守，当以兵出沔口[10]，断敦归路[11]，则湘围自解。承复书称：“江左中兴，草创始尔，岂图恶逆萌自宠臣！吾以宗室受任，志在陨命；而至止尚浅[12]，凡百茫然[13]。足下能卷甲电赴[14]，犹有所及；若其狐疑，则求我于枯鱼之肆矣[15]。”卓不能从。

二月，甲午，封皇子昱为琅邪王[16]。

刘隗“意气自若”，是以为有了皇帝支持，就可以胜券在握！

帝征戴渊、刘隗入卫建康。隗至，百官迎于道，隗岸帻大言[17]，意气自若。及入见，与刁协劝帝尽诛王氏；帝不许，隗始有惧色。

司空导帅其从弟中领军邃、左卫将军廙、侍中侃、彬及诸宗族二十余人[18]，每旦诣台待罪。周顗将入[19]，导呼之曰：“伯仁，以百口累卿！”顗直入不顾。既见帝，言导忠诚，申救甚至；帝纳其言。顗喜饮酒，至醉而出，导犹在门，又呼之。顗不与言，顾左右曰：“今年杀诸贼奴[20]，取金印如斗大，系肘后。”既出，又上表明导无罪，言甚切至。导不之知，甚恨之。

帝命还导朝服，召见之。导稽首曰："逆臣贼子，何代无之，不意今者近出臣族！"帝跣而执其手曰[21]："茂弘，方寄卿以百里之命[22]，是何言邪！"

周顗这种背后帮助别人（王导）却不说出来，最后导致悲剧的事，不乏其例。

［注释］

[1]卒（cù）：即"猝"，猝然。分政：不专任王氏为政。　[2]"乃与巴东监军柳纯、南平太守夏侯承、宜都太守谭该等露檄数敦逆状"二句：西晋时，巴东郡属梁州，南平、宜都二郡（治所分别在今湖北公安、宜都）属荆州。但应詹先以南平太守监巴东五郡军事，后又以益州刺史领巴东监军（见上文太兴二年，319），大概东晋初益州移治所于巴东后，曾一度统辖荆州西部的南平、天门、宜都、建平四郡。所以此次甘卓传檄，巴东、南平、宜都一齐相应。　[3]台：尚书台，在建康宫城内。　[4]罗英：亦甘卓参军。前蒙上句省略"遣"字。　[5]江西：戴渊镇守合肥，在长江以西，非今天的江西省。　[6]北下：从广州北讨，须翻越大庾岭，下沿赣江，进攻王敦下辖的江州（今江西地区），所以下文晋元帝命陶侃领江州刺史。　[7]从母弟：堂姊的弟弟。南蛮校尉：负责荆州少数部族事务，多由荆州刺史兼任。或许是因为魏乂有亲戚关系，所以王敦分此职给他。　[8]零、桂：零陵、桂阳二郡，在长沙之南。　[9]婴城：环绕以城墙。　[10]沔口：汉水汇入长江的地方，在今湖北武汉。沔口在长沙下游，武昌上游，所以可以"断敦归路"。　[11]敦：王敦，这里指的是王敦派遣的魏乂、李恒之军。　[12]至止尚浅：在湘州经营的时间很短，根基尚浅。　[13]凡

百茫然：各项工作还茫然没有就绪。 [14] 卷甲电赴：收起铠甲，轻装急进，像闪电那么快赶来。 [15] 则求我于枯鱼之肆矣：出自《庄子・外物》，是无可挽救、死亡的含蓄说法。 [16] 皇子昱：司马昱（320—372），晋元帝幼子，后为桓温所拥立，在位八月便忧愤而死。琅邪王：晋元帝本封，因以小宗入继大统，琅琊国无主，因此用少子承袭王位，以主先王之祀。 [17] 岸帻（zé）大言：因为得意地说大话，致使拢发的头巾稍稍高起，形容刘隗趾高气扬的样子。 [18] 司空导帅其从弟中领军邃、左卫将军廙、侍中侃、彬及诸宗族二十余人：琅琊王氏自王祥（184—268）、王览（206—278）兄弟起家，览子孙最盛。览生裁、基、会、正、彦、琛六子。长子裁生导，次子基生敦、含，三子会生舒、邃，四子正生旷、廙、彬，六子琛生侃。诸人为堂兄弟。 [19] 周顗将入：周顗时为尚书仆射，尚书台的副长官，所以每天入台。尚书台在宫城内，有门通向皇帝所居的禁中，故下文记载周顗觐见皇帝、申救王氏的事。 [20] 诸贼奴：谓王敦等。周顗申救王氏而不答王导，怒骂王敦，是要避树私恩之嫌，以为王导自能领会。但如此名士作风，只能招致王导的误会，以致仇杀。 [21] 跣（xiǎn）：光脚。 [22] 方寄卿以百里之命：出自《论语・泰伯》。古代诸侯国方百里，“寄百里之命”就是指代行国君的政令，这里指让王导重新执政。

三月，以导为前锋大都督，加戴渊骠骑将军。诏曰：“导以大义灭亲[1]，可以吾为安东时节假之。”以周顗为尚书左仆射，王邃为右仆射。帝遣王廙往谕止敦；敦不从而留之，廙更为敦用。征虏将军周札[2]，素矜险好利，帝以为右将军、都督石头诸军事[3]。敦将至，帝使刘隗军金城[4]，札守石头，帝亲被甲徇师于郊外。以甘卓为镇南大将军、侍中、都督荆、梁二州诸军事[5]，陶侃领江州刺史；使各帅所统以蹑敦后[6]。

敦至石头，欲攻刘隗。杜弘言于敦曰[7]："刘隗死士众多，未易可克，不如攻石头。周札少恩，兵不为用，攻之必败，札败则隗自走矣。"敦从之，以弘为前锋，攻石头，札果开门纳弘。敦据石头，叹曰："吾不复得为盛德事矣[8]！"谢鲲曰："何为其然也！但使自今以往，日忘日去耳[9]。"

王敦能够得手入石头城，是因为刘隗、刁协的政策损害了士族利益，没有人死心塌地支持皇室。

帝命刁协、刘隗、戴渊帅众攻石头，王导、周顗、郭逸、虞潭等三道出战[10]，协等兵皆大败。太子绍闻之，欲自帅将士决战；升车将出，中庶子温峤执鞚谏曰[11]："殿下国之储副，奈何以身轻天下！"抽剑斩鞅[12]，乃止。

敦拥兵不朝，放士卒劫掠，宫省奔散，惟安东将军刘超按兵直卫，及侍中二人侍帝侧。帝脱戎衣，著朝服，顾而言曰："欲得我处，当早言！何至害民如此！"又遣使谓敦曰："公若不忘本朝，于此息兵，则天下尚可共安。如其不然，朕司马睿是在向王敦叫板，你想我这个龙座，我让贤！

当归琅邪以避贤路[13]。”

刁协、刘隗既败，俱入宫，见帝于太极东除[14]。帝执协、隗手，流涕呜咽，劝令避祸。协曰：“臣当守死，不敢有贰。”帝曰：“今事逼矣，安可不行！”乃令给协、隗人马，使自为计。协老，不堪骑乘，素无恩纪[15]，募从者，皆委之[16]，行至江乘[17]，为人所杀，送首于敦。隗奔后赵[18]，官至太子太傅而卒。

刘隗、刁协人品和能力的不足，导致司马睿受辱。

帝令公卿百官诣石头见敦，敦谓戴渊曰：“前日之战，有余力乎？”渊曰：“岂敢有余，但力不足耳！”敦曰：“吾今此举，天下以为何如？”渊曰：“见形者谓之逆，体诚者谓之忠。”敦笑曰：“卿可谓能言。”又谓周顗曰：“伯仁，卿负我[19]！”顗曰：“公戎车犯顺，下官亲帅六军，不能其事，使王旅奔败，以此负公！”

辛未，大赦。以敦为丞相、都督中外诸军、录尚书事、江州牧，封武昌郡公；并让不受。

初，西都覆没[20]，四方皆劝进于帝。敦欲专国政，忌帝年长难制，欲更议所立，王导不从。及敦克建康，谓导曰：“不用吾言，几至覆族。”

敦以太子有勇略，为朝野所向，欲诬以不孝而废之[21]。大会百官，问温峤曰："皇太子以何德称？"声色俱厉。峤曰："钩深致远[22]，盖非浅局所量。以礼观之，可谓孝矣。"众皆以为信然，敦谋遂沮。

王敦想改朝换代也不可能。

［注释］

[1]"导以大义灭亲"二句：晋元帝初镇江东（307）时为安东将军，现在将安东符节临时授予王导，一来是表示荣宠，以增重王导前锋大都督的权位，二来是提醒王导，江东基业由王、马共同缔造，得之甚难，毁之则易，以坚定他大义灭亲的决心。 [2]周札（？—324）：义兴阳羡（今江苏宜兴）人，父即"除三害"的周处（236—297）。义兴周氏是江东豪强大族，两晋之交一门五侯。 [3]石头：即石头城，是建康城西、长江之滨的要塞，依清凉山而建，十分险要。 [4]金城：当在建康城西南。 [5]"以甘卓为镇南大将军、侍中、都督荆、梁二州诸军事"二句：任命甘卓都督荆州诸军事（《晋书·元帝纪》作"领荆州"），陶侃领江州刺史，意味着撤销王敦荆、江二州刺史的官职，晋元帝同王敦已经彻底撕破脸。 [6]蹑：追踪，跟随。 [7]杜弘：原为杜弢部将，后投降王敦，得其宠任。 [8]吾不复得为盛德事矣：意思是说打败王师，攻克都城，有此芥蒂，以后再也不能尽臣子之节了。盛德事，周文王三分天下有其二，仍然臣服于殷商，是为周之盛德。 [9]日忘日去：日复一日，渐忘前事，君臣间的猜忌也就随着时间慢慢逝去了。意在劝勉王敦不必介怀，也暗示不要再进一步恶化事态。 [10]郭逸：禁军将领。虞潭（？—341）：会稽余

姚（今浙江余姚）人，虞翻之孙。此时任宗正。 [11] 鞚（kòng）：带嚼子的马笼头。 [12] 鞅：套在马颈腹上的绳子，另一头在驾夫手中。此处暗袭《左传》襄公十八年“抽剑断鞅，乃止”的记述。 [13] 朕当归琅邪以避贤路：司马睿见武力无法打败王敦，乃以退位相要挟。王敦此时尚不可能取代司马氏政权。 [14] 太极东除：太极殿东侧的台阶。太极殿，魏晋皇宫的正殿。 [15] 恩纪：恩情。 [16] 皆委之：都委弃他而去。 [17] 江乘（shèng）：县名，在建康东（今江苏南京市栖霞区东）。王敦自西而东进攻建康，所以刁协等人出逃，要先往东边跑到京口（今江苏镇江），然后渡江北投十六国政权。 [18] 后赵（319—351）：羯族石勒（274—333）创立的政权。刁协死、刘隗逃，王敦“清君侧”的目标已经达成。 [19] 卿负我：晋愍帝建兴元年（313），周颉为杜弢所困，到豫章（今江西南昌）投靠王敦，王敦于之有恩。今举兵相向，所以王敦说他负恩。 [20] 西都覆没：建兴四年（316），刘曜攻破长安，晋愍帝被俘。西都，指长安。 [21] 不孝：大概是指都城危急，太子司马绍没有上阵御敌，为父分忧。 [22]“钩深致远”以下四句：是说皇太子考虑长远，按照礼法，身为国储，以承继天下为重，这才是真正的孝。上阵御敌，只是浅薄的孝，不是大孝。

帝召周颉于广室[1]，谓之曰：“近日大事，二宫无恙[2]，诸人平安，大将军固副所望邪？”颉曰：“二宫自如明诏，臣等尚未可知。”护军长史郝嘏等劝颉避敦[3]，颉曰：“吾备位大臣，朝廷丧败，宁可复草间求活，外投胡、越邪！”敦参军吕猗，尝为台郎[4]，性奸谄，戴渊为尚书，恶之。

猗说敦曰："周𫖮、戴渊，皆有高名，足以惑众，近者之言，曾无怍色，公不除之，恐必有再举之忧。"敦素忌二人之才，心颇然之，从容问王导曰："周、戴南北之望，当登三司无疑也[5]。"导不答。又曰："若不三司，止应令仆邪[6]？"又不答。敦曰："若不尔，正当诛尔！"又不答。丙子，敦遣部将陈郡邓岳收𫖮及渊。先是，敦谓谢鲲曰："吾当以周伯仁为尚书令，戴若思为仆射。"是日，又问鲲："近来人情何如？"鲲曰："明公之举，虽欲大存社稷，然悠悠之言，实未达高义。若果能举用周、戴，则群情帖然矣！"敦怒曰："君粗疏邪！二子不相当[7]，吾已收之矣！"鲲愕然自失。参军王峤曰："'济济多士[8]，文王以宁。'奈何戮诸名士！"敦大怒，欲斩峤，众莫敢言。鲲曰："明公举大事，不戮一人。峤以献替忤旨[9]，便以衅鼓[10]，不亦过乎！"敦乃释之，黜为领军长史[11]。峤，浑之族孙也[12]。

观王敦在建康的行动，也有所忌惮，是因为王、谢等士族群体互相制约。

𫖮被收，路经太庙，大言曰："贼臣王敦，倾覆社稷，枉杀忠臣。神祇有灵[13]，当速杀之！"收人以戟伤其口，血流至踵，容止自若，观者皆为流涕。并戴渊杀之于石头南门之外。

帝使侍中王彬劳敦。彬素与觊善，先往哭觊，然后见敦。敦怪其容惨，问之。彬曰："向哭伯仁，情不能已。"敦怒曰："伯仁自致刑戮；且凡人遇汝[14]，汝何哀而哭之？"彬曰："伯仁长者，兄之亲友；在朝虽无謇愕[15]，亦非阿党，而赦后加之极刑[16]，所以伤惋也。"因勃然数敦曰："兄抗旌犯顺，杀戮忠良，图为不轨，祸及门户矣！"辞气慷慨，声泪俱下。敦大怒，厉声曰："尔狂悖乃至此，以吾为不能杀汝邪！"时王导在坐，为之惧，劝彬起谢[17]。彬曰："脚痛不能拜！且此复何谢！"敦曰："脚痛孰若颈痛？"彬殊无惧容，竟不肯拜。

王导后料检中书故事[18]，乃见觊救己之表，执之流涕曰："吾虽不杀伯仁[19]，伯仁由我而死，幽冥之中，负此良友！"

沈充拔吴国[20]，杀内史张茂。

初，王敦闻甘卓起兵，大惧。卓兄子卬为敦参军，敦使卬归说卓曰："君此自是臣节，不相责也。吾家计急，不得不尔。想便旋军襄阳，当更结好。”卓虽慕忠义，性多疑少决，军于猪口[21]，欲待诸方同出军，稽留累旬不前。敦既得建康，乃遣台使以驺虞幡驻卓军[22]。卓闻周𫖮、戴渊死，流涕谓印曰：“吾之所忧，正为今日。且使圣上元吉，太子无恙，吾临敦上流，亦未敢遽危社稷。适吾径据武昌，敦势逼，必劫天子以绝四海之望，不如还襄阳，更思后图。”即命旋军。都尉秦康与乐道融说卓曰[23]：“今分兵断彭泽[24]，使敦上下不得相赴，其众自然离散，可一战擒也。将军起义兵而中止，窃为将军不取。且将军之下，士卒各求其利，欲求西还，亦恐不可得也。”卓不从。道融昼夜泣谏，卓不听；道融忧愤而卒。卓性本宽和，忽更强塞[25]，径还襄阳，意气骚扰[26]，举动失常，识者知其将死矣。

战争没有闹大，损失没有太重，就是因为类似甘卓这样的军阀，并没有起兵勤王。

王敦以西阳王羕为太宰，加王导尚书令，王廙为荆州刺史；改易百官及诸军镇，转徙黜免者以百数；或朝行暮改，惟意所欲。敦将还武昌，谢鲲言于敦曰：“公至都以来，称疾不朝，是以虽建勋而人心实有未达。今若朝天子，使君臣释

武昌北防河南，西遏巴蜀，必须部署重兵。故王敦居此以指挥朝廷。

然，则物情皆悦服矣。”敦曰：“君能保无变乎？”对曰：“鲲近日入觐，主上侧席，迟得见公[27]，宫省穆然[28]，必无虞也。公若入朝，鲲请侍从。”敦勃然曰：“正复杀君等数百人，亦复何损于时！”竟不朝而去[29]。夏，四月，敦还武昌。

［注释］

[1] 广室：殿名。 [2] 二宫：皇帝和东宫。 [3] 护军：护军将军，禁军统领之一，此时周顗大概身兼此职。长史：将军的首席佐官。 [4] 台郎：尚书郎。 [5] 三司：三公，太尉、司徒、司空，文臣之极位，当时已成荣誉性质。 [6] 令仆：尚书令、尚书仆射，文臣中仅次于三公的职位，在当时是实际执政的宰相。 [7] 相当（dàng）：当意，称意。 [8]“济济多士”二句：出自《诗经·大雅·文王》，意思是文王靠众多的人才治理国家，才在位安宁。这里是说人才很宝贵，不要轻易杀害。 [9] 献替：提建议。 [10] 衅鼓：杀人，把血涂在鼓上行祭。这是处死人的委婉说法。 [11] 领军：领军将军，禁军统领之一。王敦大将军府的参军（普通佐官）贬黜出去，就可以当领军将军府的长史，可见其地位之高。 [12] 浑：王浑（223—297），太原晋阳（今山西太原）人，西晋大臣，参与灭吴之役，官至司徒。太原王氏是魏晋一等高门。 [13] 神祇：这里指太庙中的先帝之灵。 [14] 凡人遇汝：待你如凡人。 [15]“在朝虽无謇愕”二句：是说周顗虽然没有替王家说话，但也没有阿附刘隗、刁协之党。謇愕，正直敢言。愕，通“谔”。 [16] 赦：指上文三月辛未的大赦。周顗、戴渊被杀于丙子，在辛未后五日。 [17] 谢：道歉。 [18] 中书

故事：中书省保存的旧档。　[19]“吾虽不杀伯仁”二句：上文记王敦曾经三问王导，该如何处理周𫖮等，王导皆不回应，等于默认了杀周𫖮的主意，所以说“伯仁由我而死”。　[20] 吴国：治所在今江苏苏州。西晋所封吴王司马晏卒于晋怀帝永嘉五年（311），此后并无绍封记载，应当国除为郡，但东晋时一直保留为王国。　[21] 猪口：夏水汇入汉江之处（在今湖北仙桃），在沔口上游。　[22] 驺虞幡：朝廷旌旗。驺虞，传说中的义兽。驻：停止。　[23] 乐道融：载《晋书·忠义传》。　[24] 彭泽：县名，在今江西湖口，鄱阳湖入长江处。　[25] 强塞：刚愎固塞。　[26] 骚扰：扰乱不安。　[27] 迟：待。　[28] 穆然：和敬，没有阴谋的样子。　[29]“竟不朝而去”以下四句：记王敦在都城署置百官后，不危害皇室，也不朝拜皇帝，径归武昌本镇。

初，宜都内史天门周级闻谯王丞起兵[1]，使其兄子该潜诣长沙，申款于丞。魏乂等攻湘州急，丞遣该及从事邵陵周崎间出求救[2]，皆为逻者所得。乂使崎语城中，称大将军已克建康，甘卓还襄阳，外援理绝。崎伪许之，既至城下，大呼曰：“援兵寻至，努力坚守！”乂杀之。乂考该至死，竟不言其故，周级由是获免。

司马光表彰忠义，以激励诗史者。

乂等攻战日逼，敦又送所得台中人书疏，令乂射以示丞。城中知朝廷不守，莫不怅惋。相持且百日，刘翼战死，士卒死伤相枕。癸巳，乂拔长沙，丞等皆被执。乂将杀虞悝，子弟对之号泣。悝曰："人生会当有死[3]，今阖门为忠义之鬼，亦复何恨！"

乂以槛车载丞及易雄送武昌，佐吏皆奔散，惟主簿桓雄、西曹书佐韩阶、从事武延，毁服为僮[4]，从丞，不离左右。乂见桓雄姿貌举止非凡人，惮而杀之。韩阶、武延执志愈固。荆州刺史王廙承敦旨，杀丞于道中，阶、延送丞丧至都，葬之而去。易雄至武昌，意气慷慨，曾无惧容。敦遣人以檄示雄而数之，雄曰："此实有之，惜雄位微力弱，不能救国难耳。今日之死，固所愿也！"敦惮其辞正，释之，遣就舍。众人皆贺之，雄笑曰："吾安得生！"既而敦遣人潜杀之。

周崎、周该、虞悝虞望兄弟、桓雄、韩阶、武延、易雄等俱收入《晋书·忠义传》。

杀或不杀，暗害或明杀，都是现实利弊的考量。

魏乂求邓骞甚急，乡人皆为之惧，骞笑曰："此欲用我耳，彼新得州，多杀忠良，故求我以厌人望也[5]。"乃往诣乂。乂喜曰："君，古之解扬也[6]。"以为别驾。

[注释]

[1] 宜都内史：上文称宜都太守，则宜都为郡，不应一季之中，忽然变为王国，疑记载有误。天门：郡名，治所在今湖南

慈利。 [2] 邵陵：郡名，治所在今湖南邵阳。 [3] 会当：一定。 [4]毁服为僮：毁弃其常服，穿上奴仆的服装。 [5]厌（yā）：同“压”，压服，堵塞。 [6] 解（xiè）扬：春秋时晋国人，被楚国抓住后，冒着被杀的风险，仍然传递了君命。楚王认为他是忠臣，不仅没有杀他，还放他回国。

诏以陶侃领湘州刺史；王敦上侃复还广州[1]，加散骑常侍。

甘卓家人皆劝卓备王敦，卓不从，悉散兵佃作[2]，闻谏，辄怒。襄阳太守周虑密承敦意，诈言湖中多鱼，劝卓遣左右悉出捕鱼。五月，乙亥，虑引兵袭卓于寝室，杀之，传首于敦，并杀其诸子。敦以从事中郎周抚督沔北诸军事[3]，代卓镇沔中。抚，访之子也。

敦既得志，暴慢滋甚，四方贡献多入其府，将相岳牧皆出其门[4]。以沈充、钱凤为谋主，唯二人之言是从，所谮无不死者。以诸葛瑶、邓岳、周抚、李恒、谢雍为爪牙。充等并凶险骄恣，大起营府，侵人田宅，剽掠市道，识者咸知其将败焉。

王敦不仅是西府统帅，还是朝廷首辅大臣。

（七月）王敦自领宁、益二州都督[5]。

冬，十月，己丑，荆州刺史武陵康侯王廙卒。王敦以下邳内史王邃都督青、徐、幽、平四州诸军事，镇淮阴；卫将军王含都督沔南诸军事，领荆州刺史；武昌太守丹杨王谅为交州刺史[6]。使谅收交州刺史脩湛、新昌太守梁硕杀之[7]。谅诱湛，斩之。硕举兵围谅于龙编。

祖逖既卒，后赵屡寇河南，拔襄城、城父[8]，围谯。豫州刺史祖约不能御，退屯寿春[9]。后赵遂取陈留[10]，梁、郑之间复骚然矣。

十一月，以临颍元公荀组为太尉；辛酉，薨。

罢司徒[11]，并丞相府。王敦以司徒官属为留府。

司马睿忧愤成疾，郁郁而终！这皇帝当得也太窝囊了。

帝忧愤成疾，闰月，己丑，崩。司空王导受遗诏辅政。帝恭俭有余而明断不足，故大业未复而祸乱内兴。庚寅，太子即皇帝位，大赦，尊所生母荀氏为建安君[12]。

[注释]

[1]“王敦上侃复还广州”二句：王敦不愿陶侃居湘州，处己之上游，所以让他仍回广州刺史任，另加散骑常侍衔以表慰抚。 [2] 佃作：即田作，屯田耕作。 [3] 周抚（？—365）：周

访之子，王敦乱平后，为朝廷所用。后随桓温取蜀，镇守蜀中二十年，威名远播。 [4] 岳牧：指刺史方镇。 [5] 宁、益二州：约相当于今云南省、四川省中东部，当时非东晋实际控制。 [6] 王谅：载《晋书·忠义传》。交州：大约相当于今广西南部和越南北部地区，州治在龙编（今越南河内东）。 [7] “使谅收交州刺史脩湛、新昌太守梁硕杀之”以下四句：西晋末，新昌太守（治所在今河内西北）梁硕趁乱割据交州，拥立脩湛为交州刺史。王敦此时派遣王谅为交州刺史，并命陶侃配合，清除割据势力。王谅虽然斩杀了脩湛，但不久为梁硕所害。陶侃最后剿灭梁硕，使交州重新纳入东晋的实际控制之下。 [8] 襄城：襄城郡治，即今河南襄城。襄城离城父及谯县颇远，疑为襄邑（今河南睢县）之误。襄邑属陈留郡，离谯郡很近。城父：谯郡属县，在谯县（今安徽亳州）东南。 [9] 寿春：即今安徽寿县，在淮河南岸。 [10] 陈留：郡名，治所在今河南开封东。郑在其西，梁在其东南，所以下句说“梁、郑之间”。 [11] “罢司徒”以下三句：荀组自司徒为太尉未久即去世，其司徒府罢废，官属并入丞相留府（留在都城之府）。因为王敦在武昌，需要遥控朝政，所以设丞相留府。上文说王敦对“丞相、都督中外诸军、录尚书事、江州牧”及封爵武昌郡公并让不受，可见并非实录。 [12] 尊所生母荀氏为建安君：晋明帝生于元帝为琅琊王时。其生母为宫人荀氏（？—335）。嫡母虞氏（278—312）为琅琊王妃，无子，元帝即位后追封皇后。

（选自《资治通鉴》卷九十—九十二，晋纪十二—十四）

[点评]

永嘉（307—312）之乱，北方士大夫纷纷南渡。

三四年后长安失守，晋愍帝束手待毙，北方进入五胡十六国时代；在江东的司马睿却在琅琊王氏等大族的推戴下，建立了朝廷，史称东晋。

东晋开国皇帝司马睿是晋武帝司马炎的从侄（其祖父司马伷是司马昭的同父异母弟）。司马炎有二十六个儿子，不管如何排位，都轮不到司马睿当皇帝。司马光说他以“宗室疏属”，“移镇江表”，确实不假。

王导是那个把司马睿送上皇帝宝座的重要推手！王导与司马睿同年，早在琅琊王时期，二人就交往甚笃。司马睿死后，王导还常去元帝陵寝祭拜，为之流涕，二人不仅是君臣，而且是笃友。

琅琊王氏，是魏晋最知名的士族高门之一。其家族可以追溯到西汉宣帝时的王吉。魏晋间的大孝子王祥是王导的伯祖父。竹林七贤之一王戎、玄学领袖王衍，都是王导的族兄。王戎、王衍都在西晋朝廷官居宰执高位。后世为众所推的王氏人物，还有王导之侄著名书法家王羲之，以及王羲之的儿子王献之。

与王导同时拥戴司马睿镇守江东的，还有堂兄王敦。王敦较王导年长十岁，位阶也高，并娶晋武帝的女儿襄城公主为妻。王敦是一个有将略和决断的人，性格也比较残忍。

司马睿初到江东，万事草创，由王敦、王导兄弟拥戴。王导为政宽和，着力弥缝各方的关系。他自己说，人家都说我“愦愦”，今后会有人怀念我的“愦愦”！正是由于王氏兄弟的竭力推戴，弥合南北豪族之间的关系，司马睿才稳固了自己的政权。来江东经营十年后，建武元年（317），司马睿称晋王，次年登帝位，史称晋元帝。登基典礼过程中，司马睿再三请王导一同受拜，王导都坚决推却。这种表态，绝不仅仅是做作，更反映了司马睿的复杂心态，他对自己能否坐稳这个皇位没有底气。

早在司马睿称帝之前，他就重用了幕府中的几个心腹人物，比如镇东长史刁协，后为丞相左长史；从事中郎刘隗，后为丞相府司直。"刘隗雅习文史，善伺候睿意，故睿特亲爱之。"（《资治通鉴》卷八十八）"善伺候睿意"是什么意思？是他发现司马睿对王家的势力并不放心！王敦总征讨，王导专机政，司马睿"畏而恶之"，遂大力提拔擢用刘隗、刁协之流，抑制减损王氏之权。

刘隗、刁协是什么人呢？《晋书·刘隗传》列举了刘隗担任丞相府司直所弹劾的几件事，总体来说，属于刻碎之政！

比如，建康县尉逮捕犯规的军士，被军府将领硬行劫走，刘隗提出弹劾，护军将军戴若思被免官。又如，官员颜含在服叔父丧期间嫁女，被刘隗举报。还有，庐江太守梁龛在除嫡妻丧服的头一日，竟然请客奏伎（搞歌舞聚会），丞相府长史周𫖮等高官三十余人出席酒会，刘隗奏请免除梁龛的官职，削去其侯爵，并罚周𫖮等人一个月俸禄。这些都得到了司马睿的批准。

再如丞相府行参军宋挺，本是扬州刺史刘陶的门人。刘陶死后，宋挺娶其爱妾；宋挺还曾犯贪腐罪，遇赦而免。在这种情况下，奋武将军阮抗提出聘任宋挺为长史。于是刘隗提出弹劾，说宋挺娶老上司的寡妾，有伤人伦，请除名，禁锢终身（不得做官）；奋武将军阮抗却聘这么一个人为长史，请免除其官职，下司法治罪。宋挺病死，刘隗还不放过，提出“如前追除挺名为民，录妾还本”，也获得了司马睿批准。

可是有一件事，司马睿没有批准。王敦之兄南中郎将王含，“以族强位显，骄傲自恣”，一次提出的任命名单，有参佐及守长达二十多人，“多非其才，隗劾奏含，文致甚苦，事虽被寝，而王氏深忌疾之”（《资治通鉴》卷八十九）。刘隗弹劾王含的文书非常犀利尖刻，虽然被司马睿压下了没有批复，但是王氏家族却对他恨之入骨！

刘隗、刁协忠实地执行了晋元帝摧抑豪强的意图，充当了司马睿抑制王家势力的打手。但是刘、刁二人性格强悍，情商较低，没少得罪人。刁协还好发酒疯，侵毁公卿，见者皆侧目而视。

与此同时，王导逐渐被司马睿疏远，剥夺了其实际政务，这自然引起了王氏家族的不满。

王敦上书公然为自己兄弟叫屈的言辞颇为刺耳，晋元帝连夜召见族父谯王司马丞，寻求对策。司马丞主张强硬回击，于是晋元帝任命其为湘州刺史，牵制王敦，驳回了王敦举荐心腹沈充任其职的要求。稍后，晋元帝又采纳刘隗的意见，作出军事部署：任命南方士族出身的戴渊为征西将军，驻守合肥，都督兖、豫等六州军事；刘隗为镇北将军，驻守淮阴，都督青、徐等四州军事，并释放扬州地区内北方流民沦为僮客者，组成军队。这是一箭双雕的措施，既削弱了北来士族的经济利益，又使朝廷掌握民力，得以组建一支军队。名义上是对付北方的石勒，实际上是对付上游的王敦，拱卫京城。

永昌元年（322），王敦以诛杀刘隗、刁协，为王导伸冤为名，从武昌举兵向阙。王敦很快攻进石头城，杀刁协等，刘隗逃奔石勒。王敦固然不能取代司马氏政权，但元帝却于年末郁郁而终。

值得注意的是，王敦这次起兵的成功，关键是得到了南北士族高门以及豪族的普遍支持。史称“时帝（司马睿）方任刑法，以《韩子》赐皇太子，亮谏以申韩刻薄伤化，不足留圣心，太子甚纳焉”。晋元帝让太子（司马绍，即后来的明帝）研习《韩非子》，其用意是不言自明的。庾亮对于晋元帝“方任刑法”的做法，并不赞成。同时，王敦则十分欣赏庾亮：“王敦在芜湖，帝使亮诣敦筹事。敦与亮谈论，不觉改席而前，退而叹曰：‘庾元规贤于裴颜远矣！’因表为中领军。”（《晋书·庾亮传》）

晋成帝讨论刁协的功过，曾提到这次王敦之乱，诏书说：“协情在忠主，而失为臣之道，故令王敦得托名公义，而实肆私忌，遂令社稷受屈，元皇衔耻，致祸之原，岂不有由！”（《晋书·刁协传》）说刁协虽然是忠于皇室，但不懂为臣之道，是他的错误造成了王敦之乱，给国家带来了祸害。这个言论是在隔代之后，说明王敦当初的“清君侧”依然有其合理之处。

显然，晋元帝司马睿用申韩之术治国，引起了南北士族高门的普遍不满。但是，王敦攻入建康之后，任由军士胡作非为，杀害人望周顗、戴渊，大权独揽，引起了其他士族的普遍不满。太宁二年（324），当他再度起兵时，就遭到包括王导和庾亮在内的士族的普遍反对，最终病死军中。

这就是东晋初年的士族门阀政治。皇帝不甘心“王与马，共天下”，又不能不接受这个共治天下的局面；士大夫支持“共治”天下的格局，但又不允许包括王氏在内的某一家族一家独大。王氏之后，颍川庾氏、谯郡桓氏、陈郡谢氏也曾各领风骚于一时。待司马道子、元显父子排斥异己，打压世家大族，亲掌朝政之时，东晋王朝也就走到了末日。

五、刘曜与羊献容

（太兴二年，319）汉主曜还[1]，都长安，立妃羊氏为皇后[2]，子熙为皇太子，封子袭为长乐王，阐为太原王，冲为淮南王，敞为齐王，高为鲁王，徽为楚王；诸宗室皆进封郡王。羊氏，即故惠帝后也。曜尝问之曰：“吾何如司马家儿[3]？”羊氏曰：“陛下开基之圣主[4]，彼亡国之暗夫，何可并言！彼贵为帝王，有一妇、一子及身三耳，曾不能庇。妾于尔时，实不欲生，意谓世间男子皆然。自奉巾栉已来，始知天下自有丈夫耳！”曜甚宠之，颇干预国事。

羊氏在西晋末年曾饱受凌辱，当了刘曜前赵国皇后，居然能够“干预国事”。

[**注释**]

[1] 汉主曜：刘曜（？—329），前赵开国皇帝，后为后赵石勒擒杀，《晋书·载记三》有传。上一年，靳准弑汉主刘粲于平阳，相国刘曜自长安入讨，遂即皇帝位。此年乱平，返回长安。不久又以水德承接晋的金德，改国号为赵。　[2] 羊氏：名献容（？—322），出身泰山羊氏，为魏晋望族。晋惠帝永康元年（300）被立为皇后，育有一女清河公主。惠帝死，被封为惠皇后，出居弘训宫。怀帝永嘉五年（311），刘曜攻克洛阳，纳为妃，有宠，生熙、袭、阐三子。至此再被立为皇后。事迹详见《晋书·后妃传》。　[3] 司马家儿：指晋惠帝。　[4]"陛下开基之圣主"以下十一句：钱穆《国史大纲》曾评论羊献容这段话，认为是其时上层贵族道德观念沦丧的表现。这是沿袭蔡东藩《两晋通俗演义》（第三十二回）的看法："羊氏曾为中国皇后，乃委身强虏，献媚贡谀，我为中国愧死矣。"春秋时期，本为息国夫人的息妫再嫁给楚文王，三年不言。如今堂堂晋朝的皇后，竟嫁给了灭亡自己国家的匈奴人刘曜为皇后，还做出前后夫君的苛刻比较，在那个时代确实很引人注目，也引起了后世的各种评论。但是要羊献容为惠帝殉情，即使在当时也未必符合舆情。奉巾栉，女子对丈夫的谦词，指出嫁以来。

（选自《资治通鉴》卷九十一，晋纪十三）

[**点评**]

"乱华"的"五胡"，匈奴冠首，可是即位的匈奴领袖刘渊、刘聪、刘曜都是文武双全的人物。也许他们不会谈玄，但是经史诸子却是研习过的，还善"属文"（用汉语写作）。羊献容跟刘曜生活了十几年，辅佐他执政，颇有春秋息妫夫人的遗韵。

六、淝水之战

（太元八年，383）冬，十月，秦阳平公融等攻寿阳[1]；癸酉，克之，执平虏将军徐元喜等[2]。融以其参军河南郭褒为淮南太守。慕容垂拔郧城[3]。胡彬闻寿阳陷[4]，退保硖石[5]，融进攻之。秦卫将军梁成等帅众五万屯于洛涧[6]，栅淮以遏东兵[7]。谢石、谢玄等去洛涧二十五里而军[8]，惮成，不敢进。

苻坚起兵近百万南下征讨东晋，是因为桓温已死多年，谢安不足畏吗？

胡彬粮尽，潜遣使告石等曰：“今贼盛粮尽，恐不复见大军！”秦人获之，送于阳平公融。融驰使白秦王坚曰：“贼少易擒，但恐逃去，宜速赴之！”坚乃留大军于项城[9]，引轻骑八千，兼道就融于寿阳[10]。遣尚书朱序来说谢石等[11]，以为“强弱异势，不如速降”。序私谓石等曰：“若秦百万之众尽至，诚难与为敌。今乘诸军未集，宜速击之；若败其前锋，则彼已夺气，可遂破也。”

淝水之战只是一场前哨遭遇战！

［注释］

[1] 阳平公融：苻融（340—383），秦王苻坚（338—385）弟，时任前秦伐晋的前军统帅。寿阳：淮南郡治（今安徽寿县），东晋北界军事重镇，紧邻淮水，北岸即前秦疆土。　[2] 徐元喜：东晋寿阳守将。　[3] 慕容垂（326—396）：本前燕王室，因遭排挤，投奔前秦。淝水战败，前秦土崩瓦解，趁机复国，建立后燕。慕容垂此时所领为西路兵，主攻荆州，以牵制东晋桓冲统领的荆、江兵力。郧城：据胡三省引《左传》杜预注，当在今湖北京山东南，但当时双方相持于襄阳（在京山西北三百里）一带，前秦能否如此深入，令人怀疑。　[4] 胡彬：东晋将领，本年九月间奉诏领五千水军往援寿阳。　[5] 硖（xiá）石：在寿阳之北三十余里的淮河下游（今安徽凤台）。　[6] 洛涧：淮河支流，在寿阳和硖石以东五十余里，北流入淮。　[7] 栅淮：在淮水边修建木栅等防御工事。东兵：谢石、谢玄等统领的抵御前秦的军队，自东而来。　[8] 谢石（327—389）：谢安胞弟，时任东晋征讨大都督，为前线总指挥。谢玄（343—388）：谢石之侄，以徐、兖二州刺史为前锋都督，曾受命组建骁勇精锐的北府兵。此次统领的八万军队以北府兵为主体，对淝水之战的胜利起到了关键作用。　[9] 项城：在今河南沈丘，东南距寿阳四百里。　[10] 兼道：兼程，倍速而行。　[11] 朱序（？—393）：原为东晋梁州刺史，镇守襄阳，太元四年（379）被前秦俘虏，命为度支尚书。

石闻坚在寿阳，甚惧，欲不战以老秦师[1]。谢琰劝石从序言[2]。十一月，谢玄遣广陵相刘牢之帅精兵五千趣洛涧[3]，未至十里，梁成阻涧为陈以待之[4]。牢之直前渡水，击成，大破之，斩成及弋阳太守王咏[5]，又分兵断其归津，秦步骑崩溃，争赴淮水，士卒死者万五千人。执秦扬州刺史王显等，尽收其器械军实[6]。于是谢石等诸军水陆继进。秦王坚与阳平公融登寿阳城望之，见晋兵部阵严整，又望见八公山上草木[7]，皆以为晋兵，顾谓融曰："此亦勍敌[8]，何谓弱也！"怃然始有惧色[9]。

草木皆兵的原因是，苻坚此前小看了东晋的军事实力。

[注释]

[1] 老：使疲惫、困乏。 [2] 谢琰（352—400）：谢安次子，时以辅国将军领兵参战。 [3] 刘牢之（？—402）：东晋北府兵名将。趣：通"趋"。 [4] 阻涧：以洛涧为地形依托。陈：同"阵"。 [5] 弋阳：郡名，在今河南信阳东部及湖北黄冈，前秦未有其地。王咏：为弋阳太守，虚衔而已。下文"秦扬州刺史王显"与此类似。 [6] 军实：军资。 [7] 八公山：在寿阳北，中隔淝水；硖石在其北。"见"，据绍兴本补。 [8] 勍（qíng）敌：强敌。 [9] 怃（wǔ）然：怅然失意的样子。

秦兵逼肥水而陈[1]，晋兵不得渡。谢玄遣使谓阳平公融曰："君悬军深入，而置陈逼水，此乃持久之计，非欲速战者也。若移陈少却，使晋兵得渡，以决胜负，不亦善乎！”秦诸将皆曰：“我众彼寡，不如遏之，使不得上，可以万全。”坚曰：“但引兵少却，使之半渡，我以铁骑蹙而杀之[2]，蔑不胜矣[3]！”融亦以为然，遂麾兵使却。秦兵遂退[4]，不可复止。谢玄、谢琰、桓伊等引兵渡水击之[5]。融驰骑略陈[6]，欲以帅退者，马倒，为晋兵所杀，秦兵遂溃。玄等乘胜追击，至于青冈[7]。秦兵大败，自相蹈藉而死者，蔽野塞川。其走者闻风声鹤唳，皆以为晋兵且至，昼夜不敢息，草行露宿，重以饥冻，死者什七八。初，秦兵少却，朱序在陈后呼曰：“秦兵败矣！”众遂大奔。序因与张天锡、徐元喜皆来奔[8]。获秦王坚所乘云母车[9]，及仪服、器械、军资、珍宝、畜产不可胜计，复取寿阳，执其淮南太守郭褒。

为什么秦军小却，导致大溃败？因为秦兵进行的是不义之战，军无斗志！

坚中流矢，单骑走至淮北。

谢安得驿书[10]，知秦兵已败，时方与客围棋，摄书置床上[11]，了无喜色，围棋如故。客问之，徐答曰[12]：“小儿辈遂已破贼[13]。”既罢，还内，过户限[14]，不觉屐齿之折[15]。

谢安的镇定，才是真正的魏晋风度！

[注释]

[1] 肥水：即今东淝河。北流至寿阳东，西北入淮。 [2] 蹙（cù）：压迫。 [3] 蔑不：莫不，无不。 [4] “秦兵遂退”二句：胡三省注云：“两陈相向，退者先败，此用兵之常势也。”难道苻坚不懂这个“用兵之常势”吗？还是求胜心切而自恃兵多的缘故。 [5] 桓伊：东晋将领，时为西中郎将、豫州刺史。 [6] 略陈：巡视阵地。 [7] 青冈：据胡三省注，距寿阳三十里。 [8] 张天锡（346—406）：前凉亡国之君，太元元年（376）投降前秦，此时任苻融征南司马。归降东晋后，终老于建康。 [9] 云母车：用云母石装饰的车，华丽庄严，仅供帝后乘用。 [10] 谢安（320—385）：时为东晋宰相。驿书：驿站传来的文书，指淝水之战的捷报。 [11] 摄：收起。 [12] 徐：缓慢。 [13] 遂已：已经。 [14] 户限：门槛。 [15] 不觉屐齿之折：高兴得连屐齿碰折了都没觉察到。屐齿，木屐下的齿棱。谢安在客人面前若无其事，独自一人时就高兴得近乎失态，所以胡三省评论谢安是“矫情镇物”。但又解释说：“人臣以安社稷为悦者也，大敌压境，一战而破之，安得不喜乎！屐齿之折，亦非安之訾也。”

（选自《资治通鉴》卷一百五，晋纪二十七）

[点评]

太元元年（376），力谏伐晋的前秦宰相王猛去世。八年后，秦主苻坚率领百万大军南下伐晋，这时候东晋的宰相是名士谢安。

谢安是东晋政坛上继王、庾、桓氏之后，代表谢氏家族出掌朝政的关键人物。抵御前秦南下，谢安手上的王牌劲旅就是北府兵。所谓北府，是相对于西府而言。东晋称位于荆襄上游的军府为西府，处于首都建康北部、江北地区的军府为北府。正如《资治通鉴》(卷一百二十八）所记："初，晋氏南迁，以扬州为京畿，谷帛所资皆出焉；以荆、江为重镇，甲兵所聚尽在焉，常使大将居之。"以往扬州是政治中心，荆州是军事中心。谢安执政，注意发展扬州的军事力量，扩充北府兵。

八月甲子（初八)，"(苻）坚发长安，戎卒六十余万，骑二十七万，旗鼓相望，前后千里。九月，坚至项城，凉州之兵始达咸阳，蜀、汉之兵方顺流而下，幽、冀之兵至于彭城，东西万里，水陆齐进，运漕万艘。阳平公融等兵三十万，先至颍口"。东晋方面派征讨都督谢石、前锋都督谢玄等统领八万军队迎敌。双方的战斗可以分为三个阶段。

第一阶段，寿阳失守。寿阳是淮南地区最重要的堡垒。十月，苻融率领前锋到达寿阳，很快攻下，东晋守将徐元喜被俘，先前派来增援寿阳的水军统帅胡彬退守硖石。前秦卫将军梁成率军五万直逼洛涧，沿淮河布防，以阻止谢石、谢玄大军。

第二阶段，洛涧之战。胡彬被困硖石，进退不能，暗中送信给谢石等，告知秦军声势很大，我军粮尽，恐怕不能相见。这封信却落入了秦兵手中。于是苻融立即驰报苻坚："贼少易擒，但恐逃去，宜速赴之！"苻坚乃留大军于项城，引轻骑八千，日夜兼程，星夜赶到寿阳；随后派东晋降将朱序前往说服谢石等投降。朱序反而劝东晋军队趁秦兵尚未全部集结之机主动进击。十一月，谢玄遣广陵相刘牢之率精兵五千人进军洛涧，未至十里，梁成阻涧严阵以待。牢之率军直扑过去，渡过洛涧河水，进击梁成，大破之，斩梁成及秦弋阳太守王咏，又分兵断其归津，秦步骑崩溃，争赴淮水，士卒死者万五千人。又俘虏了秦扬州刺史王显等，尽收其军资器械。于是谢石等帅诸军水陆继进，逼近淝水。

第三阶段，草木皆兵。苻坚与阳平公苻融登上寿阳城楼，望见晋兵部陈严整，又望见八公山上草木，以为都是晋兵，发现晋军并不像他想象的那样孱弱，怃然始有惧色。东晋方面提出，希望秦兵稍作后退，以便我军过河，进行决战。秦军有人反对后退，苻坚说可以将计就计，待东晋军队渡河未毕，我们乘机回击，一定大胜。可是，秦兵心无斗志，一退就不可止，朱序又在阵后高喊："秦军败了！秦军败了！"秦兵争相回逃，怎么也无法制止。苻融骑在马上，扬鞭阻止，一不留神，马被绊倒，被晋兵杀死。失去了前线的统帅，秦军溃退，一发而不可收拾。谢石等追击到青冈，"秦兵大败，自相蹈藉而死者，蔽野塞川。其走者闻风声鹤唳，皆以为晋兵且至，昼夜不敢息，草行露宿，重以饥冻，死者什七八"。

可见，淝水之战真正接触的那一仗，是北府军将刘牢之指挥的洛涧之战！随后的淝水溃败，更多的是秦兵惊吓而遁。

淝水之战东晋赢，前秦输，有军事、经济、政治等各方面的原因，但最重要的一个原因是，前秦军队没有士气，没有斗志！这一次并不太大的战争，东晋只不过数万兵力，就让前秦数十万军队自相蹈藉而死，这说明前秦内部军心涣散。淝水之战后，北方重新陷入分裂。鲜卑慕容垂乘乱而起，在东方建立了后燕政权。苻坚后被羌族首领姚苌擒杀，前秦灭亡，姚苌在秦陇地区建立了后秦政权。直到五十多年后（439），北魏拓跋部才又重新统一了黄河流域。

卷一百十九至卷一百七十六
宋纪、齐纪、梁纪、陈纪

【提要】南北朝时期在《资治通鉴》里有宋纪十六卷、齐纪十卷、梁纪二十二卷、陈纪十卷，总共五十八卷。按照司马光的纪年原则，以南朝为正统，故北朝甚至隋统一陈朝之前的八年，都列入南朝纪年。南朝历史重点选了刘宋、萧梁，北朝历史则主要是北魏以及分裂后的东魏、西魏。南朝突出刘宋初的内部权力之争，以及皇族内部的冲突，还有就是梁武帝的戏剧性统治。北朝则反映胡汉冲突与融合这个时代主题。杨坚辅政和建国，是北朝民族融合的最终归宿。这一段事迹也被记录在“陈纪”中。

一、宋文帝杀佐命功臣

（元嘉元年，424）营阳王居丧无礼[1]，好与左右狎昵，游戏无度。特进致仕范泰上封事曰[2]：“伏闻陛下时在后园，颇习武备，鼓鞞在宫，声闻于外。黩武掖庭之内，喧哗省闼之间，非徒不足以威四夷，只生远近之怪。陛下践祚，委政宰臣，实同高宗谅暗之美；而更亲狎小人，惧非社稷至计，经世之道也。”不听。泰，甯之子也。

宋武帝刘裕对这个太子本来就不看好，寄希望于托孤大臣。史载刘裕对托孤大臣也不完全放心，寄希望于他们的制约。

南豫州刺史庐陵王义真[3]，警悟爱文义，而性轻易，与太子左卫率谢灵运、员外常侍颜延之、慧琳道人情好款密[4]。尝云：“得志之日，以灵运、延之为宰相，慧琳为西豫州都督[5]。”灵运，玄之孙也，性褊傲，不遵法度，朝廷但以文义处之，不以为有实用。灵运自谓才能宜参权要，常怀愤邑。延之，含之曾孙也，嗜酒放纵。

徐羡之等恶义真与灵运等游[6]，义真故吏范晏从容戒之[7]，义真曰：“灵运空疏，延之隘薄，魏文帝所谓‘古今文人类不护细行’者也；但性情所得，未能忘言于悟赏耳。”于是羡之等以为徐羡之、谢晦、傅亮等人排斥刘义真，是因为其强悍而且重视其他文士。

灵运、延之构扇异同，非毁执政，出灵运为永嘉太守[8]，延之为始安太守[9]。

［注释］

[1] 营阳王：即刘义符（406—424），南朝宋高祖刘裕（363—422）长子，南朝宋第二任皇帝，被托孤大臣废为营阳王。故以此称之。居丧无礼：居父丧不守礼，刘裕两年前驾崩，此处追述之。 [2] 特进：为加官，加此衔可以参与朝会，位次三公。景平初年（423），范泰被加封特进，次年致仕，即退休。范泰（355—428）：东晋及南朝刘宋官员、学者，东晋著名经学家范甯长子，《后汉书》作者范晔之父。封事：密封的奏章。上封事当在424年。 [3] 南豫州：东晋南朝所设侨州，治历阳（今安徽和县）。庐陵王义真：即刘裕次子刘义真（407—424）。 [4] 谢灵运（385—433）：名公义，字灵运，以字行，出身陈郡谢氏，生于会稽郡始宁县（今浙江绍兴）。东晋南朝著名诗人。行为放荡，喜游山水，宋文帝元嘉十年（433）以行为悖乱在广州被处死。颜延之（384—456）：字延年，琅琊临沂（今山东临沂）人，东晋南朝著名文学家，刘宋孝武帝时官至金紫光禄大夫。慧琳（生卒年不详）：南朝宋著名僧人，俗姓刘，其调和三家的思想颇得宋文帝认可，甚至参与机要，被称为“黑衣宰相”。 [5] 西豫州：南朝梁分东豫州设立西豫州，治所在今河南息县。此处的西豫州都督，只是刘义真的设想。 [6] 徐羡之等：这里指托孤之臣徐羡之、谢晦、傅亮等。 [7] 范晏（生卒年不详）：上提范泰之子，《后汉书》作者范晔之兄。 [8] 永嘉：郡名，治今浙江温州市鹿城区。 [9] 始安：郡名，治今广西桂林。

义真至历阳[1]，多所求索，执政每裁量不尽与。义真深怨之，数有不平之言，又表求还都，谘议参军庐江何尚之屡谏，不听。时羡之等已密谋废帝，而次立者应在义真；乃因义真与帝有隙，先奏列其罪恶，废为庶人[2]，徙新安郡。前吉阳令堂邑张约之上疏曰[3]："庐陵王少蒙先皇优慈之遇，长受陛下睦爱之恩，故在心必言，所怀必亮，容犯臣子之道，致招骄恣之愆。至于天姿夙成，实有卓然之美，宜在容养，录善掩瑕，训尽义方，进退以渐。今猥加剥辱，幽徙远郡，上伤陛下常棣之笃[4]，下令远近恇然失图。臣伏思大宋开基造次，根条未繁，宜广树藩戚，敦睦以道。人谁无过，贵能自新；以武皇之爱子，陛下之懿弟，岂可以其一眚，长致沦弃哉！"书奏，以约之为梁州府参军[5]，寻杀之。

义真与皇帝哥哥（营阳王）有矛盾，托孤大臣乘机贬黜他。

［注释］

[1] 历阳：郡名，治今安徽马鞍山。永初三年（422）三月，宋武帝刘裕驾崩前三个月，以刘义真都督南豫州等六州诸军事、南豫州刺史，出镇历阳。　[2]"废为庶人"二句：以庶人身份将刘义真软禁于此。新安郡，治今浙江淳安。　[3] 吉阳：治今江西省吉安市吉州区。堂邑：治今江苏省南京市六合区。　[4] 常棣：即棠棣。《诗经》有《棠棣》篇，周人歌颂兄弟情笃的诗篇，此处

说远贬刘义真有伤兄弟情感。 [5] 梁州：都督府名，治所在南朝宋有变化，先后治今陕西汉中市城固县、南郑区。

废立之谋，檀道济与王弘都是被动者。

徐羡之等以南兖州刺史檀道济先朝旧将[1]，威服殿省，且有兵众，乃召道济及江州刺史王弘入朝[2]；五月，皆至建康，以废立之谋告之。

甲申，谢晦以领军府屋败[3]，悉令家人出外，聚将士于府内；又使中书舍人邢安泰、潘盛为内应[4]。夜，邀檀道济同宿，晦悚动不得眠，道济就寝便熟，晦以此服之。

时帝于华林园为列肆[5]，亲自沽卖，又与左右引船为乐，夕，游天渊池[6]，即龙舟而寝。乙酉诘旦，道济引兵居前，羡之等继其后，入自云龙门[7]；安泰等先诫宿卫，莫有御者。帝未兴，军士进杀二侍者，伤帝指，扶出东阁，收玺绶，群臣拜辞，卫送故太子宫。

[注释]

[1] "徐羡之等以南兖州刺史檀道济先朝旧将"二句：檀道济追随刘裕平定内外，其威名为宫中百官及宿卫将士所信服。檀道济（？—436），高平郡金乡县（治今山东金乡）人，东晋末，数从刘裕征讨，平桓玄、灭后秦，皆为先锋。殿省，指宫禁。 [2] 江

州：州名，西晋元康元年（291）始置，管辖十郡，包括旧属扬州的豫章郡、鄱阳郡、庐陵郡、临川郡、南康郡、建安郡、晋安郡，以及旧属荆州的武昌郡、桂阳郡、安成郡。永兴元年（304）又加寻阳郡，乃分庐江郡之寻阳县、武昌郡之柴桑县而设。东晋及刘宋相沿不变。王弘（379—432）：出身琅琊王氏，东晋开国功臣王导之曾孙。刘裕建立宋朝的佐命功臣。　[3] 谢晦（390—426）：出身陈郡阳夏（今河南太康）谢氏，东晋东阳（今浙江东阳）太守谢朗（谢安之侄）之孙。刘裕死后，他以中书令兼领军将军受顾命之重。领军府：领军将军的官邸。　[4] 中书舍人邢安泰、潘盛：谢晦兼中书令，中书舍人邢安泰、潘盛为其属僚。　[5] 华林园：皇家园林，常以“华林”命园，西晋洛阳即有之。此处指南京华林园。三国吴时始建，东晋南朝逐渐扩大，故址在今江苏南京市玄武区鸡鸣山脚下古台城内及其周边。列肆：设立店铺。旧史书写昏庸帝王，多言其在宫中列肆贩卖。肆，店铺。　[6] 天渊池：西晋洛阳华林园内有池，称天渊池。百官士民三月上巳日修禊（xì）于此。此处指南京华林园内的天渊池。　[7] 云龙门：皇宫南门。秦汉以降历朝均有设置。

侍中程道惠劝羡之等立皇弟南豫州刺史义恭[1]。羡之等以宜都王义隆素有令望[2]，又多符瑞，乃称皇太后令，数帝过恶，废为营阳王，以宜都王纂承大统，赦死罪以下。又称皇太后令，奉还玺绂；并废皇后为营阳王妃，迁营阳王于吴。使檀道济入守朝堂。王至吴，止金昌亭[3]；六月，癸丑，羡之等使邢安泰就弑之。王多力，突走出杀死营阳王，背负弑君之名，给继立者以报仇的口实。

皇子教育，就是接班人的培养！

昌门[4]，追者以门关踣而弑之。

裴子野论曰[5]：古者人君养子，能言而师授之辞，能行而傅相之礼。宋之教诲，雅异于斯，居中则任仆妾[6]，处外则近趋走。太子、皇子，有帅，有侍，是二职者，皆台皂也。制其行止，授其法则，导达臧否，罔弗由之；言不及于礼义，识不达于今古，谨敕者能劝之以吝啬，狂愚者或诱之以凶慝。虽有师傅[7]，多以耆艾大夫为之；虽有友及文学，多以膏粱年少为之；具位而已，亦弗与游。幼王临州[8]，长史行事；宣传教命，又有典签；往往专恣，窃弄威权，是以本枝虽茂而端良甚寡。嗣君冲幼，世继奸回，虽恶物丑类，天然自出，然习则生常，其流远矣。降及太宗[9]，举天下而弃之，亦昵比之为也。呜呼！有国有家，其鉴之矣！

［注释］

[1] 义恭：刘义恭（413—465），刘宋武帝刘裕第五子。 [2] 义隆：刘义隆（407—453），南朝宋文帝。刘裕第三子。 [3] 金昌亭：亭名，又作金阊亭，旧址在今江苏苏州阊门内。 [4] 昌门：又作阊门，相传为春秋时吴王夫差所筑苏州城的西郭门。 [5] 裴子野（469—530）：字几原，出河东裴氏。南朝文学家、史学家，著名史学家裴松之曾孙。 [6]“居中则任仆妾”二句：谓在宫中则任

奴仆侍妾，处外则近趋附之人。与下文都是批评诸王身边的人只是仆役之流，言不及仁义。　[7]“虽有师傅”以下六句：刘宋诸王，置文学、师、友各一人。此谓诸王师傅、文学与友等人，或老迈，或纨绔子弟，或挂空名而已。　[8]“幼王临州”以下六句：谓诸王出镇（“临州”），长史主政，典签代王通问内外，得以专恣弄权。　[9]太宗：指宋明帝刘彧（439—472）。刘彧曾大肆杀戮宗室诸王，导致宗室削弱，为萧道成建立齐朝提供了条件。

傅亮帅行台百官奉法驾迎宜都王于江陵[1]。祠部尚书蔡廓至寻阳[2]，遇疾不堪前；亮与之别。廓曰：“营阳在吴，宜厚加供奉；一旦不幸，卿诸人有弑主之名，欲立于世，将可得邪！”时亮已与羡之议害营阳王，乃驰信止之，不及。羡之大怒曰：“与人共计议，如何旋背即卖恶于人邪？”羡之等又遣使者杀前庐陵王义真于新安。

羡之以荆州地重，恐宜都王至，或别用人，乃亟以录命除领军将军谢晦行都督荆、湘等七州诸军事、荆州刺史[3]，欲令居外为援[4]，精兵旧将，悉以配之。

此种安排显示徐羡之、谢晦等人心中有怯！可是，如果军队可以保自己不被清算，就不应该立刘义隆！

秋，七月，行台至江陵，立行门于城南，题曰“大司马门”[5]。傅亮帅百僚诣门上表，进玺绂，仪物甚盛。宜都王时年十八，下教曰[6]：“猥以不德，谬降大命，顾己兢悸，何以克堪！辄当暂归朝廷，展哀陵寝[7]，并与贤彦申写所怀。望体其心，勿为辞费。”府州佐史并称臣，请题榜诸门，一依宫省；王皆不许。教州、府、国纲纪宥所统内见刑[8]，原逋责。

[注释]

[1] 傅亮（374—426）：字季友，北地郡灵州县（治今陕西铜川市耀州区）人。宋武帝刘裕托孤之臣，此时任中书监、尚书令、护军将军。行台：即行尚书台。傅亮作为尚书省长官，率领百官迎刘义隆登基，故称之为行台。 [2] 寻阳：县名，此时位于江西九江西。蔡廓（379—426）：济阳考城（今河南民权）人。东晋时追随刘裕，入宋后官至祠部尚书（相当于隋唐的礼部尚书）。以耿介知名。 [3] 录命：指录尚书事之命，时徐羡之任录尚书事，可以除授百官。 [4] “欲令居外为援”以下三句：胡三省注：“羡之、亮、晦所以为身谋者如此，而亦无救于废弑之诛。”很显然，想用军事力量保证自己的安全，是徒劳的。除非拥立的是一个傀儡。 [5] 大司马门：都城皇宫有司马门。傅亮率行台百官来迎驾刘义隆，设立临时的行门，即所谓大司马门，在此候驾。这种做法很类似于下文府佐僚属称臣，并模仿宫禁的规格，题榜（挂门牌）于各门。刘义隆都谦卑地表示不许。 [6] 教：刘义隆封宜都王，亲王所发之令为教。 [7] 展哀陵寝：使政变者处于不义之地。 [8] “教州、府、国纲纪宥所统内见刑”二句：意思是免除对官府和王府逋欠的债务。胡三省注：“州，荆州；府，都督府；国，宜都国；纲纪，上佐掾属也。”宥统内见刑，赦免州、府、国

统辖内现行罪犯。原，免除。逋，欠。责，通“债”。

诸将佐闻营阳、庐陵王死，皆以为疑，劝王不可东下。司马王华曰[1]：“先帝有大功于天下，四海所服；虽嗣主不纲，人望未改。徐羡之中才寒士，傅亮布衣诸生，非有晋宣帝、王大将军之心明矣[2]；受寄崇重，未容遽敢背德。畏庐陵严断，将来必不自容；以殿下宽叡慈仁，远近所知，且越次奉迎，冀以见德；悠悠之论，殆必不然。又，羡之等五人[3]，同功并位，孰肯相让！就怀不轨，势必不行。废主若存，虑其将来受祸，致此杀害；盖由贪生过深，宁敢一朝顿怀逆志！不过欲握权自固，以少主仰待耳。殿下但当长驱六辔，以副天人之心。”王曰：“卿复欲为宋昌邪[4]！”长史王昙首、南蛮校尉到彦之皆劝王行[5]，昙首仍陈天人符应。王乃曰：“诸公受遗，不容背义。且劳臣旧将，内外充满，今兵力又足以制物，夫何所疑！”乃命王华总后任，留镇荆州。王欲使到彦之将兵前驱，彦之曰：“了彼不反[6]，便应朝服顺流；若使有虞，此师既不足恃，

这种分析比西汉时期的宋昌更精准。

更开嫌隙之端，非所以副远迩之望也。”会雍州刺史褚叔度卒[7]，乃遣彦之权镇襄阳。

甲戌，王发江陵，引见傅亮，号泣，哀动左右。既而问义真及少帝薨废本末，悲哭呜咽，侍侧都莫能仰视。亮流汗沾背，不能对；乃布腹心于到彦之、王华等，深自结纳。王以府州文武严兵自卫，台所遣百官众力不得近部伍。中兵参军朱容子抱刀处王所乘舟户外[8]，不解带者累旬。

贴身侍卫还是要防护好！

[注释]

[1] 司马：荆州都督府高级属僚，掌军事。王华（385—427）：琅琊王氏，东晋大臣王导曾孙，与江州刺史王弘为堂兄弟。 [2] 晋宣帝：司马懿。王大将军：东晋初权臣王敦（266—324），曾起兵叛乱。 [3] 羡之等五人：指最早起意政变的徐羡之、傅亮、谢晦与后参与其事的檀道济、王弘。 [4] 宋昌：生卒年不详，西汉刘恒为代王时任司马，周勃、陈平等平诸吕之乱，迎代王即位，代王群下怀疑有诈，宋昌分析形势，认为代王刘恒可以放心去即位。其分析缘由与此处王华所论有相似之处。 [5] 王昙首（394—430）：出生琅琊王氏，东晋名臣王导曾孙，王华胞弟。时任荆州长史。南蛮校尉：武官名，监护荆州少数民族，治所在江陵。到彦之（？—433）：字道豫，彭州武原（今江苏沛县）人。早年追随刘裕征战，刘义隆为荆州刺史，到彦之任南蛮校尉。 [6]“了彼不反”以下六句：到彦之明白，既然政变诸人不是推翻刘家政权，那么就应该堂堂正正地去即位，不靠这么一点武力开道。 [7] 雍

州：南朝雍州治所在襄阳（今湖北襄阳）。 [8] 中兵参军：官名，魏晋、南朝于丞相府及诸将军府设置中兵曹，以中兵参军主之，掌领衙门兵卫。此时由朱容子（事迹不详）充当贴身警卫。

八月，丙申，宜都王至建康，群臣迎拜于新亭。徐羡之问傅亮曰："王可方谁[1]？"亮曰："晋文、景以上人[2]。"羡之曰："必能明我赤心。"亮曰："不然[3]。"

丁酉，王谒初宁陵[4]，还，止中堂。百官奉玺绶，王辞让数四，乃受之，即皇帝位于中堂。备法驾入宫，御太极前殿，大赦，改元，文武赐位二等。

戊戌，谒太庙。诏复庐陵王先封[5]，迎其柩及孙脩华、谢妃还建康。

刘义隆种种作为都在敲打政变诸人！徐羡之等为他扫清登基的障碍，他却要为那些"障碍"伸冤昭雪。

庚子，以行荆州刺史谢晦为真。晦将行，与蔡廓别，屏人问曰："吾其免乎？"廓曰："卿受先帝顾命，任以社稷，废昏立明，义无不可。但杀人二兄而以之北面，挟震主之威，据上流之重，以古推今，自免为难。"晦始惧不得去，既发，顾望石头城，喜曰："今得脱矣！"

癸卯，徐羡之进位司徒[6]，王弘进位司空，傅亮加开府仪同三司，谢晦进号卫将军，檀道济进号征北将军。

有司奏车驾依故事临华林园听讼。诏曰："政刑多所未悉；可如先者，二公推讯。"

帝以王昙首、王华为侍中，昙首领右卫将军[7]，华领骁骑将军，朱容子为右军将军。

甲辰，追尊帝母胡婕妤曰章皇后。封皇弟义恭为江夏王，义宣为竟陵王[8]，义季为衡阳王[9]；仍以义宣为左将军，镇石头[10]。

徐羡之等欲即以到彦之为雍州，帝不许；征彦之为中领军，委以戎政。彦之自襄阳南下，谢晦已至镇，虑彦之不过己。彦之至杨口[11]，步往江陵，深布诚款，晦亦厚自结纳。彦之留马及利剑、名刀以与晦，晦由此大安。

九月，丙子，立妃袁氏为皇后；耽之曾孙也。

（十二月）诏拜营阳王母张氏为营阳太妃。

［注释］

[1] 王可方谁：宜都王可以比方哪一位？ [2] 晋文、景：指司马昭、司马师。 [3] 不然：胡三省注："（傅）亮固知其不得免矣。" [4] 初宁陵：刘裕的陵寝。胡三省注："晋孝武以太学

在秦淮南，去台城悬远，权以中堂为太学，亲释奠于先圣。则中堂亦在秦淮北，但在台城之外耳。”按所谓台城，指六朝南京后宫的禁城，台指尚书台为主体的中央官府机构，因处于宫城之内，故称为台城。　[5]“诏复庐陵王先封”二句：按，刘义隆这种平反举动，已经昭示了徐羡之等废黜和杀害刘义隆二兄的非法性质。诏复庐陵王先封，即恢复刘义真的封国。胡三省注：“孙脩华，义真之母；谢，义真之妃也。”　[6]“徐羡之进位司徒”以下五句：参与政变的五人皆加官晋爵。胡三省注：“谢晦自领军将军进号，檀道济自镇北将军进号。”　[7]“昙首领右卫将军”以下三句：天子六军，据胡三省此处注文，晋南朝以领军将军、护军将军、左卫将军、右卫将军、骁骑将军、游击将军为六军。　[8]义宣：刘义宣（415—454），宋武帝刘裕第六子。　[9]义季：刘义季（415—447），宋武帝刘裕第七子。　[10]石头：即石头城，全长3000多米，位于今江苏南京市鼓楼区，最早修建于楚国，到孙权在赤壁之战后，在清凉山原基址上修筑石头城，北抵大江，南守秦淮，扼守秦淮河与长江口，形势险要。　[11]杨口：或作扬口，地名，因在古杨水入沔水之口而得名，位于今湖北潜江西北。

（元嘉二年，425）春，正月，徐羡之、傅亮上表归政，表三上，帝乃许之。丙寅，始亲万机。羡之仍逊位还第[1]，徐佩之、程道惠及吴兴太守王韶之等并谓非宜，敦劝甚苦，乃复奉诏视事。

这一表演，颇有玄机。

（四月）魏主遣龙骧将军步堆等来聘，始复通好。

六月，武都惠文王杨盛卒。初，盛闻晋亡，不改义熙年号，谓世子玄曰："吾老矣，当终为晋臣，汝善事宋帝。"及盛卒，玄自称都督陇右诸军事、征西大将军、开府仪同三司、秦州刺史、武都王，遣使来告丧，始用元嘉年号。

王弘不要定策功，也免了弑君之祸。他兄弟王昙首是刘义隆的心腹，也许兄弟之间有通信息！

（八月）王弘自以始不预定策[2]，不受司空；表让弥年，乃许之。乙酉，以弘为车骑大将军、开府仪同三司。

（十一月）初，会稽孔甯子为帝镇西谘议参军，及即位，以甯子为步兵校尉；与侍中王华并有富贵之愿，疾徐羡之、傅亮专权，日夜构之于帝[3]。会谢晦二女当适彭城王义康、新野侯义宾[4]，遣其妻曹氏及长子世休送女至建康。帝欲诛羡之、亮，并发兵讨晦，声言当伐魏，取河南，又言拜京陵[5]，治行装舰。亮与晦书曰："薄伐河朔，事犹未已，朝野之虑，忧惧者多。"又言："朝士多谏北征，上当遣外监万幼宗往相谘访[6]。"时朝廷处分异常，其谋颇泄。

［注释］

[1]“羡之仍逊位还第”以下四句：胡三省注：“速徐、傅之死者，佩之诸公也。” [2]“王弘自以始不预定策”以下三句：胡三省注：“弘以此得免徐、傅之祸。” [3]日夜构之于帝：胡三省注：“史言徐、傅逼上固当诛，而王华等之构间亦非也。” [4]义宾：刘义宾（？—448），宋武帝刘裕异母弟刘道怜（368—422）之子。 [5]京陵：胡三省注：“京陵，兴宁陵也”，即宋武帝刘裕父刘翘之寝墓，位于今江苏镇江市丹徒区，陵墓保存完好。刘裕尊其父为孝穆皇帝。 [6]外监：机构名，领器仗兵役，多以嬖倖为之。

（元嘉三年，426）春，正月，谢晦弟黄门侍郎皭驰使告晦[1]，晦犹谓不然，以傅亮书示谘议参军何承天曰[2]：“计幼宗一二日必至。傅公虑我好事，故先遣此书。”承天曰：“外间所闻，咸谓西讨已定，幼宗岂有上理！”晦尚谓虚妄，使承天豫立答诏启草，言伐虏宜须明年。江夏内史程道惠得寻阳人书，言“朝廷将有大处分，其事已审”，使其辅国府中兵参军乐冏封以示晦。晦问承天曰：“若果尔，卿令我云何？”对曰：“蒙将军殊顾，常思报德。事变至矣，何敢隐情！然明日戒严，动用军法，区区所怀，惧不得尽。”晦惧曰：“卿岂欲我自裁邪？”承天曰：“尚未至

谢晦居然不信宋文帝刘义隆的反噬，可见他低估了刘义隆。

此。以王者之重，举天下以攻一州，大小既殊，逆顺又异。境外求全，上计也。其次，以腹心将兵屯义阳，将军自帅大众战于夏口；若败，即趋义阳以出北境，其次也。”晦良久曰：“荆州用武之地，兵粮易给，聊且决战，走复何晚！”乃使承天造立表檄，又与卫军谘议参军琅邪颜邵谋举兵[3]，邵饮药而死。

晦立幡戒严，谓司马庾登之曰[4]：“今当自下，欲屈卿以三千人守城，备御刘粹[5]。”登之曰：“下官亲老在都，又素无部众，情计二三，不敢受此旨。”晦仍问诸将佐：“战士三千足守城否？”南蛮司马周超对曰：“非徒守城而已，若有外寇，可以立功。”登之因曰：“超必能辨，下官请解司马、南郡以授之。”晦即于坐命超为司马，领南义阳太守；转登之为长史，南郡如故。登之，蕴之孙也。

刘义隆缩小打击面！更重要的是刘义隆明明知道徐羡之、谢晦等不会威胁到他，但是，除掉徐、谢、傅，更有利于维护自己皇位的正当性。

帝以王弘、檀道济始不预废弑之谋，弘弟昙首又为帝所亲委，事将发，密使报弘，且召道济，欲使讨晦。王华等皆以为不可，帝曰：“道济止于胁从，本非创谋。杀害之事，又所不关。吾抚而使之，必将无虑。”乙丑，道济至建康。

[注释]

[1]“谢晦弟黄门侍郎嚼驰使告晦”二句：谢嚼（生卒年不详）遣使告诉谢晦朝廷有变，谢晦依然不信。黄门侍郎，门下省副长官。 [2] 何承天（370—447）：东海郡郯县（治今山东郯城）人，著名天文历法家，谢晦为荆州刺史，辟署何承天为谘议参军，兼记室，宋文帝征讨谢晦，何承天对谢晦派兵杀人多有劝阻，及谢晦被杀，何承天得以免死。 [3] 颜卲（？—426）：出身琅琊临沂（今山东临沂），为谢晦所重，根据《宋书》卷七十七《颜师伯传》，颜卲参与了谢晦等废少帝之事，及为谢晦荆州谘议参军，总掌府事。及谢晦见讨，谋划拒命，知事不谐，饮药而死。 [4] 庾登之（382—443）：字元龙，颍川鄢陵（治今河南鄢陵）人，东晋权臣庾冰曾孙。虽然被谢晦任用，但是心中并不服，也不怎么卖力。故谢晦被杀，庾登之仅免官而已。 [5] 刘粹（375—427）：字道冲，出身彭城刘氏，早年追随刘裕征战，官至豫州刺史、雍州刺史。宋文帝征讨谢晦，刘粹派其弟刘道怜等领兵征伐，被谢晦司马周超（下文有提及）所击败。

丙寅，下诏暴羡之、亮、晦杀营阳、庐陵王之罪，命有司诛之，且曰：“晦据有上流，或不即罪，朕当亲帅六师为其过防。可遣中领军到彦之即日电发，征北将军檀道济骆驿继路，符卫军府州，以时收翦，已命雍州刺史刘粹等断其走伏。罪止元凶，余无所问。”

是日，诏召羡之、亮。羡之行至西明门外[1]，谢嚼正直[2]，遣报亮云：“殿内有异处分。”亮辞以嫂病暂还，遣使报羡之，羡之还西州[3]，乘内人问讯车出郭，步走至新林[4]，入陶灶中自经死。亮乘车出郭门，乘马奔兄迪墓，屯骑校尉郭泓收之。至广莫门[5]，上遣中书舍人以诏书示亮，并谓曰："以公江陵之诚[6]，当使诸子无恙。"亮读诏书讫，曰："亮受先帝布衣之眷，遂蒙顾托。黜昏立明，社稷之计也。欲加之罪，其无辞乎！"于是诛亮而徙其妻子于建安；诛羡之二子，而宥其兄子佩之。又诛晦子世休，收系谢皭。

刘义隆对于徐、傅、谢不灭族满门，是因为他们"黜昏立明"，确实未必有罪。刘义隆得了便宜还要卖乖。

帝将讨谢晦，问策于檀道济，对曰："臣昔与晦同从北征，入关十策，晦有其九，才略明练，殆为少敌。然未尝孤军决胜，戎事恐非其长。臣悉晦智，晦悉臣勇。今奉王命以讨之，可未陈而擒也。"丁卯，征王弘为侍中、司徒、录尚书事、扬州刺史[7]，以彭城王义康为都督荆、湘等八州诸军事、荆州刺史。

乐冏复遣使告谢晦以徐、傅及皭等已诛[8]。晦先举羡之、亮哀，次发子弟凶问，既而自出射堂勒兵。晦从高祖征讨，指麾处分，莫不曲尽其宜，数日间，四远投集，得精兵三万人。乃奉表称羡之、亮等忠贞，横被冤酷。且言："臣等若志欲执权，不专为国，初废营阳，陛下在远，武皇之子尚有童幼，拥以号令，谁敢非之！岂得溯流三千里[9]，虚馆七旬，仰望鸾旗者哉！故庐陵王，于营阳之世积怨犯上，自贻非命。不有所废，将何以兴！耿弇不以贼遗君、父[10]，臣亦何负于宋室邪！此皆王弘、王昙首、王华险躁猜忌，谗构成祸。今当举兵以除君侧之恶。"

［注释］

[1] 西明门：魏晋都城有西明门，东晋南朝在南京建都沿用，为都城正西门。　[2]"谢皭正直"以下三句：谢皭官黄门侍郎，此日正当值殿内。谢皭是谢晦之弟，当年正月已经写信通报其兄谢晦京师异常，现在又告知傅亮殿内情况不同往常。直，通"值"。　[3] 西州：扬州刺史治所秣陵县（治今江苏南京市江宁区）在台城西，故谓之西州。时徐羡之以录尚书事兼扬州刺史。　[4] 新林：胡三省注："新林浦去建康城二十里。"　[5] 广莫门：胡三省注："广莫门，建康城北门。"　[6] 以公江陵之诚：胡三省注："谓（傅）亮迎帝于江陵也。"　[7]"征王弘为侍中、司徒、录尚书事、扬州刺史"二句：以徐羡之的职位授予王弘，以谢晦的职位授予刘义康。　[8] 乐冏（jiǒng）：时任江夏中兵参军。江夏为荆州所督属郡。　[9]"岂得溯流三千里"二句：胡三省注："自建康至江陵溯流而上，凡三千里。"又云："景平二年五月乙酉（二十五日），废少帝，八月丙申（初八），帝至建康，凡七

旬。" [10] 耿弇（yǎn）：东汉开国功臣。胡三省注云，这是耿弇平定东汉初年割据军阀张步时说的话。谢晦引此说明他们杀掉庐陵王是为了宋文帝顺利即位。

初，袁皇后生皇子劭[1]，后自详视，使驰白帝曰："此儿形貌异常，必破国亡家，不可举。"即欲杀之。帝狼狈至后殿户外，手拨幔禁之，乃止。以尚在谅暗，故秘之。闰月，丙戌，始言劭生。

这个儿子刘劭后来弑父刘义隆！

帝下诏戒严，大赦，诸军相次进路以讨谢晦。晦以弟遯为竟陵内史[2]，将万人总留任，帅众二万发江陵，列舟舰自江津至于破冢[3]，旌旗蔽日，叹曰："恨不得以此为勤王之师！"

晦欲遣兵袭湘州刺史张卲[4]，何承天以卲兄益州刺史茂度与晦善，曰："卲意趣未可知，不宜遽击之。"晦以书招卲，卲不从。

二月，戊午，以金紫光禄大夫王敬弘为尚书左仆射[5]，建安太守郑鲜之为右仆射[6]。敬弘，廙之曾孙也。庚申，上发建康。命王弘与彭城王义康居守[7]，入居中书下省；侍中殷景仁参掌留任；帝姊会稽长公主留止台内，总摄六宫。

［注释］

[1] 劭：宋文帝嫡长子刘劭（424—453），字休远。因私行巫蛊，宋文帝起意废黜他。事泄，刘劭弑君自立。宋孝武帝刘骏起兵靖难，刘劭兵败被杀。 [2]“晦以弟遯为竟陵内史”二句：谢晦让弟弟谢遯以竟陵内史的身份，留守荆州。竟陵，县名，亦为郡名（治今湖北天门）。内史，亲王的封地，置以掌民政，相当于西汉王国的“相”，郡王封国的内史犹郡太守，县王封国的内史级别犹县令。 [3] 江津：地名，今湖北江陵。破冢：地名，位于今湖北江陵县东南长江东岸。 [4] 张卲（？—440）：字茂宗，吴郡吴县（治今江苏苏州）人。其兄张裕（376—442），字茂度，为避宋武帝刘裕讳，以字行。兄弟二人均为刘宋开国功臣。 [5] 王敬弘（360—447）：本名王裕之，字敬弘，避宋光武帝刘裕讳，以字行。左仆射：尚书省长官。 [6] 郑鲜之（364—427）：字道子，荥阳郡开封（治今河南开封）人。右仆射：尚书省长官。 [7]“命王弘与彭城王义康居守”以下五句：指宋文帝亲征，使王弘、刘义康留守国政，殷景仁参掌留守事。这是宋文帝亲征后对于朝廷的人事安排。中书宰相之任由王弘与刘义康负责，侍中殷景仁（390—440）参掌留守之事；姐姐会稽长公主负责照看宫内。会稽长公主，刘兴弟（383—444），刘裕嫡长女，母亲武敬皇后臧氏。初封永兴公主，宋文帝即位，封会稽长公主。

谢晦自江陵东下，何承天留府不从。晦至江口，到彦之已至彭城洲。庾登之据巴陵[1]，畏懦不敢进；会霖雨连日，参军刘和之曰：“彼此共有雨耳；檀征北寻至[2]，东军方强[3]，惟宜速战。”

登之恇怯，使小将陈祐作大囊，贮茅悬于帆樯，云可以焚舰，用火宜须晴，以缓战期。晦然之，停军十五日。乃使中兵参军孔延秀攻将军萧欣于彭城洲[4]，破之。又攻洲口栅[5]，陷之。诸将咸欲退还夏口[6]，到彦之不可。乃保隐圻[7]。晦又上表自讼，且自矜其捷，曰："陛下若枭四凶于庙庭，悬三监于绛阙，臣便勒众旋旗，还保所任。"

这种自我保护的算计，完全是不知己不知彼造成的战略误判。

初，晦与徐羡之、傅亮为自全之计，以为晦据上流，而檀道济镇广陵，各有强兵，足以制朝廷；羡之、亮居中秉权，可得持久。及闻道济帅众来上，惶惧无计。

道济既至，与到彦之军合，牵舰缘岸。晦始见舰数不多，轻之，不即出战。至晚，因风帆上，前后连咽；西人离沮，无复斗心。戊辰，台军至忌置洲尾[8]，列舰过江，晦军一时皆溃。晦夜出，投巴陵，得小船还江陵。

先是，帝遣雍州刺史刘粹自陆道帅步骑袭江陵，至沙桥[9]；周超帅万余人逆战，大破之，士众伤死者过半。俄而晦败问至。初，晦与粹善，以粹子旷之为参军；帝疑之，王弘曰："粹无私，必无忧也。”及受命南讨，一无所顾，帝以此嘉之。晦亦不杀旷之，遣还粹所。

丙子，帝自芜湖东还。

晦至江陵，无他处分，唯愧谢周超而已。其夜，超舍军单舸诣到彦之降。晦众散略尽，乃携其弟遯等七骑北走。遯肥壮，不能乘马，晦每待之，行不得速。己卯，至安陆延头[10]，为戍主光顺之所执[11]，槛送建康。

谢晦其实无将略。

到彦之至马头，何承天自归。彦之因监荆州府事，以周超为参军；刘粹以沙桥之败告，乃执之。于是诛晦、嚼、遯及其兄弟之子，并同党孔延秀、周超等。晦女彭城王妃被发徒跣，与晦诀曰：“大丈夫当横尸战场，奈何狼藉都市！”庾登之以无任[12]，免官禁锢；何承天及南蛮行参军新兴王玄谟等皆见原。晦之走也，左右皆弃之，唯延陵盖追随不舍[13]，帝以盖为镇军功曹督护[14]。

晦之起兵[15]，引魏南蛮校尉王慧龙为援。慧龙帅众一万拔思陵戍，进围项城。闻晦败，乃退。

北朝也来乘机凑热闹。

益州刺史张茂度受诏袭江陵；晦败，茂度军始至白帝。议者疑茂度有贰心，帝以茂度弟卲有诚节，赦不问，代还。

[**注释**]

[1] 巴陵：县名，治今湖南岳阳。 [2] 檀征北：指檀道济，时为征北将军。 [3] 东军：指朝廷的军队。 [4] 彭城洲：地名，位于今湖南临湘东南。此战史称彭城洲之战。 [5] 洲口栅：指在彭城洲之洲口设立的军防据点。 [6] 夏口：地名，古称汉水为夏水，其入长江之口称夏口，即今湖北武汉市汉阳区。 [7] 隐圻：地名，又称隐矶，位于今湖南临湘东北长江南岸。 [8] 台军：指到彦之率领的朝廷军队。忌置洲：江中的陆地为洲，湖北监利东南有忌置山，在江北，忌置洲当是此山水边的沙洲。 [9] 沙桥：胡三省注：沙桥在江陵北。 [10] 安陆：郡名，治今湖北安陆。延头：戍名，位于今湖北大悟县。 [11] 戍：设置在地方的军防驻点。 [12]“庾登之以无任”以下三句：庾登之、何承天等均被赦免。王玄谟（388—468），出身太原祁县，新兴郡在今山西忻州。谢晦任荆州刺史，任命王玄谟为南蛮行参军、武宁（治今湖北荆门北）太守。他被赦免当是没有参与反抗活动。后官至车骑将军、南豫州刺史。见原，被赦免。 [13] 延陵盖：复姓延陵，单名盖。春秋时吴国有延陵季札，当是其后。 [14] 镇军功曹督护：据胡三省注，镇军府功曹，又兼督护之官，故名。 [15]“晦之起兵”以下六句：谢晦起兵，王慧龙率兵一万前往接应，围攻项城，谢晦失败，引兵而还。王慧龙（390—440），出身太原王氏，东晋尚书左仆射王瑜之孙，因得罪权臣刘裕而满门抄斩。王慧龙年仅 14 岁，北投后秦，后秦灭亡，归降北魏，历任南蛮校尉，驻守洛阳，骚扰南朝汝颖之间。

（选自《资治通鉴》卷一百二十，宋纪二）

［点评］

刘裕当了两三年皇帝，把江山交给不成器的儿子少帝刘义符（营阳王）。徐羡之、谢晦、傅亮、檀道济等人辅政。

营阳王的顽劣在他登基以前已经暴露。老二刘义真有野心甚至与少帝刘义符的矛盾也不是秘密。徐羡之等托孤大臣为什么要废黜并杀害这两人呢？是为了保社稷江山还是为了保个人权位？并没有发现少帝要杀害托孤大臣之事。

托孤大臣把宋文帝刘义隆扶上皇帝宝座，刘义隆却以为兄长报仇、清算弑君之罪的名义，使自己处于道德制高点，而置自己的“恩人”徐羡之、傅亮、谢晦于不义之地。

距离426年宋文帝采取报复行动整整五百年前，即公元前74年，有一个叫霍光的顾命大臣，废黜昌邑王（西汉第九任皇帝，在位二十七天），拥立汉宣帝。废帝立帝，两件事很相似，结局却完全不同。霍光终汉之世，都被封为第一功臣。受此影响，后世也将霍光与伊尹并列。可是，与本段所选的情况不同，徐羡之、傅亮、谢晦却遭他们冒着巨大风险扶起来的皇帝刘义隆清算，以至于死无葬身之地。宋文帝在整个南朝历史上都是不错的皇帝，元嘉之治三十年，也算清明之世。也就是说，徐羡之等人换皇帝，于国于家（老刘家）都是做对了的。为什么却是完全不同于霍光的悲剧呢？

原因就在于，霍光并没有杀掉昌邑王，这个叫作刘贺的前任皇帝后来被封为海昏侯，其墓葬前些年在南昌被发现。里面的陪葬品表明，此人并非只是脓包。刘贺就成为继位的汉宣帝潜在风险。汉宣帝必须处处提防着他。汉宣帝皇位的正当性依赖于霍光的废立行动。可是，现在的情况却不一样了。徐羡之、傅亮、谢晦等人把营阳王与刘义真这老大、老二都杀了，使得刘义隆完全没有后顾之忧。他除掉徐羡之等人，不但没有风险，反而有三大收益：第一，切割与废黜皇兄一事的关系；第二，解除废君等人对自己的威胁；第三，用这个清除行动证明自己继承皇位的合法性和正当性。

通过本段所选《资治通鉴》内容，可以看出徐羡之等人不是没担心刘义隆会不利于他们，故而采取了让谢晦出任荆州都督的行动，希望用军事实力保全自己，这个算盘就完全打错了。当权臣需要用军事力量保护自己的时候，整个政治局势就绝对不能按照他们预设的版本演绎，那是曹操、司马懿的路数。

二、宋文帝诫弟刘义恭书

（元嘉六年，429）又以抚军将军江夏王义恭为都督荆、湘等八州诸军事、荆州刺史[1]，以侍中刘湛为南蛮校尉[2]，行府州事[3]。帝与义恭书[4]，诫之曰：

[注释]

[1] 义恭：刘义恭（413—465），刘裕第五子，封为荆州刺史一事，在宋文帝元嘉六年（429）正月。　[2] 刘湛（？—440）：南阳涅阳（今河南邓州）人，出身于官宦世家，宋文帝时初为侍中，此时实际主持荆州府工作。《宋书》卷六十九有传。　[3] 行府州事：府指都督府，州指荆州，刘义恭尚年幼，由刘湛实际处理都督荆湘等八州诸军事和荆州刺史的日常工作，故云。　[4] 帝与义恭书：帝指宋文帝刘义隆（407—453），刘裕第三子，424年即位，年号元嘉，在位三十年，号称治世。这是一封家人之间私人书信，故不称诏书。

“天下艰难[1]，家国事重，虽曰守成，实亦未易。隆替安危，在吾曹耳，岂可不感寻王业，大惧负荷！汝性褊急，志之所滞，其欲必行，意所不存，从物回改。此最弊事，宜念裁抑。卫青遇士大夫以礼[2]，与小人有恩；西门、安于[3]，矫性齐美；关羽、张飞[4]，任偏同弊。行己举事，深宜鉴此！若事异今日[5]，嗣子幼蒙，司徒当周公之事，汝不可不尽祗顺之理。尔时天下安危，决汝二人耳[6]。

文帝刘义隆告诫刘义恭，自己一旦不讳，你要听四哥刘义康的！可是，最终刘义康却因为权重被文帝自己废黜。

[注释]

[1]“天下艰难”以下八句：高祖刘裕开创了刘宋的基业，宋文帝刘义隆是守成之君，故云“虽曰守成，实亦未易”。胡三省于此作注云：“感念致王业之艰难，而寻绎为治之理也。”　[2]“卫青遇

士大夫以礼”二句：卫青（？—前106）在汉武帝时抗击匈奴，官至大将军。大臣汲黯作揖而已，卫青不以为忤。带兵打仗，关爱士卒。 [3]“西门、安于”二句：西门豹和董安于，一个性急，一个性缓，都是通过矫正自己的不足而达到完美。西门，西门豹，战国时期魏国大将，性格刚急，常佩软皮以警示自己性格要缓慢一点。安于，董安于，春秋时期赵简子的家臣，性格宽缓，常佩弓弦以自警。 [4]“关羽、张飞”二句：关羽对于士大夫不礼遇，但关爱士卒；张飞善待士大夫，但是却粗暴地对待身边的士卒。他们二人的偏颇和不足都导致了最后的失败，关羽被糜芳、傅士仁等出卖；张飞为身边受虐待的士卒所杀害。 [5]“若事异今日”以下四句：我的孩子还很幼小，宋文帝身体一直不太好，如有不测，司徒刘义康摄政，行周公之事，你作为弟弟要服从。按，尽管宋文帝如此言说，但是，后来有人想拥立刘义康，被宋文帝废黜并杀害。司徒，此处指刘裕第四子刘义康（409—451），也是宋文帝最年长的弟弟，封彭城王。元嘉六年（429）正月，任命刘义康为侍中，都督扬、南徐、兖三州诸军事，司徒，录尚书事，主持朝政。 [6]二人：指文帝的四弟刘义康、五弟刘义恭兄弟二人。

“汝一月自用钱不可过三十万[1]，若能省此，益美。西楚府舍[2]，略所谙究，计当不须改作，日求新异。凡讯狱多决当时，难可逆虑，此实为难。至讯日[3]，虚怀博尽，慎无以喜怒加人。能择善者而从之，美自归己；不可专意自决，以矜独断之明也！名器深宜慎惜[4]，不可妄以假人。昵近爵赐[5]，尤应裁量。吾于左右虽为少恩[6]，如闻外论不以为非也。

“以贵凌物，物不服；以威加人，人不厌；此易达事耳。

“声乐嬉游[7]，不宜令过；蒱酒渔猎，一切勿为。供用奉身，皆有节度，奇服异器，不宜兴长。

“又宜数引见佐史[8]。相见不数，则彼我不亲；不亲，无因得尽人情；人情不尽，复何由知众事也！”

刘义恭一直很奢侈，因为没有能耐，倒是安然无恙。

胡三省于此段作注评论云：“详观宋文帝此书，则江左之治称元嘉，良有以也。”

［注释］

[1] 三十万：相当于 300 贯。　[2]“西楚府舍”以下四句：东晋南朝时谓荆州为西楚。宋文帝刘义隆入朝为帝之前为荆州刺史，对于荆州馆舍有了解，故说西楚府舍，不需要改作。　[3]“至讯日”以下三句：意谓审讯案件，大多当堂裁断，很难事先考虑。但是审讯时一定要虚心听取各方面的意见，不可将自己主观上的喜怒来强加于人。　[4]“名器深宜慎惜”二句：名器指爵禄职位，不可轻易授予不合格的人。　[5]“昵近爵赐”二句：对于身边昵近之人，更应该严格把关。　[6]“吾于左右虽为少恩”二句：我很少对身边的人员随便加恩，外面的舆论并不以为我不对。　[7]“声乐嬉游”以下四句：谓声色歌舞，不要过分；赌博渔猎，更要杜绝。蒱，蒱樗，一种赌博游戏。　[8] 佐史：指王府和官府的官吏。

（选自《资治通鉴》卷一百二十一，宋纪三）

［点评］

宋文帝刘义隆对于五弟刘义恭的谆谆教诲，是很感人的。刘义隆当年为皇兄刘义符、二哥刘义真报仇，对拥立他登基的徐羡之、傅亮、谢晦痛下杀手。这也展现了兄弟之情。但是，对于四弟刘义康（409—451），宋文帝确实很不放心，最后被贬黜出京，因为害怕被拥立为帝，又派人暗中将这位四弟杀死。

说刘义隆当上了皇帝，不感恩推戴他的人，却以为大哥二哥报仇的名义处死徐羡之等，是多么虚伪啊！

三、北魏太武帝废佛

（元嘉二十三年，446）魏主与崔浩皆信重寇谦之[1]，奉其道。浩素不喜佛法，每言于魏主，以为佛法虚诞，为世费害，宜悉除之。及魏主讨盖吴[2]，至长安，入佛寺[3]，沙门饮从官酒；从官入其室，见大有兵器，出以白帝，帝怒曰："此非沙门所用，必与盖吴通谋，欲为乱耳！"命有司案诛阖寺沙门，阅其财产，大得酿具及州郡牧守、富人所寄藏物以万计，又为窟室以匿妇女[4]。

历史上第一次官方废佛，有道教因素，更有政治因素。

[注释]

[1] 魏主：《资治通鉴》奉南朝为正朔，北朝君主称主，此魏主为北魏太武帝拓跋焘（408—452）。崔浩（381—450）：出身清河崔氏，辅佐北魏三代君主拓跋珪、拓跋嗣、拓跋焘，官至司徒，崇道而抑佛。后因国史案而被杀。寇谦之（365—448）：祖籍北京市昌平区，后移居关中，北朝著名道教领袖。425 年，魏太武帝曾亲临他主持的道场受箓，亦与崔浩相亲善。 [2] 盖吴（418—446）：出身北魏时期卢水胡（匈奴别部），445 年在关中起兵，自称天台王，反抗北魏的统治。事情牵涉佛教。太武帝率军到长安讨平盖吴之乱，事在公元 446 年二月。 [3]"入佛寺"以下九句：魏太武帝随从官员到佛寺，僧众饮之以酒，本就不合佛法，又发现有大批兵器，故谓其与盖吴通谋。沙门，佛教僧众称沙门。 [4] 又为窟室以匿妇女：意谓这个寺庙了还发现有密室，里面藏匿着妇女。从中可以看出，此时的佛教并不纯粹，不免有藏污纳垢之事。

浩因说帝悉诛天下沙门，毁诸经像，帝从之。寇谦之与浩固争，浩不从。先尽诛长安沙门，焚毁经像，并敕留台下四方[1]，令一用长安法。诏曰："昔后汉荒君[2]，信惑邪伪以乱天常，自古九州之中，未尝有此。夸诞大言，不本人情，叔季之世，莫不眩焉。由是政教不行，礼义大坏，九服之内，鞠为丘墟。朕承天绪，欲除伪定真，复羲、农之治[3]。其一切荡除，

中国历史上"三武一宗"废佛，此次是第一次。446 年的这次废佛与拓跋焘个人信仰有关，也与信道不信佛的崔浩促成有关。盖吴事件只是一个导火索。崔浩之死，得罪之人很多，怂恿太武帝废佛也是重要原因之一。

灭其踪迹。自今已后，敢有事胡神及造形像泥人、铜人者门诛[4]。有非常之人，然后能行非常之事，非朕孰能去此历代之伪物？有司宣告征镇诸军、刺史，诸有浮图形像及胡经，皆击破焚烧，沙门无少长悉坑之！”太子晃素好佛法[5]，屡谏不听，乃缓宣诏书，使远近豫闻之，得各为计。沙门多亡匿获免，或收藏经像，唯塔庙在魏境者无复孑遗。

崔浩力主废佛，也因此而得罪了崇佛的太子拓跋晃。

[注释]

[1]“并敕留台下四方”二句：废佛诏令从长安发出，要求平城方面下令在全国各地完全按照长安的做法废除佛教。故说“一用长安法”。留台，魏主出征，太子在平城监国，故称首都平城政府为留台。 [2]后汉荒君：佛教在东汉明帝时传入中国，桓帝时始奉佛法，故称后汉荒君。 [3]羲、农：指伏羲、神农，指宗奉华夏文化正统。 [4]敢有事胡神及造形像泥人、铜人者门诛：谓凡供奉佛法，以及造像及铸造铜佛像的，满门诛杀。 [5]太子晃：拓跋晃（428—451），拓跋焘长子，432年被立为太子。拓跋焘出征，晃时常以太子监国，崇奉佛教。后因为宦官宗爱陷害，抑郁而死，被谥为景穆太子。452年，其子拓跋濬即位，追封为景穆皇帝。

（选自《资治通鉴》卷一百二十四，宋纪六）

［点评］

北魏建国、征战、统一，从道武帝拓跋珪、明元帝拓跋嗣到太武帝拓跋焘，大约六十来年。446 年的废佛事件发生在统一完成前夜。几年后崔浩被杀（450），北魏历史进入一个复杂的时期。不能说废佛事件与崔浩被杀直接挂钩，但是，崔浩因此得罪了包括太子晃在内的许多佛教徒，肯定是原因之一。

四、魏孝文帝迁都洛阳

（太和十七年，493）魏主以平城地寒[1]，六月雨雪，风沙常起，将迁都洛阳；恐群臣不从，乃议大举伐齐，欲以胁众。斋于明堂左个[2]，使太常卿王谌筮之，遇“革”，帝曰：“‘汤、武革命[3]，应乎天而顺乎人。’吉孰大焉！”群臣莫敢言。尚书任城王澄曰[4]：“陛下奕叶重光，帝有中土；今出师以征未服，而得汤、武革命之象，未为全吉也。”帝厉声曰：“繇云[5]：‘大人虎变’[6]，何言不吉！”澄曰：“陛下龙兴已久[7]，何得今乃虎变！”帝作色曰：“社稷我之社稷，任城欲沮众邪！”澄曰：“社稷虽为陛下之有，魏孝文帝盛气凌人，不是他的执政风格，但是，在现在这个时候，他需要阻止众人叽叽喳喳。

臣为社稷之臣，安可知危而不言！”帝久之乃解，曰：“各言其志，夫亦何伤！”

[注释]

[1] 魏主：魏孝文帝拓跋宏（467—499），文成帝拓跋濬之孙，献文帝拓跋弘长子。平城：时北魏首都，在今山西大同。 [2] 明堂左个：指明堂大寝殿南堂的东侧。明堂是古代帝王举行朝会、享宴、祭祀祖宗等隆重典礼的殿堂。 [3]“汤、武革命”二句：这是《周易·革卦》中的彖辞。 [4]“尚书任城王澄曰”以下六句：意谓孝文帝乃北魏第七代君主，统治中原，现在出师征讨南方的齐朝，怎么会有汤武革命（改朝换代之意）之象呢？并不全是吉利之辞。任城王拓跋澄，孝文帝堂叔，时任尚书令。《魏书》卷十九有传。 [5] 繇：通“爻”。 [6] 大人虎变：是革卦中九五爻辞。意思是大人（国君）像老虎的毛色一样，从小到大，变化莫测。 [7]“陛下龙兴已久”二句：任城王认为孝文帝登基多年，不应再谈“大人虎变”。

既还宫[1]，召澄入见，逆谓之曰：“向者《革卦》[2]，今当更与卿论之。明堂之忿，恐人人竞言，沮我大计，故以声色怖文武耳。想识朕意。”因屏人，谓澄曰：“今日之举，诚为不易。但国家兴自朔土，徙居平城；此乃用武之地，非可文治。今将移风易俗，其道诚难，朕欲因此迁宅中原，卿以为何如？”澄曰[3]：“陛下欲卜宅中土，以经略四海，此周、汉所以兴隆也。”帝曰：“北人习常恋故，必将惊扰，奈何？”澄曰：“非常之事，故非常人之所及。陛下断自圣心，彼亦何所能为！”帝曰：“任城，吾之子房也[4]！”

六月，丙戌，命作河桥，欲以济师。秘书监卢渊上表[5]，以为：“前世承平之主，未尝亲御六军，决胜行陈之间；岂非胜之不足为武，不胜有亏威望乎！昔魏武以弊卒一万破袁绍，谢玄以步兵三千摧苻秦，胜负之变，决于须臾，不在众寡也。”诏报曰：“承平之主，所以不亲戎事，或以同轨无敌，或以懦劣偷安。今谓之同轨则未然，比之懦劣则可耻，必若王者不当亲戎，则先王制革辂，何所施也？魏武之胜，盖由仗顺；苻氏之败，亦由失政；岂寡必能胜众，弱必能制强邪！”丁未，魏主讲武，命尚书李冲典武选[6]。

罗马皇帝，带兵出征是其职分，中国皇帝亲征则是非常事件。

［注释］

[1]“既还宫”以下三句：回到宫中后，孝文帝召见任城王私下谈话。逆谓之，孝文帝迎上去说。逆，迎。　[2]“向者《革卦》”以下六句：孝文帝向任城王解释了在明堂论及《革卦》时声色俱厉的原因是为了恐吓群臣，不要阻止自己的迁都计划。　[3]“澄

曰”以下四句：任城王明白孝文帝迁都是为了移风易俗，经略天下，表示予以支持。 [4] 子房：刘邦谋士张良的字。 [5] 卢渊（454—501）：范阳郡涿县（今河北涿州）人。北朝大姓，《魏书》卷四十七有传。 [6] 李冲（450—498）：本名李思冲，字思顺，陇西狄道（今甘肃临洮）人，为冯太后宠幸，曾提出设立三长的建议。《魏书》卷五十三有传。

秋，七月，癸丑，魏立皇子恂为太子[1]。戊子，魏中外戒严，发露布及移书，称当南伐。诏发扬、徐州民丁[2]，广设召募以备之。

（九月）魏主自发平城至洛阳，霖雨不止。丙子，诏诸军前发。丁丑，帝戎服，执鞭乘马而出。群臣稽颡于马前[3]。帝曰：“庙算已定，大军将进，诸公更欲何云？”尚书李冲等曰：“今者之举，天下所不愿，唯陛下欲之。臣不知陛下独行，竟何之也！臣等有其意而无其辞，敢以死请！”帝大怒曰：“吾方经营天下，期于混壹，而卿等儒生，屡疑大计；斧钺有常，卿勿复言！”策马将出，于是安定王休等并殷勤泣谏[4]。帝乃谕群臣曰：“今者兴发不小，动而无成，何以示后！朕世居幽朔，欲南迁中土；苟不南伐，当迁都于此，王公以为何如？欲迁者左，不欲者右。”

安定王休等相帅如右。南安王桢进曰[5]：“‘成大功者不谋于众[6]。’今陛下苟辍南伐之谋，迁都洛邑，此臣等之愿，苍生之幸也。”群臣皆呼万岁。时旧人虽不愿内徙，而惮于南伐，无敢言者；遂定迁都之计。

南征是为了迁都。这就是所谓醉翁之意不在酒！

[注释]

[1] 恂：拓跋恂（483—497），孝文帝贞林皇后之子，后因从洛阳逃归平城，被废黜太子并处死。 [2] 诏发扬、徐州民丁：是说南齐朝廷召募兵丁，以防止北魏南侵。 [3] 群臣稽颡于马前：意谓群臣跪在马前请求。稽颡，叩首。 [4] 安定王休：拓跋休，拓跋晃之子，文成帝拓跋濬之弟，封为安定王，为孝文帝堂叔祖。 [5] 南安王桢：拓跋桢，拓跋晃之子，文成帝拓跋濬之弟，封为南安王，为孝文帝堂叔祖。 [6] 成大功者不谋于众：出自《商君书·更法》。

（选自《资治通鉴》卷一百三十八，齐纪四）

[点评]

从拓跋焘统一北方到冯太后执政，北魏又经历了数十年，若从拓跋珪建国算起，则将近百年。现在的北魏，已经不仅是一个北方胡族政权，而且是统治者广袤北方地区的中原王朝。但是，北魏的国家制度却依然处在草创阶段，从打天下过渡到治天下，需要进一步完善各项基本制度，改革势在必行。这个责任就落在了冯太后身上。

冯太后的改革从最基本的体制机制建设入手。包括俸禄制度、均田制度、三长制度，这些制度都是为了解决国家机器运作的机制问题。

北魏冯太后的改革之所以成功，影响及于隋唐，是因为后继有人。这就是魏孝文帝拓跋宏（467—499）。北魏的改革到了魏孝文帝完全执政时代，达到了高潮。

太和十四年（490）九月，冯太后病逝。23岁的孝文帝坚持守孝三年，继续了祖母的改革事业。孝文帝改革最重大的事件，是太和十七年（493）迁都洛阳。迁都不仅是“入主中原”的象征，也是为进一步推进全面的汉化政策提供政治基础。《资治通鉴》卷一百三十八详细记载了这次迁都的原委：“魏主以平城地寒，六月雨雪，风沙常起，将迁都洛阳；恐群臣不从，乃议大举伐齐，欲以胁众。”这一年九月，大军行至洛阳时，霖雨不止，“时旧人虽不愿内徙，而惮于南伐，无敢言者；遂定迁都之计”。

迁都之后，孝文帝进行了大规模的汉化改革。首先是鼓励胡汉通婚，他自己带头娶崔卢李郑王汉族高门的女儿充后宫，同时为皇室成员娶汉族高门为王妃。其次是禁止说胡语，朝廷官员30岁以下必须讲汉语。要求鲜卑官员穿汉服，禁止穿鲜卑服饰。496年，又改鲜卑姓氏，拓跋氏带头改姓元，其他一百多个鲜卑姓氏都改成汉姓，鲜卑人的籍贯都改为河南洛阳。

南朝北齐官员王肃北逃，孝文帝如获至宝，王肃是东晋名臣王导之孙，孝文帝重用王肃（464—501），用中原政治制度改造鲜卑制度，包括官制仪轨、祭祀典礼、舆服制度等，君臣际遇，“自谓君臣之际犹玄德之遇孔明也”（《魏书·王肃传》）。

孝文帝改革曾遇到鲜卑贵族的反对，496年，孝文帝南征，太子恂留守洛阳，不耐洛阳暑热，穿胡服，并且逃回平城，成为反对孝文帝改革的鲜卑贵族的领头羊。孝文帝回京后，将其从平城抓回，废黜太子之位，不久又赐死。

冯太后与孝文帝的改革极大地促进了鲜卑社会的发展，但是也留下了许多问题，太子虽然被处死，可是平城及北方六镇地区鲜卑势力仍然强大。胡汉融合问题，仍然是困扰北魏社会发展的核心问题。在后来一百多年的岁月中，还经历了很大的波折，经历西魏北周的磨合，民族融合问题在隋朝才得以解决，从而带来了南北统一。

五、北魏河阴之变

（大通二年，528）魏灵太后再临朝以来[1]，嬖幸用事，政事纵弛，恩威不立，盗贼蜂起，封疆日蹙。魏肃宗年浸长，太后自以所为不谨，恐左右闻之于帝，凡帝所爱信者，太后辄以事去之，务为壅蔽，不使帝知外事。通直散骑常侍昌黎谷士恢有宠于帝[2]，使领左右[3]；太后屡讽之，欲

宣武帝元恪打破生子即处死其母的北魏规矩，结果就出现了一个葬送北魏的胡太后。

用为州，士恢怀宠，不愿出外，太后乃诬以罪而杀之。有蜜多道人[4]，能胡语，帝常置左右，太后使人杀之于城南，而诈悬赏购贼。由是母子之间，嫌隙日深。

女主临朝，内有嬖幸，外有强臣，北魏政治出现了危机。

是时，车骑将军、仪同三司、并、肆、汾、广、恒、云六州讨虏大都督尔朱荣[5]，兵势强盛，魏朝惮之。

并州刺史元天穆[6]，孤之五世孙也，与荣善，荣兄事之。荣常与天穆及帐下都督贺拔岳密谋[7]，欲举兵入洛，内诛嬖幸，外清群盗，二人皆劝成之。

[注释]

[1] 魏灵太后：胡氏，世宗宣武帝元恪（483—515）宠妃，肃宗孝明帝元诩（510—528）生母，515 年，元恪死后，胡氏以太后身份临朝称制。520 年被权宦刘腾、妹婿元乂幽禁。525 年，刘腾死后，得以复出，杀死元乂，再度临朝称制。 [2] 谷士恢：魏孝明帝宠臣。 [3] 使领左右：意谓使谷士恢统领左右千牛备身，做贴身禁卫。 [4] 蜜多道人：生平不详，下文称能胡语，也许是西域人。 [5] 尔朱荣（493—530）：世居秀荣川的契胡酋长，此处的头衔表明，尔朱荣是北部地区以并州为中心的军政长官。 [6] 元天穆（489—530）：鲜卑人，拓跋孤的五世孙。拓跋孤是十六国时期代国昭成帝拓跋什翼犍之弟，有文武之

才。 [7] 贺拔岳（？—534）：鲜卑族，与兄贺拔胜均为北魏名将，年轻时曾为太学生，后为怀朔镇军主，六镇起兵，辗转投奔尔朱荣，担任都督。尔朱荣兵赴洛阳，扶持孝庄帝元子攸即位，赐爵樊城乡男。530 年，随尔朱天光平定在关中起兵的万俟丑奴，累官至雍州刺史、关中大行台。534 年，主持朝中大权的高欢借手侯莫陈悦用计杀之，贺拔岳余部由宇文泰统领。

魏肃宗亦恶俨、纥等[1]，逼于太后，不能去。密诏荣举兵内向，欲以胁太后。荣以高欢为前锋[2]，行至上党[3]，帝复以私诏止之。俨、纥恐祸及己，阴与太后谋鸩帝。癸丑，帝暴殂。甲寅，太后立皇女为帝，大赦。既而下诏称："潘充华本实生女[4]，故临洮王宝晖世子钊[5]，体自高祖，宜膺大宝[6]。百官文武加二阶，宿卫加三阶。"乙卯，钊即位。钊始生三岁，太后欲久专政，故贪其幼而立之。

胡太后的操作，简直视政治如儿戏。

[注释]

[1] 魏肃宗（510—528）：北魏孝明帝元诩。俨、纥：指郑俨、徐纥，他们是灵太后的情夫、宠臣，窃威弄权。 [2] 高欢（496—547），字贺六浑，原籍渤海蓨县（今河北景县），出身于怀朔镇（今内蒙古固阳县西南）兵户之家，为鲜卑化汉人。曾参加杜洛周起义军，归顺葛荣，后叛降尔朱荣，参与收编六镇余部，累官

至晋州刺史。尔朱荣被孝庄皇帝所杀，他起兵消灭尔朱氏残余势力，控制北魏朝政。是北齐王朝奠基人。 [3] 上党：治今山西长治。 [4] 潘充华：孝明帝元诩之妃，本年正月初七生一女，灵太后谎称为男，并继位为帝。至此，又改口是女孩。 [5] 世子钊：（526—528），是元宝晖之世子，孝文帝元宏（庙号高祖）的曾孙，故下文云“体自高祖”。此时继位年仅 3 岁。 [6] 大宝：指皇位。

胡太后的操作，为尔朱荣起兵向阙，提供了口实。

尔朱荣闻之，大怒，谓元天穆曰：“主上晏驾，春秋十九，海内犹谓之幼君；况今奉未言之儿以临天下，欲求治安，其可得乎！吾欲帅铁骑赴哀山陵[1]，翦除奸佞，更立长君，何如？”天穆曰：“此伊、霍复见于今矣[2]！”乃抗表称：“大行皇帝背弃万方[3]，海内咸称鸩毒致祸。岂有天子不豫，初不召医，贵戚大臣皆不侍侧，安得不使远近怪愕！又以皇女为储两，虚行赦宥。上欺天地，下惑朝野。已乃选君于孩提之中，实使奸竖专朝，隳乱纲纪，此何异掩目捕雀，塞耳盗钟！今群盗沸腾，邻敌窥窬，而欲以未言之儿镇安天下，不亦难乎！愿听臣赴阙，参预大议，问侍臣帝崩之由，访禁卫不知之状，以徐、郑之徒付之司败，雪同天之耻，谢远近之怨，然后更择宗亲以承宝祚。”荣从弟世隆[4]，时为直阁[5]，太后遣诣晋阳慰谕荣；荣欲留之，世隆曰：“朝廷疑兄，故遣世隆来，今留世隆，使朝廷得预为之备，非计也。”乃遣之。

尔朱荣的表文，义正词严！

（三月）乙酉，魏葬孝明皇帝于定陵，庙号肃宗。

［注释］

[1] 赴哀山陵：指奔丧，实际上是要称兵犯阙。 [2] 伊、霍：指商初的伊尹，西汉的霍光。伊尹曾流放太甲，使其归于正；霍光废昌邑王，立汉宣帝，重建了西汉的皇统。 [3] 大行皇帝：驾崩的皇帝，指魏肃宗元诩。 [4] 世隆：尔朱世隆，尔朱荣从弟。尔朱荣被杀后，尔朱世隆曾主持朝政，532 年，在尔朱氏内乱中被杀。 [5] 直阁：官名，北魏时为皇帝的侍卫官，有直阁将军等不同职级。

尔朱荣与元天穆议，以彭城武宣王有忠勋[1]，其子长乐王子攸[2]，素有令望，欲立之。又遣从子天光及亲信奚毅、仓头王相入洛[3]，与尔朱世隆密议。天光见子攸，具论荣心，子攸许之。天光等还晋阳，荣犹疑之，乃以铜为显祖诸子孙各铸像[4]，唯长乐王像成。荣乃起兵发晋阳，

尔朱荣需要一个元氏傀儡。

世隆逃出，会荣于上党。灵太后闻之，甚惧，悉召王公等入议，宗室大臣皆疾太后所为，莫肯致言。徐纥独曰："尔朱荣小胡，敢称兵向阙，文武宿卫足以制之。但守险要以逸待劳，彼悬军千里，士马疲弊，破之必矣。"太后以为然，以黄门侍郎李神轨为大都督，帅众拒之，别将郑季明、郑先护将兵守河桥[5]，武卫将军费穆屯小平津[6]。先护，俨之从祖兄弟也。

关键时刻，情夫与嬖幸都不管用！

荣至河内，复遣王相密至洛，迎长乐王子攸。

[注释]

[1] 彭城武宣王：彭城王元勰（473—508），献文帝拓跋弘第六子，孝文帝元宏之弟，死后被谥为武宣王。 [2] 长乐王子攸：元子攸（507—531），元勰第三子，孝文帝元宏之侄。被尔朱荣拥立为帝，是为孝庄帝（428—430 在位）。 [3] 从子天光：尔朱荣的侄子尔朱天光（496—532）。尔朱荣曾派其统领贺拔岳等征讨关中叛乱，尔朱荣死后，其死于与高欢的战争。奚毅（490—530）：出身鲜卑贵族达奚部，尔朱荣觐见魏孝庄帝，奚毅站在皇帝一边，杀死尔朱荣。其生平事迹见赵超《汉魏南北朝墓志汇编》所收《魏故使持节太尉公都督冀定仓瀛殷五州诸军事骠骑大将军冀州刺史上洛郡开国公奚史君墓志铭》（天津古籍出版社，2008 年）。仓头：又作"苍头"，家奴的别称。王相：事迹不详。 [4]"乃以铜为显祖诸子孙各铸像"二句：北魏习俗，用铜铸造皇帝或者皇后铜像，以铸造结果来卜成败。显祖，北魏献文

帝拓跋弘（454—476）。　[5] 郑季明（？—430）、郑先护（？—431）：均北魏军将，后来都脱离胡太后，归附尔朱荣，拥立孝庄帝。郑季明在河阴之变中被乱兵所杀，郑先护在孝庄帝被杀后南逃梁朝。次年被尔朱氏诱杀。　[6] 费穆（477—529）：北魏名将，助尔朱荣发动河阴之变。次年，魏宗室元颢在梁朝护送下，攻入洛阳，费穆兵败投降，被杀。小平津：黄河渡口名，位置在今河南洛阳市孟津区东北。

夏，四月，丙申，子攸与兄彭城王劭、弟霸城公子正潜自高渚渡河[1]，丁酉，会荣于河阳[2]，将士咸称万岁。戊戌，济河，子攸即帝位，以劭为无上王[3]，子正为始平王；以荣为侍中、都督中外诸军事、大将军、尚书令、领军将军、领左右，封太原王。

郑先护素与敬宗善，闻帝即位，与郑季明开城纳之。李神轨至河桥，闻北中不守[4]，即遁还；费穆弃众先降于荣。徐纥矫诏夜开殿门，取骅骝厩御马十匹[5]，东奔兖州，郑俨亦走还乡里。太后尽召肃宗后宫，皆令出家，太后亦自落发。荣召百官迎车驾，己亥，百官奉玺绶，备法驾，迎敬宗于河桥。庚子，荣遣骑执太后及幼主，送至河阴[6]。太后对荣多所陈说，荣拂衣而起，沉太胡太后被沉河距离其杀子仅两个月。

后及幼主于河。

[注释]

[1] 彭城王劭：元劭，彭城王元勰世子。霸城公子正：元子正（508—528），元勰少子。他们陪同元子攸北渡黄河。二人墓志均见《汉魏南北朝墓志汇编》（天津古籍出版社，2008 年）。高渚：黄河渡口处，位于今河南洛阳市孟津区西南。 [2] 河阳：县名，在黄河北岸，治今河南孟州。 [3] 以劭为无上王：元劭是魏孝庄帝元子攸之兄，作为世子的兄长，元劭因此被封为无上王，以示尊崇。 [4] 北中：即北中郎将府，有城防，守卫河阳渡口。 [5] 骅骝厩：北魏皇家御马管理机构，隶属门下省。 [6] 河阴：县名，在今河南洛阳市孟津区东北。

在朝臣中，换上自己的亲信，这个建议没大错。但是，并非杀戮可以了事。

费穆密说荣曰：“公士马不出万人，今长驱向洛，前无横陈，既无战胜之威，群情素不厌服。以京师之众，百官之盛，知公虚实，有轻侮之心。若不大行诛罚，更树亲党，恐公还北之日，未渡太行而内变作矣。”荣心然之，谓所亲慕容绍宗曰[1]：“洛中人士繁盛，骄侈成俗，不加芟翦，终难制驭。吾欲因百官出迎，悉诛之，何如？”绍宗曰：“太后荒淫失道，嬖幸弄权，殽乱四海，故明公兴义兵以清朝廷。今无故歼夷多士，不分忠佞，恐大失天下之望，非长策也。”荣不听，乃请帝循河西至淘渚[2]，引百官于行宫西北，云欲祭天。百官既集，列胡骑围之，责以天下丧乱，肃宗暴崩，皆由朝臣贪虐，不能匡弼。因纵兵杀之，自丞相高阳王雍、司空元钦、仪同三司义阳王略以下[3]，死者二千余人。

颟顸地诛杀满朝王公大臣，把事情做绝，是尔朱荣政治上的短视。

[注释]

[1] 慕容绍宗（501—549）：出身鲜卑慕容部，前燕宗室慕容恪之后。仕北魏、东魏为名将。 [2] 陶渚：即今河南洛阳孟津区。 [3] 高阳王雍：元雍（？—528），魏献文帝之子，孝文帝元宏之弟。《魏书》卷二十一上有传。司空元钦（470—528）：魏太武帝拓跋焘已故太子拓跋晃之孙。仪同三司义阳王略（486—528）：北魏宗室。元钦、元略墓志铭收入《汉魏南北朝墓志汇编》（天津古籍出版社，2008 年）。

（选自《资治通鉴》卷一百五十二，梁纪八）

[点评]

499 年 4 月，魏孝文帝崩于南征途中。太子元恪（482—515）即位，是为宣武帝。宣武帝时期，北魏已经在走下坡路，拓跋贵族竞相奢侈，迅速腐败。到胡太后执政时期，奸佞当道，民变迭起，尤其是北方六镇起兵，破坏了北魏的统治秩序。

所谓北方六镇，是指北魏前期在首都平城（今山西大同）北部边塞地区，设置的六个军镇，包括沃野、怀朔、武川、抚冥、柔玄、怀荒等镇，位置在今内蒙古河套地区以东、阴山山脉以南地区。设镇的目的是拱卫首都平城，抵御柔然等北方游牧民族的侵犯。

可是，迁都洛阳之后，鲜卑贵族沉湎于醉生梦死温柔乡，早就忘记了边塞地区的苦寒。边镇与洛阳的鲜卑贵族对于国家的前途有了两种不同的期待。孝文帝南征之际，太子元恂从洛阳逃归平城，反映的实际是鲜卑内部对于国家发展的两种不同路线之争。如果接下来的宣武帝元恪、孝明帝元诩（胡太后掌权）时期，对于各方利益有所平衡，事情也许犹有可为，可是，胡太后与孝明帝争权，进一步恶化了朝廷与六镇的关系。

胡太后是宣武帝的宠妃，为他生了长子元诩（510—528）。大约由于佛教的影响，也由于汉化的缘故，以及出于对胡贵嫔的宠爱，元恪废除了“子贵母死”的旧制。胡贵嫔没有因为生了宁馨儿而被杀，相反宠爱有加。515年正月，元恪死后，其所亲信的大臣高肇、王显等被杀，不久，原配高太后被大臣废黜为尼，胡贵嫔从太妃升格为太后，垂帘听政。

在执政初期，胡太后处事尚有章法，小叔子兼情夫元怿主持朝政，与权宦刘腾、妹婿元乂等人产生了权力冲突。520年，刘腾等利用她与小叔子元怿的暧昧关系，鼓动少年皇帝将太后软禁起来，长达五年之久。525年，胡太后利用母子之情，以及刘腾的去世，采取反制行动，除掉了元乂，重新掌握朝政。从此她就变得肆无忌惮、为所欲为：“自是朝政疏缓，威恩不立，天下牧守，所在贪惏。郑俨污乱宫掖，势倾海内；李神轨、徐纥并见亲侍。一二年中，位总禁要，手握王爵，轻重在心，宣淫于朝，为四方之所厌秽。文武解体，所在乱逆，土崩鱼烂，由于此矣。”(《魏书·皇后传》)就在这个当口，铁血边将尔朱荣却舔着造反者的鲜血，迅速崛起。

尔朱荣(493—530)出身契胡酋长家庭。契胡一般认为就是羯族的一支，世居秀荣川(今山西朔州)。传到尔朱荣这一代，为北魏边防镇将。尔朱荣生得皮肤白皙，长相俊美，是一员猛将。《资治通鉴》说他“神机明决，御众严整”。每次镇压内服胡族的反抗，尔朱荣都频立战功，所得封赏也逐渐提升。在胡太后执政时代，他已经被擢升为使持节、安北将军、都督恒朔讨虏诸军、假抚军将军，进封博陵郡公，食邑1500户。526年八月，尔朱荣举兵袭取肆州(今山西忻州)，自署其叔父为刺史，从此之后，尔朱荣的兵威渐盛，朝廷对他也无可奈何，进而任命为镇北将军。

由于胡太后大权独揽，忌惮孝明帝元诩逐渐成年，母子之间的关系越来越紧张。528年，胡太后与情夫郑俨、徐纥等人在清除了年轻皇帝的亲信后，又毒死了孝明帝，谎称潘妃所生女儿为太子，即位称帝。几天后又称潘妃所生实为女孩，另立孝文帝之孙元钊为帝，年仅3岁。胡太后这一番政治操弄，给了一直觊觎朝廷的尔朱荣以兴兵问罪的借口。

本来，尔朱荣的部将高欢就曾建议说：“今天子暗弱，太后淫乱，嬖孽擅命，朝政不行。以明公雄武，乘时奋发，讨郑俨、徐纥之罪以清帝侧，霸业可举鞭而成。”(《资治通鉴》卷一百五十二）孝明帝则把尔朱荣当作对抗母后及其情夫郑俨、徐纥的外援。“密诏荣举兵内向，欲以胁太后。”尔朱荣以高欢为前锋，行至上党，帝复以私诏止之。此时，传来魏帝驾崩的消息，自然给了尔朱荣兴兵靖难的口实。

尔朱荣率兵向洛阳进发，朝廷乱作一团。胡太后派出的军队不堪一击，情夫们都各自逃命，胡太后自己削发躲入佛寺，并下令妃嫔们都出家为尼。是年四月，尔朱荣在进军途中，立长乐王元子攸（507—531）为帝。子攸为献文帝之孙，孝文帝之侄，是为敬宗孝庄帝。尔朱荣自任侍中、都督中外诸军事、大将军、尚书令、领军将军、领左右（即领左右千牛备身，带此头衔掌控皇帝身边禁卫），封太原王。六月，尔朱荣入洛阳，把胡太后及小皇帝都挟持到河阴，沉入黄河，又大开杀戒，屠杀了2000多位胡汉高官。这一任性妄为，将尔朱荣的政治资本消耗殆尽。

尔朱荣不是没有称帝的企图，只是由于时机不成熟，加之他四次铸造金人皆不成功（意味着上天不赞成改朝换代），使他放弃了称帝的企图。但是，他对于孝庄帝的蔑视，以及各种胡作非为，则到了令人发指、难以忍受的地步。530年农历九月，孝庄帝以尔朱皇后（尔朱荣之女）生子为由，诱尔朱荣入皇宫庆贺，亲手将其刺杀于御座之前。“于是内外喜噪，声满洛阳城，百僚入贺。”（以上引文见《资治通鉴》卷一百五十三至一百五十四）尔朱荣没有死在疆场上，却死在自己所拥立的女婿的刀下；死因也不是图谋篡位，而是因为权力太大，跋扈不羁！死得实在有些窝囊！

六、贺琛启陈四事

（大同十一年，545）散骑常侍贺琛启陈四事[1]：

其一，以为："今北边稽服[2]，正是生聚教训之时，而天下户口减落，关外弥甚[3]。郡不堪州之控总[4]，县不堪郡之裒削，更相呼扰，惟事征敛。民不堪命，各务流移，此岂非牧守之过欤！东境户口空虚[5]，皆由使命繁数，穷幽极远，无不皆至，每有一使，所属搔扰，驽困守宰[6]，则拱手听其渔猎；桀黠长吏，又因之重为贪残，纵有廉平，郡犹掣肘。如此，虽年降复业之诏，屡下蠲赋之恩，而民不得反其居也。"

一是民生多艰，官吏贪残。

［注释］

[1] 贺琛：会稽山阴（今浙江绍兴城区）人，生卒年不详，大约死于侯景乱梁后不久，《梁书》卷三十八《贺琛传》云卒年69岁。贺琛原奏文，见《梁书·贺琛传》，本文选自《资治通鉴》卷一百五十九梁武帝大同十一年（545）十二月。 [2]"今北边稽服"二句：目前北边没有战争，与东魏关系和睦，发展经济，推行教化，正当其时。生聚教训，胡三省注：用伍子胥"越

十年生聚，十年教训”之言。 [3] 关外：指长江以北淮、汝、潼、泗等新收复的州郡在边关之外的地区。 [4]“郡不堪州之控总”以下七句：南朝实行州、郡、县三级行政体制，这几句意谓，州过度地控制郡，郡过度地征发县的赋税，使得地方上不堪其命。 [5] 东境：指东部地区，即三吴之地。 [6]“驽困守宰”以下六句：谓朝廷派出的使节困扰地方政府，进而把负担转嫁给了百姓。驽困守宰，与桀黠长吏对举，前者指笨拙的地方官，后者指滑头的地方官。

其二，以为：“今天下守宰所以贪残，良由风俗侈靡使之然也。今之燕喜[1]，相竞夸豪，积果如丘陵，列肴同绮绣，露台之产[2]，不周一燕之资，而宾主之间，裁取满腹，未及下堂，已同臭腐。又，畜妓之夫，无有等秩，为吏牧民者[3]，致赀巨亿，罢归之日，不支数年，率皆尽于燕饮之物、歌谣之具。所费事等丘山，为欢止在俄顷，乃更追恨向所取之少；如复傅翼，增其搏噬，一何悖哉！其余淫侈，著之凡百，习以成俗，日见滋甚，欲使人守廉白，安可得邪！诚宜严为禁制，道以节俭，纠奏浮华，变其耳目。夫失节之嗟，亦民所自患，正耻不能及群，故勉强而为之；苟以纯素为先，足正雕流之弊矣。”

二是风俗奢靡，堕落腐败。

其三，以为："陛下忧念四海，不惮勤劳，至于百司，莫不奏事。但斗筲之人，既得伏奏帷扆，便欲诡竞求进，不论国之大体，心存明恕；惟务吹毛求疵[4]，擘肌分理，以深刻为能，以绳逐为务。迹虽似于奉公，事更成其威福，犯罪者多，巧避滋甚，长弊增奸，寔由于此。诚愿责其公平之效，黜其谗慝之心，则下安上谧，无徼幸之患矣。"

三是苛政烦琐，察察为明。

其四，以为："今天下无事，而犹日不暇给，宜省事、息费，事省则民养，费息则财聚。应内省职掌各检所部：凡京师治、署、邸、肆及国容、戎备[5]，四方屯、传、邸治，有所宜除，除之，有所宜减，减之；兴造有非急者，征求有可缓者，皆宜停省，以息费休民。故畜其财者，所以大用之也；养其民者，所以大役之也。若言小事不足害财，则终年不息矣；以小役不足妨民，则终年不止矣。如此，则难可以语富强而图远大矣。"

四是要减少徭役，息费休民。

［注释］

[1] 燕喜：指宴饮聚餐。 [2] 露台之产：谓百金。西汉文帝欲营一露台，听说要百金之费，乃止。 [3] "为吏牧民者"以

下五句：谓各级官吏奢靡腐败，宴会浪费，歌舞奢靡，为官聚敛的财富，很快挥霍一空。 [4]“惟务吹毛求疵”以下四句：谓梁武帝身边的小人，进献谗言，致使为政严苛。 [5]治、署、邸、肆及国容、戎备：胡三省注云：“治，理事之所。署，舍止之所。邸，诸王列第及诸郡朝宿之区。肆，市列也。国容，礼乐、车服、旗章也。戎备，用兵之器备也。”

启奏，上大怒[1]，召主书于前，口授敕书以责琛。大指以为：“朕有天下四十余年，公车谠言[2]，日关听览，所陈之事，与卿不异，每苦倥偬[3]，更增惛惑。卿不宜自同阘茸[4]，止取名字[5]，宣之行路，言‘我能上事，恨朝廷之不用’。何不分别显言：某刺史横暴，某太守贪残，尚书、兰台某人奸猾，使者渔猎，并何姓名？取与者谁？明言其事，得以诛黜，更择材良。又，士民饮食过差[6]，若加严禁，密房曲屋，云何可知？傥家家搜检，恐益增苛扰。若指朝廷，我无此事。昔之牲牢，久不宰杀，朝中会同，菜蔬而已；若复减此，必有《蟋蟀》之讥[7]。若以为功德事者[8]，皆是园中之物，变一瓜为数十种，治一菜为数十味；以变故多，何损于事！

梁武帝为何大怒，因为他觉得自己很委屈。

[注释]

[1] 上：指梁武帝萧衍（464—549），南朝梁创立者。据说是西汉萧何四十五世孙。502 年建立梁朝，重视礼乐文化的建设，也重视佛教与道教，因为佞佛而数次舍身佛寺。晚年因为侯景之乱而饿死于台城。 [2] 谠言：善言，直言。 [3] 倥偬：此处指忙乱。 [4] 阘茸：庸劣。 [5]“止取名字”二句：意谓只是获得能够上书言事的名声，使路人知道。 [6] 士民饮食过差：士民饮食奢侈过分。过差，过分、过当的意思。 [7]《蟋蟀》之讥：《诗经》有《蟋蟀》篇，讽刺晋僖公节俭但不合礼仪。 [8] 功德事：指梁武帝佞佛做功德之事。

我自非公宴[1]，不食国家之食，多历年所；乃至宫人，亦不食国家之食。凡所营造[2]，不关材官及以国匠，皆资雇借以成其事。勇怯不同，贪廉各用，亦非朝廷为之傅翼。卿以朝廷为悖，乃自甘之，当思致悖所以！卿云‘宜导之以节俭’，朕绝房室三十余年[3]，至于居处不过一床之地，雕饰之物不入于宫；受生不饮酒，不好音声，所以朝中曲宴，未尝奏乐，此群贤之所见也。朕三更出治事，随事多少，事少午前得竟，事多日昃方食，日常一食，若昼若夜[4]；昔要腹过于十围[5]，今之瘦削裁二尺余，旧带犹存，非为妄说。为谁为之？救物故也。

梁武帝诉苦，不近女色，不食荤腥，不奏音乐！

卿又曰‘百司莫不奏事，诡竞求进’，今不使外人呈事，谁尸其任！专委之人，云何可得？古人云：‘专听生奸[6]，独任成乱。’二世之委赵高[7]，元后之付王莽，呼鹿为马，又可法欤？卿云‘吹毛求疵’，复是何人？‘擘肌分理’，复是何事？治、署、邸、肆等，何者宜除？何者宜减？何处兴造非急？何处征求可缓？各出其事，具以奏闻！富国强兵之术，息民省役之宜，并宜具列！若不具列，则是欺罔朝廷。倚闻重奏[8]，当复省览，付之尚书，班下海内，庶惟新之美，复见今日。”琛但谢过而已，不敢复言。

梁武帝要贺琛具体指出张三李四，不要笼统而言。

［注释］

[1]“我自非公宴”以下五句：胡三省质疑，梁武帝在江东，“凡其所食，自其身以及六宫，不由佛营，不由神造，又不由西天竺国来，有不出于东南民力者乎？惟不出于公赋，遂以为不食国家之食。诚如此，则国家者果谁之国家邪！” [2]“凡所营造”以下三句：谓其营造的佛寺等并不出自官府工匠，都是雇佣而来。胡三省说：“此自文其营造塔寺之过耳。” [3]朕绝房室三十余年：梁武帝此时80岁，50岁以后就不近女色，与他佞佛有关。 [4]若昼若夜：既像是过白天，又像是过黑夜。意思是不分昼夜地工作。 [5]“昔要腹过于十围”以下四句：谓我过去腰围粗壮，现在瘦得只有二尺余，旧时腰带还在，可以为证。 [6]“专听生奸”二句：语

出《汉书·邹阳传》给梁王（刘武）的上书："偏听生奸，独任成乱。" [7]"二世之委赵高"以下四句：秦二世偏信赵高，汉元后王政君独任侄子王莽，都带来亡国之祸。用史载二例举证。 [8]"伫闻重奏"以下六句：谓请把实例举证出来，我等待你的奏章，当再阅读。然后批转给尚书，颁布海内，以见除旧维新之美。

上为人孝慈恭俭[1]，博学能文，阴阳、卜筮、骑射、声律、草隶、围棋，无不精妙。勤于政务，冬月四更竟[2]，即起视事，执笔触寒，手为皴裂。自天监中用释氏法[3]，长斋断鱼肉，日止一食，惟菜羹，粝饭而已。或遇事繁[4]，日移中则嗽口以过。身衣布衣，木绵皂帐，一冠三载，一衾二年，后宫贵妃以下，衣不曳地。性不饮酒，非宗庙祭祀、大飨宴及诸法事，未尝作乐。虽居暗室，恒理衣冠，小坐盛暑[5]，未尝褰袒。对内竖小臣，如遇大宾。然优假士人太过，牧守多浸渔百姓，使者干扰郡县。又好亲任小人，颇伤苛察。多造塔庙，公私费损。江南久安，风俗奢靡。故琛启及之。上恶其触实，故怒。

凡此，都是说梁武帝待人处事不苟且。

司马光认为，梁武帝生气的原因是"恶其触实"。点到了实处！

[注释]

[1]"上为人孝慈恭俭"以下四句：梁武帝的多才多艺，精通

儒释道和文学，在历代帝王中确实罕见。其子萧统（昭明太子）、萧纲（梁简文帝）、萧绎（梁元帝），也都有文学修养。 [2] 四更：大约半夜 2：24—4：48 之间（4：48 开始进入五更）。 [3]“自天监中用释氏法”以下五句：天监十二年（513），梁武帝年届 50 岁，佞佛吃斋。几年之后更发布《断酒肉文》。天监，梁武帝的第一个年号，502—519，凡十八年。 [4]“或遇事繁”二句：谓繁忙时，日过中午就不吃饭，仅用水漱口（即喝水）而度日。 [5] 小坐：胡三省注：宫中便坐也。

批评梁武帝“护其所短，矜其所长”。

臣光曰：梁高祖之不终也，宜哉！夫人君听纳之失，在于丛脞[1]；人臣献替之病，在于烦碎。是以明主守要道以御万机之本[2]，忠臣陈大体以格君心之非。故身不劳而收功远，言至约而为益大也。观夫贺琛之谏亦未至于切直[3]，而高祖已赫然震怒，护其所短，矜其所长；诘贪暴之主名[4]，问劳费之条目，困以难对之状，责以必穷之辞。自以蔬食之俭为盛德[5]，日昃之勤为至治，君道已备，无复可加，群臣箴规，举不足听。如此[6]，则自余切直之言过于琛者，谁敢进哉！由是奸佞居前而不见[7]，大谋颠错而不知[8]，名辱身危，覆邦绝祀，为千古所闵笑，岂不哀哉！

［注释］

[1] 丛脞：细碎琐屑。下文“烦碎”同义。　[2]“是以明主守要道以御万机之本”二句：明主守要道，抓根本；忠臣陈大体，有大局观。　[3] 亦未至于切直：意思是语气还是比较缓和委婉的。　[4]“诘贪暴之主名”以下四句：指梁武帝的诘难中，要贺琛列举具体的事目。　[5]“自以蔬食之俭为盛德”以下六句：谓蔬食之俭、日昃之勤，并不是君王治国最重要的东西。　[6]“如此”以下三句：贺琛委婉的谏言都听不进去，比贺琛更切直的言论，谁敢说呢？　[7] 奸佞：胡三省注：谓朱异、周石珍辈也。　[8] 大谋：胡三省注：谓纳侯景，复与东魏和也。

上敦尚文雅，疏简刑法[1]，自公卿大臣，咸不以鞫狱为意。奸吏招权弄法，货赂成市，枉滥者多。大率二岁刑已上岁至五千人[2]；徒居作者具五任[3]，其无任者著升械[4]；若疾病[5]，权解之，是后囚徒或有优、剧[6]。时王侯子弟，多骄淫不法。上年老，厌于万几。又专精佛戒[7]，每断重罪，则终日不怿；或谋反逆，事觉，亦泣而宥之[8]。由是王侯益横，或白昼杀人于都街，或暮夜公行剽劫，有罪亡命者，匿于王家，有司不敢搜捕。上深知其弊，而溺于慈爱，不能禁也。

以佛治国是荒腔走板的做法。

胡三省于此作注，指梁武帝的慈悲心肠只不过自欺欺人罢了！

[注释]

[1]“疏简刑法”以下三句：对刑法工作粗疏不用心，公卿大臣更不严格对待司法审判工作。 [2] 大率二岁刑已上岁至五千人：大约判处二年以上徒刑的人每年达 5000 人。 [3] 五任：就是胜任五种技术工作：“谓任攻木者则役之攻木，任攻金者则役之攻金，任攻皮者则役之攻皮，任设色者则役之设色，任抟埴者则役之抟埴。”任，即胜任，胡三省注：“任，谓其人巧力所任也。” [4] 其无任者著升械：没有专长就用枷锁套上。 [5]“若疾病”二句：若有疾病，就暂时除掉枷锁。 [6] 是后囚徒或有优、剧：胡三省注：“言囚徒有力足以行赂者，则守吏诡言疾病，权解其械而得优宽。其无力以赂吏者，则虽实罹疾病，亦不得解械，更增苦剧也。” [7]“又专精佛戒”以下三句：胡三省注对于梁武帝“断重罪，则终日不怿”，这种“佛家好生恶杀之意”进行了深刻的鞭挞：“夷考帝之终身，自襄阳举兵以至下建康，犹曰事关家国，伐罪救民。洛口之败，死者凡几何人？浮山之役，死者凡几何人？寒山之败，死者又几何人？其间争城以战，杀人盈城，争地以战，杀人盈野，南北之人交相为死者，不可以数计也。至于侯景之乱，东极吴、会，西抵江、郢，死于兵、死于饥者，自典午（司马氏）南渡之后，未始见也。驱无辜之人而就死地，不惟儒道之所不许，乃佛教之罪人；而断一重罪乃终日不怿，吾谁欺，欺天乎！” [8] 泣而宥之：萧衍对屡次触犯法律的六弟萧宏及萧正德父子就是如此。

（选自《资治通鉴》卷一百五十九，梁纪十五）

[点评]

唐朝史家魏徵曾评价过萧衍，收入唐人所编《梁书》

中。他一方面承认梁高祖“允文允武，多艺多才”。肯定他收合义旅，讨伐独夫的雄才大略；肯定他执政几十年来，大修文教，阐扬儒业，声震寰宇，泽流遐裔，“魏、晋已来，未有若斯之盛”。肯定了其文教上的成就。但是，魏徵同时指出其“慕名好事，崇尚浮华，抑扬孔、墨，流连释、老”的虚妄行为。魏徵更严厉地指斥萧衍，“或经夜不寝，或终日不食，非弘道以利物，惟饰智以惊愚”。是糊弄民众的愚人之举。“且心未遗荣，虚厕苍头之伍；高谈脱屣，终恋黄屋之尊。”明明心有虚荣，却与奴仆为伍；高谈虚空，始终留恋着帝王尊位。魏徵奚落他，“夫人之大欲，在乎饮食男女，至于轩冕殿堂，非有切身之急。高祖屏除嗜欲，眷恋轩冕，得其所难而滞于所易，可谓神有所不达，智有所不通矣”。难道这不是愚蠢昏聩吗？著名学者钱锺书于此评论云：“魏徵论曰‘高祖屏除嗜欲，眷恋轩冕’，八字如老吏断案。”（《管锥编》“全梁文卷一”）是深切洞察萧衍人性的诛心之论。

七、东魏高欢的统治

（梁大同三年，东魏天平四年，537）九月[1]，柔然为魏侵东魏三堆[2]，丞相欢击之[3]，柔然退走。

行台郎中杜弼以文武在位多贪污[4]，言于丞相欢，请治之。欢曰："弼来，我语尔！天下贪污习俗已久。今督将家属多在关西[5]，宇文黑獭常相招诱[6]，人情去留未定；江东复有吴翁萧衍[7]，专事衣冠礼乐，中原士大夫望之以为正朔所在[8]。我若急正纲纪，不相假借，恐督将尽归黑獭，士子悉奔萧衍，人物流散，何以为国！尔宜少待，吾不忘之。"

不反贪的理由是不能让人物都跑了。

[注释]

[1] 九月：时为东魏孝静帝天平四年、梁武帝大同三年（537）九月。 [2] 柔然：北方部落制汗国，此时与西魏结盟，攻打东魏。《资治通鉴》因为魏孝武帝元脩奔长安宇文泰，故以宇文泰控制的政权称"魏"，而以高欢掌握的政权称东魏。三堆：东魏的军事要塞，在今山西静乐县境内。 [3] 欢：即东魏丞相高欢（496—547），自称渤海蓨（今河北景县）人。出生于北魏六镇的怀朔镇（今属内蒙古自治区固阳县）。六镇起兵后追随北魏权臣尔朱荣，逐渐取而代之，成为东魏的权臣，并为诸子建立北齐奠定了基础。 [4] 行台：魏晋以来至隋唐时期设置的一种行政机构，相当于尚书省的派出机关，一般由于特殊的军政需要而设置，其下有行台尚书令、仆射、郎中职官。此时，高欢以行台这个机构来控制东魏的军政。杜弼（490—559）：字辅玄，中山曲阳（今河北曲阳）人。东魏北齐时历官大行台郎中、中书令、骠骑将军。他曾公开说，鲜卑人适合带兵打仗，治理国家要靠中原汉人。《北齐书》卷二十四有传。 [5] 督将家属多在关西：胡三省注：此指言可朱浑道元、万俟普、刘丰生

等部曲也。按，可朱浑道元等随尔朱天光从征关中，东西魏分裂后，逃归东魏，但是家属仍滞留在关中。关西，指在关中的宇文泰政权。　[6] 宇文黑獭：即宇文泰（507—556），字黑獭。西魏实际执政者。　[7] 萧衍（464—549）：即梁武帝。　[8] 正朔所在：梁武帝倡导儒家礼乐文化，以华夏正宗自居。其时，建都长安的西魏、建都建康（今南京）的梁朝，与东魏鼎足而三。

欢将出兵拒魏，杜弼请先除内贼。欢问内贼为谁，弼曰："诸勋贵掠夺百姓者是也。"欢不应，使军士皆张弓注矢，举刀，按矟[1]，夹道罗列，命弼冒出其间，弼战栗流汗。欢乃徐谕之曰[2]："矢虽注不射，刀虽举不击，矟虽按不刺，尔犹亡魄失胆。诸勋人身犯锋镝[3]，百死一生，虽或贪鄙，所取者大，岂可同之常人也！"弼乃顿首谢不及。

欢每号令军士，常令丞相属代郡张华原宣旨[4]，其语鲜卑则曰："汉民是汝奴，夫为汝耕，妇为汝织，输汝粟帛，令汝温饱，汝何为陵之？"其语华人则曰："鲜卑是汝作客[5]，得汝一斛粟、一匹绢，为汝击贼，令汝安宁，汝何为疾之？"

高欢想用两边讨好的办法，解决胡汉冲突。

时鲜卑共轻华人，唯惮高敖曹[6]。欢号令将士，常鲜卑语，敖曹在列，则为之华言。敖曹返自上洛，欢复以为军司、大都督，统七十六都督。以司空侯景为西道大行台[7]，与敖曹及行台任祥、御史中尉刘贵、豫州刺史尧雄、冀州刺史万俟洛同治兵于虎牢[8]。敖曹与北豫州刺史郑严祖握槊[9]，贵召严祖[10]，敖曹不时遣，枷其使者。使者曰："枷则易，脱则难。"敖曹以刀就枷刎之，曰："又何难！"贵不敢校。明日，贵与敖曹坐，外白治河役夫多溺死[11]，贵曰："一钱汉[12]，随之死！"敖曹怒[13]，拔刀斫贵；贵走出还营，敖曹鸣鼓会兵，欲攻之，侯景、万俟洛共解谕，久之乃止。敖曹尝诣相府，门者不纳，敖曹引弓射之，欢知而不责。

高欢对于胡汉冲突，尽量采取和稀泥的办法。

[注释]

[1] 矟：长杆矛。 [2] 徐谕之曰：语气舒缓地说，平静地说。[3] 勋人：有军功之人。镝：箭头。 [4] 张华原：代郡（治今山西大同）人，高欢丞相府属官，北齐灭亡后，归于北周，为北周武帝宇文邕所器重。 [5] 作客：佣工。 [6] 高敖曹（491—538）：东魏名将，渤海蓨县（今河北景县）人，本名昂，字敖曹，以字行。勇猛异常，尤其善于用马槊。《北齐书》卷二十一有传。 [7] 侯景（503—552）：鲜卑化羯人，东魏大将。《南史》卷八十有传。高欢命侯景出任西道大行台，目的是使侯景经略关西地区，对抗宇文泰统治的西魏。 [8] 任祥：与下文"刘贵""尧雄"均为高欢创业时的大将。万俟洛：其先匈奴人，一度随魏孝武帝入关中，后来

东归追随高欢。《北史》卷五十三有任祥、刘贵、万俟洛传。《北齐书》卷二十有尧雄传。　[9] 郑严祖：河南荥阳（今河南郑州）人。官至豫州刺史。握槊：一种从胡人地区传入的竞技性质的游戏。　[10]“贵召严祖”以下十句：刘贵派使者去召郑严祖，高敖曹不让郑离开。使者反对，被高敖曹所杀。刘贵不敢提出异议。不时遣，因为玩握槊的游戏，没有及时让郑严祖离开。　[11] 外白：外面有人来说。　[12]“一钱汉”二句：意谓汉人不过就值一个钱，死了就死了。　[13]“敖曹怒”以下七句：谓刘贵侮辱汉人，高敖曹纠集军队来进攻他，众人相劝，很久才作罢。

（梁大同八年，东魏兴和四年，542，四月）东魏丞相欢朝于邺。司徒孙腾坐事免[1]；乙酉，以彭城王韶录尚书事[2]，侍中广阳王湛为太尉，尚书右仆射高隆之为司徒。初[3]，太傅尉景与丞相欢同归尔朱荣，其妻，欢之姊也，自恃勋戚，贪纵不法，为有司所劾，系狱；欢三诣阙泣请，乃得免死。丁亥，降为骠骑大将军、开府仪同三司。欢往造之，景卧不起，大叫曰：“杀我时趣邪！”欢抚而拜谢之。辛卯，以库狄干为太傅[4]，以领军将军娄昭为大司马[5]，封祖裔为尚书右仆射[6]。六月，甲辰，欢还晋阳。

（梁大同九年，东魏武定元年，543）春，正月，壬戌，东魏大赦，改元武定。

东魏御史中尉高仲密取吏部郎崔暹之妹[7]，既而弃之，由是与暹有隙。仲密选用御史[8]，多其亲戚乡党，高澄奏令改选；暹方为澄所宠任，仲密疑其构己，愈恨之。仲密后妻李氏艳而慧[9]，澄见而悦之，李氏不从，衣服皆裂，以告仲密，仲密益怨。寻出为北豫州刺史，阴谋外叛。丞相欢疑之，遣镇城奚寿兴典军事[10]，仲密但知民务。仲密置酒延寿兴，伏壮士，执之，二月，壬申，以虎牢叛，降魏。魏以仲密为侍中、司徒。

欢以仲密之叛由崔暹，将杀之，高澄匿暹，为之固请，欢曰："我匄其命，须与苦手。"澄乃出暹，而谓大行台都官郎陈元康曰[11]："卿使崔暹得杖，勿复相见。"元康为之言于欢曰："大王方以天下付大将军，大将军有一崔暹不能免其杖，父子尚尔，况于他人！"欢乃释之。

[注释]

[1] 孙腾（481—548）：与下文"高隆之（494—554）"、司马子如（490—553）、高岳（512—555）号称四贵，均高欢勋旧。 [2] 彭城王韶：元韶，与下文"广阳王湛（元湛）"均魏宗室，为了剥夺开国元勋的权势，以宗室取代之，在名分上可以遮

人耳目。　[3]“初”以下十七句：这里特别举出太尉尉景被免官之例。尉景出身鲜卑族，娶高欢长姐，辅佐高欢创业，至此以贪纵不法被弹劾。高欢亲自求情，又亲自赴家安慰。　[4]库狄干：辅佐高欢的功臣元勋。库狄，又作厍（shè）狄，鲜卑姓氏，魏孝文帝改革姓氏改厍为库。　[5]娄昭：辅佐高欢的功臣元勋。出身鲜卑匹娄氏，字菩萨，高欢妻舅。　[6]封祖裔（485—545）：本名隆之，辅佐高欢诛灭尔朱氏势力。　[7]御史中尉：由御史中丞改名，御史台长官。　[8]“仲密选用御史”以下五句：高仲密休了前妻崔暹之妹，其所用御史不被高澄批准，要求改选。他怀疑是崔暹捣鬼。　[9]“仲密后妻李氏艳而慧”以下八句：高澄调戏高仲密的妻子李氏（名昌仪），高仲密意欲叛逃。北豫州，魏泰常八年（423）改司州置，以州境在古豫州北部而得名。州治虎牢（今河南荥阳汜水镇）。　[10]镇城：官名，胡三省注云，其职犹防城都督。　[11]“而谓大行台都官郎陈元康曰”以下九句：高澄威胁陈元康，如果崔暹被杖打，就不要再见到他。陈元康于是为崔暹求情，高欢于是释放了崔暹。可见，高氏治国，法治视同儿戏。陈元康（507—547），字长猷，冀州广宗（今河北威县）人。时高欢设置大行台，陈元康为都官郎，掌刑法。

（梁大同十年，东魏武定二年，544，三月）壬子，东魏以高澄为大将军、领中书监，元弼为录尚书事，左仆射司马子如为尚书令，侍中高洋为左仆射。

丞相欢多在晋阳，孙腾、司马子如、高岳、高隆之，皆欢之亲党也，委以朝政，邺中谓之四贵，其权势熏灼中外，率多专恣骄贪。欢欲损夺其权[1]，故以澄为大将军、领中书监，移门下机事总归中书，文武赏罚皆禀于澄。孙腾见澄[2]，不肯尽敬，澄叱左右牵下于床，筑以刀环，立之门外。太原公洋于澄前拜高隆之，呼为叔父，澄怒骂之。欢谓群公曰："儿子浸长，公宜避之。"于是公卿以下，见澄无不耸惧。库狄干，澄姑之婿也，自定州来谒，立于门外，三日乃得见。

高欢扶持儿子高澄辅政。

澄欲置腹心于东魏主左右，擢中兵参军崔季舒为中书侍郎[3]。澄每进书于帝，有所谏请，或文辞繁杂，季舒辄修饰通之。帝报澄父子之语，常与季舒论之，曰："崔中书，我乳母也。"季舒，挺之从子也。

魏自正光以后[4]，政刑弛纵，在位多贪污。丞相欢启以司州中从事宋游道为御史中尉[5]，澄固请以吏部郎崔暹为之，以游道为尚书左丞。澄谓暹、游道曰："卿一人处南台，一人处北省[6]，当使天下肃然。"暹选毕义云等为御史，时称得人。义云，众敬之曾孙也。

六七年之后，东魏统治巩固，高欢、高澄出手反腐败。

澄欲假暹威势[7]，诸公在坐，令暹后至，通名，高视徐步，两人挈裾而入；澄分庭对揖，暹不让而坐，觞再行，即辞去。澄留之食，暹曰："适受敕在台检校。"遂不待食而去，澄降阶送之。它日，澄与诸公出，之东山，遇暹于道，前驱为赤棒所击，澄回马避之。

［注释］

[1]"欢欲损夺其权"以下四句：东魏权在门下省，高欢欲夺亲贵之权，故以世子高澄为大将军、领中书监，而以门下之权归中书省。 [2]"孙腾见澄"以下十八句：诸例皆表明，高澄对于勋贵旧臣加以压制。 [3]崔季舒：字叔正，博陵安平（今河北安平）人。 [4]正光：北魏孝明帝元诩第三个年号（520—525），共5年。 [5]御史中尉：即御史中丞改名。御史台又名宪台、南台。 [6]一人处北省：北省指尚书省，宋游道曾为侍御史，至此为尚书左丞。 [7]"澄欲假暹威势"以下二十一句：列举的几件事，都显示出高澄对御史中尉崔暹的敬重。前驱为赤棒所击，指高澄出行的前行人马遭遇崔暹御史台开道，被御史台赤棒所击，高澄回避之。可见御史权威之重。

尚书令司马子如以丞相欢故人[1]，当重任，意气自高，与太师咸阳王坦黩货无厌[2]；暹前后弹子如、坦及并州刺史可朱浑道元等罪状[3]，无不极笔。宋游道亦劾子如、坦及太保孙腾、司徒高隆之、司空侯景、尚书元羡等[4]。澄收子如系狱，一宿，发尽白，辞曰："司马子如从夏州策杖投相王[5]，王给露车一乘，犞牸牛犊，犊在道死，唯犞角存，此外皆取之于人。"丞相欢以书敕澄曰："司马令，吾之故旧，汝宜宽之。"澄驻马行街，出子如，脱其锁；子如惧曰："非作事邪[6]？"八月，癸酉，削子如官爵[7]。九月，甲申，以济阴王晖业为太尉；太师咸阳王坦以王还第，元羡等皆免官，其余死黜者甚众。久之，欢见子如，哀其憔悴，以膝承其首，亲为择虱，赐酒百瓶，羊五百口，米五百石。

高欢把反腐败与抑制权臣联系在一起。

高澄对诸贵极言褒美崔暹，且戒属之。丞相欢书与邺下诸贵曰："崔暹居宪台，咸阳王、司马令皆吾布衣之旧，尊贵亲昵，无过二人，同时获罪，吾不能救，诸君其慎之！"

宋游道奏驳尚书违失数百条[8]，省中豪吏王儒之徒并鞭斥之，令、仆已下皆侧目。高隆之诬游道有不臣之言[9]，罪当死。给事黄门侍郎杨愔曰："畜狗求吠；今以数吠杀之，恐将来无复吠狗。"游道竟坐除名。澄谓游道曰："卿早从我向并州，不尔，彼经略杀卿。”游道从澄至晋阳[10]，以为大行台吏部。

[注释]

[1] 司马子如：是高欢的布衣之交，共同创业。 [2] 咸阳王坦：元坦，东魏宗室。 [3] 可朱浑道元：可朱浑元（？—559），复姓可朱浑氏，名元，字道元，出身鲜卑贵族，东魏北齐开国功臣。 [4] 太保孙腾、司徒高隆之、司空侯景：亲贵且位居三公。尚书元羡：宗室。 [5] “司马子如从夏州策杖投相王”以下六句：司马子如的自诉，谓当年追随高欢的艰难。犈（quán），弯角。牸（zì）牛，雌牛。犊，小牛。 [6] 非作事邪：不是要处死我吧。 [7] “削子如官爵”以下六句：司马子如最后被削夺官爵，元坦、元羡也被免职。 [8] “宋游道奏驳尚书违失数百条”以下三句：宋游道作为尚书左丞，掌驳正违失，指出其数百条错失之事。尚书省内像王儒这样横行不法的官吏受到鞭刑训斥。尚书令、左右仆射等长官、次官及省内其他官员都对其侧目而视。 [9]“高隆之诬游道有不臣之言”以下六句：勋贵高隆之诬陷宋游道，罪当死。杨愔为之求情。 [10]“游道从澄至晋阳”二句：高欢设置尚书大行台在并州，宋游道被安排到大行台任吏部郎。

（梁大同十一年，东魏武定三年，545）三月，乙未，东魏丞相欢入朝于邺[1]，百官迎于紫陌。欢握崔暹手而劳之曰：“往日朝廷岂无法官[2]，莫肯举劾。中尉尽心徇国，不避豪强，遂使远迩肃清。冲锋陷阵，大有其人；当官正色，今始见之。富贵乃中尉自取，高欢父子无以相报。”赐暹良马。暹拜，马惊走，欢亲拥之，授以辔。东魏主宴于华林园，使欢择朝廷公直者劝之酒；欢降阶跪曰：“唯暹一人可劝，并请以臣所射赐物千段赐之。”高澄退，谓暹曰：“我尚畏羡，何况余人！”

言崔暹其实很善于谄媚高澄，他的干预肃贪，只是仗着高澄支持，故无所顾忌。

扶持反腐败英雄崔暹。

然暹中怀颇挟巧诈。初，魏高阳王斌有庶妹玉仪[3]，不为其家所齿，为孙腾妓，腾又弃之；高澄遇诸涂，悦而纳之，遂有殊宠，封琅邪公主。澄谓崔季舒曰：“崔暹必造直谏，我亦有以待之。”及暹谘事[4]，澄不复假以颜色。居三日，暹怀刺坠之于前[5]。澄问：“何用此为？”暹悚然曰：“未得通公主。”澄大悦[6]，把暹臂，入见之。季舒语人曰[7]：“崔暹常忿吾佞，在大将军前，每言叔父可杀；及其自作，乃过于吾。”

其实，崔暹很善于揣摩当权者的心思。

［注释］

[1]“东魏丞相欢入朝于邺”二句：高欢居于太原，有大行台。朝廷在邺都（今河北临漳），世子高澄主持朝政。此番高欢来朝，

百官远迎。紫陌，地名，在邺城西北五里处。 [2]“往日朝廷岂无法官”以下二十一句：高欢赞赏崔暹不避豪强、整肃贪黩之风。语言夸赞之外，又赏赐良马。马受惊逃逸，高欢以善于驯马知名，拥揽逸马，授之以缰绳。此细节凸显高欢重视崔暹的肃贪。孝静帝让朝臣公忠正直者一人劝酒，高欢称唯崔暹一人，并将自己所得赏赐全部赠给崔暹。 [3]“魏高阳王斌有庶妹玉仪”以下八句：高阳王元斌为北魏宗室，其庶妹元玉仪为高阳文孝王元泰与贱妾所生，元斌袭爵后，玉仪成为权贵孙腾家歌姬，后又被弃，为高澄所得，大为宠幸，封为琅琊公主。 [4]“及暹谘事”二句：高澄担心崔暹会以此不雅之事谏阻，故崔暹前来奏事，故意冷脸相对。 [5]“暹怀刺坠之于前”以下五句：崔暹不小心从怀里掉了一张名刺（古人通问时的名片），通常并不随身携带，故高澄问怀中带名刺何为？崔暹平静地回答，我还没有通问公主呢。不露声色地附会了高澄的心思。 [6]“澄大悦”以下三句：高澄大喜，揽着崔暹入内，介绍给琅琊公主元玉仪。 [7]季舒：崔季舒（？—573）：字叔正，于崔暹为族叔。亦得大将军高澄宠信。

（选自《资治通鉴》卷一百五十七，梁纪十三；卷一百五十八，梁纪十四；卷一百五十九，梁纪十五）

[点评]

六镇起兵出了不少英雄，早年的两个重要人物就是高欢和宇文泰，隋唐两个朝代的皇族成员也来自六镇。

尔朱荣被杀，北魏局势动荡起来。动乱中，是高欢出来收拾的局面。532年，高欢拥立孝武帝元脩（510—

534）为帝，自己成为大丞相，控制朝政。孝武帝不愿意做高欢的傀儡，想利用关中的宇文泰，削弱甚至消灭高欢，被高欢识破。孝武帝被迫逃亡到关中，投奔宇文泰。于是，高欢另立孝文帝之孙元善见（524—552）为帝，是为孝静帝，高欢将首都迁到邺（今河北临漳），他自己的霸府却仍在晋阳（今山西太原），遥控着东魏朝廷。

高欢实际执政了15年，建立了偏霸事业。在高欢统治期间，就内政而言，他要处理好这样几个关系。一是霸府与朝廷的关系。孝武帝的出逃，对于他是一个很直接的打击。二是胡族与汉族的关系。如何调和胡汉，对高氏政权是最大的考验。三是反贪与稳定的关系。这后面两个问题，实际上涉及胡族政治文化与华夏政治文化的对接和转型问题。

在东西魏分裂之初，东魏军队以鲜卑骑兵为主力，至少有二十万，远远强过西魏。东魏政权继承了前朝两点遗产，一是继承了原北魏政权的主体；二是继承了六镇起兵的成果，即对于孝文帝以来的汉化政策的反动。可是，从历史发展的趋势来说，胡汉融合是不可阻挡的潮流，也是魏政权长治久安的根本。但是，高欢的政策总体上是反潮流而动的。他自己经常用鲜卑语说话，说汉人是鲜卑人的奴仆。有时候虽然也从语言上安慰汉族百姓，试图缓和汉鲜矛盾，但是，在政策上却缺乏扎实推进。在反腐败问题上，他也采取了睁一只眼闭一只眼的办法。怕得罪了文官，会跑到萧梁去；怕得罪了武将，会跑到西魏去。相比较西魏宇文泰重用苏绰整顿吏治，吸收汉族豪强，充实军旅，建立府兵制的大规模改革来说，高欢治国理政以维持现状为主的特点，就更加明显了。

难道高欢就没有自己的政治理想吗？

547年农历正月初八，东魏勃海献武王欢卒。高欢打了一辈子仗，一个多月前，他还拖着病体坚持在对阵西魏的战场上。当时，他命敕勒人大将斛律金领唱《敕勒歌》："敕勒川，阴山下。天似穹庐，笼盖四野。天苍苍，野茫茫。风吹草低见牛羊。"高欢一边唱和，一边老泪纵横。他知道自己来日无多，一代枭雄心，在即将离开这个世界之前，心中不知道有多少感慨！他虽然不见得有统一华夏的豪情，可是统一黄河流域的政治抱负还是有的，可惜的是，他不能认清十六国以来的时代潮流，不能认清孝文帝改革以来的时代趋势。至此让我们想起了项羽和刘邦。项羽不正是认不清秦始皇以来大统一的趋势，走分封的回头路，从而在整个政治格局上输掉了楚汉之争吗？

《资治通鉴》卷一百六十在高欢去世后写了一段评论：

欢性深密，终日俨然，人不能测，机权之际，变化若神。制驭军旅，法令严肃。听断明察，不可欺犯。擢人受任，在于得才，苟其所堪，无问厮养；有虚声无实者，皆不任用。雅尚俭素，刀剑鞍勒无金玉之饰。少能剧饮，自当大任，不过三爵。知人好士，全护勋旧；每获敌国尽节之臣，多不之罪。由是文武乐为之用。

这段评价中，突出了高欢几个方面的才能。一是领导才能，主要表现是用人务实，不尚浮华，重实干，不重出身，赏罚分明；重视忠臣气节，勋旧得到爱护。二是军事才能，军令严肃，掌控能力强。三是在性格上，深沉慎密，机权变化，人莫能测；同时，他生活节俭，自我约束能力很强。然而，与领导者对于国家发展方向的把握相比，高欢的这些领导技能，最多只能算南面之术，在中古历史发展的转折关头，就显得很不够了。这是颇令人遗憾的。

最终，高欢的政权还是输给了西边的宇文氏政权。虽然这是他死后三十年的事情，但根子却不能不从开国者高欢身上寻找。

八、西魏宇文泰的改革

（梁大同元年，西魏大统元年，535）魏丞相泰以军旅未息，吏民劳弊，命所司斟酌古今可以便时适治者，为二十四条新制[1]，奏行之。

泰用武功苏绰为行台郎中[2]，居岁余，泰未之知也，而台中皆称其能，有疑事皆就决之。泰与仆射周惠达论事[3]，惠达不能对，请出议之。出，以告绰，绰为之区处，惠达入白之，泰称善，曰："谁与卿为此议者？"惠达以绰对，且称绰有王佐之才，泰乃擢绰为著作郎[4]。泰与公卿如昆明池观渔，行至汉故仓池[5]，顾问左右，莫有

宇文泰能够发现苏绰这个人才，很了不起。

知者。泰召绰问之，具以状对。泰悦，因问天地造化之始[6]，历代兴亡之迹，绰应对如流。泰与绰并马徐行，至池，竟不设网罟而还。遂留绰至夜，问以政事，卧而听之。绰指陈为治之要[7]，泰起，整衣危坐，不觉膝之前席，语遂达曙不厌。诘朝，谓周惠达曰："苏绰真奇士！吾方任之以政。"即拜大行台左丞，参典机密，自是宠遇日隆。绰始制文案程式朱出、墨入及计帐、户籍之法[8]，后人多遵用之。

宇文泰治理西魏，从制度建设入手。

［注释］

[1] 二十四条新制：此二十四条新制以及六年之后颁布的十二条新制，都是苏绰帮助宇文泰制定的，具体的内容不详。参见《周书》卷二《文帝纪下》、卷二十三《苏绰传》。　[2] 苏绰（498—546）：字令绰，京兆武功（今属陕西武功）人。辅助宇文泰进行多项改革。行台：魏晋隋唐时期设置的一种行政机构，相当于尚书省的派出机关，因特殊的军政需要而设置，其下有行台尚书令、仆射、左右丞及郎中等职官。此时，宇文泰以行台尚书令的名义主持西魏军政。　[3]"泰与仆射周惠达论事"以下八句：谓周惠达与宇文泰议论政事，不能应答，乃外出咨询苏绰，苏绰为之拟定应对之词，获得宇文泰的赞赏。周惠达（？—544），字怀文，章武郡文安（今属河北文安）人，西魏北周大臣，官至尚书右仆射。为之区处，为周惠达分析处理。　[4] 著作郎：掌修撰国史。　[5]"行至汉故仓池"以下五句：宇文泰问仓池的来历，

左右都不知道。接下句谓，苏绰能够说出其来历。汉故仓池，胡三省注：在未央宫西。 [6]“因问天地造化之始”以下六句：意谓宇文泰与苏绰谈及天地造化、历代兴亡，苏绰侃侃而谈，宇文泰与苏绰边走边谈，本来是去观看捕鱼的，却忘记下网。意谓宇文泰被苏绰的谈话所吸引，心思全不在观渔。网罟，捕鱼的网。 [7]“绰指陈为治之要”以下五句：谓宇文泰与苏绰促膝而谈，不觉到了天亮，还意犹未尽。曙，胡三省注：天晓为曙。 [8] 文案程式朱出、墨入：是说计帐中用红笔记载支出，墨笔记载收入。计帐、户籍之法：指土地租税登录与户籍登载的制度。

（梁大同五年，西魏大统五年，539，正月）魏丞相泰于行台置学[1]，取丞郎、府佐德行明敏者充学生，悉令旦治公务，晚就讲习。

（九月）魏置纸笔于阳武门外以求得失[2]。

魏自西迁以来[3]，礼乐散逸，丞相泰命左仆射周惠达、吏部郎中北海唐瑾损益旧章，至是稍备。

（梁大同七年，西魏大统七年，541）魏丞相泰欲革易时政，为强国富民之法，大行台度支尚书兼司农卿苏绰尽其智能，赞成其事，减官员，置二长[4]，并置屯田以资军国[5]。又为六条诏书，九月，始奏行之：一曰清心[6]，二曰敦教化，三曰尽地利，四曰擢贤良，五曰恤狱讼，六曰均赋役。泰甚重之，尝置诸坐右，又令百司习诵之[7]，其牧守令长非通六条及计帐者，不得居官。

宇文泰的改革有系统性。

（梁大同八年，西魏大统八年，542，三月）魏初置六军[8]。

（梁大同九年，西魏大统九年，543，三月）丞相泰求自贬，魏主不许。是役也[9]，魏诸将皆无功，唯耿令贵与太子武卫率王胡仁、都督王文达力战功多。泰欲以雍、岐、北雍三州授之[10]，以州有优劣，使探筹取之。仍赐胡仁名勇，令贵名豪，文达名杰，用彰其功。于是广募关、陇豪右以增军旅[11]。

（梁大同十年，西魏大统十年，544）秋，七月，魏更权衡度量[12]，命尚书苏绰损益三十六条之制，总为五卷，颁行之。搜简贤才为牧守令长，皆依新制而遣焉。数年之间，百姓便之。

［注释］

[1]“魏丞相泰于行台置学”以下四句：宇文泰在大行台内部设置夜校，培训干部，让丞郎、府佐等基层官员中聪明好学者进入夜校培训。宇文泰以丞相、大行台掌控朝政。日本的幕府制度

就有一点取法中古权臣控制的大行台之意。 [2] 魏置纸笔于阳武门外以求得失：宇文泰求治理得失，效法儒家治国之道。有丞相府记室叫柳虬的人，提出采纳忠言的建议，宇文泰欣然接受，让史官加以记载。 [3]“魏自西迁以来”以下四句：宇文泰所在关中本来是北魏地方政权，孝武帝西迁后，朝廷典章礼乐，尚不齐备，至此建构完备。 [4] 二长：指苏绰所制定的二十五家为闾里、百家为族党的基层制度。北魏孝文帝改革已经建立“三长制”的基层政权。六镇起兵后，至少西魏地区很可能未有很好推行，苏绰的改革当是重建和修改相关制度。 [5] 屯田：古代军队开垦土地的一种生产方式，用以解决军需粮秣，增加国库收入。 [6]“一曰清心”以下六句：此处只列举了六条改革的纲目，其具体内容详见《周书》卷二十三《苏绰传》。 [7]“又令百司习诵之”以下三句：此六条是总的改革方向，计帐之法是地方政府需要掌握的会计制度，故要一并熟悉。 [8] 六军：古代天子六军，宇文泰的政制越来越符合汉制。 [9] 是役：大统九年（543），东魏大将高仲密叛归西魏，宇文泰率大军接应并且发起进攻，宇文泰亲自率领的左路军几乎全军覆没，导致右路军也功败垂成。史称邙山之战。 [10]“泰欲以雍、岐、北雍三州授之”以下七句：这次战争，宇文泰表彰了耿令贵、王胡仁、王文达，各授以刺史之职。北雍州，北魏分雍州置，此时治所在北地郡泥阳县（治今陕西铜川市耀州区），魏末改宜州。辖境相当于今陕西铜川、宜君、耀州区、淳化、三原、富平等市县地。 [11] 于是广募关、陇豪右以增军旅：邙山之战后宇文泰扩大了从汉族豪强乡兵中征收入军。 [12]“魏更权衡度量”以下六句：西魏统一度量衡，有利于经济与社会生活的常规化统一，同时，让度支尚书（掌户口与财货出纳）苏绰将有关制度变革编纂成五卷三十六条，颁行实施，使得西魏的国家治理制度进一步完善。

（梁大同十一年，西魏大统十一年，545，五月）晋氏以来，文章竞为浮华，魏丞相泰欲革其弊。六月，丁巳，魏主飨太庙。泰命大行台度支尚书、领著作苏绰作《大诰》[1]，宣示群臣，戒以政事；仍命“自今文章皆依此体”。

（十二月）魏筑圜丘于城南[2]。

宇文泰用苏绰推行改革，这是比东魏高明的地方。

（梁中大同元年，西魏大统十二年，546，十二月）魏大行台度支尚书、司农卿苏绰[3]，性忠俭，常以丧乱未平为己任，荐贤拔能，纪纲庶政；丞相泰推心任之，人莫能间。或出游[4]，常预署空纸以授绰；有须处分，随事施行，及还，启知而已。绰常谓“为国之道，当爱人如慈父，训人如严师”。每与公卿论议，自昼达夜，事无巨细，若指诸掌，积劳成疾而卒。

泰深痛惜之，谓公卿曰：“苏尚书平生廉让，吾欲全其素志，恐悠悠之徒有所未达；如厚加赠谥，又乖宿昔相知之心；何为而可？”尚书令史麻瑶越次进曰：“俭约，所以彰其美也。”泰从之。归葬武功，载以布车一乘，泰与群公步送出同州郭外[5]。泰于车后酹酒言曰[6]：“尚书平生为事，宇文泰痛惜之情，表露无遗。

妻子、兄弟所不知者，吾皆知之。唯尔知吾心，吾知尔志，方欲共定天下，遽舍吾去，奈何！”因举声恸哭，不觉卮落于手。

[注释]

[1]“泰命大行台度支尚书、领著作苏绰作《大诰》”以下四句：言宇文泰让苏绰作文，改革浮华文风。这大约是在国家层面最早对西晋以来的骈俪文风进行改革。 [2] 圜丘：汉制，冬至日天子祭天，圜丘为祭祀坛场，即后世的天坛。 [3] 魏大行台度支尚书、司农卿苏绰：从苏绰的任职，可以看出他主要是负责经济与社会改革方面的工作。 [4]“或出游”以下六句：谓宇文泰外出，预先留下署名的空白纸，任苏绰处分国政时使用。待宇文泰回朝，再向他报告即可。 [5] 同州：治今陕西大荔。郭外：郭指城的外城墙，城郭之外，即城郊。 [6]“泰于车后酹酒言曰”以下十一句：此言在送葬队伍中，宇文泰步行在灵车后面，边走边以酒沃地，表达祭奠之意。乃至失声痛哭。酹酒，以酒沃地。卮，盛酒的器皿。

（梁大宝元年，西魏大统十六年，550）初，魏敬宗以尔朱荣为柱国大将军[1]，位在丞相上；荣败，此官遂废。大统三年，文帝复以丞相泰为之。其后功参佐命，望实俱重者，亦居此官，凡八人，曰安定公宇文泰[2]，广陵王欣，赵郡公李弼，陇西公李虎，河内公独孤信，南阳公赵贵，常山公于谨，彭城公侯莫陈崇，谓之八柱国。泰始籍民之才力者为府兵[3]，身租庸调，一切蠲之，以农隙讲阅战陈，马畜粮备，六家供之；合为百府，每府一郎将主之，分属二十四军。泰任总百揆，督中外诸军；欣以宗室宿望，从容禁闼而已。余六人各督二大将军[4]，凡十二大将军，每大将军各统开府二人，开府各领一军。是后功臣位至柱国大将军、开府仪同三司、仪同三司者甚众[5]，率为散官，无所统御，虽有继掌其事者，闻望皆出诸公之下云。

（梁承圣二年，西魏废帝二年，553，二月）魏太师泰去丞相、大行台[6]，为都督中外诸军事。

宇文泰的改革别具匠心。

［注释］

[1] 魏敬宗：即北魏孝庄帝元子攸（507—531），为权臣尔朱荣所立。事见河阴之变。　[2] “曰安定公宇文泰”以下九句：安定公宇文泰，广陵王元欣（？—554），赵郡公李弼（494—557），陇西公李虎（？—551），河内公独孤信（503—557），南阳公赵贵（？—557），常山公于谨（493—568），彭城公侯莫陈崇（514—563），谓之八柱国。但是实际统军的只有六人，宇文泰都督中外诸军事，而宗室元欣只是挂名，履行必要的仪式而已。此八柱国制度与鲜卑八部遥相呼应，却又符合前此建立的天子六军之制。　[3] “泰始籍民之才力者为府兵”以下六句：这

就是所谓府兵制度。胡三省注云："唐府兵之法本诸此。"农民充当府兵者，免除其租庸调等赋役负担，不废农事，农隙参加军事训练。诸家共同提供马畜粮备。 [4]"余六人各督二大将军"以下四句：实际上统兵的六柱国各督二大将军，凡十二大将军，杨坚之父杨忠就是柱国独孤信统辖的一名大将军。每位大将军各领二开府，共二十四开府。每位开府统领一军，于是有二十四军。 [5]"是后功臣位至柱国大将军、开府仪同三司、仪同三司者甚众"以下五句：云后世的柱国大将军等逐渐流于散官身份，不似宇文泰建立制度之初那样位尊权重。 [6]"魏太师泰去丞相、大行台"二句：建立府兵制度之后，宇文泰去掉了丞相、大行台等制度，改为以都督中外诸军事主持朝政。

（梁承圣三年，西魏恭帝元年，554，正月）魏太师泰始作九命之典[1]，以叙内外官爵，改流外品为九秩。

魏主自元烈之死[2]，有怨言，密谋诛太师泰；临淮王育、广平王赞垂涕切谏，不听。泰诸子皆幼，兄子章武公导、中山公护皆出镇[3]，唯以诸婿为心膂，大都督清河公李基、义城公李晖、常山公于翼俱为武卫将军[4]，分掌禁兵。基，远之子；晖，弼之子；翼，谨之子也。由是魏主谋泄，泰废魏主[5]，置之雍州，立其弟齐王廓。去年号，称元年，复姓拓跋氏[6]。九十九姓改为单者，皆复其旧。魏初统国三十六[7]，大姓九十九，后多灭绝。泰乃以诸将功高者为三十六姓，次者为九十九姓，所将士卒亦改从其姓[8]。

（梁绍泰元年，西魏恭帝二年，555）初，魏太师泰以汉、魏官繁，命苏绰及尚书令卢辩依《周礼》更定六官[9]。

（梁太平元年，西魏恭帝三年，556）春，正月，丁丑，魏初建六官，以宇文泰为太师、大冢宰，柱国李弼为太傅、大司徒，赵贵为太保、大宗伯，独孤信为大司马，于谨为大司寇，侯莫陈崇为大司空。自余百官，皆仿《周礼》。

既恢复拓跋族部落的姓氏标识，又按照《周礼》改革官制，宇文泰改革的二元模式极其具有创造性。

［注释］

[1]“魏太师泰始作九命之典”以下三句：宇文泰模仿《周礼》制定内外官品级，分为九命。最高者九命，最低一命。每一命又分上下二级。流外官也分为九秩。 [2]“魏主自元烈之死”以下五句：魏废帝元钦二年（553），尚书元烈谋杀宇文泰，谋泄被杀。元钦对此很不满，宗室元育、元赞切谏不听。 [3]章武公导（511—554）、中山公护（513—572）：都是宇文泰长兄宇文颢之子。 [4]大都督清河公李基（530—561）、义城公李晖、常山公于翼（？—583）：皆是宇文泰女婿。 [5]“泰废魏主”以下三句：本年四月鸩杀废帝，立恭帝拓跋廓。 [6]“复姓拓跋氏”以下三句：西魏皇室复姓拓跋氏，九十九个家族改为汉族单姓的

也恢复了鲜卑姓氏。 [7]“魏初统国三十六”二句：所谓三十六国，当为三十六个部族，所谓九十九姓，当为九十九个（言多而已，未必实际数目）氏族。 [8]所将士卒亦改从其姓：士族亦改其将领之姓氏。例如，高颎的父亲高宾是独孤信的门客，就曾改姓独孤氏。 [9]依《周礼》更定六官：用《周官》改革官制与改从鲜卑姓氏两件事先后出台，体现了宇文泰胡汉融合的深谋远虑。同年十月，宇文泰去世，具体实行工作留给了侄子宇文护。六官，指《周礼》六官之制。

（选自《资治通鉴》卷一百五十七，梁纪十三；卷一百五十八，梁纪十四；卷一百五十九，梁纪十五；卷一百六十三，梁纪十九；卷一百六十五，梁纪二十一；卷一百六十六，梁纪二十二）

[点评]

宇文泰出身于鲜卑宇文部落。早在北魏道武帝拓跋珪天兴（398—404）初年，家族就迁徙到了武川（今内蒙古自治区武川县）。到宇文泰的父亲宇文肱，已历四世，并未有官爵。宇文肱娶乐浪（今属朝鲜）女子王氏为妻，生有四个儿子，宇文泰排行第四。在他追随父亲一起参与六镇起兵时，年仅18岁。十年后，他接棒贺拔岳，统领关中的鲜卑军团。这成为他辉煌事业的重要转折点。宇文泰统领贺拔岳军后，第一个动作就是击败并杀死侯莫陈悦，为贺拔岳报仇，如此方能巩固他在关中的地位。其次，成功地拉拢孝武帝入关，从而取得了割据关中的政治合法性。接下来就是要在军事上顶住高欢的征讨。

537年年初的潼关之战，东魏勇敢的前锋主帅窦泰被宇文泰击败自杀。同年十月。高欢亲率二十万大军，渡过黄河、洛水，直逼长安，要报潼关失败之仇。宇文泰乘高欢大军尚未完全集结之际，渡过渭水，在沙苑以东渭曲地区，背水而阵，同时派赵贵、李弼埋伏在两侧。待东魏军队进入伏击圈，宇文泰发起猛烈进攻，赵贵、李弼的伏军乘势而起。由于渭曲地区芦苇丛生，土地泥泞，不利于东魏大规模骑兵展开行动，结果东魏军被切成两段，伤亡惨重。高欢损失军队8万，而且还失去了三荆、洛阳、河东等地。以后双方还有多次互有胜负的战争，但这次的沙苑之战，保住了新成立的西魏政权，宇文泰总算在关中站住了脚跟。

宇文泰能够在战场上遏制住实力数倍于己的东魏进攻，重要原因之一是宇文泰进行了成功的军事变革——建立府兵制。同时，宇文泰还进行了一场政治变革，即启用苏绰进行变法。无论是军事改革还是政治改革，要聚焦的问题就是解决胡汉矛盾、中央集权体制问题，以及政治清明惩治贪腐问题。

先说军事改革。宇文泰的军队，大约有三种成分，武川镇走出来的镇民或镇兵，其他各胡人部族的部落兵，关陇地区汉族豪强的乡兵部曲。如何将他们统合为一支听命于中央的特别能战斗的军队，胡汉融合与组织体制建设都不容回避。

宇文泰的府兵制，模仿鲜卑八部，设立八柱国，柱国大将军是宇文泰、元欣以及独孤信、赵贵、李虎、李弼、侯莫陈崇、于谨八人，军士隶属于八柱国下。实际统领军队的是六大柱国，宇文泰本人及宗室元欣是不亲自带兵的，这样实际带兵的六柱国，又相当于《周礼》中天子六军之数。每个柱国统领二大将军，共十二大将军。554年，宇文泰进一步改革，即恢复鲜卑姓氏，皇室元氏复姓拓跋氏。其他孝文帝时期九十九姓改为单姓的，皆复其旧。“魏初统国三十六，大姓九十九，后多灭绝。泰乃以诸将功高者为三十六姓，次者为九十九姓，所将士卒亦改从其姓。”（《资治通鉴》卷一百六十五）比如，赵贵家族改乙弗氏，李虎家族改大野氏，李弼家族改徒何氏，杨忠家族改普六茹氏，杨忠的儿子杨坚就被称作普六茹坚。显然这种做法，表面上是满足了鲜卑部族对于孝文帝改革的反感情绪，这种情绪也是六镇反叛的原因。但是，在实际操作层面，人为制造的部落组织，不可能形成真正的血缘关系，也不会有独立性，反而因为这种整齐划一的安排，强化了其作为中央禁军的特点，即所谓“泰任总百揆，督中外诸军”。十二军都是听命于相府的，这绝对不是鲜卑原来的部落兵。

当年贺拔岳带到关中的鲜卑部众并不多。北魏时代，在关中地区的胡人以氐羌为主，汉人的乡兵更是在数量上有巨大优势。因此，宇文泰的府兵制改革，名义上是恢复鲜卑八部大人制度，实际上是挂羊头卖狗肉，建立一支属于中央的天子六军，目的是改变军队系统的散乱状况。后来广泛招募汉人乡兵入军，汉人多于鲜卑人，进一步从本质上改变了鲜卑部落军制的传统。

军事改革的成功不可能离开政治改革。早在西魏立国之初，宇文泰就启用汉族士人苏绰（498—546）设计改革方案，最早施行的“二十四条新制”，包括文书程式、计帐户籍之法。其后，宇文泰提出进一步改革要求，除了大力减省官员，开展屯田外，苏绰还根据宇文泰强国富民的总体目标，梳理出六条改革总纲要，即所谓六条诏书：“一曰清心，二曰敦教化，三曰尽地利，四曰擢贤良，五曰恤狱讼，六曰均赋役。”这六条包括整顿吏治、发展生产、擢用贤良（破除门阀制度）、刑法公正、赋役均平等内容，受到宇文泰的高度重视，自己置诸座右，还要求各级政府和部门贯彻落实，凡牧守令长有不通“六条”及新财会制度的，不得居官任职。与高欢在治理官吏贪污时总是和稀泥不同，宇文泰对于苏绰的肃贪工作批示说：“杀一利百，以清王化，重刑可也。”（《周书·苏绰传》）

宇文泰在西魏的这些改革，在宇文护主政时期得到了进一步贯彻和推进，并且作为遗产留给隋唐王朝。

九、杨坚辅政

（陈太建十二年，北周大象二年，580）后父大前疑坚[1]，位望隆重，天元忌之[2]，尝因忿谓后曰：“必族灭尔家！”因召坚，谓左右曰：“色动，即杀之。”坚至，神色自若，乃止。内史上大夫郑译[3]，与坚少同学，奇坚相表，倾心相结。

杨坚走到历史的前台，是北朝胡汉融合的结果。

坚既为帝所忌，情不自安，尝在永巷[4]，私于译曰：“久愿出藩，公所悉也，愿少留意！”译曰：“以公德望，天下归心。欲求多福，岂敢忘也！谨即言之。”

天元将遣译入寇[5]，译请元帅。天元曰：“卿意如何？”对曰：“若定江东，自非懿戚重臣，无以镇抚。可令随公行[6]，且为寿阳总管以督军事[7]。”天元从之。己丑，以坚为扬州总管，使译发兵会寿阳。将行，会坚暴有足疾，不果行。

［注释］

[1] 后父大前疑坚：杨皇后的父亲大前疑杨坚（541—604）。大前疑，古代四辅之首，如周公任此职。西魏北周官制模仿《周礼》。坚，杨坚，即隋文帝。 [2] 天元：周宣帝宇文赟（559—580）。大象元年（579）禅位于长子宇文阐，自称天元皇帝。 [3] 内史上大夫：是内史司的长官，也称上内史，掌出纳诏命。郑译（540—591）：字正义，出身荥阳郑氏。 [4] 永巷：这里是指宫中僻静处。 [5] 入寇：《资治通鉴》以南朝为正统，故对南朝的征讨，谓之“入寇”。 [6] 随公：即杨坚，随后改隋。 [7] 寿阳总管：即扬州总管，治寿阳（今安徽寿县）。

周宣帝死得蹊跷，杨坚足病来得适时。

甲午夜，天元备法驾[1]，幸天兴宫[2]。乙未，不豫而还[3]。小御正博陵刘昉[4]，素以狡谄得幸于天元，与御正中大夫颜之仪并见亲信[5]。天元召昉、之仪入卧内，欲属以后事，天元瘖[6]，不复能言。昉见静帝幼冲，以杨坚后父，有重名，遂与领内史郑译、御饰大夫柳裘、内史大夫杜陵韦謩、御正下士朝那皇甫绩谋引坚辅政[7]，坚固辞，不敢当。昉曰："公若为，速为之；不为，昉自为也。"坚乃从之，称受诏居中侍疾。

［注释］

[1] 法驾：天子重大场合乘坐的车辇之一。　[2] 天兴宫：长安郊外周宣帝经常出巡的宫殿之一。　[3] 不豫：天子病重。　[4] 小御正：即小御正下大夫。北周天官大冢宰府，有御正上大夫、御正中大夫、小御正下大夫以及上士、中士、下士之职，均是天子左右侍从谋议之职。相当于隋唐时期的门下省职官。　[5] 御正中大夫：天官府御正司长官，掌出纳诏敕。颜之仪（523—591）：字子升，著名学者颜之推之兄，曾为宇文赟太子侍读。　[6] 瘖：口不能言叫瘖。　[7] 领内史：即内史上大夫，与御正一样，同为北周侍从皇帝左右，掌出纳诏命的重要职官，相当于隋唐时代的中书省长官。御饰大夫：掌皇帝服御之事。内史大夫：与下文"御正下士"皆为郑译、颜之仪下属。朝那：县名，属于安定郡（治今宁夏固原）。

是日，帝殂。秘不发丧。昉、译矫诏以坚总知中外兵马事。颜之仪知非帝旨，拒而不从。昉等草诏署讫，逼之仪连署，之仪厉声曰："主上颜之仪枉为帝师，皇帝最不放心的就是宗族中的精英!

升遐[1]，嗣子冲幼，阿衡之任，宜在宗英。方今赵王最长[2]，以亲以德，合膺重寄。公等备受朝恩，当思尽忠报国，奈何一旦欲以神器假人！之仪有死而已，不能诬罔先帝。”昉等知不可屈，乃代之仪署而行之。诸卫既受敕，并受坚节度。

坚恐诸王在外生变，以千金公主将适突厥为辞[3]，征赵、陈、越、代、滕五王入朝[4]。坚索符玺，颜之仪正色曰：“此天子之物，自有主者，宰相何故索之！”坚大怒，命引出，将杀之；以其民望，出为西边郡守。

丁未，发丧。静帝入居天台[5]，罢正阳宫。大赦，停洛阳宫作。庚戌，尊阿史那太后为太皇太后[6]，李太后为太帝太后，杨后为皇太后，朱后为帝太后，其陈后、元后、尉迟后并为尼。以汉王赞为上柱国、右大丞相[7]，尊以虚名，实无所综理。以杨坚为假黄钺、左大丞相，秦王贽为上柱国。百官总己以听于左丞相。

这个三人领导小组由两位亲王、一位外戚组成，可以给外面一个交代。

[注释]

[1]“主上升遐”以下四句：意思是，宣帝去世，幼君在位，应该最密近的宗亲来辅佐。但是，周宣帝之所以让诸王赴藩，就

是不希望他们干预朝政，不要对皇位形成威胁。阿衡，传说伊尹辅佐商王的时候，担任阿衡的职官，此后便作托孤大臣和辅佐大臣讲。　[2] 赵王：宇文泰第七子宇文招，字豆卢突（应该是其突厥名）。周宣帝即位后，令诸王各归其封国，此时不在长安。　[3] 千金公主：北周赵王宇文招之女宇文氏（563—596），在周宣帝时就已定下和亲突厥，被封为千金公主。　[4] 赵、陈、越、代、滕五王：均为宇文泰的儿子。　[5] 静帝入居天台：周宣帝禅让后，所居为天台，周静帝所居为正阳宫。至此，周静帝入居天台。　[6]“尊阿史那太后”以下五句：阿史那太后是周武帝的皇后，李太后是周宣帝的生母。周宣帝生前立有五个皇后，其中杨氏杨丽华是杨坚的女儿，是宣帝的正宫皇后，生有一女；朱氏是周静帝宇文阐的生母；其余三位皇后元氏、陈氏、尉迟氏等未生育，入宫也比较晚。　[7] 汉王赞：与下文“秦王贽”都是周武帝之子，周宣帝之弟。

坚初受顾命，使邗国公杨惠谓御正下大夫李德林曰：“朝廷赐令总文武事，经国任重。今欲与公共事，必不得辞。”德林曰：“愿以死奉公。”坚大喜。始，刘昉、郑译议以坚为大冢宰[1]，译自摄大司马[2]，昉又求小冢宰。坚私问德林曰：“欲何以见处？”德林曰：“宜作大丞相、假黄钺、都督中外诸军事，不尔，无以压众心。”及发丧，即依此行之。以正阳宫为丞相府。

杨坚当仁不让，为大丞相、假黄钺、都督中外诸军事。权力比宇文泰当年还要厉害！

时众情未壹，坚引司武上士卢贲置左右[3]。

将之东宫，百官皆不知所从。坚潜令赍部伍仗卫，因召公卿，谓曰："欲求富贵者宜相随。"往往偶语，欲有去就。赍严兵而至，众莫敢动。出崇阳门，至东宫，门者拒不纳，赍谕之，不去；瞋目叱之，门者遂却，坚入。赍遂典丞相府宿卫。赍，辩之弟子也。以郑译为丞相府长史[4]，刘昉为司马，李德林为府属，二人由是怨德林。

郑译、刘昉，过渡人物而已，铁杆是高颎。

内史下大夫勃海高颎明敏有器局[5]，习兵事，多计略，坚欲引之入府，遣杨惠谕意。颎承旨，欣然曰："愿受驱驰。纵令公事不成，颎亦不辞灭族。"乃以为相府司录。

时汉王赞居禁中，每与静帝同帐而坐。刘昉饰美妓进赞，赞甚悦之。昉因说赞曰："大王，先帝之弟，时望所归。孺子幼冲，岂堪大事！今先帝初崩，人情尚扰。王且归第，待事宁后，入为天子，此万全计也。"赞年少，性识庸下，以为信然，遂从之。

坚革宣帝苛酷之政，更为宽大，删略旧律，作《刑书要制》，奏而行之；躬履节俭，中外悦之。

改革弊政是新班子必须有的常规动作。

[注释]

[1] 大冢宰：天官大冢宰，相当于吏部尚书。　[2] 大司马：掌军事。下文“小冢宰”即吏部侍郎，大司马掌军事。显然刘昉、郑译企图分享杨坚的辅政之权。　[3] 司武上士：武职，卢贲此时以司武上士统领禁军。杨坚曾任大司武（即大司马），卢贲主动与其结托。　[4]“以郑译为丞相府长史”以下四句：杨坚根据李德林的建议，把刘昉、郑译引入丞相府为幕僚，置于自己的掌控之下，无视了他们想出任大司马或小冢宰的要求，故其怨恨杨坚。　[5] 高颎（541—607）：出身渤海蓨县。其父曾为西魏柱国大将军独孤信家门客。杨坚之妻独孤氏与高家关系十分密切。杨坚辅政，高颎是其铁杆支持者。

（选自《资治通鉴》卷一百七十四，陈纪八）

[点评]

隋朝在中国历史上的意义可以媲美秦朝。可是秦国存在了 500 多年，秦孝公之后，秦为了统一天下，经过了六七代人，长达百余年的努力。隋朝却不一样，开国皇帝杨坚（541—604）从辅政到登基称帝，只用了不到十个月的时间。赵翼就说：“古来得天下之易，未有如隋文帝者，以妇翁之亲，……遂安坐而攘帝位。”

事实上，如果仔细考察杨坚称帝前后的形势和细节，我们发现，问题远远比赵翼想象得复杂。杨坚得国，是时势、机遇与人事等诸多因素的结果。

时势造英雄。什么时势造就了隋文帝这位英雄呢？“时”就是时代，“势”就是势位。

先说时代。东汉末年军阀混战，以189年董卓进京为标志，天下大乱，长达数百年，其中只有西晋的短暂统一。在分裂的各种因素中，胡汉民族矛盾是要素之一。五胡乱华之后，统一的北魏政权的汉化在不断推进，特别是冯太后和孝文帝统治时期，北魏从制度和文化层面进行了很全面的改革。

其间有反复，有波澜，六镇起兵就是对于孝文帝改革的反拨。但是，六镇起兵之后，胡汉融合以关陇集团的构建为标志，更深入地在进行。即使在高洋统治下的北齐，南朝与北朝之间使节往还，都在比赛各自的文化修养。王肃、颜之推、庾信等南朝文人在北方都得到很好的礼遇。总之，到了公元六世纪八十年代，北方民族融合已经是水到渠成。由一个汉人出身的关陇集团核心人物杨坚来建立新王朝，已经是胡汉各族可以接受的事实。反对杨坚的人不少，包括尉迟迥等人起兵、赵王招等宗室贵胄反扑，但是，他们都没有打出胡汉分别的旗号来！杨坚取代鲜卑人的政权，也无需用“驱逐鞑虏、恢复中华”为号召（与200多年前的冉闵杀胡完全不同）。总之，民族融合和南北统一是时代的大趋势。

再说势位。虽然处在这个时代，但是，如果你不处在有利的势位上，机会的窗口也不会为你打开。

杨坚父亲杨忠，是从武川镇走出来的军将。杨坚的妻子独孤氏就是杨忠的老领导、曾为八柱国之一的独孤信的女儿。杨坚的女儿杨丽华（561—609）是周宣帝的正宫皇后，是周静帝宇文阐的嫡母（生母是朱皇后）。杨坚曾在太学接受教育，本人将门之子，多次出征北齐，立有战功。总之，年届四十、风华正茂的杨坚，正处在关陇集团的核心人物圈中。

580年农历五月初五端阳节这天，杨坚因为受到周宣帝的猜忌，要求外调扬州刺史（驻寿州）获准，却突然因为脚病不能成行。五天后的初十日夜，周宣帝出幸城外的天兴宫，次日因病返回，口不能言，无法安排后事，当天驾崩。北周政权出现了权力真空。

究竟由谁出来辅政，托孤大臣刘昉、郑译、颜之仪的意见发生了分歧。颜之仪主张迎请赵王宇文招，以德以亲，都合适。但是，这恰恰不是宇文赟生前的意思。强势的皇叔（宇文泰之子）恰恰是周宣帝最担心的。因此，在周宣帝弥留之际，刘昉、郑译主张，迎请外戚杨坚侍疾辅政，符合当时的政治局势。

杨坚的入宫辅政，几乎没有竞争对手。原因在于宇文家族自己的内斗。

宇文泰是奠定西魏政权的功臣，但是，在宇文泰去世之后，上层集团曾发生挑战宇文家族执政权的权力争斗，赵贵、独孤信、李植死于非命。北周建国，宇文护专政，宇文觉、宇文毓两位国君被弑。572年，经过长期隐忍和周密准备，周武帝（543—578）终于除掉宇文护，掌握了全部的权力。在他此后完全执政的六年中，平定了北齐，也进行了一系列改革，包括废除佛教等。578年突然去世。

继位的周宣帝宇文赟（559—580），致力于打击全部挑战者。周武帝诸弟中，宇文宪最为优秀。他也是宇文家族中最早怀疑普六茹坚貌有反相的人。周宣帝即位的当月，就杀掉了这位最能干的叔父宇文宪。同时，把赵王宇文招等几位皇叔都安排到封地去任职。此前北周的三个国君宇文觉、宇文毓、宇文邕都是兄弟相继的，北齐的皇帝们居然四个兄弟高澄、高洋、高演、高湛相继。宇文赟对此自然十分敏感。防范出现兄终弟及的即位模式，是宇文赟第一个要考虑的问题。

宇文赟其实对杨坚也不放心。579年宇文赟同时娶了两位美女——元氏、陈氏，并且都被封为皇后，夺得宇文温的妻子尉迟氏后，宠爱有加。于是，他立了五个皇后。其中，皇后朱满月（547—586）出身低微，年龄偏大，是太子宇文阐的生母。真正的皇后是发妻杨丽华（561—609）。宇文赟之所以立五位皇后，除了荒淫之外，也是为了降低皇后杨丽华的地位，冲淡外戚杨坚的身份。宇文赟威胁杨皇后，要族灭其家，甚至要处死杨皇后，幸亏独孤氏哭泣请求得免，反映了宇文赟对于杨坚的疑忌。

周宣帝突然驾崩，给了杨坚以出头的机会。他是杨皇后的父亲，在五个皇后当中，只有杨皇后的身份最无可与争。宗室的人有危险，外戚的人来主政，这在当时是情理中的事。

杨坚之所以在很短时间内就取代北周，站稳脚跟，还因为北周本身的权力基础比较薄弱。宇文氏的自相残杀使得统治集团损失了大量优秀人物，宣帝即位后的倒行逆施，也削弱了北周皇室的威信。北周武帝灭佛，引起了广大信教民众的反感；而杨坚从小生养于佛寺，与佛教的特殊关系，使他能够赢得广大信众的支持。此外值得注意的是，虽然周宣帝荒淫无道，穷奢极欲，却比较倾向汉族文化。他的生母是李氏，很可能是汉族女子。他的正宫皇后为杨氏，其余几个皇后也多是汉族女子。宇文赟即位的第二年正月，“受朝于露门，始与群臣服汉、魏衣冠”（《资治通鉴》卷一百七十三太建十一年正月）。种种事实表明，从北魏孝文帝改革以来，汉族文化主导的胡汉民族融合已经深入。杨坚是与胡汉关系都很深的关陇贵族成员，他出面来统一江山是能够被各方所接受的。

卷一百七十七至卷一百八十四 隋纪

【提要】 隋纪在《资治通鉴》中仅占八卷，从隋文帝开皇九年（589）统一南朝陈，到李渊起兵的隋恭帝义宁元年（617）。本编所选三篇，一篇高颎之废罢，涉及隋文帝政治之兴衰；牛、刘论政事，涉及隋唐中央集权制度的进一步加强；晋阳起兵在预示着唐朝的肇基。相反，导致隋炀帝殒首的江都之变，则被安排在《资治通鉴·唐纪》的部分。

一、高颎之废罢

（开皇十九年，599，六月）独孤后性妒忌[1]，后宫莫敢进御。尉迟迥女孙[2]，有美色，先没宫中。上于仁寿宫见而悦之，因得幸。后伺上听朝，阴杀之。上由是大怒，单骑从苑中出，不由径路，入山谷间二十余里。高颎、杨素等追及上[3]，扣马苦谏。上太息曰："吾贵为天子，不得自由！"高颎曰："陛下岂以一妇人而轻天下[4]！"上意少解，驻马良久，中夜方还宫。后俟上于阁内，及至，后流涕拜谢，颎、素等和解之，因置酒极欢。先是后以高颎父之家客[5]，甚见亲礼，至是，闻颎谓己为一妇人，遂衔之。

高颎谓独孤一妇人的话，不过是劝解之词，是怎么传到独孤后耳中的？

时太子勇失爱于上[6]，潜有废立之志，从容谓颎曰："有神告晋王妃[7]，言王必有天下，若之何？"颎长跪曰："长幼有序，其可废乎！"上默然而止。独孤后知颎不可夺，阴欲去之。

[注释]

[1] 独孤后（544—602）：隋文帝杨坚皇后，谥文献。出生鲜卑族，北周柱国大将军独孤信之女。　[2] 尉迟迥：北周将军，杨坚辅政时，他任相州总管，起兵反对。被平定后，家属没入宫中。　[3] 高颎（541—607）、杨素（544—606）：均为当时宰辅。　[4] 陛下岂以一妇人而轻天下：陛下怎么能够因为一个女人而轻视天下呢？意思是不值得与独孤皇后生气，即不要同女人一般见识。这个女人是指独孤氏，不是尉迟氏。　[5]"先是后以高颎父之家客"以下五句：过去的门人之子（高颎）称自己为"一妇人"，独孤后感到被冒犯了，遂怀恨在心。　[6] 太子勇（？—

604）：杨坚与独孤氏所生长子，杨坚登基时被立为太子。 [7] 晋王妃：晋王指隋文帝与独孤氏次子杨广（569—618），即隋炀帝。晋王妃是萧氏（567—647），即后来的萧皇后。

会上令选东宫卫士以入上台[1]，颎奏称："若尽取强者，恐东宫宿卫太劣。"上作色曰："我有时出入，宿卫须得勇毅。太子毓德春宫，左右何须壮士！此极弊法。如我意者，恒于交番之日[2]，分向东宫，上下团伍不别，岂非佳事！我熟见前代[3]，公不须仍踵旧风。"颎子表仁[4]，娶太子女，故上以此言防之。

颎夫人卒，独孤后言于上曰："高仆射老矣[5]，而丧夫人，陛下何能不为之娶！"上以后言告颎。颎流涕谢曰："臣今已老，退朝，唯斋居读佛经而已。虽陛下垂哀之深，至于纳室，非臣所愿。"上乃止。既而颎爱妾生男[6]，上闻之，极喜，后甚不悦。上问其故，后曰："陛下尚复信高颎邪？始，陛下欲为颎娶[7]，颎心存爱妾，面欺陛下。今其诈已见，安得信之！"上由是疏颎。

"心存爱妾，面欺陛下"，把私人之事提高到了政治忠诚的高度。

[注释]

[1]“会上令选东宫卫士以入上台”以下四句：东宫是太子所居，上台指隋文帝所居皇宫。隋文帝忌惮太子，要从东宫中选强壮的卫士宿卫自己所居皇宫。高颎反对，引起杨坚的不快。　[2]“恒于交番之日”二句：意思是，东宫不需要特别安排宿卫兵，只需要上下交班的时候，分派一支宿卫东宫即可。交番，宿卫士兵分番上下班。　[3]熟见前代：这里暗指前代宫廷政变，父子相残之事，北魏、北齐乃至南朝都发生过。　[4]“颎子表仁”以下三句：高颎之子高表仁娶太子杨勇之女为妻，这本来是杨坚安排的政治联姻，现在却让杨坚怀疑高颎属于太子党。　[5]仆射：尚书省长官，高颎的职务是尚书左仆射。　[6]“既而颎爱妾生男”以下四句：高颎不愿续弦，但是却有小妾生子，这本来是不矛盾的事。但是，隋文帝的子女均为与独孤氏所生，高颎小妾生子，令独孤氏不快。　[7]“陛下欲为颎娶”以下六句：杨坚本来就不满意高颎护着太子，如今又暴露出“心存爱妾，面欺陛下（说不愿娶妻，生活中只是吃斋念佛）”，故而令杨坚疏远了高颎。

伐辽之役[1]，颎固谏，不从，及师无功，后言于上曰：“颎初不欲行，陛下强遣之，妾固知其无功矣！”又，上以汉王年少[2]，专委军事于颎，颎以任寄隆重，每怀至公，无自疑之意，谅所言多不用。谅甚衔之，及还，泣言于后曰：“儿幸免高颎所杀。”上闻之，弥不平。

对高颎的不满逐渐从家事发展到国事的是非。

及击突厥，出白道[3]，进图入碛[4]，遣使请兵，近臣缘此言颎欲反。上未有所答，颎已破突厥而还。及王世积诛[5]，推核之际，有宫禁中事，云于颎处得之，上大惊。有司又奏“颎及左右卫大将军元旻、元胄，并与世积交通，受其名马之赠”。旻、胄坐免官。上柱国贺若弼、吴州总管宇文弼、刑部尚书薛胄、民部尚书斛律孝卿、兵部尚书柳述等明颎无罪[6]，上愈怒，皆以属吏[7]，自是朝臣无敢言者。秋，八月，癸卯，颎坐免上柱国、左仆射[8]，以齐公就第。

[注释]

[1] 伐辽之役：开皇十八年（598），隋文帝下诏讨伐高句丽，以汉王谅（575—605）为元帅，高颎为长史（参谋长），以失败告终。 [2]“上以汉王年少”二句：是时汉王杨谅仅 14 岁，故军事行动都由长史高颎负责。 [3] 白道：地名，今内蒙古呼和浩特附近。本年（599）四月，高颎奉命出击突厥，路出朔州（治今山西朔州）。 [4] 进图入碛：试图进入大漠追击。碛，大漠。 [5]“及王世积诛”以下六句：本年六月，王世积被部将告发谋反，伏诛。高颎等高官也牵连其中，包括左右卫大将军元旻、元胄。 [6]“上柱国贺若弼、吴州总管宇文弼、刑部尚书薛胄、民部尚书斛律孝卿、兵部尚书柳述等明颎无罪”二句：贺若弼等文武官员都为高颎说话，更让隋文帝恼怒，怀疑他们结党。 [7] 皆以属吏：都交由司法部门审查。 [8]“颎坐免上柱国、左仆射”二句：免除高颎的勋官和行政职务，只保留他齐国公的

封爵。下文除高颎为民，则连齐国公的封爵也取消了。

未几，上幸秦王俊第[1]，召颎侍宴。颎歔欷悲不自胜，独孤后亦对之泣。上谓颎曰：“朕不负公，公自负也。”因谓侍臣曰：“我于高颎，胜于儿子，虽或不见，常似目前。自其解落[2]，瞑然忘之，如本无高颎。人臣不可以身要君[3]，自云第一也。”

顷之，颎国令上颎阴事[4]，称其子表仁谓颎曰：“司马仲达初托疾不朝，遂有天下。公今遇此，焉知非福！”于是上大怒，囚颎于内史省而鞫之[5]。宪司复奏沙门真觉尝谓颎云：“明年国有大丧[6]。”尼令晖复云：“十七、十八年，皇帝有大厄，十九年不可过。”上闻而益怒，顾谓群臣曰：“帝王岂可力求！孔子以大圣之才，犹不得天下。颎与子言，自比晋帝，此何心乎！”有司请斩之。上曰：“去年杀虞庆则[7]，今兹斩王世积，如更诛颎，天下其谓我何！”于是除名为民。

高颎居然想谋反自立为帝。隋文帝怎么会有如此幼稚的念头。

[注释]

[1]“上幸秦王俊第”二句：杨坚夫妇幸秦王私第，做家人聚

会，故请曾视同家人的高颎也侍宴。秦王俊（571—600），杨坚与独孤氏所生第三子杨俊。 [2] 解落：谓解官落职。 [3]“人臣不可以身要君”二句：可以看出，隋文帝对高颎的才华有忌惮。下文文帝说“帝王岂可力求”，并拿孔子举例，更证明了这种担心。要君，要挟君王。 [4]“颎国令上颎阴事”以下六句：高颎是齐国公，封国设有国令，是朝廷命官。齐国的国令秘密报告高颎阴事，就是下文所指，高颎之子高表仁曾用司马懿（字仲达）托病不上朝，后建立晋朝基业之事，劝慰被撤职的父亲。 [5] 囚颎于内史省而鞫之：让司法部门（下文的宪司）在中书省审判高颎。内史省，即中书省。鞫，审判。 [6] 明年国有大丧：这里的沙门真觉所谓“国有大丧”，下句的尼令晖所说“皇帝有大厄”，都是指文帝杨坚驾崩。 [7] 虞庆则（？—597）：本姓鱼，家族出自西域，隋初四贵之一。因被告谋反处死。

（选自《资治通鉴》卷一百七十八，隋纪二）

[**点评**]

任何事业的成功都离不开用人，杨坚的建国和统一事业也是如此。高颎、苏威是开皇时期两个最得力的辅臣。可是随着事业的成功、政权的巩固，杨坚对功臣疑虑也日益增重，本人在处理朝政之时，察察为明，功臣宿将诛夷殆尽。这里面还牵涉在换太子接班人时，受到后宫独孤皇后的谗言蛊惑的问题。特别是重臣高颎，在最困难的时候，挺身出来支持杨坚，在三个地方势力起兵反叛时自告奋勇到平叛前线督军，挽回大局，由于猜忌和独孤氏的谗言，被解除职务，使杨坚的治国团队失去了一个巨大支柱。毛泽东同志曾经点评这段历史，认为是“蕴藏大乱”。唐太宗也讲“隋之兴亡，系（高）颎之存没”，认为罢免高颎是隋文帝政治由明到昏的转折点。

二、牛弘与刘炫论政事

（大业三年，607）夏，四月，庚辰，下诏欲安辑河北[1]，巡省赵、魏。

牛弘等造新律成[2]，凡十八篇，谓之《大业律》；（四月）甲申，始颁行之。民久厌严刻[3]，喜于宽政。其后征役繁兴，民不堪命，有司临时迫胁以求济事，不复用律令矣。

隋炀帝即位后减轻赋役和刑罚的新政，只是具文，实际徭役因为大工程、大外交与大战争而更加严重了。

旅骑尉刘炫预修律令[4]，弘尝从容问炫曰：“《周礼》士多而府史少[5]，今令史百倍于前[6]，减则不济，其故何也？”炫曰：“古人委任责成，岁终考其殿最[7]，案不重校[8]，文不繁悉，府史之任，掌要目而已。今之文簿[9]，恒虑覆治，若锻炼不密，则万里追证百年旧案。故谚云：‘老吏抱案死。’事繁政弊，职此之由也。”

苏绰的改革文书行政，周隋以后更加注重文书的行政程序和事务的过程管理。

[**注释**]

[1] “下诏欲安辑河北”二句：意思是隋炀帝要巡查河北和河南地区。魏，古魏地在今河南地区。 [2] 牛弘（545—610）：安定郡（今甘肃灵台）人，历仕周隋，炀帝时官至礼部尚书。 [3] “民久厌严刻”以下四句：意谓虽然法令规定很宽缓，但是，临时破坏法制的征役，使民不堪命。 [4] 旅骑尉：隋文帝时设置的武散官（表明官员阶品的头衔），从七品。刘炫（546—613）：河间郡（今河北献县）人。著名经学家，后任太学博士。 [5]《周礼》：此指《周官》。士：此指官员。府史：胥吏，官府的文秘人员。 [6] 令史：隋唐时代在官府从事秘书工作的胥吏。与前面讲的府、史类似。 [7] 考其殿最：考核官员的政绩优劣。业绩优为最，末为殿。 [8] 案不重校：文案不反复审查、查校。 [9] “今之文簿”以下四句：意谓担心文案程序手续不严密，会有审计查校，不容许有一点缺失。否则会到万里之外去追究百年前的旧案。

弘曰：“魏、齐之时[1]，令史从容而已，今则不遑宁处[2]，何故？”炫曰：“往者州唯置纲纪[3]，郡置守、丞，县置令而已。其余具僚则长官自辟，受诏赴任，每州不过数十。今则不然，大小之官[4]，悉由吏部，纤介之迹，皆属考功。省官不如省事，官事不省而望从容，其可得乎！”弘善其言而不能用。

州郡自行辟署僚佐的制度让位于中央集权一管到底。

［注释］

[1] 魏、齐之时：指北魏、北齐。 [2] 不遑宁处：惶惶不安之意。按，宇文泰采纳苏绰一套改革和文书计帐程式，行政程序更加严密。 [3]“往者州唯置纲纪”以下四句：北周之时，有州、郡、县三级，纲纪指州的主要官员；郡守、郡丞以及县令由中央委派，其他僚佐由地方长官自行辟署。长官自辟，汉代以来，州郡县长官可以自行辟署僚佐，朝廷委任的官员比较少。 [4]“大小之官”以下四句：谓吏部掌管官员的选任，考功司负责考核官员的政绩。考功，吏部有考功司，掌管官员考绩之事。

（选自《资治通鉴》卷一百八十，隋纪四）

［点评］

牛弘与刘炫的对话，反映了魏晋以来职官制度变化的两个方向，一个是汉代的辟署制度让位于吏部铨选和考核，另一个是行政程序的规范化，代替了汉代的委任责成。这在《唐六典》中就是各官署的勾检制度日趋完善，文书行政日趋发达。

三、晋阳起兵

（义宁元年，617）六月，己卯，李建成等至晋阳[1]。

要搞定突厥，否则必腹背受敌。

刘文静劝李渊与突厥相结[2]，资其士马以益兵势。渊从之，自为手启，卑辞厚礼，遗始毕可汗云[3]：“欲大举义兵，远迎主上，复与突厥和亲，如开皇之时。若能与我俱南，愿勿侵暴百姓；若但和亲，坐受宝货，亦唯可汗所择。”始毕得启，谓其大臣曰：“隋主为人，我所知也，若迎以来，必害唐公而击我无疑矣。苟唐公自为天子，我当不避盛暑，以兵马助之。”即命以此意为复书。使者七日而返，将佐皆喜，请从突厥之言，渊不可。裴寂、刘文静等皆曰：“今义兵虽集而戎马殊乏，胡兵非所须，而马不可失；若复稽回，恐其有悔。”渊曰：“诸君宜更思其次。”寂等乃请尊天子为太上皇，立代王为帝[4]，以安隋室；移檄郡县；改易旗帜[5]，杂用绛白，以示突厥。渊曰：“此可谓‘掩耳盗钟’，然逼于时事，不得不尔。”乃许之，遣使以此议告突厥。

李渊的策略：北盟突厥，西扶朝廷。

［注释］

[1] 李建成等至晋阳：隋炀帝大业十二年（616）底，诏以右骁卫将军唐国公李渊为太原留守，以虎贲郎将王威、虎牙郎将高君雅为副留守，李渊带领二儿子李世民赴任，而家属仍在河东（今

山西运城），由长子李建成照护。此时隋炀帝已经到了江都，民变与兵变蜂起，李渊、李世民在晋阳令刘文静、晋阳宫副监裴寂的支持呼应下，也策划起兵。就等待李渊家属到来，至此李建成、李元吉率领李渊家人赶到了太原。　[2] 刘文静（568—619）：京兆武功（今陕西武功）人，其时为晋阳县令，参与策划晋阳起兵，唐初位至宰辅。劝李渊与突厥相结：隋炀帝时中原与突厥政权关系紧张，隋末边疆地区起兵的政治势力都接突厥以为内援。刘文静建议联络突厥不仅有壮声威的战略意义，也有防止突厥背后侵袭的战术意义。下文李渊的亲笔信（“手启”）体现了这种意图，也充满了外交辞令。　[3] 始毕可汗（？—619）：本姓阿史那氏，名咄吉世（一作咄吉、吐吉）。在他任可汗期间（609—619），东突厥势力强盛，拥兵百万，不仅臣服了契丹、室韦、吐谷浑、高昌等国，而且隋末割据群雄薛举、窦建德、苑君璋、王世充、刘武周等都曾向始毕可汗称臣。唐高祖李渊建国后，始毕可汗恃功而骄，武德二年（619）偷袭太原过程中病死。　[4] 代王：杨侑（605—619），隋炀帝之孙，元德太子杨昭第三子，其时留守长安，李渊入长安，尊炀帝为太上皇，立杨侑为帝，即隋恭帝。　[5]“改易旗帜”二句：陈寅恪先生解释，突厥白旗，隋朝绛旗（红色），杂用之，以应付突厥。其解释当出自胡三省注：“隋色尚赤。今用绛而杂之以白，示若不纯于隋。”

西河郡不从渊命[1]，甲申，渊使建成、世民将兵击西河；命太原令太原温大有与之偕行，曰：“吾儿年少，以卿参谋军事；事之成败，当以此行卜之。”时军士新集，咸未阅习，建成、世民与之同甘苦，遇敌则以身先之。近道菜果，非买不食，军士有窃之者，辄求其主偿之，亦不诘窃者，军士及民皆感悦。至西河城下，民有欲入城者，皆听其入。郡丞高德儒闭城拒守，己丑，攻拔之。执德儒至军门，世民数之曰："汝指野鸟为鸾，以欺人主，取高官，吾兴义兵，正为诛佞人耳！"遂斩之。自余不戮一人，秋毫无犯，各尉抚使复业[2]，远近闻之大悦。建成等引兵还晋阳，往返凡九日。渊喜曰："以此行兵，虽横行天下可也。"遂定入关之计。

李渊初定入关之计，为民请命，秋毫无犯。

［**注释**］

[1] 西河郡：历史上的西河郡范围变动很大，此时的西河郡乃隋大业三年（607）改汾州所置，治所在隰城（今山西汾阳市区）。 [2] 尉抚：即慰抚，指安抚百姓使恢复生业。

渊开仓以赈贫民，应募者日益多。渊命为三军，分左右，通谓之义士。裴寂等上渊号为大将军，癸巳，建大将军府；以寂为长史[1]，刘文静为司马，唐俭及前长安尉温大雅为记室，大雅仍与弟大有共掌机密，武士彟为铠曹，刘政会及武城崔善为、太原张道源为户曹，晋阳长上邽姜謩为司功参军，太谷长殷开山为府掾，长孙顺德、刘弘基、窦琮及鹰扬郎将高平王长谐、天水姜宝谊、阳屯为左、右统军；自余文武，随才授任。又以世子建成为陇西公，左领军大都督，左三统军隶焉；世民为敦煌公，右领军大都督，右三统军隶焉；各置官属。以柴绍为右领军府长史；谘议谯人刘赡领西河通守[2]。道源名河，开山名峤，皆以字行。开山，不害之孙也。

李渊充分展现了依靠体制内力量组建队伍的优势。

［注释］

[1]“以寂为长史”以下十八句：列举了李渊大将军府中的幕僚，据胡三省注：“此唐公开大将军府，署置官属，参用隋亲王府、大将军府、州郡官属之制也。”其中，长史、司马，一文一武，相当于大将军府的秘书长和参谋长。由裴寂和刘文静担任。记室担任文字工作，有时涉及机密之任。此外有铠曹、户曹（不止一员）、司功等诸曹参军事，分掌各项具体事务。府掾相当于事务长性质。余下有六位统军，分别统领军队，隶属于左右领军大都督李建成和李世民之下。　[2] 谘议谯人刘赡领西河通守：西河郡是李渊进入长安的跳板，故任命大将军府谘议参军刘赡任西河郡通守。

突厥遣其柱国康鞘利等送马千匹诣李渊为互

市[1]，许发兵送渊入关，多少随所欲。丁酉，渊引见康鞘利等，受可汗书，礼容尽恭，赠遗康鞘利等甚厚。择其马之善者，止市其半；义士请以私钱市其余[2]，渊曰："虏饶马而贪利，其来将不已，恐汝不能市也。吾所以少取者，示贫，且不以为急故也，当为汝贳之[3]，不足为汝费。"

乙巳，灵寿贼帅郗士陵帅众数千降于渊[4]，渊以为镇东将军、燕郡公[5]，仍置镇东府，补僚属，以招抚山东郡县。

己巳，康鞘利北还。渊命刘文静使于突厥以请兵，私谓文静曰："胡骑入中国[6]，生民之大蠹也。吾所以欲得之者，恐刘武周引之共为边患；又，胡马行牧，不费刍粟，聊欲藉之以为声势耳。数百人之外，无所用之。"

借突厥兵马只是造声势，这个定位对。

［注释］

[1] 康鞘利：当为中亚康国人，柱国，是周隋的勋爵，此为比照汉制的说法。推测康氏作为粟特商人，服务于突厥的外交及商贸（互市之类）等事务，获得某种虚职。 [2] 义士：参加晋阳起兵之人称为义士，见上文。 [3]"当为汝贳（shì）之"二句：即全部收下了突厥的马匹，但是暂欠一半马价。贳，此处意为赊欠。 [4] 灵寿：县名，在今河北石家庄，地域与太原的李渊颇不

相接。 [5]“渊以为镇东将军、燕郡公”以下四句：李渊授予职官，令其扩展地盘，所谓“招抚山东郡县”是也。史家记此，表示李渊起兵，获得多方响应而已。 [6]“胡骑入中国”以下十句：胡三省于此注云，高祖远胜于唐肃宗、代宗引回纥入援。但是，李渊此举目的是占领长安，不需要许多突厥骑兵，事势自有不同。刘武周，当时割据在山西北边的军阀势力。

（七月）壬子，李渊以子元吉为太原太守，留守晋阳宫，后事悉以委之。癸丑，渊帅甲士三万发晋阳，立军门誓众，并移檄郡县，谕以尊立代王之意；西突厥阿史那大奈亦帅其众以从。甲寅，遣通议大夫张纶将兵徇稽胡[1]。丙辰，渊至西河，慰劳吏民，赈赡穷乏；民年七十以上，皆除散官，其余豪俊，随才授任，口询功能，手注官秩，一日除千余人；受官皆不取告身[2]，各分渊所书官名而去。渊入雀鼠谷；壬戌，军贾胡堡，去霍邑五十余里[3]。代王侑遣虎牙郎将宋老生帅精兵二万屯霍邑[4]，左武侯大将军屈突通将骁果数万屯河东以拒渊[5]。会积雨，渊不得进，遣府佐沈叔安等将羸兵还太原，更运一月粮。乙丑，张纶克离石[6]，杀太守杨子崇[7]。

刘文静至突厥，见始毕可汗，请兵，且与之约曰："若入长安，民众土地入唐公，金玉缯帛归突厥。"始毕大喜，丙寅，遣其大臣级失特勒先至渊军，告以兵已上道。

［注释］

[1] 稽胡：匈奴别种，分布在晋陕北部山谷间（胡注谓分布在汾、石间），是以农业为主要营生的部落。 [2] 告身：又称官告，是发给受任官员的证书。 [3] 霍邑：今山西霍州市，其北有军事要塞贾胡堡。 [4] 宋老生（？—617）：隋虎牙郎将，时受命领兵扼守霍邑。 [5] 屈突通（557—628）：复姓屈突，单名通，字坦豆拔，出身奚族，昌黎徒何部（今辽宁锦州），时受命领数万隋兵驻屯河东阻击李渊军。后降唐立功。曾参加玄武门之变，列为凌烟阁二十四功臣之一。 [6] 离石：在今山西吕梁市离石区。 [7] 杨子崇：隋文帝杨坚堂弟。

盟主是凭实力打出来的，不是逞口舌之胜争出来的。

渊以书招李密[1]。密自恃兵强，欲为盟主，已巳，使祖君彦复书曰[2]："与兄派流虽异，根系本同。自唯虚薄，为四海英雄共推盟主。所望左提右挈[3]，戮力同心，执子婴于咸阳，殪商辛于牧野，岂不盛哉！"且欲使渊以步骑数千自至河内，面结盟约。渊得书，笑曰："密妄自矜大，非折简可致。吾方有事关中，若遽绝之，乃是更生一敌；不如卑辞推奖以骄其志[4]，使为我塞成皋之道，缀东都之兵，我得专意西征。俟关中平定，据险养威，徐观鹬蚌之势以收渔人之功，未为晚也。”乃使温大雅复书曰[5]：“吾虽庸劣[6]，幸承余绪，出为八使，入典六屯，颠而不扶，通贤所责。所以大会义兵，和亲北狄，共匡天下，志在尊隋。天生烝民[7]，必有司牧。当今为牧，非子而谁！老夫年逾知命，愿不及此。欣戴大弟，攀鳞附翼，唯弟早膺图箓，以宁兆民！宗盟之长，属籍见容，复封于唐，斯荣足矣。殪商辛于牧野，所不忍言；执子婴于咸阳，未敢闻命。汾晋左右[8]，尚须安辑；盟津之会，未暇卜期。”密得书甚喜。以示将佐曰：“唐公见推，天下不足定矣！”自是信使往来不绝。

李渊谬推李密，减少东方的牵扯。居关中以观山东群雄逐鹿，需要鼓励李密。

[注释]

[1] 李密（582—619）：李密曾祖父李弼是西魏宇文泰时期的八柱国之一，袭爵蒲山公。曾参加隋末杨玄感起兵，被捕逃脱后，加入瓦岗军翟让农民军，后杀翟让而建立魏政权。此时割据在河南地区，是势力最大的起义军。 [2] 祖君彦：父为北齐尚书祖珽，本人加入李密瓦岗军，为记室（起草文书），《讨隋炀帝檄》和这篇给李渊的书信都是他起草的，618 年被洛阳王世充所

杀。 [3]“所望左提右挈”以下四句：此处以刘邦入咸阳接受秦王子婴投降、周武王牧野之战推翻商王朝为典故，请李渊辅佐李密完成改朝换代。 [4]“不如卑辞推奖以骄其志”以下八句：言李渊故意误导李密，以骄其志。意思是说，让李密在东都牵制隋兵力，为自己顺利夺取关中创造条件，而且可以坐山观虎斗，收渔人之利。胡注：“塞成皋之道，则江都信使不通；缀东都之兵，则不得西应长安。”成皋，今河南荥阳汜水镇虎牢关村西北有成皋古城，是当年刘项争战的古战场。 [5] 温大雅（约 572—629）：字彦弘，并州祁县（今山西祁县）人，其时为李渊大将军府记室，著有《大唐创业起居注》等。 [6]“吾虽庸劣”以下十句：谓作为贵族后裔，出为大使，入典禁军，在国家危难之时，理应起兵扶持。自己起兵与和亲突厥，都是为了扶持隋朝。幸承余绪，指李渊为唐国公。 [7]“天生烝民”以下十四句：谓总得有人出来治理百姓，当然是你李密老弟啦。我已经年过半百（知命），完全没有这个想法，甘心拥戴你，膺应图谶所言，让天下太平。我能够作为唐国公，入于李氏族籍，就很满足了。 [8]“汾晋左右”以下四句：谓在汾晋一带还要安辑；到河阳盟津会见之事，还得另外安排日期。

雨久不止，渊军中粮乏；刘文静未返，或传突厥与刘武周乘虚袭晋阳[1]；渊召将佐谋北还。裴寂等皆曰：“宋老生、屈突通连兵据险，未易猝下。李密虽云连和，奸谋难测。突厥贪而无信，唯利是视。武周，事胡者也。太原一方都会，且义兵家属在焉，不如还救根本，更图后举。”李世民曰："今禾菽被野，何忧乏粮！老生轻躁，一战可擒。李密顾恋仓粟，未遑远略。武周与突厥外虽相附，内实相猜。武周虽远利太原，岂可近忘马邑！本兴大义，奋不顾身以救苍生，当先入咸阳[2]，号令天下。今遇小敌，遽已班师，恐从义之徒一朝解体，还守太原一城之地为贼耳，何以自全！"李建成亦以为然。渊不听，促令引发。世民将复入谏，会日暮，渊已寝；世民不得入，号哭于外，声闻帐中。渊召问之，世民曰："今兵以义动，进战则克，退还则散；众散于前，敌乘于后，死亡无日，何得不悲！"渊乃悟，曰："军已发，奈何？"世民曰："右军严而未发；左军虽去，计亦未远，请自追之。"渊笑曰："吾之成败皆在尔，知复何言，唯尔所为。"世民乃与建成分道夜追左军复还。丙子，太原运粮亦至。

李渊持重谨慎，李世民兄弟锐意进取。

"吾之成败皆在尔"，这是领导兼父亲对儿臣的激励，还是史家给李世民贴金的曲笔？就看你怎么评价父子二人的段位了。

八月，己卯，雨霁。庚辰，李渊命军中曝铠仗行装。辛巳旦，东南由山足细道趣霍邑。渊恐宋老生不出，李建成、李世民曰："老生勇而无谋，以轻骑挑之，理无不出；脱其固守[3]，则诬以贰于我。彼恐为左右所奏，安敢不出！"渊曰：

“汝测之善，老生不能逆战贾胡，吾知其无能为也！”渊与数百骑先至霍邑城东数里以待步兵，使建成、世民将数十骑至城下，举鞭指麾，若将围城之状，且诟之。老生怒，引兵三万自东门、南门分道而出，渊使殷开山趣召后军。后军至，渊欲使军士先食而战，世民曰：“时不可失。”渊乃与建成陈于城东，世民陈于城南。渊、建成战小却，世民与军头临淄段志玄自南原引兵驰下，冲老生陈，出其背，世民手杀数十人，两刀皆缺，流血满袖，洒之复战。渊兵复振，因传呼曰：“已获老生矣！”老生兵大败，渊兵先趣其门，门闭，老生下马投堑，刘弘基就斩之，僵尸数里。日已暮，渊即命登城，时无攻具，将士肉薄而登，遂克之。

渊赏霍邑之功，军吏疑奴应募者不得与良人同[4]，渊曰：“矢石之间，不辨贵贱；论勋之际，何有等差，宜并从本勋授。”壬午，渊引见霍邑吏民，劳赏如西河，选其丁壮使从军；关中军士欲归者[5]，并授五品散官，遣归。或谏以官太滥，渊曰：“隋氏吝惜勋赏，此所以失人心也，奈何效之！且收众以官，不胜于用兵乎！”

“收众以官，不胜于用兵乎！”汉高祖刘邦也是这样打到咸阳的。

丙戌，渊入临汾郡[6]，慰抚如霍邑。庚寅，宿鼓山。绛郡通守陈叔达拒守[7]；辛卯，进攻，克之。叔达，陈高宗之子，有才学，渊礼而用之。

癸巳，渊至龙门，刘文静、康鞘利以突厥兵五百人、马二千匹来至。渊喜其来缓，谓文静曰：“吾西行及河，突厥始至，兵少马多，皆君将命之功也。”

汾阳薛大鼎说渊：“请勿攻河东，自龙门直济河，据永丰仓[8]，传檄远近，关中可坐取也。”渊将从之。诸将请先攻河东，乃以大鼎为大将军府察非掾[9]。

[注释]

[1] 刘武周（？—620）：河间景城（今河北泊头交河镇）人。隋末任马邑校尉，乘乱割据河东，被突厥封为“定杨可汗”，称皇帝，并且觊觎晋阳，是李渊起兵的后患。 [2] 先入咸阳：此处是以汉高祖刘邦入咸阳灭秦为比喻，意指要直接进入隋都长安。 [3]“脱其固守”二句：假如宋老生固守城寨不出战，我们就造谣说他是隋朝的贰臣。脱，如果，倘若。贰于我，即通敌于我。 [4]“军吏疑奴应募者不得与良人同”以下七句：隋唐时期，奴婢是贱民，没有独立户籍。良人则属于编户齐民。李渊此处强调在功勋奖励面前，不分贵贱，人人平等。 [5]“关中军士欲归

者”以下三句：有关中军士参加霍邑之战，愿意解甲归田的，李渊赏以五品散官。散官与职事官相对，不掌实际职任，保留一定待遇。 [6] 临汾郡：隋炀帝大业三年（607）改晋州为临汾郡，治今山西临汾。 [7] 绛郡：治今山西绛县。通守：隋炀帝所设职官，位仅次于太守，佐理郡行政事务。 [8] 永丰仓：隋朝首都长安附近最重要粮仓，遗址在今陕西大荔境内。开皇三年（583）初置时名广通仓，因其位于华阴县东北渭水南岸广通渠口而得名。炀帝大业初改永丰仓。 [9] 察非掾：胡三省注：察非掾，言使之察奸非。掾，僚佐。

关中地区各种武装力量大都支持李渊。由此可以看出李渊的“西扶朝廷”战略之高明！

河东县户曹任瓌说渊曰[1]：“关中豪杰皆企踵以待义兵。瓌在冯翊积年[2]，知其豪杰，请往谕之，必从风而靡。义当师自梁山济河[3]，指韩城，逼郃阳。萧造文吏，必当望尘请服。孙华之徒，皆当远迎，然后鼓行而进，直据永丰。虽未得长安，关中固已定矣。”渊悦，以瓌为银青光禄大夫[4]。

时关中群盗，孙华最强。丙申，渊至汾阴[5]，以书招之。己亥，渊进军壶口[6]，河滨之民献舟者日以百数，乃置水军。壬寅，孙华自郃阳轻骑渡河见渊。渊握手与坐，慰奖之，以华为左光禄大夫、武乡县公，领冯翊太守，其徒有功者，委华以次授官，赏赐甚厚。使之先济；继遣左右统军王长谐、刘弘基及左领军长史陈演寿、金紫光禄大夫史大柰将步骑六千自梁山济[7]，营于河西以待大军。以任瓌为招慰大使，瓌说韩城，下之。渊谓长谐等曰："屈突通精兵不少，相去五十余里，不敢来战，足明其众不为之用。然通畏罪，不敢不出。若自济河击卿等，则我进攻河东，必不能守；若全军守城，则卿等绝其河梁[8]：前扼其喉，后拊其背，彼不走必为擒矣。"

（九月）屈突通遣虎牙郎将桑显和将骁果数千人夜袭王长谐等营[9]，长谐等战不利，孙华、史大柰以游骑自后击显和，大破之。显和脱走入城，仍自绝河梁。丙辰，冯翊大守萧造降于李渊。造，脩之子也。

戊午，渊帅诸军围河东，屈突通婴城自守。

［注释］

[1] 河东县：即蒲坂，今山西永济。隋制，县设金、户、兵、法、士等曹佐。 [2] 冯翊：冯翊郡，治临晋（今陕西大荔）。下文"韩城（今陕西韩城）""郃阳（今陕西合阳）"均县名，隋时都隶属于冯翊郡，今属于陕西渭南。 [3] 自梁山济河：胡三

省注：梁山，在韩城县界，临河，即《左传》所谓“梁山崩”者也。［4］银青光禄大夫：隋制，散职，从三品。［5］汾阴：县名，在今山西万荣县西南。时属河东郡。［6］壶口：地名。胡三省注：文城郡昌宁县（今山西乡宁）有壶口山。处于秦晋峡谷南段，今以壶口瀑布知名。［7］左右统军王长谐、刘弘基：统军是李渊起兵时设立的统兵官，王、刘在隋朝就是府兵军将。［8］河梁：谓蒲津桥。［9］桑显和：隋虎牙郎将，所统领的特种府兵号骁果。

李世民的勇进与李渊的稳健，相得益彰。

将佐复推渊领太尉[1]，增置官属，渊从之。时河东未下，三辅豪杰至者日以千数[2]。渊欲引兵西趣长安，犹豫未决。裴寂曰：“屈突通拥大众，凭坚城，吾舍之而去，若进攻长安不克，退为河东所踵，腹背受敌，此危道也。不若先克河东，然后西上。长安恃通为援，通败，长安必破矣。”李世民曰：“不然。兵贵神速，吾席累胜之威，抚归附之众，鼓行而西，长安之人望风震骇，智不及谋，勇不及断，取之若振槁叶耳。若淹留自弊于坚城之下，彼得成谋修备以待我，坐费日月，众心离沮，则大事去矣。且关中蜂起之将，未有所属，不可不早招怀也。屈突通自守虏耳，不足为虑。”渊两从之，留诸将围河东，自引军而西。

朝邑法曹武功靳孝谟，以蒲津、中潬二城降[3]，华阴令李孝常以永丰仓降[4]，仍应接河西诸军。孝常，圆通之子也。京兆诸县亦多遣使请降。

庚申，李渊帅诸军济河；甲子，至朝邑，舍于长春宫[5]，关中士民归之者如市。丙寅，渊遣世子建成、司马刘文静帅王长谐等诸军数万人屯永丰仓，守潼关以备东方兵，慰抚使窦轨等受其节度；敦煌公世民帅刘弘基等诸军数万人徇渭北，慰抚使殷开山等受其节度。轨，琮之兄也。

冠氏长于志宁、安养尉颜师古及世民妇兄弟长孙无忌谒见渊于长春宫[6]。师古名籀，以字行。志宁，宣敏之兄子；师古，之推之孙也；皆以文学知名，无忌仍有才略。渊皆礼而用之[7]，以志宁为记室，师古为朝散大夫，无忌为渭北行军典签。

精英纷纷来投奔。

屈突通闻渊西入，署鹰扬郎将汤阳尧君素领河东通守[8]，使守蒲坂，自引兵数万趣长安，为刘文静所遏。将军刘纲戍潼关，屯都尉南城，通欲往依之，王长谐先引兵袭斩纲，据城以拒通，通退保北城。渊遣其将吕绍宗等攻河东，不能克。

［注释］

[1]“将佐复推渊领太尉”二句：李渊领太尉，有府属，可以增设官职。 [2] 三辅：治长安周边京畿地区。 [3] 蒲津、中潬（tān）：城名。隋置中潬城于蒲津河中水渚上，以守固河桥。桥西岸有蒲津城。 [4] 华阴：县名，今属陕西渭南。李孝常：唐宗室，以县令守永丰仓。 [5] 长春宫：朝邑县有长春宫，为隋行宫。 [6] 冠氏：与下文“安养”均为县名，分别在今山东和湖北襄阳。县长于志宁、县尉颜师古，均因乱世而逃离，现在加入了李渊的队伍。长孙无忌：李世民之妻舅，长孙皇后同母兄。 [7]“渊皆礼而用之”以下四句：所以这些临时任命的职官，只是战争期间的一种身份，与实际职掌不全相关。 [8] 鹰扬郎将：鹰扬府长官。此段涉及的尧君素、刘纲等军将，不一一出注。

从关中周边各种势力对于李渊的接应来看，他们家族在这个地区确实有影响力。

柴绍之自长安赴太原也[1]，谓其妻李氏曰[2]：“尊公举兵，今偕行则不可，留此则及祸，奈何？”李氏曰：“君弟速行[3]，我一妇人，易以潜匿，当自为计。”绍遂行。李氏归鄠县别墅[4]，散家赀，聚徒众。渊从弟神通在长安[5]，亡入鄠县山中，与长安大侠史万宝等起兵以应渊。西域商胡何潘仁入司竹园为盗，有众数万，劫前尚书右丞李纲为长史，李氏使其奴马三宝说潘仁与之就神通，合势攻鄠县，下之。神通众逾一万，自称关中道行军总管，以前乐城长令狐德棻为记室[6]。德棻，熙之子也。李氏又使马三宝说群盗李仲文、向善志、丘师利等，皆帅众从之。仲文，密之从父；师利，和之子也。西京留守屡遣兵讨潘仁等，皆为所败。李氏徇盩厔、武功、始平[7]，皆下之，众至七万。左亲卫段纶[8]，文振之子也，娶渊女，亦聚徒于蓝田，得万余人。及渊济河，神通、李氏、纶各遣使迎渊。渊以神通为光禄大夫，子道彦为朝请大夫，纶为金紫光禄大夫；使柴绍将数百骑并南山迎李氏。何潘仁、李仲文、向善志及关中群盗，皆请降于渊，渊一一以书慰劳授官，使各居其所，受敦煌公世民节度。

本段写李渊进军长安，有亲属一干人等做接应工作。

[注释]

[1]柴绍（588—638）：晋州临汾（今山西临汾）人。 [2]李氏：即平阳公主（？—623），高祖李渊第三女。 [3]君弟速行：你只管赶紧出发。弟，通“第”，只管，尽管。 [4]鄠县：今陕西西安市鄠邑区。 [5]神通：李神通（577—630），李渊

从弟，李虎之孙。与下文几位如史万宝等都因参与平阳公主鄠县起兵，进而参加了唐初统一战争，成为开国功臣。 [6] 令狐德棻（583—666）：字季馨，出身敦煌令狐家族，生于宜州华原县（今陕西铜川）。唐朝著名史学家。因此次参与李神通部队而加入李渊队伍。 [7] 盩厔（今作周至）、武功（今属咸阳）、始平（治今陕西兴平东北）：均为长安郊县。 [8] 左亲卫：与下文“左翊卫”一样，都是隋朝宿卫军官，一般由贵族子弟充任。段纶（？—642）：李渊第四女高密公主（？—655）的第二任丈夫。

刑部尚书领京兆内史卫文昇年老[1]，闻渊兵向长安，忧惧成疾，不复预事，独左翊卫将军阴世师、京兆郡丞骨仪奉代王侑乘城拒守[2]。己巳，渊如蒲津；庚午，自临晋济渭，至永丰仓劳军，开仓赈饥民。辛未，还长春宫；壬申，进屯冯翊。世民所至，吏民及群盗归之如流。世民收其豪俊以备僚属，营于泾阳[3]，胜兵九万[4]。李氏将精兵万余会世民于渭北，与柴绍各置幕府，号“娘子军”。

先是，平凉奴贼数万围扶风太守窦琎[5]，数月不下，贼中食尽。丘师利遣其弟行恭帅五百人负米麦持牛酒诣奴贼营[6]，奴帅长揖，行恭手斩之，谓其众曰："汝辈皆良人，何故事奴为主，使天下谓之奴贼！"众皆俯伏曰："愿改事公。"行恭即帅其众与师利共谒世民于渭北，世民以为光禄大夫。琎，琮之从子也。隰城尉房玄龄谒世民于军门[7]，世民一见如旧识，署记室参军，引为谋主。玄龄亦自以为遇知己，罄竭心力，知无不为。

房玄龄见李世民，遂倾心相托。一如张良初见刘邦。

［注释］

[1] 京兆内史：即京兆府长官。　[2] 代王侑：即隋恭帝杨侑（605—619），字仁辅，隋炀帝杨广之孙，元德太子杨昭第三子，母为韦妃。　[3] 泾阳：县名，今属陕西咸阳。　[4] 胜兵九万：是说这些归附者可以组建九万兵力。　[5] 平凉：隋炀帝改原州（治今宁夏固原）为平凉郡。扶风：隋炀帝改岐州（治今陕西宝鸡）为扶风郡。窦琎（jīn）：李世民母亲太穆皇后堂兄。　[6] 丘师利：与下文"丘行恭（586—665）"均为隋将丘和（552—637）之子，本姓丘敦，鲜卑族。丘行恭的儿子丘神勣，为武则天时的酷吏。　[7] 隰城：县名，治今山西临汾。房玄龄（579—848）：名乔，齐州临淄县（今山东淄博）人，隋朝进士及第，任隰城县尉。至此加入李世民幕府，成为谋主，后为唐初名相。

渊命刘弘基、殷开山分兵西略扶风，有众六万，南渡渭水，屯长安故城。城中出战，弘基逆击，破之。世民引兵趣司竹[1]，李仲文、何潘仁、向善志皆帅众从之，顿于阿城[2]，胜兵十三万，军令严整，秋毫不犯。乙亥，世民自盩厔遣使白渊，请期日赴长安。渊曰："屈突东行不能复西，不足虞矣！"乃命建成选仓上精兵自新丰趣长乐宫[3]，世民帅新附诸军北屯长安故城，至并听教。延安、上郡、雕阴皆请降于渊[4]。丙子，渊引军西行，所过离宫园苑皆罢之，出宫女还其亲属。

李渊大军扫清外围后，进入长安。合军达二十万。

冬，十月，辛巳，渊至长安，营于春明门之西北[5]，诸军皆集，合二十余万。渊命各依壁垒，毋得入村落侵暴。屡遣使至城下谕卫文昇等以欲尊隋之意[6]，不报。辛卯，命诸军进围城。甲午，渊迁馆于安兴坊[7]。

[注释]

[1] 司竹：即司竹监，隋唐有司竹监机构，位于京兆府，地当今陕西周至，即下文的盩厔。 [2] 阿城：即秦阿房宫城。 [3] 仓上精兵：时守卫永丰仓的精兵。新丰：县名，隶属京兆府，县治位于今陕西西安东北。长乐宫：汉代旧宫名。 [4] 上郡：治今陕西绥德。雕阴：治今陕西甘泉。 [5] 春明门：长安外廓城东面三门之中门。 [6] 卫文昇（541—617）：名玄，字文昇，鲜卑

族人，时任刑部尚书兼京兆内史，守京城。隋炀帝改京兆尹为内史。　[7] 安兴坊：在安兴门之外，长安外廓城东面三门，从北起依次是通化门、春明门、安兴门。

甲辰，李渊命诸攻城，约“毋得犯七庙及代王、宗室，违者夷三族！”孙华中流矢卒[1]。十一月，丙辰，军头雷永吉先登，遂克长安。代王在东宫，左右奔散，唯侍读姚思廉侍侧。军士将登殿，思廉厉声诃之曰：“唐公举义兵，匡帝室，卿等毋得无礼！”众皆愕然，布立庭下。渊迎王于东宫，迁居大兴殿后，听思廉扶王至顺阳阁下，泣拜而去。思廉，察之子也。渊还，舍于长乐宫，与民约法十二条，悉除隋苛禁。

长安和平转移政权。

渊之起兵也，留守官发其坟墓，毁其五庙。至是，卫文昇已卒，戊午，执阴世师、骨仪等[2]，数以贪婪苛酷，且拒义师，俱斩之，死者十余人，余无所问。

马邑郡丞三原李靖[3]，素与渊有隙，渊入城，将斩之。靖大呼曰：“公兴义兵，欲平暴乱，乃以私怨杀壮士乎！”世民为之固请，乃舍之。世民因召置幕府。靖少负志气，有文武才略，其舅韩擒虎每抚之曰[4]：“可与言将帅之略者，独此子耳！”

壬戌，李渊备法驾迎代王即皇帝位于天兴殿[5]，时年十三，大赦，改元，遥尊炀帝为太上皇。甲子，渊自长乐宫入长安。以渊为假黄钺、使持节、大都督内外诸军事、尚书令、大丞相，进封唐王。以武德殿为丞相府，改教称令，日于虔化门视事[6]。乙丑，榆林、灵武、平凉、安定诸郡皆遣使请命。丙寅，诏军国机务，事无大小，文武设官，位无贵贱，宪章赏罚，咸归相府；唯郊祀天地，四时禘祫奏闻[7]。置丞相府官属，以裴寂为长史，刘文静为司马。何潘仁使李纲入见，渊留之，以为丞相府司录，专掌选事。又以前考功郎中窦威为司录参军，使定礼仪。威，炽之子也。渊倾府库以赐勋人，国用不足，右光禄大夫刘世龙献策，以为：“今义师数万，并在京师，樵苏贵而布帛贱；请伐六街及苑中树为樵，以易布帛，可得数十万匹。”渊从之。己巳，以李建成为唐世子，李世民为京兆尹、秦公，李元吉为齐公。

这是自曹操以来最后一个以丞相府实际主持军国大政的模式。

十二月，癸未，追谥唐王渊大父襄公为景王；考仁公为元王，夫人窦氏为穆妃。

为改朝换代铺垫。只等江都之变，炀帝被杀。

［注释］

[1] 孙华：关中群盗之首。 [2] 阴世师、骨仪：与卫文昇同守长安的隋京兆府官员。 [3] 马邑郡：今山西朔州市朔城区。丞：郡丞，为郡太守的僚佐，掌郡的日常行政。李靖（571—649）：字药师，雍州三原（今陕西三原）人。 [4] 韩擒虎（538—592）：字子通，隋朝名将，河南东垣（今河南新安）人。 [5] 天兴殿：当如上文作大兴殿，为隋宫正殿。 [6] 虔化门：位于大兴殿前东侧。 [7] 禘祫（dì xiá）：古代天子祭祀始祖的仪式。

（选自《资治通鉴》卷一百八十四，隋纪八）

［点评］

唐朝开国皇帝李渊（566—635）的祖父李虎（？—551）是西魏八大柱国之一，与杨坚的父亲杨忠以及宇文泰、独孤信一样，均是来自武川的军人世家。宇文泰的长子周明帝宇文毓、隋文帝杨坚及唐高祖李渊的生父李昞（536—574），分别娶了独孤信的三个女儿，而唐太宗李世民的外祖母又是宇文泰长女襄阳公主，唐太宗并纳隋炀帝女为妃，几个家族之间的关系盘根错节，均是关陇军事贵族集团中的核心成员。时势变迁，继宇文氏、杨氏之后，唐国公李渊、李世民父子又要好风凭借力，从军事重镇太原起兵，建立自己的新王朝了。

《资治通鉴》等史书记载，李世民为了促使父亲早下决心，暗中与晋阳宫监负责人裴寂合作，在李渊醉酒时以晋阳宫女侍寝，逼使李渊被迫起兵。此事虽近乎小说家言，却也不排除真有其事。面对波谲云诡的隋末时局，李渊心怀异志是毋庸置疑的。大业九年（613），李渊发妻窦氏（569—613）去世，正好碰到杨玄感（？—613）在洛阳起兵反隋。料理丧事期间，李渊曾与宇文士及（窦氏的母亲出自宇文家族）夜中密谈过天下之事。这时李渊的职位只是一个卫尉少卿。李渊（566—635）比杨玄感的父亲杨素（544—606）年轻22岁，我推测，杨玄感应该不会比李渊大太多，属于同一代人。可是，杨素曾处在首席宰相的位子上，杨玄感的礼部尚书也比李渊高好几级。杨玄感的迅速失败，不能不对李渊有警示作用。

杨玄感失败这一年的七月，炀帝任命李渊到弘化郡留守，“关右十三郡兵皆受征发。渊御众宽简，人多附之”。大业十一年（615）四月，“以卫尉少卿李渊为山西、河东抚慰大使，承制黜陟选补郡县文武官，仍发河东兵讨捕群盗”（均据《资治通鉴》卷一百八十二）。李渊在山西前后大约经营了两年，待到瓦岗军在李密领导下攻打东都阻断南北交通、隋炀帝孤悬江都失去了控制局势的能力时，李渊便杀掉了隋炀帝派来监视他的副手王威、高君雅，在太原起兵，时在大业十三年（617）五月。这距李渊头年十二月正式出任太原留守还不到半年。

李渊起兵，亮出绛、白相间的旗帜，以表明自己的政治态度。绛色代表隋朝旗帜，白色代表突厥旗帜。李渊一方面给始毕可汗写信，向突厥称臣借得500兵士，2000马匹，表示“与可汗兵马同入京师，人众土地入唐公，财帛金宝入突厥”（《旧唐书·李密传》）；另一方面仍然尊隋旗帜，表示无取隋而代之的野心。他写信给瓦岗军首领李密，“卑辞推奖”，说自己无意于争雄天下。这样“两面讨好”的目的，是想既稳住与北方强邻突厥的政治关系，又减轻来自侧腋河南地区百万瓦岗军的军事压力。北和突厥、东抚瓦岗，是李渊当时唯一正确的选择。

当年六月，长子李建成、幼子李元吉以及女婿柴绍都赶到太原，李渊没有了后顾之忧。七月，三军从晋阳起兵时，只有三万兵力，李渊建大将军府，自领中军，长子李建成、次子李世民分领左右军，向长安进发。留裴寂和幼子李元吉留守太原。李渊进军途中，于志宁、房玄龄、颜师古、令狐德棻纷纷加入进来，成为“元从义兵”。李渊还约法十二条，除去隋朝苛政，攻克霍邑（今山西霍州）、绛郡（今山西新绛），夺取长春宫（在今陕西大荔朝邑镇）、永丰仓（在今陕西大荔境），并于十一月攻取长安。

占领长安之后，李渊立隋炀帝年仅十三岁的长孙代王杨侑为皇帝，遥尊远在江都的炀帝为太上皇，自己为尚书令、大丞相，进封唐王，以武德殿为丞相府，军国大政，皆由丞相府节制。李渊倾府库以赏赐有功之人，甚至砍伐街上和苑中树木换取布帛，以充赏物之不足。次年三月，炀帝为宇文化及所杀，五月恭帝杨侑退位，李渊登基，改国号为唐，建元武德。

其时，天下纷争，李渊的唐政权只是诸多称帝称王政权中的一个。群雄逐鹿，鹿死谁手，考验着唐初统治者的文韬武略。前辈学者陈寅恪认为是关陇集团支持了李家建立天下，也有人从太原原从或者亲贵集团出发，讨论唐初建国问题。其实，地域集团、亲贵集团都是一种政治划分，解决新政权的建立、巩固和发展，建立新王朝才是当前排在第一位的任务。就李渊的情况而论，他始终在体制内造反，走着与李密瓦岗军不一样的路线，是他成功的重要原因。本质上说，隋炀帝并不是被农民军杀害，而是死于内部政变。李唐面对的从来不是隋朝势力，而是反隋势力，包括东都王世充的郑政权在内。

卷一百八十五至卷二百六十五
唐纪

【提要】唐纪是《资治通鉴》篇幅最大的一部分，从卷一百八十五唐高祖武德元年（618）开始，迄于卷二百六十五唐昭宣帝天祐三年（906），凡八十一卷。本编共选了九篇。《唐太宗君臣论治》，是贞观初年君臣关于治国理政的一些讨论，大多数出自《贞观政要》。后面的几篇，对于唐朝重要的历史节点大体有涉及。篇幅或长或短，较长的选文，是希望读者能够尽可能了解得全面一些，但是限于整体篇幅，又要照顾到相关重要内容，有的选文就比较简短。

一、唐太宗君臣论治

（武德九年，626，十月）庚辰，初定功臣实封有差。

初，萧瑀荐封德彝于上皇[1]，上皇以为中书令。及上即位，瑀为左仆射[2]，德彝为右仆射。议事已定，德彝数反于上前，由是有隙。时房玄龄、杜如晦新用事，皆疏瑀而亲德彝，瑀不能平，遂上封事论之，辞指寥落，由是忤旨。会瑀与陈叔达忿争于上前[3]，庚辰，瑀、叔达皆坐不敬，免官。

唐太宗初登基，要处理好武德老臣与贞观新贵的关系，颇为不易。

甲申，民部尚书裴矩奏“民遭突厥暴践者，请户给绢一匹”[4]。上曰：“朕以诚信御下，不欲虚有存恤之名而无其实，户有大小，岂得雷同给赐乎！”于是计口为率[5]。

初，上皇欲强宗室以镇天下，故皇再从、三从弟及兄弟之子[6]，虽童孺皆为王，王者数十人。上从容问群臣：“遍封宗子，于天下利乎？”封德彝对曰：“前世唯皇子及兄弟乃为王，自余非有大功，无为王者。上皇敦睦九族，大封宗室，自两汉以来未有如今之多者。爵命既崇，多给力役，恐非示天下以至公也。”上曰：“然。朕为天子，所以养百姓也，岂可劳百姓以养己之宗族

唐初经济困难，降低宗室待遇，有利于削减开支。但是，李渊22子，有17个生于称帝之后，这也是一大笔负担。还有19个女儿，估计多数也是称帝后所生。

乎！”十一月，庚寅，降宗室郡王皆为县公[7]，惟有功者数人不降。

丙午，上与群臣论止盗。或请重法以禁之，上哂之曰[8]：“民之所以为盗者，由赋繁役重，官吏贪求，饥寒切身，故不暇顾廉耻耳。朕当去奢省费，轻徭薄赋，选用廉吏，使民衣食有余，则自不为盗，安用重法邪！”自是数年之后，海内升平，路不拾遗，外户不闭，商旅野宿焉。

唐太宗以民为本的思想，讲得很充分，也在努力减轻百姓负担。

上又尝谓侍臣曰：“君依于国，国依于民。刻民以奉君，犹割肉以充腹，腹饱而身毙，君富而国亡。故人君之患，不自外来，常由身出。夫欲盛则费广，费广则赋重，赋重则民愁，民愁则国危，国危则君丧矣。朕常以此思之，故不敢纵欲也。”

[注释]

[1] 萧瑀（575—648）：出身于南兰陵萧氏，南朝后梁明帝萧岿第七子，唐武德元年（618）为内史令（即中书令），后升右仆射，太宗即位改左仆射。封德彝（568—627）：渤海蓨县（今河北景县）人。武德八年（625）官中书令，至此为左仆射。贞观元年（627）去世。　[2] 左仆射：与下文“右仆射”均为从二品，地位高于中书令、侍中。但是，唐太宗重用的亲信是房玄

龄（579—648）、杜如晦（585—630）。 [3] 陈叔达（572—635）：字子聪，吴兴长城（今浙江长兴）人。南朝陈高宗陈顼之子，陈后主叔宝异母弟。武德年间任侍中。陈叔达与萧瑀均为南朝梁朝和陈朝皇室后裔，二人同僚，在太宗面前纷争，并被罢免。 [4] 民部尚书：唐高宗即位避李世民讳改户部尚书。李世民生前规定只要不是世民二字连用，单字不避讳。裴矩（548—627）：字宏大，出身河东裴氏。隋末从炀帝往江都，后辗转归唐。给：给赐。 [5] 计口为率：唐太宗改每户给绢一匹为按照户口多少给绢救助。 [6] 再从、三从弟：共祖父的兄弟为从兄弟，共曾祖父的为再从兄弟，共高祖的为三从兄弟。 [7] “降宗室郡王皆为县公”二句：皇帝的兄弟、叔伯、儿子可以封亲王，其余宗室兄弟封郡王，至此降为县公，有开国之功者除外。 [8] 哂：胡三省注云：“笑不坏颜曰哂。”

说隋主之失，为今上之鉴。太宗能够“善其言”。

（十二月）上闻景州录事参军张玄素名[1]，召见，问以政道，对曰：“隋主好自专庶务，不任群臣；群臣恐惧，唯知禀受奉行而已，莫之敢违。以一人之智决天下之务，借使得失相半，乖谬已多，下谀上蔽，不亡何待！陛下诚能谨择群臣而分任以事，高拱穆清而考其成败以施刑赏，何忧不治！又，臣观隋末乱离，其欲争天下者不过十余人而已，其余皆保乡党、全妻子，以待有道而归之耳。乃知百姓好乱者亦鲜，但人主不能安之耳。”上善其言，擢为侍御史。

前幽州记室直中书省张蕴古上《大宝箴》[2]，其略曰："圣人受命，拯溺亨屯[3]，故以一人治天下，不以天下奉一人。"又曰："壮九重于内[4]，所居不过容膝；彼昏不知，瑶其台而琼其室。罗八珍于前[5]，所食不过适口；惟狂罔念，丘其糟而池其酒。"又曰："勿没没而暗[6]，勿察察而明，虽冕旒蔽目而视于未形，虽黈纩塞耳而听于无声[7]。"上嘉之，赐以束帛，除大理丞。

要重视用人，不可察察为明。

视于未形，听于无声，是说要用心（理性）去看去听。

上患吏多受赇[8]，密使左右试赂之。有司门令史受绢一匹，上欲杀之，民部尚书裴矩谏曰："为吏受赂，罪诚当死；但陛下使人遗之而受，乃陷人于法也，恐非所谓'道之以德，齐之以礼'[9]。"上悦，召文武五品已上告之曰："裴矩能当官力争，不为面从，傥每事皆然，何忧不治！"

[注释]

[1] 景州：治今河北景县，在唐代为上州。录事参军：从七品上，掌勾检稽失（稽指稽缓，失指失误）。张玄素（？—664）：本名朴，字玄素，蒲州（今山西永济）人。以忠直知名，贞观中曾在东宫辅佐太子。　[2] 张蕴古（？—631）：魏郡洹水县（今

属河北魏县）人。 [3] 亨屯（hēng zhūn）：指平复困厄，即救命于倒悬之意。与“拯溺”（即拯救百姓于水深火热之中）意思相同。亨，亨通，平复。屯，即屯卦（下震上坎），意指困厄。 [4] 壮九重于内：指修建豪壮的宫室（瑶台琼室）。 [5] 罗八珍于前：指奢靡的饮食（酒池肉林）。 [6]“勿没没而暗”二句：既不要昏暗不明，又不要察察为明。 [7]“虽冕旒蔽目而视于未形”二句：《汉书·东方朔传》：“水至清则无鱼，人至察则无徒，冕而前旒，所以蔽明，黈纩充耳，所以塞聪。”古代天子以冕旒遮前，以黈纩塞耳，意思是不要被现象所迷惑，不要被谗言所鼓动，而要用心（理智）来判断。因为眼耳所及常常是表象、假象，是细节；君王要判断大节，要用心思考，细节则交给百官处理。黈纩（tǒu kuàng），塞耳的小黄球。 [8] 受赇：接受贿赂。赇，财物。 [9] 道之以德，齐之以礼：语出《论语·为政》。

（贞观元年，627，正月）己亥，制：“自今中书、门下及三品以上入阁议事[1]，皆命谏官随之，有失辄谏。”

唐太宗敬畏法治，难能可贵。

上以兵部郎中戴胄忠清公直[2]，擢为大理少卿[3]。上以选人多诈冒资荫[4]，敕令自首，不首者死。未几，有诈冒事觉者[5]，上欲杀之。胄奏：“据法应流[6]。”上怒曰[7]：“卿欲守法而使朕失信乎？”对曰：“敕者出于一时之喜怒，法者国家所以布大信于天下也。陛下忿选人之多诈，故欲杀之，而既知其不可，复断之以法，此乃忍小忿而存大信也。”上曰：“卿能执法，朕复何忧！”胄前后犯颜执法，言如涌泉，上皆从之，天下无冤狱。

唐太宗知错能改。

［注释］

[1]“自今中书、门下及三品以上入阁议事”以下三句：中书省、门下省为宰相机关，三品以上为高官，其入阁议政，让谏官相随，以便对决策失当之处提出谏诤。入阁，胡三省注引程大昌《雍录》（该书今存，有黄永年点校本，中华书局 2019 年）云：唐太宗时朔望正朝在太极殿，常日朝参在两仪殿，殿两庑东西有阁门，进入议政，谓之入阁。　[2] 戴胄（？—633）：相州安阳（今河南安阳）人。兵部郎中，正五品上，尚书兵部头司——兵部司的长官。　[3] 大理少卿：从四品上，朝廷审判机关大理寺的次官。　[4] 选人：唐朝到吏部参加官员选拔考试的人，成为选人。与参加科举考试的举人不同，选人的资历和家世即父祖官爵会影响到其任职安排，因而会出现伪造的情况。　[5] 有诈冒事觉者：有假冒官荫的人被发现。　[6] 据法应流：按照唐朝法律，这种犯罪应该处以流放，不应是死罪。　[7]“上怒曰”二句：皇上生气地说：“难道你想让我因你守法而说话不算数，失信于人吗？”

上令封德彝举贤[1]，久无所举。上诘之，对曰：“非不尽心，但于今未有奇才耳。”上曰：“君子用人如器，各取所长，古之致治者，岂借才于异代乎？正患己不能知，安可诬一世之人！”德彝惭而

江山代有才人出。

善则从之，过则改之。

退。御史大夫杜淹奏“诸司文案恐有稽失，请令御史就司检校”[2]。上以问封德彝，对曰[3]：“设官分职，各有所司。果有愆违，御史自应纠举；若遍历诸司，搜擿疵纇，太为烦碎。”淹默然。上问淹：“何故不复论执[4]？”对曰：“天下之务，当尽至公，善则从之。德彝所言，真得大体，臣诚心服，不敢遂非[5]。”上悦曰：“公等各能如是，朕复何忧！”

唐太宗从弓箭的误判反思自己治国经验的缺失，说明有自知之明。

（闰三月）壬申，上谓太子少师萧瑀曰[6]：“朕少好弓矢，得良弓十数，自谓无以加，近以示弓工[7]，乃曰‘皆非良材’。朕问其故，工曰：‘木心不直，则脉理皆邪，弓虽劲而发矢不直。’朕始寤向者辨之未精也[8]。朕以弓矢定四方，识之犹未能尽，况天下之务，其能遍知乎！”乃令京官五品以上更宿中书内省[9]，数延见，问以民间疾苦，政事得失。

[注释]

[1]“上令封德彝举贤”以下六句：唐太宗请宰相封德彝举贤。封德彝很长时间没有举荐。唐太宗诘问，封德彝说自己不是不尽心，而是没有发现奇才异能之士。 [2] 御史大夫杜淹奏“诸司文案恐有稽失，请令御史就司检校”：主管监察工作的御史大夫杜淹

提出，为了防止各个部门在公文收发传递过程中有稽缓和过失等违规行为，提出让下属的御史到各个部门去监督审查。稽失，稽指稽缓，失指过失。　[3]“对曰”以下八句：封德彝认为，设官分职，各有其责。如果真有违规之事，御史自然要纠察。假如派人到各个部门去寻找文书传递过程中的瑕疵，反而琐碎烦扰。疵颣（cī lèi），工作中的瑕疵。　[4]论执：谓坚持己见进行辩论。　[5]不敢遂非：不敢固执错误的意见。　[6]太子少师：萧瑀（575—648）被罢左仆射之后不久被任命为太子太师，从一品，为东宫顾问之职。　[7]“近以示弓工”以下七句：唐太宗向工匠展示他的良弓，工匠说，这些都不是良弓，并解释说“木心不直”，即这些做弓的木材纹理是斜的，用力不匀，弓虽然刚劲，但是射出去的箭会偏离目标。　[8]朕始寤向者辨之未精也：我从这件事上发现自己对弓的识别是错误的。　[9]中书内省：中书省在宫内的办公处。

君主不可拒谏自贤，应鼓励臣下进谏。

（十二月）上神采英毅，群臣进见者，皆失举措；上知之，每见人奏事，必假以辞色，冀闻规谏。尝谓公卿曰：“人欲自见其形，必资明镜；君欲自知其过，必待忠臣。苟其君愎谏自贤[1]，其臣阿谀顺旨，君既失国，臣岂能独全！如虞世基等谄事炀帝以保富贵[2]，炀帝既弑，世基等亦诛。公辈宜用此为戒，事有得失，毋惜尽言！”

或上言秦府旧兵[3]，宜尽除武职，追入宿卫。上谓之曰：“朕以天下为家，惟贤是与，岂旧兵之外皆无可信者乎！汝之此意，非所以广朕德于天下也。”

唐太宗君臣论治，多次谈到历史的经验。

上谓公卿曰：“昔禹凿山治水而民无谤讟者[4]，与人同利故也。秦始皇营宫室而人怨叛者，病人以利己故也。夫靡丽珍奇，固人之所欲，若纵之不已，则危亡立至。朕欲营一殿，材用已具，鉴秦而止。王公已下，宜体朕此意。”由是二十年间，风俗素朴，衣无锦绣，公私富给。

中书门下互相检察，减少决策的失误。这个制度在隋代定型过程中，已经有此设计，关键在人是否贯彻执行。

上谓黄门侍郎王珪曰[5]：“国家本置中书、门下以相检察[6]，中书诏敕或有差失，则门下当行驳正。人心所见，互有不同，苟论难往来，务求至当，舍己从人，亦复何伤！比来或护己之短，遂成怨隙，或苟避私怨，知非不正，顺一人之颜情，为兆民之深患，此乃亡国之政也。炀帝之世，内外庶官，务相顺从，当是之时，皆自谓有智，祸不及身。及天下大乱[7]，家国两亡，虽其间万一有得免者，亦为时论所贬，终古不磨。卿曹各当徇公忘私，勿雷同也！”

[注释]

[1] 愎谏：拒绝谏诤。自贤：自以为贤能。 [2] 虞世基（？—618）：字懋世，会稽余姚（今浙江慈溪）人。陈亡入隋，为隋炀

帝宠臣，参掌机密。在江都与炀帝一起被杀。　[3]“或上言秦府旧兵”以下三句：李世民玄武门之变前为秦王，秦王府有亲兵。有人建议让原秦王府亲兵担任宿卫军将，被唐太宗拒绝。　[4]谤讟（dú）：怨恨。　[5]黄门侍郎：门下省副长官。王珪（570—639）：字叔玠，扶风郿（治今陕西宝鸡眉县）人。初在太子李建成宫中任职，因故被免职。贞观中召回。　[6]“国家本置中书、门下以相检察”以下三句：唐制，中书省掌出令，门下省掌封驳，封指封诏制之不当，驳指驳正敕文之违失。　[7]“及天下大乱”以下五句：意谓即使不坚持原则侥幸不至于家国两亡，也会成为千夫所指、历史罪人，不得磨灭。

（贞观二年，628，正月）上问魏徵曰[1]：“人主何为而明，何为而暗？”对曰：“兼听则明，偏信则暗。昔尧清问下民[2]，故有苗之恶得以上闻；舜明四目，达四聪，故共、鲧、驩兜不能蔽也[3]。秦二世偏信赵高，以成望夷之祸[4]；梁武帝偏信朱异[5]，以取台城之辱；隋炀帝偏信虞世基[6]，以致彭城阁之变。是故人君兼听广纳，则贵臣不得拥蔽，而下情得以上通也。”上曰：“善！”

兼听则明，偏信则暗。

二月，上谓侍臣曰：“人言天子至尊，无所畏惮。朕则不然，上畏皇天之监临，下惮群臣之瞻仰，兢兢业业，犹恐不合天意，未副人望。”魏徵曰：“此诚致治之要，愿陛下慎终如始，则善矣。”

敬畏克己易，慎终如始不易。

说得如此之好，做得如此之糟。古今昏君皆然。

（六月）戊子，上谓侍臣曰：“朕观《隋炀帝集》，文辞奥博，亦知是尧、舜而非桀、纣[7]，然行事何其反也！”魏徵对曰：“人君虽圣哲，犹当虚己以受人，故智者献其谋，勇者竭其力。炀帝恃其俊才，骄矜自用，故口诵尧、舜之言而身为桀、纣之行，曾不自知，以至覆亡也。”上曰：“前事不远，吾属之师也！”

畿内有蝗[8]。辛卯，上入苑中，见蝗，掇数枚，祝之曰：“民以谷为命，而汝食之，宁食吾之肺肠。”举手欲吞之，左右谏曰：“恶物或成疾。”上曰：“朕为民受灾，何疾之避！”遂吞之。是岁，蝗不为灾。

上曰：“朕每临朝，欲发一言，未尝不三思。恐为民害，是以不多言。”给事中知起居事杜正伦曰[9]：“臣职在记言，陛下之失，臣必书之，岂徒有害于今，亦恐贻讥于后。”上悦，赐帛二百段。

君王责任重大，要谨言慎行。

［注释］

[1] 魏徵（580—643）：字玄成，下曲阳（属今河北晋州）人。唐高祖时为太子洗马，李建成败，唐太宗任为侍臣，官至宰辅。

以敢于谏诤知名。 [2] 清问下民:《古文尚书·吕刑》有“皇帝清问下民”之句。清问即亲问。 [3] 共(gōng)、鲧、驩兜:共即共工,三人与三苗是传说中上古四罪臣。传说帝舜流四罪人,即流共工于幽州,放驩兜于崇山,迁三苗于三危,殛鲧于羽山。 [4] 望夷之祸:秦二世被赵高杀于望夷宫。 [5] 朱异:梁武帝的宠臣,促成侯景之乱,致梁武帝饿死于台城。 [6]“隋炀帝偏信虞世基”二句:隋扬州江都县有彭城村,炀帝因以名阁,谓之彭城阁。炀帝偏信佞臣虞世基,不察众情,导致宿卫禁军哗变,炀帝于此被杀,史称江都之变。 [7]“亦知是尧、舜而非桀、纣”二句:谓《隋炀帝集》中的文章赞成尧舜而否定桀纣,可是行事却完全相反。 [8] 畿内:京畿之内,即首都长安城区。 [9] 杜正伦(?—658):相州洹水(今河北魏县)人,曾入秦王文学馆,后官至宰相。贞观初门下省有起居郎,掌记录皇帝言行及军国大政,以备史馆采择。此时杜正伦以给事中(正五品,隶属门下省)知起居事。

(贞观三年,629,三月)丁巳,上谓房玄龄、杜如晦曰[1]:“公为仆射,当广求贤人,随才授任,此宰相之职也。比闻听受辞讼,日不暇给,安能助朕求贤乎!”因敕“尚书细务属左右丞,唯大事应奏者,乃关仆射”。

宰相级别的干部要能够抓大放小。

玄龄明达政事[2],辅以文学,夙夜尽心,惟恐一物失所;用法宽平,闻人有善,若己有之,不以求备取人,不以己长格物。与杜如晦引拔士类,常如不及。至于台阁规模,皆二人所定。上房谋杜断，各有所长。

每与玄龄谋事，必曰："非如晦不能决。"及如晦至，卒用玄龄之策。盖玄龄善谋，如晦能断故也。二人深相得，同心徇国，故唐世称贤相，推房、杜焉。玄龄虽蒙宠待[3]，或以事被谴，辄累日诣朝堂，稽颡请罪，恐惧若无所容。

制度不管多好，还要人来执行。

夏，四月，乙亥，上皇徙居弘义宫[4]，更名大安宫。上始御太极殿，谓群臣曰："中书、门下[5]，机要之司，诏敕有不便者[6]，皆应论执。比来唯睹顺从，不闻违异。若但行文书，则谁不可为，何必择才也！"房玄龄等皆顿首谢。故事：凡军国大事，则中书舍人各执所见，杂署其名，谓之五花判事[7]。中书侍郎、中书令省审之，给事中、黄门侍郎驳正之。上始申明旧制，由是鲜有败事。

君王要谦卑内敛，臣下才敢献计献策。

（十二月）乙酉，上问给事中孔颖达曰[8]："《论语》：'以能问于不能[9]，以多问于寡，有若无，实若虚。'何谓也？"颖达具释其义以对，且曰："非独匹夫如是，帝王亦然。帝王内蕴神明，外当玄默，故《易》称'以蒙养正，以明夷莅众'[10]。若位居尊极，炫耀聪明，以才陵人，饰非拒谏，则下情不通，取亡之道也。"上深善其言。

濮州刺史庞相寿坐贪污解任[11]，自陈尝在秦王幕府；上怜之，欲听还旧任。魏徵谏曰："秦王左右，中外甚多，恐人人皆恃恩私，足使为善者惧。"上欣然纳之，谓相寿曰："我昔为秦王，乃一府之主；今居大位，乃四海之主，不得独私故人。大臣所执如是，朕何敢违！"赐帛遣之。相寿流涕而去。

一再强调不偏袒秦王府旧部。

[注释]

[1]"上谓房玄龄、杜如晦曰"以下九句：唐代尚书省长官尚书令（正一品），于李世民即位之后不再设，左右仆射（从二品）遂为百僚之长，不仅是尚书省长官，而且是宰相（玄宗以后有变）。尚书省的日常管理工作多由左右丞（四品官）负责。宰相主要是用人，即所谓"求贤"。此处太宗尤其强调这一点。　[2]"玄龄明达政事"以下九句：肯定了房玄龄两个特点：一是兢兢业业于日常事务，不出差错；二是处事公平，待人宽恕，用人不求全责备。　[3]"玄龄虽蒙宠待"以下五句：此段言房玄龄得到太宗信任，但是仍谨慎谦卑。稽颡，叩头。　[4]上皇：李渊（566—635）。徙居弘义宫：玄武门之变后，李渊退居太上皇，仍住在太极宫，至此迁入弘义宫。太极宫，号称大内，是皇帝的正殿，在长安中轴线北。　[5]"中书、门下"二句：中书省、门下省，是掌出令决策的机关。中书出令，门下审核。　[6]"诏敕有不便者"二句：指审覆诏敕。　[7]五花判事：与下文门下省给事中、黄门

侍郎驳正，都属于纠驳之意。 [8] 孔颖达（574—648）：隋炀帝初明经及第，唐武德末任国子博士，著名经学家，主持编纂《五经正义》。 [9] “以能问于不能”以下四句：出自《论语·泰伯》，是曾子的话，意谓君主应该谦卑。有能力的人向无能力的人请教，知识丰富的人可以向知识缺乏的人请教；这样，有才能的人好像显得不怎么有才能，知识渊博的人好像不怎么有知识。 [10] 以蒙养正，以明夷莅众：出自《易》蒙卦，意思是君人者要蒙昧无知来滋养正道，含蓄内敛，治理民众。 [11] 濮州：治今河南濮阳。刺史庞相寿：曾经是秦王李世民的幕僚，即李世民的下属。

（贞观四年，630，七月）乙丑，上问房玄龄、萧瑀曰：“隋文帝何如主也？”对曰：“文帝勤于为治，每临朝，或至日昃[1]，五品已上，引坐论事，卫士传餐而食[2]；虽性非仁厚，亦励精之主也。”上曰：“公得其一，未知其二。文帝不明而喜察，不明则照有不通，喜察则多疑于物。事皆自决，不任群臣。天下至广，一日万机，虽复劳神苦形，岂能一一中理！群臣既知主意，唯取决受成，虽有愆违，莫敢谏争，此所以二世而亡也。朕则不然。择天下贤才[3]，置之百官，使思天下之事，关由宰相，审熟便安，然后奏闻。有功则赏，有罪则刑，谁敢不竭心力以修职业，何忧天下之不治乎！”因敕百司：“自今诏敕行下有未便者，皆应执奏[4]，毋得阿从，不尽己意。”

再次强调君王不可苛察多疑，要任贤问责，赏罚分明。

（十二月）诸宰相侍宴，上谓王珪曰：“卿识鉴精通，复善谈论，玄龄以下，卿宜悉加品藻，且自谓与数子何如？”对曰：“孜孜奉国，知无不为，臣不如玄龄。才兼文武，出将入相，臣不如李靖[5]。敷奏详明，出纳惟允，臣不如温彦博[6]。处繁治剧，众务毕举，臣不如戴胄。耻君不及尧、舜，以谏争为己任，臣不如魏徵。至于激浊扬清，嫉恶好善，臣于数子，亦有微长。”上深以为然，众亦服其确论。

贞观执政团队，各有短长。

上之初即位也，尝与群臣语及教化，上曰：“今承大乱之后，恐斯民未易化也。”魏徵对曰：“不然。久安之民骄佚，骄佚则难教；经乱之民愁苦，愁苦则易化。譬犹饥者易为食，渴者易为饮也。”上深然之。封德彝非之曰：“三代以还，人渐浇讹，故秦任法律，汉杂霸道，盖欲化而不能，岂能之而不欲邪！魏徵书生，未识时务，若信其虚论，必败国家。”徵曰：“五帝、三王不易民而化，昔黄帝征蚩尤[7]，颛顼诛九黎，汤放桀，

大乱之后，要柔性治民，魏徵是对的。

武王伐纣，皆能身致太平，岂非承大乱之后邪！若谓古人淳朴，渐至浇讹，则至于今日，当悉化为鬼魅矣，人主安得而治之！”上卒从徵言。

贞观之治取得的初步成就。

元年，关中饥，米斗直绢一匹；二年，天下蝗；三年，大水。上勤而抚之，民虽东西就食，未尝嗟怨。是岁，天下大稔，流散者咸归乡里，米斗不过三、四钱，终岁断死刑才二十九人。东至于海，南及五岭，皆外户不闭，行旅不赍粮，取给于道路焉。上谓长孙无忌曰[8]：“贞观之初，上书者皆云：‘人主当独运威权，不可委之臣下。’又云：‘宜震耀威武，征讨四夷。’唯魏徵劝朕‘偃武修文，中国既安，四夷自服’。朕用其言。今颉利成擒[9]，其酋长并带刀宿卫，部落皆袭衣冠[10]，徵之力也，但恨不使封德彝见之耳！”徵再拜谢曰：“突厥破灭，海内康宁，皆陛下威德，臣何力焉！”上曰：“朕能任公，公能称所任，则其功岂独在朕乎！”

［注释］

[1] 日昃：太阳偏西。 [2] 卫士传餐而食：胡三省注云，侍卫兵士无暇下班，不能坐着从容吃饭，“故立驻传餐而食也”。 [3]“择

天下贤才”以下六句：意谓设置百官，思考天下之事，由宰相把关，皇帝本人行使赏罚之权即可。先秦法家如韩非等主张君王应该无为而治。　[4] 执奏：指坚持自己的看法而上奏皇帝。　[5] 李靖（571—649）：字药师，雍州三原（今陕西三原）人。唐代著名军事家，在唐初统一战争及平定东突厥等战争中立下汗马功劳，著有《卫公兵法》等兵书，多失传。　[6] 温彦博（574—637）：本名大临，并州祁县（今山西祁县）人。贞观时为中书令，掌出纳帝命之职。　[7]“昔黄帝征蚩尤”以下六句：传说中，蚩尤作乱，九黎乱德，上古帝王黄帝、颛顼讨平之；商汤与周武王讨伐夏桀、商纣王。魏徵举这些事例，说明大乱之后，更容易教化致治。　[8] 长孙无忌（594—659）：字辅机，出身鲜卑高门，长孙皇后同母兄，与唐太宗李世民为布衣之交，位列凌烟阁二十四功臣之首。贞观中历任吏部尚书及仆射、中书令、侍中等宰辅之职。　[9] 颉利：复姓阿史那氏，名咄苾，东突厥可汗，贞观四年（630）初被击破，归附唐朝，授右卫大将军，故云带刀宿卫。　[10] 部落皆袭衣冠：谓突厥部落逐渐接受汉文化。

（选自《资治通鉴》卷一百九十二，唐纪八；卷一百九十三，唐纪九）

［点评］

唐高祖武德年间工作重心是军事上的统一战争，制度建设并没有全面进行。武德时期的宰相裴寂、陈叔达、萧瑀等人，其行政风格守成多于开拓。由此带来的问题是李渊几个儿子之间的权力斗争日益白热化。武德初年，李渊的制敕，与太子、秦王、齐王府的命令具有同等效力，政出多门，朝政紊乱。

李世民在统一战争中功劳卓著，在朝野有很高的声望。李渊为酬其勋劳而封之为天策上将，设立天策上将府。李世民自己还开设了文学馆，延聘十八学士，作为自己的智囊。秦王府势力的膨胀势必与太子李建成的东宫相冲突，齐王李元吉站在太子一边。武德七年（624）唐平江南天下大定以后，唐高祖的儿子们之间争夺储位的争斗日渐激化。李渊沉湎后宫，偏袒太子，在当时情况下，也没有足够的理由改易太子。李世民和秦王府文学馆、天策上将府的旧部却并不甘心“守藩端拱”，早就开始“经营四方”的活动。武德九年（626）六月，李世民先发制人，伏兵玄武门发动政变，杀死李建成和李元吉，史称“玄武门之变”，李渊被迫立世民为太子。八月，李世民即位称帝，尊李渊为太上皇，册封长孙氏为皇后。次年改元贞观。贞观年间（627—649），唐太宗任人唯贤，知人善用；广开言路，虚心纳谏；并采取了一些以农为本、轻徭薄赋、休养生息、重视法制等政策，出现了社会安宁、经济持续发展的局面，被誉为“贞观之治”。

《资治通鉴》不吝笔墨地摘要了《贞观政要》中李世民在各种场合谈论领导者修养、决策和治国之道的言论。唐太宗反复告诫大臣们，“为君之道，必须先存百姓。若损百姓以奉其身，犹割股以啖腹，腹饱而身毙”（《贞观政要》卷一《君道》）。“君依于国，国依于民。刻民以奉君，犹割肉以充腹，腹饱而身毙，君富而国亡。”认为老百姓是自己的衣食父母：“朕与卿辈日所衣食，皆取诸民者也。故设官分职，以为民也。”对于家人，他说：“朕为天子，所以养百姓也，岂可劳百姓以养己之宗族乎！”（《资治通鉴》卷一百九十二）因此，他注重休养生息，不夺农时，减免赋税，关心民瘼。太宗出巡时发现村落逼仄，农民占田不足，立即采取措施切实推行均田令。太宗还推行常平仓制度，以便灾荒之年能够减少农民流离失所。这种制度前朝多有，关键在于执行与落实层面。国家出资赎回流落在边疆少数民族地区的农民，资助卖儿卖女的家庭赎回自家的孩子。法制方面，太宗时期的《贞观律》是传世的《唐律疏议》的蓝本，新条文切实减轻了刑罚，这相对于隋代“立法违法”式的减轻刑罚无疑进了一大步。

唐太宗很注意整肃吏治，厉行精兵简政，指示房玄龄等裁撤冗官，结果贞观时期中央政府的官员定额只有六百四十名。唐太宗亲自关注刺史、县令的人选，加强对地方官吏施政的监察，使地方吏治得到改善。农民在比较安定的社会环境下安心生产，最终度过了贞观初年的经济困难，社会秩序明显好转，马牛布野、囹圄常空，全国呈现出安定繁荣的面貌。

从个人的执政风格来说，唐太宗批评隋文帝事必躬亲的领导作风，指出要信任大臣，使臣下各当所任。

唐太宗懂得“使人如器”的道理，求贤若渴，知人善任。他所用的武将，大多是他在统一战争中所收降，如尉迟恭、秦叔宝、程知节等。至于文官，则不论出身，唯才是用。例如马周原本只是沉沦下僚的小吏，太宗偶尔看到他所写议论朝政的文章，直陈朝政得失，切中要害，就不次擢拔，累迁至宰相。唐太宗认为，“人智有短长，能有巨细”，“良匠无弃材，明主无弃士”（《帝范·审官》）。

如果只是以上这些，唐太宗还只是众多帝王当中的杰出者之一，还谈不上超迈前古。宋朝史家范祖禹（参与编写《资治通鉴》唐代部分）评价唐太宗说：“迹其性本强悍，勇不顾亲，而能畏义好贤，屈己从谏，刻厉矫揉，力于为善，此所以致贞观之治也。”意思是说唐太宗本来是一个彪悍勇武之人，可是他能够畏义好贤、屈己从谏，“刻厉矫揉，力于为善”。这几个用词值得深加玩味，用现代的话说就是要对道义保持敬畏，对贤者保持尊敬，不要固执己见，要听从臣下的谏诤，努力改过迁善。明宪宗朱见深在重刻《贞观政要》序中总结为“克己”二字，即对自己的欲望、偏见保持克制的态度。

中国从秦始皇建立皇帝制度以来，就实行中央集权的专制制度。在近代以前，广袤的区域之间，各地经济联系有限，而施行统治的通信手段和技术工具都相当落后，“溥天之下莫非王土，率土之滨莫非王臣”，中央集权的皇帝专制制度，对于维护中华民族的统一和发展有其历史作用。但是，皇帝制度有与生俱来的内在缺陷，那就是缺乏制度化的权力约束机制。到唐朝逐渐完善的谏官制度，是一个补救措施。

谏官拿什么来说服皇帝呢？由商周时代的“天命”思想演变而来的“天意”有一定作用；孟子以来特别强调的“民贵君轻”的民本思想（民意）也有一定作用；东汉以来大行其道的谶纬及其流衍祥瑞与灾异，也成为警示帝王行为的一种约束力量；宋代以后，祖宗之法又成为限制守成君王的一种规范工具。

但是，这些都不是制度化的约束手段。在皇帝制度下，本来就没有一个制度化的对最高权力的约束手段。于是，皇帝的行为只能靠皇帝自己来约束，这就是皇帝制度中强调“克己”的重要性。范祖禹在《唐鉴》中评论道：“人主之所行，其善恶是非在后世，当其时不可得而辨也。”皇帝是至高无上的权威，皇帝行事的是非对错，当时怎么能够辨别呢？由谁来判断呢？集权制度下，倾听谏官的意见能解决问题吗？谏官的言论，皇帝不听怎么办？因此，皇帝的准确判断和自我约束就显得尤其重要。《贞观政要》中的唐太宗表现得最充分的一点就是强调皇帝要有自知之明，要克制自己、约束自己！

遗憾的是，唐宋以后的皇帝制度尽管在继续发展，但是，从宋太祖到明太祖，乃至清朝的康、雍、乾诸帝，无不在驾驭之术上处心积虑，而不愿在皇帝自我约束上动心思。它的发展和完善都是注重于如何控制臣下方面，不是如何约束皇帝一面！相反，一部《贞观政要》的君臣论治，一部《帝范》的自我反思，重心不是如何驾驭臣下，而是如何约束皇帝，如何进谏纳谏！

这正是唐太宗高明之处，是唐太宗超迈古今帝王成为千古一帝的原因所在，也是唐太宗留给后人的一份珍贵政治遗产。

二、废王立武

（贞观二十二年，648，六月）初，左武卫将军武连县公武安李君羡直玄武门[1]，时太白屡昼见，太史占云："女主昌。"民间又传《秘记》云："唐三世之后，女主武王代有天下。"上恶之。会与诸武臣宴宫中，行酒令，使各言小名。君羡自言名五娘[2]，上愕然，因笑曰："何物女子，乃尔勇健！"又以君羡官称封邑皆有"武"字，深恶之，后出为华州刺史。有布衣员道信，自言能绝粒[3]，晓佛法，君羡深敬信之[4]，数相从，屏人语。御史奏君羡与妖人交通，谋不轨。壬辰，君羡坐诛，籍没其家。

这种神秘之事，还不是空穴来风！因为李君羡家后来要求平反昭雪了。

上密问太史令李淳风[5]："《秘记》所云，信有之乎？"对曰："臣仰稽天象，俯察历数，其人已在陛下宫中，为亲属，自今不过三十年，当王天下，杀唐子孙殆尽，其兆既成矣。"上曰："疑似者尽杀之，何如？"对曰："天之所命，人不能违也。王者不死，徒多杀无辜。且自今以往三十年，其人已老，庶几颇有慈心，为祸或浅。

今借使得而杀之，天或生壮者肆其怨毒，恐陛下子孙，无遗类矣。”上乃止。

后来武则天也曾与人谈到李淳风与太宗言及女主之事。若不是武则天事后为自己造势，就是李唐为女主改朝换姓的尴尬局面解嘲。

［注释］

[1] 武连县：唐初属始州（治今四川剑阁县武连镇）。武安：今河北武安。李君羡（593—648）：洺州武安县（今属河北武安）人。早年参加瓦岗军，后归附李世民，征战四方，累官至左武卫将军，封爵为武连县公，值宿玄武门。 [2]“君羡自言名五娘”以下八句：唐太宗以李君羡官称（左武卫将军）、封爵（武连县公）、籍贯（武安县），以及所宿值的玄武门都有武字，小名又有女性特征，因而怀疑其应“女主昌”的图谶，故以他事杀之。武则天称帝后，天授二年（691）李君羡家人诉冤，武则天予以昭雪，以证明自己称帝是符合天命。 [3] 绝粒：即辟谷，是道家养生的方法之一。 [4]“君羡深敬信之”以下三句：员道信显然是一个江湖术士（后文所谓“妖人”）。李君羡与其过从往来甚密切，还躲开他人窃窃私语。 [5] 李淳风（602—670）：岐州雍县（今陕西宝鸡市凤翔区）人。道士，唐太宗时入太史局，官至太史令，主管天文观察和历法修订工作。

（永徽五年，654，三月）庚申，加赠武德功臣屈突通等十三人官[1]。

初，王皇后无子，萧淑妃有宠[2]，王后疾之。上之为太子也，入侍太宗，见才人武氏而悦之[3]。太宗崩，武氏随众感业寺为尼[4]。忌日，上诣寺行香，见之，武氏泣，上亦泣。王后闻之，阴令武氏长发，劝上内之后宫[5]，欲以间淑妃之宠。武氏巧慧，多权数，初入宫，卑辞屈体以事后。后爱之，数称其美于上。未几大幸，拜为昭仪[6]，后及淑妃宠皆衰，更相与共谮之，上皆不纳。昭仪欲追赠其父而无名[7]，故托以褒赏功臣，遍赠屈突通等，而武士彟预焉。

通过追赠武德功臣，武则天的元从功臣的家世就凸显出来了。

[注释]

[1] 屈突通（557—628）：出身奚族，隋末留守长安，李渊起兵入长安，屈突通力屈而降唐，在李世民帐前效力，位列凌烟阁功臣。 [2] 萧淑妃（？—655）：正一品，她为高宗李治生有二女一子，宠冠后宫。 [3] 才人：唐代后宫女官兼御嫔，属于中低级职位，正五品，设置九员。 [4] 感业寺：唐代皇家宫廷内寺院，多数人认为故址在今陕西西安市未央区六村堡乡感业寺小学内。 [5]“劝上内之后宫”二句：王皇后无子，故欲引武氏入宫，以分淑妃之宠。 [6] 昭仪：正二品女官。 [7]“昭仪欲追赠其父而无名”以下四句：意谓武昭仪鼓动唐高宗追赠屈突通等武德功臣，曾经是太原元从开国功臣，官至尚书、都督的武士彟自然会被表彰，武则天的家世也就彰显出来了。武士彟（577—635），并州文水（今山西文水）人。从李渊太原起兵，官至工部尚书、荆州都督。其与后妻杨氏生了武则天（624—705）。

（六月）中书令柳奭以王皇后宠衰[1]，内不自安，请解政事；癸亥，罢为吏部尚书。

（十月）王皇后、萧淑妃与武昭仪更相谮诉，上不信后、淑妃之语，独信昭仪。后不能曲事上左右[2]，母魏国夫人柳氏及舅中书令柳奭入见六宫，又不为礼。武昭仪伺后所不敬者，必倾心与相结，所得赏赐分与之。由是后及淑妃动静，昭仪必知之，皆以闻于上。

后宠虽衰，然上未有意废也。会昭仪生女[3]，后怜而弄之，后出，昭仪潜扼杀之，覆之以被。上至，昭仪阳欢笑，发被观之，女已死矣，即惊啼。问左右，左右皆曰："皇后适来此。"上大怒曰："后杀吾女！"昭仪因泣数其罪。后无以自明，上由是有废立之志。又畏大臣不从，乃与昭仪幸太尉长孙无忌第，酣饮极欢，席上拜无忌宠姬子三人皆为朝散大夫[4]，仍载金宝缯锦十车以赐无忌。上因从容言皇后无子以讽无忌，无忌对以他语，竟不顺旨，上及昭仪皆不悦而罢。昭仪又令母杨氏诣无忌第，屡有祈请，无忌终不许。礼部尚书许敬宗亦数劝无忌[5]，无忌厉色折之。

王皇后杀女婴的事可能不实，后来废黜皇后并没有提及此事。

长孙无忌小看了武昭仪。也小看了高宗。

[**注释**]

[1]“中书令柳奭以王皇后宠衰”以下三句：柳奭（？—659）出身河东柳氏，为王皇后舅父，王皇后失宠，主动辞去相职。 [2]“后不能曲事上左右”以下九句：言王皇后母柳氏不能礼待六宫宫人，故得以为武昭仪所利用。 [3]“会昭仪生女”以下十六句：言武昭仪诬告王皇后扼杀女婴之死。很难证实，废黜王皇后之时并没有言及于此，徐敬业《讨武曌檄》也没有提及武则天栽赃诬告。 [4]朝散大夫：从五品下散官，可以服绯衣带银鱼袋。可见高宗为了获得废王立武的支持，对于长孙无忌极尽恩宠。 [5]许敬宗（592—672）：字延族，杭州新城（今浙江杭州市富阳区）人。贞观中已入台省要职，高宗即位，为礼部尚书，因为支持立武则天为皇后，进位宰相。此处书许敬宗为礼部尚书，然《通鉴》下年书敬宗具官卫尉卿，至九月方改礼部尚书。怀疑此处言礼部尚书许敬宗数劝无忌事乃统后来之言书之。

（永徽六年，655，正月）庚寅，立皇子弘为代王[1]，贤为潞王。

（五月）壬辰，以韩瑗为侍中[2]，来济为中书令[3]。

六月，武昭仪诬王后与其母魏国夫人柳氏为厌胜[4]，敕禁后母柳氏不得入宫。秋，七月，戊寅，贬吏部尚书柳奭为遂州刺史[5]。奭行至扶风，岐州长史于承素希旨奏奭漏泄禁中语，复贬荣州刺史。

唐因隋制，后宫有贵妃、淑妃、德妃、贤妃

皆视一品。上欲特置宸妃，以武昭仪为之，韩瑗、来济谏，以为故事无之，乃止。

中书舍人饶阳李义府为长孙无忌所恶[6]，左迁壁州司马[7]。敕未至门下，义府密知之，问计于中书舍人幽州王德俭，德俭曰："上欲立武昭仪为后，犹豫未决者，直恐宰臣异议耳。君能建策立之，则转祸为福矣。"义府然之，是日，代德俭直宿[8]，叩阁上表，请废皇后王氏，立武昭仪，以厌兆庶之心。上悦，召见，与语，赐珠一斗，留居旧职。昭仪又密遣使劳勉之，寻超拜中书侍郎。于是卫尉卿许敬宗、御史大夫崔义玄、中丞袁公瑜皆潜布腹心于武昭仪矣[9]。乙酉，以侍中崔敦礼为中书令[10]。

李义府是唐太宗为晋王李治挑选的王府官，进而太子舍人、中书舍人，长孙无忌拿李义府开刀，有些过分。

（八月）长安令裴行俭闻将立武昭仪为后[11]，以国家之祸必自此始，与长孙无忌、褚遂良私议其事。袁公瑜闻之，以告昭仪母杨氏，行俭坐左迁西州都督府长史。行俭，仁基之子也。

［注释］

[1]皇子弘：与下文"贤"均为武则天入宫后生的儿子。 [2]韩瑗（606—659）：字伯玉，京兆三原（今属陕西咸阳）人。追随

长孙无忌，极力反对立武则天为皇后。 [3] 来济（610—662）：隋大将来护儿之子，唐初进士出身，曾参与编修《晋书》。此二人入相，当有长孙无忌鼎力支持。 [4] 厌（yā）胜：一种辟邪的巫术。 [5] 贬吏部尚书柳奭为遂州刺史：中书令是正宰相，去年六月，柳奭自请解除相职，授吏部尚书，至此再次遭贬。这是王皇后失势的明确信号。 [6] 李义府（614—666）：瀛洲饶阳（今属河北衡水）人。早年以门荫入仕，因文章一流得入朝任职，担任门下省典仪、监察御史，唐太宗选为晋王府僚属，高宗为太子时任东宫太子舍人，高宗即位改中书舍人。 [7] 壁州：今四川通江。司马：虽属上佐，却是无实权的闲职。 [8] 直宿：即值宿，中书舍人六人轮流在中书省值夜班。 [9] 崔义玄（585—656）：出身清河崔氏，与下文袁公瑜（613—685）等都成了武则天的铁杆。 [10] 崔敦礼：出身博陵崔氏，不久去世。 [11] 裴行俭（619—682）：出身河东裴氏，父亲为隋代名臣裴仁基。此次被贬西州都督府长史，后被提拔为西州都督，在他经营下，西州边防巩固，大破西突厥。

九月，戊辰，以许敬宗为礼部尚书。

老臣们如此执拗，就是想压住唐高宗的独立作主。

上一日退朝，召长孙无忌、李勣、于志宁、褚遂良入内殿[1]。遂良曰：“今日之召，多为中宫，上意既决，逆之必死。太尉元舅，司空功臣，不可使上有杀元舅及功臣之名。遂良起于草茅，无汗马之劳，致位至此，且受顾托，不以死争之，何以下见先帝！”勣称疾不入。无忌等至内殿，上顾谓无忌曰：“皇后无子，武昭仪有子，今欲立昭仪为后，何如？”遂良对曰：“皇后名家，先帝为陛下所娶。先帝临崩，执陛下手谓臣曰：‘朕佳儿佳妇，今以付卿。’此陛下所闻，言犹在耳。皇后未闻有过，岂可轻废！臣不敢曲从陛下，上违先帝之命！”上不悦而罢。明日又言之，遂良曰：“陛下必欲易皇后，伏请妙择天下令族，何必武氏！武氏经事先帝，众所具知，天下耳目，安可蔽也。万代之后，谓陛下为如何！愿留三思！臣今忤陛下，罪当死！”因置笏于殿阶，解巾叩头流血曰：“还陛下笏，乞放归田里。”上大怒，命引出。昭仪在帘中大言曰：“何不扑杀此獠！”无忌曰：“遂良受先朝顾命，有罪不可加刑！”于志宁不敢言。

唐高宗已经把废王立武作为摆脱老臣压制的事来做。

韩瑗因间奏事，涕泣极谏，上不纳。明日又谏，悲不自胜，上命引出。瑗又上疏谏曰：“匹夫匹妇，犹相选择，况天子乎！皇后母仪万国，善恶由之，故嫫母辅佐黄帝[2]，妲己倾覆殷王，《诗》云：‘赫赫宗周，褒姒灭之。’每览前古，常兴叹息，不谓今日尘黩圣代。作而不法，后嗣何观！愿陛下详之，无为后人所笑！使臣有以益国，菹醢之戮[3]，臣之分也！昔吴王不用子胥之言而麋鹿游于姑苏[4]。臣恐海内失望，棘荆生于阙庭，宗庙不血食，期有日矣！”来济上表谏曰：“王者立后，上法乾坤，必择礼教名家，幽闲令淑，副四海之望，称神祇之意。是故周文造舟以迎太姒[5]，而兴《关雎》之化，百姓蒙祚；孝成纵欲，以婢为后，使皇统亡绝，社稷倾沦。有周之隆既如彼，大汉之祸又如此，惟陛下详察！”上皆不纳。

“此陛下家事，何必更问外人！”这种表态就是一种支持！

他日，李勣入见，上问之曰：“朕欲立武昭仪为后，遂良固执以为不可。遂良既顾命大臣，事当且已乎？”对曰：“此陛下家事，何必更问外人！”上意遂决。许敬宗宣言于朝曰：“田舍翁多收十斛麦，尚欲易妇；况天子欲立后，何豫诸人事而妄生异议乎！”昭仪令左右以闻。庚午，贬遂良为潭州都督。

[注释]

[1] 长孙无忌、李勣（594—669）、于志宁（588—665）、褚遂良（596—658）：均为太宗托孤之臣。时长孙无忌为太尉，李勣为司空。于志宁，出身鲜卑万忸于氏，西魏八柱国之一于瑾

曾孙。因为反对武氏而左迁。褚遂良，著名书法家，唐太宗擢拔为中书令，与长孙无忌等同辅佐高宗。 [2]“故嫫母辅佐黄帝”以下五句：胡三省注：“韩瑗之意，谓嫫母以丑而佐黄帝有天下，妲己、褒姒以美艳而亡殷、周，女在德不在色也。”“赫赫宗周，褒姒灭之”，出自《诗经·小雅·正月》。 [3]菹醢（zū hǎi）：古代酷刑，指剁成肉酱。 [4]昔吴王不用子胥之言而麋鹿游于姑苏：典出《史记·淮南衡山列传》：“王坐东宫，召伍被与谋，曰：‘将军上。’被怅然曰：‘上宽赦大王，王复安得此亡国之语乎！臣闻子胥谏吴王，吴王不用，乃曰“臣今见麋鹿游姑苏之台也”。今臣亦见宫中生荆棘，露沾衣也。’”春秋末吴越争雄，吴王夫差未能采纳伍子胥之言，给了越王勾践以复仇的机会。夫差自杀，吴国被灭。 [5]“是故周文造舟以迎太姒”以下七句：此处用周文王迎娶太姒和汉成帝立赵飞燕为皇后做对比，说明西周之隆盛与西汉之衰亡，与君王以谁为后宫之主，祸福相关。

（永徽六年，655）冬，十月，己酉，下诏称：“王皇后、萧淑妃谋行鸩毒，废为庶人，母及兄弟，并除名，流岭南。”许敬宗奏：“故特进赠司空王仁祐告身尚存[1]，使逆乱余孽犹得为荫，并请除削。”从之。

乙卯，百官上表请立中宫，乃下诏曰：“武氏门著勋庸[2]，地华缨黻，往以才行选入后庭，誉重椒闱[3]，德光兰掖。朕昔在储贰，特荷先慈，常得待从，弗离朝夕，宫壸之内[4]，恒自饬躬，武则天之后，唐朝再也没有出现一个有权威的皇后或者皇太后。

嫔嫱之间，未尝迕目，圣情鉴悉，每垂赏叹，遂以武氏赐朕[5]，事同政君，可立为皇后。”丁巳，赦天下。是日，皇后上表称：“陛下前以妾为宸妃，韩瑗、来济面折庭争，此既事之极难，岂非深情为国！乞加褒赏。”上以表示瑗等，瑗等弥忧惧，屡请去位，上不许。

十一月，丁卯朔，临轩命司空李勣赍玺绶册皇后武氏[6]。是日，百官朝皇后于肃义门。故后王氏、故淑妃萧氏，并囚于别院，上尝念之，间行至其所，见其室封闭极密，惟窍壁以通食器，恻然伤之，呼曰：“皇后、淑妃安在？”王氏泣对曰：“妾等得罪为宫婢，何得更有尊称！”又曰：“至尊若念畴昔，使妾等再见日月，乞名此院为回心院。”上曰：“朕即有处置。”武后闻之，大怒，遣人杖王氏及萧氏各一百[7]，断去手足，捉酒瓮中，曰：“令二妪骨醉！”数日而死，又斩之。王氏初闻宣敕，再拜曰：“愿大家万岁！昭仪承恩，死自吾分。”淑妃骂曰：“阿武妖猾，乃至于此！愿他生我为猫，阿武为鼠，生生扼其喉。”由是宫中不畜猫。寻又改王氏姓为蟒氏，萧氏为枭氏。武后数见王、萧为祟，被发沥血如死时状。后徙居蓬莱宫，复见之，故多在洛阳，终身不归长安。

武则天长居洛阳的原因未必与此有关。

己巳，许敬宗奏曰："永徽爰始，国本未生，权引彗星[8]，越升明两[9]。近者元妃载诞[10]，正胤降神，重光日融，爝晖宜息。安可反植枝干，久易位于天庭；倒袭裳衣，使违方于震位！又，父子之际，人所难言，事或犯鳞，必婴严宪，煎膏染鼎，臣亦甘心。"上召见，问之，对曰："皇太子，国之本也，本犹未正，万国无所系心。且在东宫者，所出本微，今知国家已有正嫡，必不自安。窃位而怀自疑，恐非宗庙之福，愿陛下熟计之。"上曰[11]："忠已自让。"对曰[12]："能为太伯，愿速从之。"

[注释]

[1] 王仁祐：出身太原王氏，高宗王皇后之父。 [2]"武氏门著勋庸"二句：言武氏出自功勋之家，冠冕望族。 [3]"誉重椒闱"二句：谓武氏声誉与品德在后宫受到赞扬。椒闱，与下文"兰掖"都是形容后宫。 [4]"宫壶（kǔn）之内"以下四句：意指武氏在宫中很有仪范，与妃嫔们和睦相处。宫壶，内宫。 [5]"遂以武氏赐朕"二句：父皇太宗将武才人赐给高宗，

犹如西汉宣帝将自己身边的宫女王政君赐给太子刘奭（汉元帝）一样。［6］“临轩命司空李勣赍玺绶册皇后武氏”以下三句：命司空李勣持玺绶册立武氏为皇后。武皇后在肃义门接受百官的朝贺。临轩，指皇帝出席正殿的册封仪式。［7］“遣人杖王氏及萧氏各一百”以下三句：武则天是否有权如此虐待废黜的王皇后与萧淑妃，值得存疑。［8］权引彗星：指权立陈王忠为太子。［9］明两：指武则天所生的儿子。［10］“近者元妃载诞”以下四句：谓皇后已经生育了儿子，犹如太阳出世，爝晖（微弱的光亮）应该熄灭了。暗指应该改换太子。［11］“上曰”二句：高宗告诉许敬宗：陈王李忠已经自己提出让太子位。［12］“对曰”以下三句：许敬宗回答：能够像吴太伯那样让位，愿立即准允。

（选自《资治通鉴》卷一百九十九，唐纪十五；卷二百，唐纪十六）

［点评］

贞观二十三年（649）五月，年仅51岁的唐太宗逝世，唐高宗李治（628—683）继位。在长孙无忌等的辅佐下，永徽之政（永徽是高宗的第一个年号，650—655），有贞观遗风。但是，也正是这个时候，武则天作为唐太宗的才人（妃嫔中比较低级的职位）再度入宫，成为高宗的皇后。由于大臣们百般阻挠这件看似乱伦之事，加上世家大族嫌弃武则天家族出身于寒门，皇帝的婚事成为政治斗争的焦点。最后武则天获胜。

武则天（625—705）的本名史无记载，14岁时以貌美被唐太宗召为才人时，当在贞观十二年（638）。唐太宗赐名武媚娘，算是昵称；武则天称帝后改名武曌，“则天”则来自她退位之后，中宗给母亲上的尊号“则天大圣皇帝”。后来又改称“则天大圣皇后”，后者并成她的谥号。《旧唐书》“则天皇后本纪”的行文中，就称她为“则天皇后武氏”，简称就是武则天。

武则天的父亲武士彟（577—635），曾在隋代担任府兵低级武官，后来弃武从商，隋唐时代府兵实行身份制，武士彟是如何脱离军籍的，历史上没有记载。隋炀帝末年，他是当地一位木材商人，与在太原任职的李渊有密切往来，是追随李渊起兵的太原元从功臣，曾官至工部尚书、荆州都督。武则天在长孙皇后去世后两年入宫为才人。才人是掌寝食之事的女官，为正五品，直到太宗驾崩，她的地位依然未得升迁。相反，徐妃（627—650）以才人入宫不久即受到太宗宠幸，“俄拜婕妤，再迁充容”（《旧唐书》本传）。充容为正二品，徐妃比武则天年轻二岁，入宫也晚，地位反在武则天之上，可见武则天在唐太宗身边并不得志。唐太宗病危，太子李治侍疾左右，“见才人武氏而悦之”。

唐太宗去世时，武则天年方25岁，按照制度规定，要与其他未生育的妃嫔女官一起被送入尼庵。但由于武则天与新即位的高宗早有私情，不久就被再次接入宫中。武则天入宫得到了高宗原配王皇后的支持。时王皇后无子，萧淑妃却生了一男二女，又常侍奉皇帝左右。为了分淑妃之宠，王皇后积极张罗迎比自己年龄还大好几岁的武则天入宫。开始时武则天曲意奉承皇后，“未几大幸，拜为昭仪，后及淑妃宠皆衰”（《资治通鉴》卷一百九十九)。武昭仪又连续生儿育女，唐高宗遂有了废王立武的念头。

在永徽六年(655)立武氏为后的过程中，朝臣分成两派。顾命大臣长孙无忌、褚遂良是坚定的反对派，即使高宗与武则天亲赴长孙无忌府上送礼封官，他们仍然拒不妥协。长孙无忌等人的主要理由是认为武则天不仅门第低微，还曾侍奉先帝。但是，他们低估了唐高宗在这件事上的魄力以及武则天对于皇帝的巨大影响。唐高宗罢免长孙无忌、褚遂良，不仅是不满意于他们干预自己的感情生活，也是反对元老重臣对皇帝权威的蔑视。支持立武氏为后的大都是对禄位汲汲以求的朝臣，李勣是其中唯一的宰相。李勣本来与老臣们意见相同，当他看到唐高宗态度如此坚决，转而改口：此为陛下家事，何豫外人！最后李勣以司空的崇高身份主持了册封武则天为皇后的盛大典礼，王皇后、萧淑妃遭到废黜。

武则天登上皇后宝座后，对反对派进行了一场大清洗。她依靠许敬宗、李义府等位望较低、热衷投机钻营的人，严酷打击政敌，长孙无忌、褚遂良、柳奭、韩瑗、于志宁、来济等大臣或被诛戮，或被放逐，或放逐后再逼令自尽。其中标志性的事件是，永徽之政的第一辅佐大臣、流放在黔州(今重庆彭水)的长孙无忌，于显庆四年(659)被逼令自缢。正是从打破西魏北周以来一百多年的关陇集团的统治秩序，改变士族高门控制政权的视角出发，陈寅恪认为，武则天的上台，其历史意义超过了安史之乱。

三、姚崇辅政

（先天二年，713）冬，十月，辛卯，引见京畿县令[1]，戒以岁饥惠养黎元之意。己亥，上幸新丰[2]；癸卯，讲武于骊山之下[3]，征兵二十万，旌旗连亘五十余里。以军容不整，坐兵部尚书郭元振于纛下[4]，将斩之。刘幽求、张说跪于马前谏曰[5]："元振有大功于社稷，不可杀。"乃流新州。斩给事中、知礼仪事唐绍[6]，以其制军礼不肃故也。上始欲立威，亦无杀绍之意，金吾卫将军李邈遽宣敕斩之。上寻罢邈官，废弃终身。时二大臣得罪，诸军多震慑失次，惟左军节度薛讷、朔方道大总管解琬二军不动[7]，上遣轻骑召之，皆不得入其陈。上深叹美，慰勉之。

唐玄宗除掉太平公主之后，踌躇满志，"始欲立威"。

甲辰，猎于渭川。上欲以同州刺史姚元之为相[8]，张说疾之，使御史大夫赵彦昭弹之，上不纳。又使殿中监姜皎言于上曰："陛下常欲择河东总管而难其人，臣今得之矣。"上问为谁，皎曰："姚元之文武全才，真其人也。"上曰："此张说之意也，汝何得面欺，罪当死！"皎叩头首服，上即遣中使召元之诣行在。既至，上方猎，引见，即拜兵部尚书、同中书门下三品。

元之吏事明敏，三为宰相[9]，皆兼兵部尚书，缘边屯戍斥候，士马储械，无不默记。上初即位，励精为治，每事访于元之。元之应答如响，同僚唯诺而已，故上专委任之。元之请抑权幸[10]，爱爵赏，纳谏诤，却贡献，不与群臣亵狎；上皆纳之。

从大乱走向正常治理秩序，即所谓拨乱反正，需要姚崇这样的“救时之相”。

乙巳，车驾还京师。

［注释］

[1] 引见京畿县令：此系李隆基掌权后首引荐京畿县令，并做《戒京畿县令敕》。 [2] 上：指李隆基（685—762），唐高宗与武则天之孙，睿宗第三子，唐隆（少帝年号，710）政变，诛杀韦氏的主导者之一，本年又除太平公主势力，至此算完全掌权。 [3] 讲武于骊山之下：讲武整军也是开元初的重点之一。 [4] 郭元振（656—713）：太原郭氏，立功边陲，参与平定太平公主之党，后官至宰辅。 [5] 张说（yuè，667—730）：字道济，范阳方城（今河北固安）人。武周时制举高第，以文学知名，因为不依附张易之、张昌宗势力被贬黜岭南，中宗即位后入朝，累官至兵部侍郎、同平章事，反对太平公主擅权；唐玄宗除太平势力后，召为中书令。他后欲阻止姚崇入相，未成。 [6] 唐绍：历任太常博士、给事中、太常少卿。武周及中宗时，均以干预谏诤知名。 [7] 薛讷（649—720）：唐初名将薛仁贵长子。武周时屡立战功，历任幽州

都督、并州大都督府长史，新丰讲武，任左军节度。解琬（？—720）：魏州大名（今属河北大名）人，武周时在边陲任职二十年，迁朔方大总管。　[8] 同州：今陕西大荔。姚元之（650—721）：本名元崇，字元之，后改单名崇，陕州硖石（今河南三门峡市陕州区）人，初以门荫挽郎入仕，历任兵部（时称夏官）郎中、侍郎，武则天时已经入相，在太平公主与李隆基政权斗争中，为李隆基一党。入相后以政事练达知名。　[9] 三为宰相：姚崇在武则天时期、睿宗时期和玄宗初年皆以兵部尚书同三品或同三品入相。　[10] “元之请抑权幸”以下五句：《资治通鉴》卷二百一十《考异》云：《升平源》（传吴兢作）言玄宗初任姚崇为相时，姚崇以十事上献，欲玄宗应允，方可接受相职；司马光以之为好事者附会，故不取，而将十事涉及内容大体概括于此。

姚元之尝奏请序进郎吏[1]，上仰视殿屋，元之再三言之，终不应；元之惧，趋出。罢朝，高力士谏曰[2]：“陛下新总万机，宰臣奏事，当面加可否，奈何一不省察！”上曰：“朕任元之以庶政，大事当奏闻共议之；郎吏卑秩，乃一一以烦朕邪？”会力士宣事至省中，为元之道上语，元之乃喜。闻者皆服上识君人之体[3]。

唐玄宗这一点比隋文帝强很多。

左拾遗曲江张九龄[4]，以元之有重望，为上所信任，奏记劝其远谄躁，进纯厚，其略曰：“任人当才[5]，为政大体，与之共理，无出此途。而姚崇欣赏张九龄说的道理。

向之用才，非无知人之鉴，其所以失溺，在缘情之举。”又曰：“自君侯职相国之重[6]，持用人之权，而浅中弱植之徒，已延颈企踵而至，谄亲戚以求誉，媚宾客以取容，其间岂不有才，所失在于无耻。”元之嘉纳其言。

新兴王晋之诛也[7]，僚吏皆奔散，惟司功李㧑步从[8]，不失在官之礼，仍哭其尸[9]。姚元之闻之，曰：“栾布之俦也。”及为相，擢为尚书郎[10]。

［注释］

[1] 姚元之尝奏请序进郎吏：《考异》曰：“此出李德裕《次柳氏旧闻》，不知郎吏为何官。若郎中、员外郎则是清要官，不得云秩卑；恐是郎将，又不敢必，故仍用旧文。”司马光的意思是，郎中、员外郎，属于清要官，虽然只五品、六品职事官，但是很重要，必须奏请皇帝批准，不可以说是卑秩（低级位阶）。司马光推测称，若是郎将，则属于散官，但不敢肯定，故仍其旧。 [2] 高力士（684—762）：玄宗时权宦，在李隆基与太平公主权力斗争中，与张说是同一个战壕里的战友。 [3] 君人之体：古人所谓帝王君人之体是指不要察察为明，应信任大臣，抓大放小，有所为有所不为。玄宗的这一番话正好体现了这样的政治思想。 [4] 张九龄（678—740）：韶州曲江（今广东韶关）人。进士及第，中宗时制举及第，授校书郎；玄宗时升左拾遗。 [5]“任人当才”以下八句：提出用人要重才不要缘情。 [6]“自君侯职相国之重”以下八句：提出有才之人以谄媚求进，失在让无耻之

人得逞。　[7] 新兴王晋：唐初，李渊封堂弟李德良（李虎之孙）为新兴王，李晋为德良之长孙。因附太平公主而与窦怀贞等一起被诛。　[8] 司功：即司功参军，王府官。　[9]“仍哭其尸”以下四句：汉高祖诛梁王彭越，彭越的旧属栾布为之哭丧收尸，故被高祖刘邦看重。　[10] 尚书郎：尚书省郎官，即郎中或者员外郎。此处当特指员外郎。

十一月，乙丑，刘幽求兼侍中[1]。

辛巳，群臣上表请加尊号为开元神武皇帝[2]；从之。戊子，受册。

中书侍郎王琚为上所亲厚[3]，群臣莫及。每进见，侍笑语，逮夜方出。或时休沐，往往遣中使召之。或言于上曰：“王琚权谲纵横之才，可与之定祸乱，难与之守承平。”上由是浸疏之。是月，命琚兼御史大夫，按行北边诸军。

因人一言，就疏离王琚，则王琚那有什么“权谲纵横之才”呢？

十二月，庚寅，赦天下，改元[4]。尚书左、右仆射为左、右丞相[5]；中书省为紫微省；门下省为黄门省，侍中为监；雍州为京兆府，洛州为河南府，长史为尹，司马为少尹。

壬寅，以姚元之兼紫微令。元之避开元尊号，复名崇。

敕：“都督、刺史、都护将之官[6]，皆引面辞毕，侧门取进止。”

张说“潜诣岐王申款”的行为难以理解！

姚崇既为相，紫微令张说惧，乃潜诣岐王申款[7]。他日，崇对于便殿，行微蹇。上问：“有足疾乎？”对曰：“臣有腹心之疾，非足疾也。”上问其故。对曰：“岐王陛下爱弟[8]，张说为辅臣，而密乘车入王家，恐为所误，故忧之。”癸丑，说左迁相州刺史。右仆射、同中书门下三品刘幽求亦罢为太子少保。甲寅，以黄门侍郎卢怀慎同紫微黄门平章事[9]。

[注释]

[1] 刘幽求（655—715）：冀州武强县（今河北武强）人，进士出身，参与唐隆政变，支持立李隆基为太子，亦谋划除太平公主之党。但机事不密，被贬逐出局。及玄宗亲政，方才召回，入相。 [2] 加尊号：帝王上尊号，大体为表彰其治理天下的功绩。此时玄宗允臣下上尊号之请，有诛灭太平公主集团之后，稳定人心，抬升威望之意。上尊号有册封仪典。 [3] 王琚（686—746）：怀州河内县（今河南沁阳）人，善玄象炼丹之学。史称其参与谋诛杀太平公主之党及善于谄媚而得为中书侍郎。 [4] 改元：至本年（先天二年）十二月庚寅（初一）改元为开元。按照《资治通鉴》的纪年模式，若一年内有两个以上年号，以最后一个年号标注纪年。 [5] “尚书左、右仆射为左、右丞相”以下八句：唐高宗、武则天到唐玄宗时期，多次改变三省六部等机构及职官名称。 [6]“都督、刺史、都护将之官”以下三句：唐朝于紧要之州，设置都督府，

于边疆设置都护府以统羁縻府州，其长官新任陛见之后，要在宫殿侧面，等候敕令。胡三省注云："东内有左右侧门，左右侧门之外，即金吾左右仗（仪仗卫队）。" [7] 岐王（686—726）：本名隆范，唐睿宗第四子，李隆基之弟。曾参与诛灭太平公主之党。张说与之暗中往来，未必是有政治阴谋。 [8] "岐王陛下爱弟"以下五句：唐代的政治纪律，朝廷大臣不得私交宗室亲王，张说明显有错。刘幽求亦因为与姚崇不睦，同时被解除相职。 [9] 卢怀慎（？—716）：出身范阳卢氏，进士及第，以谨慎廉洁知名。

（开元二年，714）春，正月，壬申，制："选京官有才识者除都督、刺史[1]，都督、刺史有政迹者除京官，使出入常均，永为恒式。"

任京官要有地方历练。

己卯，以卢怀慎检校黄门监。

旧制，雅俗之乐，皆隶太常。上精晓音律[2]，以太常礼乐之司，不应典倡优杂伎；乃更置左右教坊以教俗乐，命右骁卫将军范及为之使。又选乐工数百人，自教法曲于梨园，谓之"皇帝梨园弟子"。又教宫女使习之。又选伎女，置宜春院，给赐其家。礼部侍郎张廷珪、酸枣尉袁楚客皆上疏[3]，以为："上春秋鼎盛，宜崇经术，迩端士，尚朴素，深以悦郑声、好游猎为戒。"上虽不能用，欲开言路，咸嘉赏之。

唐玄宗的音乐细胞就是掩藏不住。

中宗以来[4]，贵戚争营佛寺，奏度人为僧，兼以伪妄；富户强丁多削发以避徭役，所在充满。姚崇上言："佛图澄不能存赵[5]，鸠摩罗什不能存秦，齐襄、梁武，未免祸殃。但使苍生安乐，即是福身；何用妄度奸人，使坏正法！"上从之。丙寅，命有司沙汰天下僧尼，以伪妄还俗者万二千余人。

姚崇不信佛。

初，营州都督治柳城以镇抚奚、契丹[6]，则天之世[7]，都督赵文翙失政，奚、契丹攻陷之，是后寄治幽州东渔阳城。或言："靺鞨、奚、霫大欲降唐[8]，正以唐不建营州，无所依投，为默啜所侵扰[9]，故且附之；若唐复建营州，则相帅归化矣。"并州长史、和戎大武等军州节度大使薛讷信之[10]，奏请击契丹，复置营州；上亦以冷陉之役[11]，欲讨契丹。群臣姚崇等多谏。甲申，以讷同紫微黄门三品，将兵击契丹，群臣乃不敢言。

节度使体制下的边疆形势，很不省心。

［注释］

[1]"选京官有才识者除都督、刺史"以下四句：京官与外官互相轮岗。　[2]"上精晓音律"以下十二句：谈唐玄宗改革音乐教育体系。首先是把礼乐之司太常寺中的俗乐部分移出，另成立

左右教坊，教通俗音乐。以范及担任教坊使。其次，设立皇家歌舞剧院“梨园”，以专业乐工数百人为教师和骨干，让宫女为学生参加排演学习。又选歌伎入宜春院，相当于官方歌舞表演团，给其家属生活待遇。宜春院，在太极殿之东。　[3]“礼部侍郎张廷珪、酸枣尉袁楚客皆上疏”以下十句：张廷珪、袁楚客皆文人雅士，以儒家常理谏之，玄宗嘉赏其敢言，但没有采用。但是，玄宗将宗庙朝堂演奏的雅乐与娱乐歌舞分别开来，推动了中国戏剧文艺的发展。　[4]“中宗以来”以下六句：冒伪僧尼避役是中古时期富裕人家的常用手段，武则天以来尤其突出。　[5]“佛图澄不能存赵”以下四句：列举前代君王虽崇佛，但于国无益之例。如佛图澄（232—348），被十六国石赵政权奉为国师；鸠摩罗什（343—413）也是后秦姚氏政权的座上宾；高澄（521—549）被北齐尊为齐文襄帝；梁武帝萧衍（464—549）佞佛到了极致。　[6]营州：行政区名。唐朝于边疆或要害州郡设置都督府，营州为上都督府，治柳城（今辽宁朝阳）。　[7]“则天之世”以下四句：武周时都督赵文翙（huì，664—696），兼东夷大都护，负责东北二蕃奚、契丹的监理事务。万岁通天元年（696），营州被二蕃攻陷，赵文翙死难，史称“营州之乱”。从此，营州寄治在幽州（今北京）东渔阳城（今天津市蓟州区）。　[8]靺鞨（mò hé）、奚、霫（xí）：均为东北游牧民族。靺鞨，即后世的女真、满族。唐代分为白山靺鞨、粟末靺鞨、黑水靺鞨等部，此处当指粟末靺鞨，其首领大祚荣建立了号称“海东盛国”的渤海国。奚与霫习俗相同，大约是同一种族，部落有别。　[9]默啜（chuò）（？—716）：本姓阿史那氏，名环，突厥可汗。曾助唐平定营州之乱，被封为“立功报国可汗”，但此后却屡为边患。　[10]并州长史、和戎大武等军州节度大使：即河东节度使。并州是大都督府，一般亲王遥领大都督，而长史主持实际事务。并州是河东节度使的治所。唐于边疆州县，设置军、城、镇、守捉等军防机构，上统于节度使，所谓和戎、大武等军州，则是河东节度使统属的军政组织。 [11] 冷陉之役：唐睿宗延和元年（712），唐将孙佺率军进攻奚与契丹，在冷陉地区（今内蒙古自治区巴林右旗西北坝后）遭遇敌方联军，唐军溃败，孙佺被俘杀。

贵戚不得侵暴百姓。

薛王业之舅王仙童[1]，侵暴百姓，御史弹奏；业为之请，敕紫微、黄门覆按。姚崇、卢怀慎等奏："仙童罪状明白，御史所言无所枉，不可纵舍。"上从之。由是贵戚束手。

二月，庚寅朔，太史奏太阳应亏不亏[2]。姚崇表贺，请书之史册；从之。

乙未，突厥可汗默啜遣其子同俄特勒及妹夫火拔颉利发、石阿失毕将兵围北庭都护府[3]，都护郭虔瓘击败之。同俄单骑逼城下，虔瓘伏壮士于道侧，突起斩之。突厥请悉军中资粮以赎同俄，闻其已死，恸哭而去。

丁未，敕："自今所在毋得创建佛寺；旧寺颓坏应葺者，诣有司陈牒检视，然后听之。"

（闰月）丁卯，复置十道按察使，以益州长史陆象先等为之[4]。

丙子，申王成义请以其府录事阎楚珪为其府参军[5]，上许之。姚崇、卢怀慎上言："先尝得旨，云王公、驸马有所奏请，非墨敕皆勿行。臣窃以量材授官，当归有司；若缘亲故之恩，得以官爵为惠，踵习近事，实紊纪纲。"事遂寝。由是请谒不行。

皇帝国戚不能奏请用人为官。

或告太子少保刘幽求、太子詹事钟绍京有怨望语[6]，下紫微省按问，幽求等不服。姚崇、卢怀慎、薛讷言于上曰："幽求等皆功臣，乍就闲职，微有沮丧，人情或然。功业既大，荣宠亦深，一朝下狱，恐惊远听。"戊子，贬幽求为睦州刺史，绍京为果州刺史，紫微侍郎王琚行边军未还，亦坐幽求党贬泽州刺史。

这几件拨乱反正的个案，诚然是好事，就是难免"人治"色彩。

敕："涪州刺史周利贞等十三人[7]，皆天后时酷吏，比周兴等情状差轻，宜放归草泽，终身勿齿。"

御史中丞姜晦以宗楚客等改中宗遗诏，青州刺史韦安石、太子宾客韦嗣立、刑部尚书赵彦昭、特进致仕李峤，于时同为宰相，不能匡正，令监察御史郭震弹之；且言彦昭拜巫赵氏为姑，蒙妇

算旧账。

人服，与妻乘车诣其家。甲辰，贬安石为沔州别驾[8]，嗣立为岳州别驾，彦昭为袁州别驾，峤为滁州别驾。安石至沔州，晦又奏安石尝检校定陵，盗隐官物，下州征赃。安石叹曰："此只应须我死耳。"愤恚而卒。晦，皎之弟也。

毁天枢[9]，发匠熔其铜铁，历月不尽。先是，韦后亦于天街作石台，高数丈，以颂功德，至是并毁之[10]。

这也属于拨乱反正。

［注释］

[1] 薛王业：李业，睿宗第五子，与玄宗感情甚笃。其母舅王仙童侵害百姓，被弹劾，李业求情不准，这被作为开元初年管束贵戚的措施之一。 [2]"太史奏太阳应亏不亏"以下三句：指推算的日食没有出现，被作为祥瑞载入史册。 [3] 北庭都护府：唐代于边疆地区设置都护府，管理边疆军政事务。北庭都护府设置于武周长安二年（702），治庭州（今新疆维吾尔自治区吉木萨尔县北破城子），隶属于安西大都护府。辖境相当今阿尔泰山以西，咸海以东，天山以北和巴里坤湖周围地区。 [4] 陆象先（665—736）：吴郡吴县（今江苏苏州）人。进士出身，睿宗时已官至宰辅。玄宗初年出为益州长史。此次派十道按察使，陆象先为剑南道按察使。按察使负责巡查本道州县。 [5]"申王成义请以其府录事阎楚珪为其府参军"以下十三句：王府官按照制度也都由吏部选授。现在申王李成义自己预先安排，奏请皇上批准，这就是所谓"请谒（走后门）"。宰相们对此提出异议，玄宗收回允诺。

这被认为是开元初年官场的新气象。申王成义（683—724），睿宗次子。录事，参军，胡三省注："唐亲王府录事，从九品上，流外官也；参军，正七品上。" [6] 刘幽求：与下文"钟绍京（659—746）""王琚"都是先天政变的参与者，但是，玄宗掌权不久他们就被贬逐，说明在玄宗功臣圈子中，是有派别的。姚崇这种具有政治才干的人才能得到重用。 [7]"涪州刺史周利贞等十三人"以下五句：这一诏令表明新朝廷对于武则天时期酷吏政治做了一个了结。 [8]"贬安石为沔州别驾"以下四句：涉及的人事，是在清算中宗驾崩后的政治遗留问题。 [9] 天枢：武后延载元年（694）八月，武三思等以铜铁为天枢，立于端门之外。 [10] 并毁之：同时被毁弃的还有韦后在天街所作石台。

五月，己丑，以岁饥，悉罢员外、试、检校官[1]，自今非有战功及别敕，毋得注拟。

黄门监魏知古[2]，本起小吏，因姚崇引荐，以至同为相。崇意轻之，请知古摄吏部尚书、知东都选事[3]，遣吏部尚书宋璟于门下过官；知古衔之。崇二子分司东都[4]，恃其父有德于知古，颇招权请托；知古归，悉以闻。他日，上从容问崇："卿子才性何如？今何官也？"崇揣知上意，对曰："臣有三子，两在东都，为人多欲而不谨，是必以事干魏知古，臣未及问之耳。"上始以崇必为其子隐，及闻崇奏，喜问："卿安从知之？"

是姚崇轻视魏知古，还是故意给两个儿子走关系行方便之门？

对曰："知古微时，臣卵而翼之。臣子愚，以为知古必德臣，容其为非，故敢干之耳。"上于是以崇为无私，而薄知古负崇，欲斥之。崇固请曰："臣子无状，挠陛下法，陛下赦其罪，已幸矣；苟因臣逐知古，天下必以陛下为私于臣，累圣政矣。"上久乃许之。辛亥，知古罢为工部尚书。

宋王成器[5]，申王成义，于上兄也；岐王范，薛王业，上之弟也；豳王守礼，上之从兄也。上素友爱，近世帝王莫能及。初即位，为长枕大被，与兄弟同寝。诸王每旦朝于侧门，退则相从宴饮、斗鸡、击球，或猎于近郊，游赏别墅，中使存问相望于道。上听朝罢，多从诸王游，在禁中，拜跪如家人礼，饮食起居，相与同之。于殿中设五幄，与诸王更处其中，谓之五王帐。或讲论赋诗，间以饮酒、博弈、游猎，或自执丝竹；成器善笛，范善琵琶，与上更奏之。诸王或有疾，上为之终日不食，终夜不寝。业尝疾，上方临朝，须臾之间，使者十返。上亲为业煮药，回飙吹火，误爇上须，左右惊救之。上曰："但使王饮此药而愈，须何足惜！"成器尤恭慎，未尝议及时政，与人交结；上愈信重之，故谗间之言无自而入。然专以衣食声色畜养娱乐之，不任以职事。群臣以成器等地逼，请循故事出刺外州。六月，丁巳，以宋王成器兼岐州刺史，申王成义兼幽州刺史，豳王守礼兼虢州刺史，令到官但领大纲，自余州务，皆委上佐主之。是后诸王为都护、都督、刺史者并准此。

玄宗对兄弟的感情深、防范严。

上以风俗奢靡，秋，七月，乙未，制："乘舆服御、金银器玩[6]，宜令有司销毁，以供军国之用；其珠玉、锦绣，焚于殿前；后妃以下，皆毋得服珠玉锦绣。"戊戌，敕："百官所服带及酒器、马衔、镫[7]，三品以上，听饰以玉，四品以金，五品以银，自余皆禁之；妇人服饰从其夫、子[8]。其旧成锦绣[9]，听染为皂。自今天下更毋得采珠玉，织锦绣等物，违者杖一百，工人减一等。"罢两京织锦坊。

这样的做法与玄宗晚年的奢靡是鲜明对比。

臣光曰：明皇之始欲为治，能自刻厉节俭如此，晚节犹以奢败。甚哉奢靡之易以溺人也！《诗》云："靡不有初[10]，鲜克有终。"可不慎哉！

[注释]

[1] 员外：正员员额之外所置官。试、检校官：都有暂时代理的性质，未能经过正式任命程序。 [2] 黄门监：作为黄门省（门下省）长官，负责审核吏部铨选的官员名单，叫作“过官”。魏知古（647—715）：二十岁进士及第，睿宗时已官至宰辅。 [3] “请知古摄吏部尚书、知东都选事”以下三句：现在姚崇请吏部尚书宋璟（663—737）负责审查（过官），却让魏知古去负责东都铨选工作，魏知古觉得受了委屈，对姚崇不满。宋璟，字广平，邢州南和（今河北邢台市南和区）人，十七岁中进士，武则天时以耿介知名，睿宗时已官至宰相，因得罪太平公主被逐出朝廷。 [4]“崇二子分司东都”以下三句：姚崇的两个儿子在这里任职，并依仗父亲姚崇对魏知古有提携之恩，为选人请托说情。分司东都，唐朝东都洛阳为陪都，有一套略同于西京朝廷的一套官僚机构，谓之分司。 [5] “宋王成器”以下十句：列举了唐玄宗与几位兄弟友爱的事例。长兄成器曾经在睿宗第一次当皇帝时立为太子，在唐隆政变后，成器与成义共同提出让李隆基为太子。 [6] “乘舆服御、金银器玩”以下七句：毁弃奢靡之物，表明玄宗开元初励精求治的决心。 [7] “百官所服带及酒器、马衔、镫”以下六句：这是对百官的服饰加以限制。 [8] 妇人服饰从其夫、子：妇女的服饰随从丈夫或者儿子的标准。 [9] “其旧成锦绣”二句：过去织成的锦绣，都染成黑色。 [10] “靡不有初”二句：出自《诗经·大雅·荡》。意思是开始都能够做得很好，但是坚持到最终的却很少。

丁未，房州刺史襄王重茂薨[1]。辍朝三日，追谥曰殇皇帝。

戊申，禁百官家毋得与僧、尼、道士往还。

壬子，禁人间铸佛、写经[2]。

宋王成器等请献兴庆坊宅为离宫；甲寅，制许之，始作兴庆宫[3]，仍各赐成器等宅[4]，环于宫侧。又于宫西南置楼，题其西曰“花萼相辉之楼”，南曰“勤政务本之楼”。上或登楼，闻王奏乐，则召升楼同宴，或幸其所居尽欢，赏赉优渥。

乙卯，以岐王范兼绛州刺史，薛王业兼同州刺史。仍敕宋王以下每季二人入朝，周而复始。

民间讹言上采择女子以充掖庭。上闻之，八月，乙丑，令有司具车牛于崇明门[5]，自选后宫无用者载还其家；敕曰：“燕寝之内，尚令罢遣；闾阎之间，足可知悉。”

乙酉，太子宾客薛谦光献武后所制《豫州鼎铭》，其末云：“上玄降鉴[6]，方建隆基。”以为上受命之符。姚崇表贺，且请宣示史官，颁告中外。

李隆基得位颇有曲折，非长子、非长孙，需要“受命之符”为他背书。

臣光曰：日食不验，太史之过也；而君臣相贺，是诬天也。采偶然之文以为符命，小臣之谄也；而宰相因而实之，是侮其君也。上诬于天，下侮其君，以明皇之明，姚崇之贤，犹不免于是，岂不惜哉！

九月，戊申，上幸骊山温汤。

敕以岁稔伤农，令诸州修常平仓法[7]；江、岭、淮、浙、剑南地下湿，不堪贮积，不在此例。

［注释］

[1] 襄王重茂（694—714）：中宗第四子。曾于景龙四年（710）六月即皇帝位，韦后临朝称制，年号唐隆。李隆基与太平公主合作发动政变，相王李旦即位，李重茂复封温王，次年改封襄王。[2]人间：即民间，避讳故也。[3]兴庆宫：胡三省注："兴庆宫，后谓之南内，在皇城东南，距京城之东，直东内之南。自东内达南内，有夹城复道，经通化门达南内，人主往来两宫，外人莫知之。"[4]"仍各赐成器等宅"二句：胡三省注："宁王、岐王宅在安兴坊（位于朱雀门街东第四街东北起第三坊），薛王宅在胜业坊（北邻安兴坊），二坊相连，皆在兴庆宫西。宁王即宋王也。"[5]崇明门：胡三省注引《唐六典》："大明宫紫宸殿，内朝正殿也。殿之南面紫宸门，紫宸门之左曰崇明门，右曰光顺门。"（其引文内容见《唐六典》卷七《尚书工部》）[6]"上玄降鉴"二句：胡三省引《通典》载《豫州鼎铭》曰："牺、农首出，轩、昊应期，唐、虞继踵，汤、武乘时。天下光宅，域内雍熙。上玄降鉴，方建隆基。"[7]常平仓：国家规定丰收之年，收购储备粮食，以备灾荒之年粮价奇高时平定粮价之用。

（开元三年，715）春，正月，癸卯，以卢怀慎检校吏部尚书兼黄门监。怀慎清谨俭素，不营资产，虽贵为卿相，所得俸赐，随散亲旧。妻子不免饥寒，所居不蔽风雨。

姚崇尝有子丧，谒告十余日，政事委积。怀慎不能决，惶恐入谢于上。上曰："朕以天下事委姚崇，以卿坐镇雅俗耳。"崇既出，须臾，裁决俱尽，颇有得色，顾谓紫微舍人齐澣曰[1]："余为相，可比何人？"澣未对，崇曰："何如管、晏[2]？"澣曰："管、晏之法虽不能施于后[3]，犹能没身。公所为法，随复更之，似不及也。"崇曰："然则竟如何？"澣曰："公可谓救时之相耳。"崇喜，投笔曰："救时之相，岂易得乎！"

怀慎与崇同为相，自以才不及崇，每事推之，时人谓之"伴食宰相"。

卢怀慎清廉但缺乏行政才干，人称"伴食宰相"。

臣光曰：昔鲍叔之于管仲，子皮之于子产，皆位居其上，能知其贤而下之，授以国政；孔子美之。曹参自谓不及萧何，一遵其法，无所变更；汉业以成。夫不肖用事，为其僚者，爱身保禄而从之，不顾国家之安危，是诚罪人也。贤智用事[4]，为其僚者，愚惑以乱其治，专固以分其权，媢嫉以毁其功，愎戾以窃其名，是亦罪人也。

司马光赞扬卢怀慎颇有夫子自道的味道，因为司马光也不是干略出众之人。

崇，唐之贤相，怀慎与之同心勠力，以济明皇太平之政，夫何罪哉！《秦誓》曰：“如有一介臣[5]，断断猗，无他技；其心休休焉，其如有容；人之有技，若己有之，人之彦圣，其心好之，不啻如自其口出，是能容之，以保我子孙黎民，亦职有利哉。”怀慎之谓矣。

御史大夫宋璟坐监朝堂杖人杖轻，贬睦州刺史。

（五月）山东大蝗，民或于田旁焚香膜拜设祭而不敢杀，姚崇奏遣御史督州县捕而瘗之。议者以为蝗众多，除不可尽；上亦疑之。崇曰：“今蝗满山东，河南、北之人，流亡殆尽，岂可坐视食苗，曾不救乎！借使除之不尽，犹胜养以成灾。”上乃从之。卢怀慎以为杀蝗太多，恐伤和气。崇曰：“昔楚庄吞蛭而愈疾[6]，孙叔杀蛇而致福[7]，奈何不忍于蝗，而忍人之饥死乎？若使杀蝗有祸，崇请当之！”

秋，七月，庚辰朔，日有食之。

上谓宰相曰：“朕每读书有所疑滞，无从质问；可选儒学之士，日使入内侍读。”卢怀慎荐太常卿马怀素[8]。九月，戊寅，以怀素为左散骑常侍，使与右散骑常侍褚无量更日侍读[9]。每至阁门，令乘肩舆以进；或在别馆道远，听于宫中乘马。亲送迎之，待以师傅之礼。以无量羸老，特为之造腰舆，在内殿令内侍舁之。

唐玄宗附庸风雅，后来创办集贤书院，请张说领衔。

甲子，上幸凤泉汤；十一月，乙卯，还京师。

京兆尹崔日知贪暴不法[10]，御史大夫李杰将纠之[11]，日知反构杰罪。十二月，侍御史杨玚廷奏曰："若纠弹之司，使奸人得而恐愒，则御史台可废矣。"上遽命杰视事如故，贬日知为歙县丞。

或上言："按察使徒烦扰公私，请精简刺史、县令，停按察使。"上命召尚书省官议之。姚崇以为："今止择十使，犹患未尽得人，况天下三百余州，县多数倍，安得刺史、县令皆称其职乎！"乃止。

巡按的需要说明走向繁盛的唐朝，特别需要加强地方行政管理。

尚书左丞韦玢奏[12]："郎官多不举职，请沙汰，改授他官。"玢寻出为刺史，宰相奏拟冀州，敕改小州。姚崇奏言："台郎宽怠及不称职，玢请沙汰，乃是奉公。台郎甫尔改官，玢即贬黜于外，议者皆谓郎官谤伤。臣恐后来左右丞指以为戒，则省事何从而举矣！伏望圣慈详察，使当官者无所疑惧。”乃除冀州刺史。

皇后妹夫尚衣奉御长孙昕以细故与御史大夫李杰不协[13]。

[注释]

[1] 齐澣（675—746）：字洗心，定州义丰（今河北安国）人。进士及第。开元初，辅佐姚崇，任紫薇舍人（即中书舍人）。后累官至尚书右丞、吏部侍郎等。 [2] 管、晏：春秋时期齐国的宰辅管仲、晏婴。 [3] “管、晏之法虽不能施于后”以下五句：对于齐澣说实话不谄媚的态度，胡三省评论说：“今之好议论者，当大臣得权之时，则誉之为伊、傅、周、召；为大臣者安受之而不愧。失权之后，则诋之为王莽、董卓、李林甫、杨国忠，为大臣者亦受之而不得以自明。则今日之谄我者，乃他日之毁我者也。” [4] “贤智用事”以下十二句：是说领导团队中有首相、有次辅，如果副职与首辅争权夺利，“愚惑以乱其治，专固以分其权，娼（mào）嫉以毁其功，愎戾以窃其名”，就是罪人。像卢怀慎这样甘居次位，与首辅姚崇同心协力，是值得肯定的。 [5] “如有一介臣”以下十三句：语出《尚书·周书·秦誓》。 [6] 昔楚庄吞蛭而愈疾：胡三省注引贾谊《书》曰：“楚王食寒菹而得蛭，因遂吞之，腹有疾而不能食。令尹入问疾。曰：‘吾食菹而得蛭，不行其罪，是法废而威不立也；谴而诛之，恐监食者皆死，遂吞之。’令尹曰：‘天道无亲，唯德是辅。王有仁德，疾不为伤。’王疾果愈。” [7] 孙叔杀蛇而致福：胡三省注引《说苑》云：“孙叔敖为

儿时，出游见两头蛇，杀而埋之，还家而哭。母问其故，曰：‘见两头蛇，恐死。’母曰：‘蛇安在？’曰：‘闻见两头蛇者死，恐人复见，已杀而埋之矣。’母曰：‘毋忧，汝不死矣，吾闻有阴德者天必报以福。’” [8] 马怀素（659—718）：著名学者、目录学家。字惟白，润州丹徒（今属江苏镇江）人。 [9] 褚无量（646—720）：著名学者，目录学家。字弘度，杭州盐官（今属浙江海宁）人。 [10] 崔日知：字子骏，出身博陵崔氏，明经及第，曾为张说朔方节度使判官，历洛州司马、殿中少监、京兆尹。 [11] 李杰（？—718）：字务光，陇西郡狄道县（今甘肃临洮）人。进士及第，历任吏部员外郎、陕州刺史、河南尹，开元初为御史大夫。 [12] “尚书左丞韦玢奏”以下十九句：唐代尚书省左丞，正四品上，有纠正省内之任。左丞韦玢提出要裁减怠政不举职的郎官，就被出为外州刺史，宰相拟为冀州刺史，但冀州是上州，刺史从三品，故敕改小州，下州刺史正四品下。三省官外迁，通常会有擢升，韦玢则是降黜。显然这里的“敕”受到了尚书省官员的影响。故姚崇提出异议。 [13] 尚衣奉御：唐殿中省有尚衣局，置奉御为之长，一般以皇帝亲族担任。长孙昕：玄宗王皇后的妹婿。

（开元四年，716）春，正月，昕与其妹夫杨仙玉于里巷伺杰而殴之。杰上表自诉曰：“发肤见毁，虽则痛身，冠冕被陵，诚为辱国。”上大怒，命于朝堂杖杀[1]，以谢百僚，仍以敕书慰杰曰：“昕等朕之密戚，不能训导，使陵犯衣冠，虽置以极刑，未足谢罪。卿宜以刚肠疾恶，勿以凶人介意。”

乙酉，陇右节度使郭虔瓘奏[2]，奴石良才等八人皆有战功，请除游击将军。敕下，卢怀慎等奏曰：“郭虔瓘恃其微效，辄侮彝章，为奴请五品，实乱纲纪，不可许。”上从之。

丙午，以鄫王嗣真为安北大都护、安抚河东、关内、陇右诸蕃大使[3]，以安北大都护张知运为之副。陕王嗣昇为安西大都护、安抚河西四镇诸蕃大使[4]，以安西都护郭虔瓘为之副。二王皆不出阁。诸王遥领节度自此始。

诸王遥领节度使，虽无实质意义，但是可以压制封疆大吏的身份，张扬皇威。

二月，丙辰，上幸骊山温汤。

丁卯，上还宫。

辛未，以尚书右丞倪若水为汴州刺史兼河南采访使[5]。

上虽欲重都督、刺史，选京官才望者为之，然当时士大夫犹轻外任。扬州采访使班景倩入为大理少卿，过大梁，若水饯之行，立望其行尘，久之乃返，谓官属曰：“班生此行，何异登仙！”

这就是所谓内重外轻。

上尝遣宦官诣江南取鵁鶄、鸂鶒等[6]，欲置苑中，使者所至烦扰。道过汴州，倪若水上言：

“今农桑方急，而罗捕禽鸟以供园池之玩，远自江、岭，水陆传送，食以粱肉。道路观者，岂不以陛下贱人而贵鸟乎？陛下方当以凤凰为凡鸟，麒麟为凡兽，况䴔䴖、鸂鶒，曷足贵也！”上手敕谢若水，赐帛四十段，纵散其鸟。

山东蝗复大起，姚崇又命捕之。倪若水谓：“蝗乃天灾，非人力所及，宜修德以禳之。刘聪时[7]，常捕埋之，为害益甚。”拒御史，不从其命。崇牒若水曰：“刘聪伪主，德不胜妖；今日圣朝，妖不胜德。古之良守，蝗不入境。若其修德可免，彼岂无德致然？”若水乃不敢违。夏，五月，甲辰，敕委使者详察州县捕蝗勤惰者，各以名闻。由是连岁蝗灾，不至大饥。

或言于上曰：“今岁选叙大滥，县令非才。”及入谢，上悉召县令于宣政殿庭，试以理人策。惟鄄城令韦济词理第一，擢为醴泉令。余二百余人不入第，且令之官；四十五人放归学问。吏部侍郎卢从愿左迁豫州刺史[8]，李朝隐左迁滑州刺史[9]。从愿典选六年，与朝隐皆名称职。初，高宗之世，马载、裴行检在吏部，最有名，

县令都由朝廷遴选，实属不易。

时人称吏部前有马、裴，后有卢、李。济，嗣立之子也。

市舶之利、中外交往，应该是有益之举。这与君王耗费国库追逐奢侈品不能等同。

市舶之利就是海外贸易之利，何可轻视？将市舶外贸与奢侈勾连在一起，是因为除了奢侈品，一般的商品贸易无利可图。

有胡人上言海南多珠翠奇宝，可往营致，因言市舶之利[10]；又欲往师子国求灵药及善医之妪[11]，置之宫掖。上命监察御史杨范臣与胡人偕往求之，范臣从容奏曰："陛下前年焚珠玉、锦绣，示不复用。今所求者何以异于所焚者乎！彼市舶与商贾争利，殆非王者之体。胡药之性，中国多不能知；况于胡妪，岂宜置之宫掖！夫御史，天子耳目之官，必有军国大事，臣虽触冒炎瘴，死不敢辞。此特胡人眩惑求媚，无益圣德，窃恐非陛下之意，愿熟思之。"上遽自引咎，慰谕而罢之。

［注释］

[1] 命于朝堂杖杀：唐玄宗《诛长孙昕等诏》："夫为令者自近而及远，刑罚者先亲而后疏。长孙昕、杨仙玉等凭持戚属，恣行凶险，轻侮常宪，损辱大臣，情特难容，故令斩决。" [2] 陇右节度使：驻鄯州（治今青海海东市乐都区）。郭虔瓘（644—726）：名郭湛，字虔瓘，齐州历城（今山东济南市历城区）人，以军功起家，开元初为陇右节度使。 [3] 安北大都护：前称燕然都护府、瀚海都护府，此时移治中受降城（今内蒙古自治区乌拉特中

旗）。[4] 安西大都护：贞观年间设置于西域（今新疆维吾尔自治区及以西地区）的军政机构，武周时期设置北庭都护府分管天山以北地区之后，安西都护府分管天山以南的西域地区。[5] 采访使：其任犹诸道按察使，与开元二十二年（734）固定设置的采访处置使有所不同。[6] 鸡鹊、鸂鶒：均为水鸟。胡三省注有长文解释。[7] 刘聪（？—318）：出身匈奴铁弗部。十六国时期汉赵皇帝（310—318 在位），以善战、残忍知名。[8] 卢从愿（668—737）：字子龚，出身范阳卢氏，历任右拾遗、监察御史、中书舍人、吏部侍郎等。史书载其以广占良田闻名。豫州：隋为汝南郡，唐改豫州，后改蔡州（治今湖北枣阳）。[9] 李朝隐（665—734）：字光国，京兆郡三原县（今陕西三原）人。进士及第，历任大理寺丞、侍御史、绛州刺史等职，开元初为吏部侍郎，素有公直之誉。滑州：治今河南滑县。[10] 市舶之利：唐朝对于进出口商品征税，号称市舶之利。开元二年（714），唐在广州设置市舶使主之。[11] 师子国：即今斯里兰卡。

六月，癸亥，上皇崩于百福殿[1]。己巳，以上女万安公主为女官[2]，欲以追福。

（十月）庚午，葬大圣皇帝于桥陵，庙号睿宗。御史大夫李杰护桥陵作，判官王旭犯赃，杰按之，反为所构，左迁衢州刺史。

十一月，己卯，黄门监卢怀慎疾亟，上表荐宋璟、李杰、李朝隐、卢从愿并明时重器，所坐者小，所弃者大，望垂矜录；上深纳之。乙未，卢怀慎清廉。

薨。家无余蓄，惟一老苍头[3]，请自鬻以办丧事。

丙申，以尚书左丞源乾曜为黄门侍郎、同平章事。

姚崇无居第，寓居罔极寺，以病疟谒告[4]。上遣使问饮食起居状，日数十辈。源乾曜奏事或称旨，上辄曰："此必姚崇之谋也。"或不称旨，辄曰："何不与姚崇议之！"乾曜常谢实然。每有大事，上常令乾曜就寺问崇。癸卯，乾曜请迁崇于四方馆[5]，仍听家人入侍疾；上许之。崇以四方馆有簿书，非病者所宜处，固辞。上曰："设四方馆，为官吏也；使卿居之，为社稷也。恨不可使卿居禁中耳，此何足辞！"

姚崇贵为宰相，在长安竟然无居宅。

崇子光禄少卿彝、宗正少卿异[6]，广通宾客，颇受馈遗，为时所讥。主书赵诲为崇所亲信，受胡人赂，事觉，上亲鞫问，下狱当死。崇复营救，上由是不悦。会曲赦京城[7]，敕特标诲名，杖之一百，流岭南。崇由是忧惧，数请避相位，荐广州都督宋璟自代。

姚崇终于栽了，两个儿子受赃；亲信赵诲接受胡商贿赂，姚崇还想护卫着。

十二月，上将幸东都，以璟为刑部尚书、西京留守，令驰驿诣阙，遣内侍、将军杨思勖迎之[8]。

璟风度凝远，人莫测其际，在涂竟不与思勖交言。思勖素贵幸，归，诉于上，上嗟叹良久，益重璟。

丙辰，上幸骊山温汤；乙丑，还宫。

闰月，己亥，姚崇罢为开府仪同三司[9]，源乾曜罢为京兆尹、西京留守，以刑部尚书宋璟守吏部尚书兼黄门监，紫微侍郎苏颋同平章事[10]。

开元之治进入宋璟辅政的时代。

璟为相，务在择人，随材授任，使百官各称其积；刑赏无私，敢犯颜直谏。上甚敬惮之，虽不合意，亦曲从之。

［注释］

[1] 上皇：睿宗李旦（662—716）。　[2] 女官：又作“女冠”，即女道士。唐人认为，以至亲出家为僧道，可以给死者追福消灾。　[3] 老苍头：老奴、家丁。　[4] 痁（shān）：疟疾。谒告：告假。　[5] 四方馆：唐代中书省下属机构，以接待蕃国使臣，以通事舍人主管。　[6]“崇子光禄少卿彝、宗正少卿异”以下十一句：姚崇二子招权纳贿，中书省主书（从七品上）赵诲，接受胡商贿赂，姚崇为之回护，遭到玄宗解职。　[7]“会曲赦京城”以下四句：大赦令中特别标出本当处死的赵诲，杖一百后流放岭南。这对姚崇是一个警信。　[8] 杨思勖（654—740）：本姓苏，字祐之，罗州石城（今广东廉江）人。宦官，常带兵出征，有军功，颇受玄宗宠信。　[9] 开府仪同三司：从一品的文散官。无职掌，可以参加朝廷重大庆典。姚崇时年 67 岁，实际上是退休了，5 年后病故。　[10] 苏颋（670—727）：字廷硕，京兆武功（今属陕西咸阳）

人。进士及第，袭封许国公，与张说齐名，是当时的文坛领袖之一。

（选自《资治通鉴》卷二百一十，唐纪二十六；卷二百一十一，唐纪二十七）

［点评］

唐玄宗李隆基只是一个普通皇室子弟，按照正常情况，本来没有当皇帝的份儿。其父亲李旦是唐高宗的第八子，他本人在父皇李旦的六个儿子中排行第三，就是唐高宗也是父皇太子的第三子，太宗本人也是高祖李渊的次子。按照嫡长子继承皇位的一般规矩，这一干人等都没有当皇帝的机会。显然正是一系列的政治事变，成就了他们。

远的不说，自神龙元年（705）武则天失权至先天二年（713）太平公主自尽，八年之间多次政变，皇位五易其主，前后惨死者有皇帝、皇后、太子、诸王、公主和将相大臣。协调上层统治者内部的关系，稳定政局，成为唐玄宗开元初年政治的重心。

唐玄宗重新启用素有贤名的姚崇（650—721）为相，并特意安排在当年十月骊山讲武时同他相见，姚崇顺势提出“十事”政纲。“十事”包括为政先仁义、不求边功、中官不预公事、国亲不任台省官、行法治、租庸赋税之外杜塞贡献、停止建造寺观宫殿、礼接大臣、臣子皆得直谏、以外戚干政为殷鉴等。《资治通鉴考异》对“十事”的提出时间、场合、方式有疑义，但是姚崇改革内容大致不出此“十事”范畴则是事实。继姚崇执政的是宋璟（663—737），以刚正守法著称。在他们执政的开元元年到八年（713—720）之间，政府以整顿行政秩序为工作重心，选择清官廉吏，裁减冗员。玄宗重视基层官员的任用，有一次亲自殿试新任命的县令，取消了其中四十多名劣等县令的任职资格。

为了减少政府开支，改革了食封制度，内容包括减少分封规模，废除王公贵族“食实封”之家直接向农民勒索租调的制度，改为由官府统一征收，封主再到官府领取。沙汰伪滥僧尼，曾一次勒令还俗者二万余人，还曾把寺院非法多占的土地没收，分配给承担丁役的贫下农户。河南河北发生蝗灾，农民迷信，不敢杀蝗虫。姚崇力劝玄宗严令地方官灭蝗，用焚烧瘗埋之法，捕杀蝗虫百余万石，止息了蝗灾。

玄宗提倡节约，曾下令销毁宫中奢侈的车舆服饰、金银器玩，规定天下不得采集进贡金玉珠绣。有一次，他发现一个卫兵吃饭时浪费粮食，差点将其处以极刑。总之，开元前期唐玄宗励精求治，在姚崇、宋璟的辅佐下，迅速出现大治局面，而后执政的张说、韩休、张九龄等皆为名相，朝政清明，一向为史家称道。

本节只选取了姚崇执政时期史事。姚崇号称“救时之相”，行政能力强，思想作风正（灭蝗、反对佞佛），而且颇有智慧。不能说他贪腐，在长安居然没有居所；不能说玄宗不信任他，官员任命、日常行政，裁量权很大；但是，当姚崇舐犊情深，庇护两个受贿的儿子，包庇贪腐的中书主书赵诲时，玄宗就不给他面子了。不过，他很自觉，主动辞职，并且推荐宋璟接替。

四、唐玄宗笼络安禄山

唐朝的富庶，成就了玄宗笼络安禄山的条件。

（天宝十载，751，正月）上命有司为安禄山起第于亲仁坊[1]，敕令但穷壮丽，不限财力。既成，具幄帟器皿，充牣其中，有帖白檀床二[2]，皆长丈，阔六尺；银平脱屏风[3]，帐一方一丈八尺；于厨厩之物皆饰以金银，金饭罂二[4]，银淘盆二，皆受五斗[5]，织银丝筐及笊篱各一；他物称是。虽禁中服御之物，殆不及也。上每令中使为禄山护役，筑第及储偫赐物，常戒之曰："胡眼大，勿令笑我。"

禄山入新第，置酒，乞降墨敕请宰相至第[6]。是日，上欲于楼下击球，遽为罢戏，命宰相赴之。日遣诸杨与之选胜游宴，侑以梨园教坊乐[7]。上每食一物稍美，或后苑校猎获鲜禽，辄遣中使走马赐之，络绎于路。

（天宝十载，751，正月）甲辰，禄山生日，上及贵妃赐衣服、宝器、酒馔甚厚。后三日，召禄山入禁中，贵妃以锦绣为大襁褓，裹禄山，使宫人以彩舆舁之。上闻后宫欢笑，问其故，左右以贵妃三日洗禄儿对[8]。上自往观之，喜，赐贵妃洗儿金银钱，复厚赐禄山，尽欢而罢。自是禄山出入宫掖不禁，或与贵妃对食，或通宵不出，颇有丑声闻于外，上亦不疑也。

唐朝人对于粟特胡文化情有独钟，胡旋舞之类也很时髦，杨贵妃跟安禄山学习舞技相关的胡文化，被谣传成暧昧之事。

[注释]

[1] 上：指唐玄宗李隆基。亲仁坊：唐代长安著名居民区，处于与东市对角的位置。唐代许多名人都居住于此。 [2] 帖白檀床：胡三省注："檀香木如檀，生南海，种有黄、白、紫之异。" [3] 银平脱屏风：用银平脱工艺制作的屏风。 [4] 金饭罂：金的饭钵。罂，缶也。 [5] 皆受五斗：都可以装五斗的容量。 [6] 墨敕：皇帝的敕令不经过中书门下的正式途径下发，叫墨敕（未盖中书门下之印）。 [7] 梨园：唐玄宗开元初年设置的教习俗乐的机构。教坊：内教坊，唐初隶属太常，教习俗乐，唐玄宗时期独立出来，由宦官任教坊使。朝廷宗庙祭祀用雅乐；朝会宴享则用教坊俗乐。梨园与教坊的区别是，梨园属于皇家私人歌舞乐队，其中的演艺人员号称皇帝梨园弟子；教坊则属于国家歌舞乐队。 [8] 左右以贵妃三日洗禄儿对：安禄山认杨贵妃为母，故有按照唐朝习俗，孩子生下后三日洗澡，即所谓"洗三朝"之事。

（选自《资治通鉴》卷二百一十六，唐纪三十二）

[点评]

安史之乱是唐代前、后期转折的重大事件。唐玄宗对于安禄山的宠信，不能仅仅视作君主笼络部将的手段。安禄山造反的要因之一，是唐朝胡汉二元体制的内在张力所致。

唐太宗平定东突厥，被西北胡族君长尊为“天可汗”，唐朝天子兼有中原地区的天子和胡人族群的天可汗双重身份，这为唐代社会多元文化共处并存提供了一个制度和法理框架，在现实层面也确实营造了胡汉一家的社会氛围。安禄山等人正是利用了这个条件积聚了胡族力量，以粟特祆教为纽带组建核心骨干和特种兵，展开了颠覆大唐的军事行动。

在这里，我们想深入讨论一下中国历史上的胡化与汉化问题。

两汉时期中原政权与北方胡族政权的战争与和亲的结果，是匈奴、羌族为主的少数民族附塞和内迁，形成了比较复杂的胡汉关系。魏晋南北朝时期内迁“五胡”（匈奴、鲜卑、羯、氐、羌）并未完全融入汉文化与生活，仍然保留着部落编制。塞外部落（鲜卑慕容部、鲜卑拓跋部）对于南下入关入塞虎视眈眈；趁中原王朝内乱（八王之乱）、统治力薄弱之机，两股势力汇流，颠覆了中原王朝的统治。长城已经完全失去防御意义，秦汉时代在塞外的战争就被移植到塞内。五胡政权加速了胡汉融合，北朝政权的结果是胡汉合作构建起隋唐大一统国家的雄伟大厦。

唐朝前期各种内迁胡族部落依然存在，分布在长城边塞，安禄山、史思明就是其中的佼佼者。唐朝胡汉一家的政治品格，使得内迁胡族并没有受到太多的歧视，反而能够运用其长处（通六番语、善骑射）为国家效力，其领导人做到很高的职位。讲安史之乱爆发的胡化因素以及安史之乱后河北乃至山东地区的胡化问题，都要在这个背景下审视。

只有内迁胡族部落的军事和政治行动，没有塞外强大部落的响应，安史之乱的结果只是建立一个不到八年，区域性的燕政权，这种情况甚至比汉赵（304—329）政权更短暂。一个因素是晋朝政权的腐朽无法与跌落盛世的唐朝相比，后者的平叛能力更加强大；另外一个因素是没有塞外部族（如鲜卑拓跋部入塞）的乘虚而入，相反塞外部落如回纥倒是成了唐朝的同盟军。安史之乱之后的所谓胡化问题，其本质也可以说是汉化问题。内迁部落在河北藩镇建立之后，逐步打散了部落编制，逐渐进入汉文化的洪流之中。

五、两税法与盐铁专卖

（建中元年，780）春，正月，丁卯朔，改元[1]。群臣上尊号曰圣神文武皇帝[2]；赦天下。始用杨炎议[3]，命黜陟使与观察使、刺史[4]，“约百姓丁产[5]，定等级，改作两税法。比来新旧征科色从租庸调到两税法，是税基从以丁身为本到以资产为宗的重大转变。这一转变却是借助安史之乱这一传统秩序被破坏的契机推出的。

目，一切罢之；二税外辄率一钱者，以枉法论”。

唐初[6]，赋敛之法曰租、庸、调，有田则有租，有身则有庸，有户则有调。玄宗之末[7]，版籍浸坏，多非其实。及至德兵起，所在赋敛，迫趣取办，无复常准。赋敛之司增数而莫相统摄，各随意增科[8]，自立色目[9]，新故相仍，不知纪极。民富者丁多，率为官、为僧以免课役[10]，而贫者丁多，无所伏匿，故上户优而下户劳。吏因缘蚕食，民旬输月送，不胜困弊，率皆逃徙为浮户[11]，其土著百无四五。至是，炎建议作两税法，先计州县每岁所应费用及上供之数而赋于人[12]，量出以制入[13]。户无主、客[14]，以见居为簿；人无丁、中，以贫富为差；为行商者，在所州县税三十之一，使与居者均，无侥利。居人之税，秋、夏两征之。其租、庸、调杂徭悉省[15]，皆总统于度支[16]。上用其言，因赦令行之。

［注释］

[1] 改元：唐德宗李适（742—805）于大历十四年（779）六月即位，至此改元建中。 [2]“群臣上尊号曰圣神文武皇帝”二句：群臣多因皇帝登基或祥瑞等原因上尊号，以宣扬皇运与威德。

一般同时伴有大赦等仁政。　[3] 杨炎（727—781）：字公南。代宗时为中书舍人，德宗即位提拔为宰相。　[4] 黜陟使：朝廷临时因事派出巡视地方的大臣。观察使：诸道固定设置的监察州县行政的使职。　[5]“约百姓丁产”以下七句：敕文意思是根据百姓丁口财产情况定出等级，确定应交的户税和地税。近年来征收的各种税收种类全部取消。户税与地税之外多敛一钱，都以枉法处置。　[6]“唐初”以下五句：两税法之前，租庸调是唐前朝主要的赋役制度，租即田租（土地税）、庸为丁庸（成年人的徭役）、调即户调（家庭财产税）。均采取固定税率，田租每丁 2 石（理论上以每丁受田百亩为前提），丁役 20 日（可以交钱代役，每日绢 3 尺），户调绢 2 丈、绵 3 两。　[7]“玄宗之末”以下三句：唐玄宗（713—755）末年，户口逃亡严重。户口登记，逐渐紊乱失实。　[8] 增科：即增加课税名目。　[9] 色目：这里指各种征税名目。　[10] 率为官、为僧以免课役：官员和僧道宗教人士免除赋役。　[11] 浮户：没有著籍的逃户，与土著相对。　[12] 先计州县每岁所应费用及上供之数而赋于人：两税法分留成地方和上供中央两部分。留成地方部分又有留州和送使（送节度使）之别，留州及送使钱物在元和四年（809）又得到调整：留州、送使钱物依省估折纳，必须纳现钱；支郡两税仅分留州、上供，除奏申中央请准外，送使钱仅由节镇所在州输纳。所应费用，州县预算应有的费用开支。上供之数，上交中央的赋税数目。　[13] 量出以制入：根据以上支出来制定征收两税的总额标准。　[14]“户无主、客”以下八句：这几句话道出了两税法的征收原则。不管是本地落籍的居民，还是外来人户，一律以居住地为原则登记户籍。这相当于我们今天所说的“常住人口”。不看年龄，以贫富差别为征税根据。虽然两税法之后，并没有完全取消丁役，但是，主要按照财产而不是人头征税的趋势，则从此确立。在全国各地贩易的行商，所在按照销售额三十分之一的税率征税。丁、中，唐朝把人口分成丁、中、老、小;《唐会要》卷八十五《团貌》记载，唐初一般16岁入中，21岁成丁，60岁入老。其后略有变化，如天宝三载（744）改18岁入中,23岁成丁；广德元年（763）又改25岁成丁，55岁入老。入中、入丁后，其负担的赋税徭役有所不同。 [15]其租、庸、调杂徭悉省：此前的租庸调、杂徭（正役之外的各色徭役）全部免除。 [16]度支：指尚书省户部度支司，但是一般由特别任命的度支使主持此项工作。

权力斗争总是殃及池鱼。

初，左仆射刘晏为吏部尚书[1]，杨炎为侍郎，不相悦。元载之死[2]，晏有力焉。及上即位，晏久典利权，众颇疾之，多上言转运使可罢；又有风言晏尝密表劝代宗立独孤妃为皇后者[3]。杨炎为宰相，欲为元载报仇，因为上流涕言："晏与黎幹、刘忠翼同谋[4]，臣为宰相不能讨，罪当万死！"崔祐甫言："兹事暧昧，陛下已旷然大赦，不当复究寻虚语。"炎乃建言[5]："尚书省，国政之本，比置诸使，分夺其权，今宜复旧。"上从之。甲子，诏天下钱谷皆归金部、仓部，罢晏转运、租庸、青苗、盐铁等使。

两税法的推行伴随着朝廷削藩的意图。

二月，丙申朔，命黜陟使十一人分巡天下。先是，魏博节度使田悦事朝廷犹恭顺，河北黜陟使洪经纶[6]，不晓时务，闻悦军七万人，符下，罢其四万，令还农。悦阳顺命，如符罢之。既而集应罢者，激怒之曰：“汝曹久在军中，有父母妻子，今一旦为黜陟使所罢，将何资以自衣食乎！”众大哭。悦乃出家财以赐之，使各还部伍。于是军士皆德悦而怨朝廷。

（三月）杨炎罢度支、转运使[7]，命金部、仓部代之。既而省职久废，耳目不相接，莫能振举，天下钱谷无所总领。癸巳，复以谏议大夫韩洄为户部侍郎、判度支[8]，以金部郎中万年杜佑权江、淮水陆转运使[9]，皆如旧制。

尚书省职权之所以不能复振，是因为它缺少使职那一套垂直系统。

[注释]

[1]刘晏（716—780）：字士安，曹州南华（今山东东明）人。幼而聪慧能文，得到东封泰山的唐玄宗赞赏。唐代宗时主持漕运和盐铁转运，成就突出。德宗初年，总管天下财务大权，官至吏部尚书，与杨炎结怨。 [2]元载（713—777）：字公辅，岐山（今陕西岐山）人。天宝初进士，代宗大历年间的权相，因贪腐专权被处死。刘晏是奉命审查元载的官员之一。 [3]风言：没有坐实的传言。唐德宗是代宗李豫（727—779）的长子，母沈氏在安史之乱中失踪。其时代宗宠妃是独孤氏，生七子李迥（761—796）。代宗一直没有立皇后，若立独孤氏为皇后，则嫡子为李迥，将危及长子李适的地位。 [4]晏与黎幹、刘忠翼同谋：代宗末年，兵部侍郎黎幹、宦官刘忠翼为代宗所宠，阴谋废立太子，危及德

宗继嗣的地位。德宗即位初，将二人贬黜处死。杨炎污蔑刘晏与之同谋。 [5]“炎乃建言”以下六句：唐代前期三省六部体制中，尚书省处于行政中心地位。尚书省六部之户部，下辖四司中有金部、仓部二司，主管钱粮。杨炎奏请废除盐铁、租庸等使，财政大权归还给尚书省，旨在剥夺刘晏的财经大权。 [6]“河北黜陟使洪经纶”以下六句：黜陟使洪经纶裁减魏博镇兵员，从七万裁减四万，保留三万。这是推行两税法的辅助措施之一，裁兵就能减少魏博的赋税总额，同时也减少魏博的留戍经费。 [7]“杨炎罢度支、转运使”以下六句：唐朝尚书省户部下的金部司掌钱货出纳，仓部司管粮廪出纳。其政令下行，必须通过州县行政体制运行。盐铁、转运、租庸使职体系则不同，在刘晏经营下，有一套转运巡院、盐铁监院等垂直系统。 [8]韩洄（732—794）：字幼深，以门荫入仕，曾为刘晏属下从事盐铁转运工作，后因与元载相善被贬，杨炎辅政，再度获得重用，以户部郎中判度支案，掌财税出纳。 [9]杜佑（735—812）：字君卿，京兆万年（今陕西西安）人。门荫入仕，以善于理财知名。权江、淮水路转运使：掌东南地区租税转运。权，权领，即代理之意。

杨炎、刘晏在唐代财政上各有贡献，却不共戴天。

荆南节度使庾准希杨炎指[1]，奏忠州刺史刘晏与朱泚书求营救[2]，辞多怨望，又奏召补州兵，欲拒朝命，炎证成之。上密遣中使就忠州缢杀之，己丑，乃下诏赐死。天下冤之。

初，安、史之乱，数年间，天下户口什亡八九，州县多为藩镇所据，贡赋不入，朝廷府库耗竭，中国多故，戎狄每岁犯边，所在宿重兵，仰给县官，所费不赀，皆倚办于晏。晏初为转运使，独领陕东诸道，陕西皆度支领之，末年兼领，未几而罢。

晏有精力[3]，多机智，变通有无，曲尽其妙。常以厚直募善走者，置递相望，觇报四方物价，虽远方，不数日皆达使司，食货轻重之权，悉制在掌握，国家获利，而天下无甚贵甚贱之忧。常以为："办集众务[4]，在于得人，故必择通敏、精悍、廉勤之士而用之；至于句检簿书、出纳钱谷，事虽至细，必委之士类；吏惟书符牒，不得轻出一言。"常言："士陷赃贿，则沦弃于时，名重于利，故士多清修；吏虽洁廉，终无显荣，利重于名，故吏多贪污。"然惟晏能行之，他人效者终莫能逮。其属官虽居数千里外，奉教令如在目前，起居语言，无敢欺绐。当时权贵，或以亲故属之者，晏亦应之，使俸给多少，迁次缓速，皆如其志，然无得亲职事。其场院要剧之官[5]，必尽一时之选。故晏没之后，掌财赋有声者，多晏之故吏也。

刘晏管盐铁漕运，重视经济信息，重视人才的选拔。

用人就要成就人。

晏又以为户口滋多，则赋税自广，故其理财

常以养民为先。诸道各置知院官[6]，每旬月，具州县雨雪丰歉之状白使司，丰则贵籴，歉则贱粜，或以谷易杂货供官用，及于丰处卖之。知院官始见不稔之端，先申，至某月须如干蠲免[7]，某月须如干救助，及期，晏不俟州县申请，即奏行之，应民之急，未尝失时，不待其困弊、流亡、饿殍，然后赈之也。由是民得安其居业，户口蕃息。晏始为转运使，时天下见户不过二百万，其季年乃三百余万；在晏所统则增，非晏所统则不增也。其初财赋岁入不过四百万缗，季年乃千余万缗。

理财要以养民为先！

晏专用榷盐法充军国之用。时自许、汝、郑、邓之西[8]，皆食河东池盐，度支主之；汴、滑、唐、蔡之东，皆食海盐，晏主之。晏以为官多则民扰[9]，故但于出盐之乡置盐官，收盐户所煮之盐转鬻于商人，任其所之，自余州县不复置官。其江岭间去盐乡远者，转官盐于彼贮之。或商绝盐贵，则减价鬻之，谓之常平盐，官获其利而民不乏盐。其始江、淮盐利不过四十万缗，季年乃六百余万缗，由是国用充足而民不困弊。其河东盐利，不过八十万缗，而价复贵于海盐。

先是[10]，运关东谷入长安者，以河流湍悍，率一斛得八斗至者，则为成劳，受优赏。晏以为江、汴、河、渭，水力不同，各随便宜，造运船，教漕卒，江船达扬州，汴船达河阴，河船达渭口，渭船达太仓，其间缘水置仓，转相受给。自是每岁运谷或至百余万斛，无斗升沈覆者。船十艘为一纲[11]，使军将领之，十运无失，授优劳，官其人。数运之后，无不斑白者。晏于扬子置十场造船[12]，每艘给钱千缗。或言"所用实不及半，虚费太多"。晏曰："不然，论大计者固不可惜小费，凡事必为永久之虑。今始置船场，执事者至多，当先使之私用无窘，则官物坚牢矣。若遽与之屑屑校计锱铢，安能久行乎！异日必有患吾所给多而减之者；减半以下犹可也，过此则不能运矣。"其后五十年，有司果减其半。及咸通中，有司计费而给之，无复羡余，船益脆薄易坏，漕运遂废矣。晏为人勤力，事无闲剧，必于一日中决之，不使留宿，后来言财利者皆莫能及之。

刘晏懂得要用丰厚利益鼓励初造企业提高产品质量。

刘晏办漕运，"论大计者固不可惜小费"。

[注释]

[1] 荆南节度使：治荆州（今湖北荆州），忠州（今重庆忠县）为其巡属。庾准（732—782）：门荫入仕，历任中书舍人、司农卿、荆南节度使。希杨炎指：揣摩、迎合杨炎心思。 [2] 朱泚（742—784）：本为幽州节度使，代宗时主动要求入朝，并领兵防秋。朝廷授以检校司空，德宗即位，升为太尉。 [3]“晏有精力”以下十三句：言安史之乱后唐朝财税体系崩溃，刘晏担任转运使，对于解决当时的朝廷财政问题，有重要作用。其中特别提到刘晏用重金（厚直，“直”通“值”）招募健走者，掌握物价等商品信息。递，指节级传递的信息站。 [4]“办集众务”以下八句：是刘晏的用人准则，士人担任关键吏职，胥吏之流，只是处理一些文书方面的事务。原因是士人重视名声，爱惜羽毛，不敢过度贪腐。 [5]“其场院要剧之官”二句：刘晏在各地设置盐场、巡院。盐场负责盐的生产和收购，巡院则是纠察。刘晏担任盐铁转运使，在江淮以北的转运路线上设置了扬州、陈许、汴州等 13 个巡院，缉查盐铁走私，保障转运畅通。此谓刘晏对于这样重要机构的人员，都有严格的选拔。即使权要请托私人，可以给其足够的俸禄，升迁也尽量满足，但是，绝对不用庸人在关键岗位上。 [6] 诸道各置知院官：言各地巡院还有了解地方经济情报的任务。知院官，各地巡院的主管。 [7] 如干：若干之意。 [8]“时自许、汝、郑、邓之西”以下六句：谓以河南中部为界，以西专卖河东池盐，度支使或判度支负责；以东刘晏负责，专卖海盐。许、汝、郑、邓，分别治今许昌、汝州、郑州、邓州。汴、滑、唐、蔡，分别治今开封、滑县、泌阳、新蔡。 [9]“晏以为官多则民扰”以下十句：是说刘晏在盐的流通方面的措施。由于刘晏使用官产商运的营销方式，对于非产盐地区，不设置盐官，减少扰民。对于盐商不去的偏远地区，则降低出场的盐价，实际上是对偏远地区盐价的补

贴，这一部分盐，谓之常平盐。 [10]“先是”以下十九句：讲刘晏转运事业的成就。过于一斛转运八斗（损失二斗）则为优秀业绩，得到奖赏。刘晏可以做到无丝毫损失。他的做法是根据长江、汴河、黄河、渭水不同的水流条件，打造不同的适航船只，在需要换船的漕运岸边，建造粮仓，以储存需要换乘的粮食，节级转运。 [11]“船十艘为一纲”以下七句：十艘粮船为一纲（组），由军将统领，运送十趟没有过失，给予奖赏，授予官职。由于这个工作责任重大而辛苦，跑了几趟之后，无不操劳得头发都白了。此言刘晏善于用人。 [12]“晏于扬子置十场造船”以下十七句：刘晏在扬子设置十大造船厂。每艘船造价千缗（贯），目的是使厂家不要偷工减料，否则质量低劣，造成的损失更大。扬子，唐县名，治今江苏仪征。

（选自《资治通鉴》卷二百二十六，唐纪四十二）

［点评］

刘晏经营盐铁和漕运的成就为当时人赞赏，其中所体现的经济思想与管理智慧，在今天也令人惊叹。他重视经济信息的搜集和及时把握，选拔管理人才的时候，能够排除对经营活动的干扰。他明白理财的目的是裕民，经济工作以养民为先，“户口滋多，则赋税自广”。按照今天的话说，就是要培养税基，利国利民。

他以盐利为漕佣的漕运工作也卓有成效。订购漕运船的思路也很有参考意义。船厂初建，前期投资必然很大。高价订购船只，有利于船厂保持利润的平衡。投资造厂之后，设备若空闲，对于船厂不利，这个时候，适当减少单价，船厂依然有利可图。但是，应该保证在一定水平之上，不能低于半价。否则，船的质量将难以保证。

刘晏的经济思想与经营思想值得总结。

六、李愬雪夜袭蔡州

（元和十二年，817，正月）李愬至唐州[1]，军中承丧败之余，士卒皆惮战，愬知之。有出迓者，愬谓之曰："天子知愬柔懦，能忍耻，故使来拊循尔曹[2]。至于战攻进取，非吾事也。"众信而安之。愬亲行视，士卒伤病者存恤之，不事威严。或以军政不肃为言，愬曰："吾非不知也。袁尚书专以恩惠怀贼，贼易之，闻吾至，必增备，故吾示之以不肃。彼必以吾为懦而懈惰，然后可图也。"淮西人自以尝败高、袁二帅[3]，轻愬名位素微，遂不为备。

李愬的"柔道"果然让对手轻视了，"遂不为备"。

[注释]

[1] 李愬（sù，773—821）：字符直，洮州临潭县（今甘肃临潭）人。唐中叶名将西平郡王李晟第八子。元和十二年（817）底被任命为左散骑常侍兼邓州刺史、御史大夫、随唐邓三州节度

使，参与讨伐淮西节度使吴元济。唐州：治今河南泌阳，辖境在今豫鄂交界之泌阳、桐柏、枣阳、随州等地。　[2] 拊循尔曹：抚慰你们。　[3] 高、袁二帅：袁指袁滋（749—818），即上文的袁尚书，贞元末居宰辅；高即高霞寓（772—826），在此前的讨伐藩镇战争中曾屡立战功。但是，他们作为李愬的前任节度使，都在对淮西的战争中吃了败仗。

（二月）李愬谋袭蔡州[1]，表请益兵，诏以昭义、河中、鄜坊步骑二千给之[2]。丁酉，愬遣十将马少良将十余骑巡逻[3]，遇吴元济捉生虞候丁士良[4]，与战，擒之。士良，元济骁将，常为东边患，众请刳其心，愬许之。既而召诘之，士良无惧色。愬曰："真丈夫也！"命释其缚。士良乃自言："本非淮西士，贞元中隶安州，与吴氏战，为其所擒，自分死矣。吴氏释我而用之，我因吴氏而再生，故为吴氏父子竭力。昨日力屈，复为公所擒，亦分死矣。今公又生之，请尽死以报德！"愬乃给其衣服器械，署为捉生将。

李愬用类似方法收服了好几名淮西骁将，如丁士良、吴秀琳、李祐等。

［注释］

[1] 蔡州：治今河南汝南。　[2] 昭义、河中、鄜坊：唐代的三个藩镇名。昭义镇治泽州（今山西晋城）；河中镇治蒲州（今山西临汾蒲县蒲城镇）；鄜坊镇治坊州（今陕西黄陵县西北隆坊镇）。

唐朝调动各路军队讨伐淮西，三镇也有军队在前线。 [3] 十将：唐代军中的低级军官。胡三省注："十将，军中小校也。" [4] 捉生虞候：虞候为捉生将之一种，捉生将类似于特种兵的军官，主要职能是从敌占区抓获活口，下文中丁士良擒获淮西文城栅军将陈光洽即其一例。许多情况下是从投诚的敌军将领中选任，不仅考验其忠诚，也因为其熟悉敌情，如安禄山和史思明曾因犯罪被任命为捉生将。丁士良本为淮西吴元济的捉生虞候，至此被任命为捉生将。虞候是掌军纪督察的军职。

丁士良言于李愬曰："吴秀琳拥三千之众[1]，据文城栅[2]，为贼左臂，官军不敢近者，有陈光洽为之谋主也。光洽勇而轻，好自出战，请为公先擒光洽，则秀琳自降矣。"戊申，士良擒光洽以归。

争取反叛之地的民心。

淮西被兵数年，竭仓廪以奉战士，民多无食，采菱芡鱼鳖鸟兽食之，亦尽，相帅归官军者前后五千余户。贼亦患其耗粮食，不复禁。庚申，敕置行县以处之[3]，为择县令，使之抚养，并置兵以卫之。

三月，乙丑，李愬自唐州徙屯宜阳栅。

吴秀琳以文城栅降于李愬。戊子，愬引兵至文城西五里，遣唐州刺史李进诚将甲士八千至城下，召秀琳，城中矢石如雨，众不得前。进诚还报："贼伪降，未可信也。"愬曰："此待我至耳。"即前至城下，秀琳束兵投身马足下，愬抚其背慰劳之，降其众三千人。秀琳将李宪有材勇，愬更其名曰忠义而用之，悉迁妇女于唐州，入据其城。于是唐、邓军气复振，人有欲战之志。贼中降者相继于道，随其所便而置之。闻有父母者，给粟帛遣之，曰："汝曹皆王人，勿弃亲戚。"众皆感泣。

不断引诱敌方骁将，削弱敌军斗志。

官军与淮西兵夹溵水而军[4]，诸军相顾望，无敢渡溵水者。陈许兵马使王沛先引兵五千渡溵水，据要地为城，于是河阳、宣武、河东、魏博等军相继皆渡，进逼郾城[5]。丁亥，李光颜败淮西兵三万于郾城[6]，走其将张伯良，杀士卒什二三。

朝廷调动多路兵马进攻淮西。

己丑，李愬遣山河十将董少玢等分兵攻诸栅[7]。其日，少玢下马鞍山，拔路口栅。夏，四月，辛卯，山河十将马少良下嵖岈山[8]，擒淮西将柳子野。

[**注释**]

[1] 吴秀琳：淮西名将，此战后为李愬收降。 [2] 文城栅：胡三省注："文城栅，在蔡州西南一百二十里。按《续通典》，栅在吴房县（今河南遂平）界。"栅，军队驻屯的一种军事设施。 [3] 行县：临时设置的县。唐人的"行"字，有移动、临时之意，如行军、行营、行在之类。 [4] 溵（yīn）水：古水名，今称沙河，位于今河南中部，流经平顶山、漯河、周口，在安徽境内汇入颍河，是淮河的支流。 [5] 郾城：县名，隶属于蔡州，治今河南漯河市郾城区。 [6] 李光颜（762—826）：出生突厥阿跌族，本名阿跌光颜，因功被赐姓李。此时以忠武节度使（治陈州）参与讨伐淮西之役。 [7] 山河十将：胡三省注："时都畿（洛阳）及唐、邓皆募土人之材勇者为兵以讨蔡，号为山河子弟，置十将以领之。" [8] 嵖岈山：位于今河南遂平。

吴元济以蔡人董昌龄为郾城令，质其母杨氏。杨氏谓昌龄曰："顺死贤于逆生，汝去逆而吾死，乃孝子也；从逆而吾生，是戮吾也。"会官军围青陵[1]，绝郾城归路，郾城守将邓怀金谋于昌龄，昌龄劝之归国，怀金乃请降于李光颜曰："城人之父母妻子皆在蔡州，请公来攻城，吾举烽求救，救兵至，公逆击之，蔡兵必败，然后吾降，则父母妻子庶免矣。"光颜从之。乙未，昌龄、怀金举城降，光颜引兵入据之。吴元济闻郾城不守，甚惧。时董重质将骡军守洄曲[2]，元济悉发亲近及守城卒诣重质以拒之。

李愬山河十将妫雅、田智荣下冶炉城[3]。丙申，十将阎士荣下白狗、汶港二栅。癸卯，妫雅、田智荣破西平[4]。丙午，游弈兵马使王义破楚城[5]。

五月，辛酉，李愬遣柳子野、李忠义袭朗山[6]，擒其守将梁希果。

[注释]

[1] 青陵：又称青陵台，位于今河南商丘市梁园区。 [2] 董重质（？—834）：淮西牙将，吴少诚女婿，以骁勇知名，后归降唐朝。洄曲：《新唐书·李光颜传》作“时曲”，胡三省注云：“盖溵水于此回曲，因以为名。” [3] 冶炉城：胡三省注：“冶炉城在嵖岈山东。” [4] 西平：县名，今属河南驻马店。 [5] 游弈兵马使：唐代军队行军，设置游弈，担任巡逻警戒之职，设兵马使以领之，谓之游弈兵马使或者游弈将。但是，在这种战争条件下，游弈兵马使只是一种军职名，其所统军队依然根据统帅意图行使攻城略地的任务。楚城：据胡三省注，在今河南汝阳县西南。 [6] 朗山：在今河南确山境内。

丁丑，李愬遣方城镇遏使李荣宗击青喜城[1]，拔之。愬每得降卒，必亲引问委曲，由是贼中险易远近虚实尽知之。愬厚待吴秀琳，与之谋取蔡。秀琳曰："公欲取蔡，非得李祐不可[2]，秀琳无能为也。"祐者，淮西骑将，有勇略，守兴桥栅，常陵暴官军。庚辰，祐帅士卒刈麦于张柴村[3]，愬召厢虞候史用诚[4]，戒之曰："尔以三百骑伏彼林中，又使人摇帜于前，若将焚其麦积者。祐素易官军，必轻骑来逐之，尔乃发骑掩之，必擒之。"用诚如言而往，生擒祐以归。将士以祐向日多杀官军，争请杀之。愬不许，释缚，待以客礼。

又降服一个骁将李祐！袭取蔡州之谋，就来自李祐。

时愬欲袭蔡，而更密其谋，独召祐及李忠义屏人语，或至夜分，他人莫得预闻。诸将恐祐为变，多谏愬。愬待祐益厚。士卒亦不悦，诸军日有牒称祐为贼内应，且言得贼谍者具言其事。愬恐谤先达于上，已不及救，乃持祐泣曰："岂天不欲平此贼邪！何吾二人相知之深而不能胜众口也。"因谓众曰："诸君既以祐为疑，请令归死于天子。"乃械祐送京师，先密表其状，且曰："若杀祐，则无以成功。"诏释之，以还愬。愬见之喜，执其手曰："尔之得全，社稷之灵也！"乃署散兵马使[5]，令佩刀巡警，出入帐中。或与之同宿，密语不寐达曙，有窃听于帐外者，但闻祐感泣声。时唐、随牙队三千人[6]，号六院兵马，皆山南东道之精锐也。愬又以祐为六院兵马使。

[注释]

[1] 镇遏使：唐代藩镇于管内州县派军驻守，以镇遏使统领之。青喜城：胡三省注："（方城）县（今属河南南阳）有青台镇，此作'青喜'，笔误也。" [2] 李祐（？—829）：淮西牙将，骁勇善战，为李愬所降服。 [3] 张柴村：胡三省注：张柴村在文城栅东六十里。 [4] 厢虞候：唐代藩镇牙兵（衙军）分成左右两厢（左右两个分部）。胡三省注："厢虞候，掌左右厢之兵。" [5] 散兵马使：兵马使是唐代藩镇比十将高一级的基层指挥官，散兵马使就是没有统兵权的兵马使。胡三省注："散员兵马使，未得统兵。" [6] "时唐、随牙队三千人"以下四句：李愬任命李祐为六院兵马使，统领牙兵（即节度使的亲兵）。牙兵凡 3000 人，分六院统之，故称六院兵马使。牙队，唐代节度使牙兵，大率防卫于节度使府衙院，故以院或楼称之，如后院兵马使、后楼兵马使之类。

旧军令[1]，舍贼谍者屠其家。愬除其令，使厚待之。谍反以情告愬，愬益知贼中虚实。乙酉，愬遣兵攻朗山，淮西兵救之，官军不利。众皆怅恨，愬独欢然曰："此吾计也！"乃募敢死士三千人，号曰突将，朝夕自教习之，使常为行备，欲以袭蔡。会久雨，所在积水，未果。

吴元济见其下数叛，兵势日蹙，六月，壬戌，上表谢罪，愿束身自归。上遣中使赐诏，许以不死，而为左右及大将董重质所制，不得出。

可是后来董重质却单骑投降李愬。

（七月）诸军讨淮、蔡，四年不克，馈运疲弊，民至有以驴耕者。上亦病之，以问宰相。李逢吉等竞言师老财竭[2]，意欲罢兵。裴度独无言[3]，上问之，对曰："臣请自往督战。"乙卯，上复谓度曰："卿真能为朕行乎？"对曰："臣誓不与此贼俱生！臣比观吴元济表，势实窘蹙，但诸将心不壹，不并力迫之，故未降耳。若臣自诣行营，诸将恐臣夺其功，必争进破贼矣。"上悦，丙戌，以度为门下侍郎、同平章事、兼彰义节度使，仍充淮西宣慰招讨处置使。又以户部侍郎崔群为中书侍郎、同平章事。制下，度以韩弘已为都统[4]，不欲更为招讨，请但称宣慰处置使，仍奏刑部侍郎马总为宣慰副使[5]，右庶子韩愈为彰义行军司马[6]，判官、书记皆朝廷之选，上皆从之。度将行，言于上曰："臣若贼灭，则朝天有期；贼在，

裴度的挺身而出，成就了元和平藩最关键一战。

裴度的幕府很豪华！

则归阙无日。”上为之流涕。

八月，庚申，度赴淮西，上御通化门送之[7]。右神武将军张茂和，茂昭弟也，尝以胆略自衒于度。度表为都押牙，茂和辞以疾，度奏请斩之。上曰：“此忠顺之门，为卿远贬。”辛酉，贬茂和永州司马。以嘉王傅高承简为都押牙[8]。承简，崇文之子也。

李逢吉不欲讨蔡，翰林学士令狐楚与逢吉善[9]，度恐其合中外之势以沮军事，乃请改制书数字，且言其草制失辞。壬戌，罢楚为中书舍人。

朝廷这边必须把阻挠平叛的反对派拿下。

[注释]

[1]“旧军令”二句：旧时军令，为敌方作间谍的，处死全家。 [2]李逢吉（758—835）：出身陇西李氏姑臧房。时为宰相，反对对淮西用兵。 [3]裴度（765—839）：出身河东闻喜裴氏，贞元五年（789）进士及第，三年后登博学宏词制举。元和初入相。因为积极主张讨伐藩镇，被叛乱藩镇所遣刺客击伤头部。由于裴度的坚决态度，唐宪宗坚定了讨平淮西的决心。 [4]“度以韩弘已为都统”以下三句：如称都统或招讨则有很强的军事打击意识，而宣慰处置使，则显得温和很多。实际上作为钦差使臣，裴度仍然是淮西前线的总指挥。 [5]马总（？—823）：为副使，早年在地方任职，颇有清誉。淮西平定后，马总留任为留后，后升任淮西节度使。 [6]行军司马：唐代幕府中的军职，辅佐统帅掌领

军政、军训以及军统物资等，唐中期藩镇节度使离任或故去，常由本军行军司马继任。唐代幕府文职还有判官、掌书记等。韩愈（768—824）：著名文学家和政治家，平定淮西后奉旨写了著名的《平淮西碑》。　[7] 通化门：唐代长安外郭城东面三门居中者，其北为通化门，其南为春明门。唐人相送，大都在通化门。　[8] 都押牙：唐代藩镇或行军幕府武职有三都：都知兵马使、都押牙、都虞候。都押牙掌衙门仪卫，是主帅的贴身亲将。　[9]“翰林学士令狐楚与逢吉善”以下六句：翰林学士与中书舍人都担任起草“王言”的重任，但此时的翰林学士实际上起参谋内廷决策的作用，负责起草最重要的制书，而中书舍人在外朝担任一般诏书的起草。

李光颜、乌重胤与淮西战[1]，癸亥，败于贾店。

裴度过襄城南白草原，淮西人以骁骑七百邀之。镇将楚丘曹华知而为备，击却之。度虽辞招讨名，实行元帅事，以郾城为治所。甲申，至郾城。先是，诸道皆有中使监陈，进退不由主将，胜则先使献捷，不利则陵挫百端。度悉奏去之，诸将始得专军事，战多有功。

九月，庚子，淮西兵寇溵水镇，杀三将，焚刍藁而去。

甲寅，李愬将攻吴房[2]，诸将曰：“今日往亡[3]。”愬曰：“吾兵少，不足战，宜出其不意。

彼以往亡不吾虞，正可击也。”遂往，克其外城，斩首千余级。余众保子城，不敢出。愬引兵还以诱之，淮西将孙献忠果以骁骑五百追击其背。众惊，将走，愬下马据胡床[4]，令曰：“敢退者斩！”返旆力战，献忠死，淮西兵乃退。或劝愬乘胜攻其子城，可拔也。愬曰：“非吾计也。”引兵还营。

李祐言于李愬曰：“蔡之精兵皆在洄曲，及四境拒守，守州城者皆羸老之卒，可以乘虚直抵其城。比贼将闻之，元济已成擒矣。”愬然之。冬十月，甲子，遣掌书记郑澥至郾城[5]，密白裴度。度曰：“兵非出奇不胜，常侍良图也。”

偷袭计划获得统帅裴度的批准！裴度有见识。

裴度帅僚佐观筑城于沱口，董重质帅骑出五沟，邀之，大呼而进，注弩挺刃，势将及度。李光颜与田布力战[6]，拒之，度仅得入城。贼退，布扼其沟中归路。贼下马逾沟，坠压死者千余人。

[注释]

[1] 乌重胤（761—827）：字保君，起家潞州牙将，以军功累官至节度使，元和九年（814）闰八月，唐宪宗任命乌重胤为汝州（今属河南平顶山）刺史，充任河阳节度使，参与讨伐淮西之战。　[2] 吴房：县名，平定淮西后改名遂平县，今属河南驻

马店。境内有嵖岈山。 [3] 今日往亡："往亡"是凶日的意思，每月皆有凶日。胡三省注云："阴阳家之说，八月以白露后十八日为往亡，九月以寒露后第二十七日为往亡。"这样的日子不宜出军打仗。 [4] 胡床：相当于今日的马扎，可以折叠，又称"交床""绳床"，是由胡人传来的小凳。 [5] 掌书记：唐代藩镇重要幕职，掌文书草拟等事。时裴度使衙屯驻在郾城。郑澥：字蕴山，唐朝诗人，元和十一年（816）进士。 [6] 田布（785—822）：字敦礼，父田弘正率魏博镇归朝，田布总亲兵，奉命前往助朝廷讨淮西。

辛未，李愬命马步都虞候、随州刺史史旻等留镇文城[1]，命李祐、李忠义帅突将三千为前驱，自与监军将三千人为中军，命田进诚将三千人殿其后。军出，不知所之。愬曰："但东行。"行六十里，夜，至张柴村，尽杀其戍卒及烽子[2]。据其栅，命士卒少休，食干糒[3]，整羁靮，留义成军五百人镇之，以断朗山救兵。命丁士良将五百人断洄曲及诸道桥梁，复夜引兵出门。诸将请所之，愬曰："入蔡州取吴元济！"诸将皆失色。监军哭曰："果落李祐奸计！"时大风雪，旌旗裂，人马冻死者相望。天阴黑，自张柴村以东道路，皆官军所未尝行，人人自以为必死，然畏愬，莫敢违。夜半，雪愈甚，行七十里，至州城。近城有鹅鸭池，愬令击之以混军声。

《资治通鉴》记载战争场面甚多，像李愬入蔡州这样的细节描写、场景描写，是很罕见的。

自吴少诚拒命，官军不至蔡州城下三十余年，故蔡人不为备。壬申，四鼓，愬至城下，无一人知者。李祐、李忠义镢其城为坎以先登[4]，壮士从之。守门卒方熟寐，尽杀之，而留击柝者，使击柝如故，遂开门纳众。及里城，亦然，城中皆不之觉。鸡鸣，雪止，愬入居元济外宅。或告元济曰："官军至矣！"元济尚寝，笑曰："俘囚为盗耳！晓当尽戮之。"又有告者曰："城陷矣！"元济曰："此必洄曲子弟就吾求寒衣也。"起，听于廷，闻愬军号令曰："常侍传语[5]！"应者近万人。元济始惧，曰："何等常侍，能至于此！"乃帅左右登牙城拒战[6]。

时董重质拥精兵万余人据洄曲。愬曰："元济所望者，重质之救耳。"乃访重质家，厚抚之，遣其子传道持书谕重质。重质遂单骑诣愬降。

［注释］

[1]"李愬命马步都虞候、随州刺史史旻等留镇文城"以下四句：李愬作为唐邓随节度使，其节度使府职官也由三州行政官员

兼任，比如随州刺史史旻就兼任马步都虞候。此次出征，李愬让随州刺史史旻守文城总部，以淮西降将为前锋，唐将田进诚（后官至朔方灵盐节度使）断后，本人与监军使居中军。三军逾九千人。 [2] 烽子：唐代守望烽火的兵士，通常一烽六人，五人为烽子，一人为帅。 [3] 食干糒（bèi）：吃干粮，意思是不开火做饭。整羁靮（dí）：兜住马嘴，使马不能嘶鸣。羁，马笼头。靮，马缰绳。 [4] 镢（jué）其城为坎以先登：意思是在城墙上刨出脚踏的坎以攀登上城。镢，是一种刨土的铁工具。 [5] 常侍传语：谓李愬传令。其时李愬的带职是左散骑常侍。 [6] 牙城：城中主帅所居的卫城。

愬遣李进诚攻牙城，毁其外门，得甲库[1]，取其器械。癸酉，复攻之，烧其南门，民争负薪刍助之，城上矢如猬毛。晡时，门坏，元济于城上请罪，进诚梯而下之。甲戌，愬以槛车送元济诣京师，且告于裴度。是日，申、光二州及诸镇兵二万余人相继来降[2]。

李朔所率不愧为王师。

自元济就擒，愬不戮一人，凡元济官吏、帐下、厨厩之卒，皆复其职，使之不疑，然后屯于鞠场以待裴度[3]。

己卯，淮西行营奏获吴元济，光禄少卿杨元卿言于上曰："淮西大有珍宝[4]，臣能知之，往取必得。"上曰："朕讨淮西，为人除害，珍宝非所求也。”

董重质之去洄曲军也，李光颜驰入其壁，悉降其众。庚辰，裴度遣马总先入蔡州慰抚。辛巳，度建彰义军节，将降卒万余人入城，李愬具櫜鞬出迎[5]，拜于路左。度将避之，愬曰：“蔡人顽悖，不识上下之分，数十年矣。愿公因而示之，使知朝廷之尊。”度乃受之。

尊统帅裴度就是尊朝廷。

李愬还军文城，诸将请曰：“始公败于朗山而不忧，胜于吴房而不取，冒大风甚雪而不止，孤军深入而不惧，然卒以成功，皆众人所不谕也，敢问其故？”愬曰：“朗山不利，则贼轻我而不为备矣。取吴房，则其众奔蔡，并力固守，故存之以分其兵。风雪阴晦，则烽火不接，不知吾至。孤军深入，则人皆致死，战自倍矣。夫视远者不顾近，虑大者不详细，若矜小胜，恤小败，先自挠矣，何暇立功乎！”众皆服。愬俭于奉己而丰于待士，知贤不疑，见可能断，此其所以成功也。

裴度以蔡卒为牙兵，或谏曰：“蔡人反仄者尚多，不可不备。”度笑曰[6]：“吾为彰义节度使，元恶既擒，蔡人则吾人也，又何疑焉！”蔡人闻之感泣。先是吴氏父子阻兵[7]，禁人偶语于涂，夜不然烛，有以酒食相过从者罪死。度既视事，下令惟禁盗贼斗杀，余皆不问，往来者不限昼夜，蔡人始知有生民之乐。

甲申，诏韩弘、裴度条列平蔡将士功状及蔡之将士降者，皆差第以闻。淮西州县百姓[8]，给复二年；近贼四州，免来年夏税。官军战亡者[9]，皆为收葬，给其家衣粮五年；其因战伤残废者，勿停衣粮。

十一月，丙戌朔，上御兴安门受俘[10]，遂以吴元济献庙社，斩于独柳之下[11]。

[注释]

[1] 甲库：兵甲器械库。 [2] 申、光二州：淮西节度使共有申光蔡三州，李愬雪夜袭击蔡州为使府州，申州（今河南信阳市浉河区）、光州（今河南潢川），为淮西节度使所属支州。 [3] 鞠场：蹴鞠的场地，唐人把打马球叫蹴鞠。鞠场也可以操练兵马。 [4]“淮西大有珍宝”以下三句：胡三省注：“元和九年（814），杨元卿以淮西节度判官入奏，输诚于朝廷，吴元济屠其家。今请将命往取淮西珍宝，其情可知也。” [5] 具櫜鞬出迎：指李愬穿上唐代戎服“櫜鞬服”迎接裴度。櫜鞬服由抹额、袍秤、靴、刀、箭房、弓袋等组成。穿櫜鞬服，是节度使谒见宰相或朝廷使臣时的礼节。 [6]“度笑曰”以下六句：胡三省注：“裴度

平蔡，蔡人不复叛矣，识者知其所以然乎！” [7]“先是吴氏父子阻兵”以下九句：淮西节度使属下并非富庶之地，养重兵对抗朝廷，刻薄百姓，唐朝对于割据军阀统治下百姓的解放，获得了百姓的欢迎。 [8]“淮西州县百姓”以下四句：淮西节度使下的各州免除二年的赋税；临近四州亦因遭受兵乱，且供给官军平叛，得免除来年夏税。其时行两税法，按照夏、秋二季征收。四州，指靠近淮西节度使的陈、许、颍、唐四州。 [9]“官军战亡者”以下五句：官军战死的，收葬其尸首，供给其家五年衣粮。唐代后期的职业兵谓之官健，除了本人的衣粮之外，赡及家属，阵亡将士的此种待遇五年不变。对于残疾军人丧失劳动能力者，赡养终生。 [10]兴安门：唐朝大明宫南面五门之一，最西者为兴安门。 [11]独柳：地名，因此处原来有一柳树而得名，故名独柳树，位置在唐代皇城西南隅，是唐朝后期处决重大政治犯的行刑之所。

（选自《资治通鉴》卷二百四十，唐纪五十六）

［点评］

唐代对于藩镇的斗争在宪宗元和年间获得巨大胜利，所谓“元和中兴”，就是指包括河北三镇在内的割据藩镇都听命于中央，一扫安史之乱以来“河北之地，王师不入”的状态。

元和削藩的成功，原因是多方面的。首先从硬实力上说，元和朝是安史之乱以来最好的时期，国库充实、神策军人数达到十几万，而且训练有素，战斗力强。其次，宪宗励精图治，以武元衡、裴度为代表的宰辅，以高崇文、李愬为代表的神策军将，以韩愈、白居易为代表的士大夫团队，为元和削藩成功提供了组织人事方面的保证。

元和削藩的真正硬仗就是淮西之役。《资治通鉴》记载淮西之役，李愬雪夜入蔡州十分精彩。许多细节描写能够使我们明了当时藩镇的军事设施，包括镇、栅、城的分布与功能。李愬的细致功夫也值得玩味。

可惜，就在举国上下为河朔不沾王化垂六十年（763—820），如今重新回到中央的怀抱而欢欣鼓舞的时候，宪宗却因为食用仙丹引发性情暴戾，被宫中宦竖所杀。一个英武超群的帝王因为仙丹而被宦官所杀，致使王业受损，这是偶然的吗？不是，这恰恰是帝制时代最高领导者的痼疾。被仙丹毒死的还有英雄的唐太宗，因服用五食散性情暴戾而被下人所杀的，还有英雄的拓跋珪。

中兴的局面很短暂。穆宗长庆之后，朝廷错误的销兵政策（硬性规定各藩镇兵每年必须有 8% 左右士兵因为逃亡和死去而自然减员），新任河北地区几位朝廷任命的节度使处事失宜，以及河北骄兵的顽强习性，导致河朔再乱的悲剧。河北诸镇故态复萌，朝廷只好承认既成事实，从此不再干预河北三镇的节度使继承和赋税征收事宜。敬宗、文宗、武宗都保持着这种态度，藩镇问题成为无解的僵局。

七、李德裕论治国之要

（开成五年，840，八月）初，上之立非宰相意[1]，故杨嗣复、李珏相继罢去[2]，召淮南节度使李德裕入朝[3]。（开成五年，840）九月，甲戌朔，至京师。丁丑，以德裕为门下侍郎、同平章事。

庚辰，德裕入谢，言于上曰："致理之要，在于辩群臣之邪正[4]。夫邪正二者，势不相容。正人指邪人为邪，邪人亦指正人为邪，人主辩之甚难。臣以为正人如松柏，特立不倚；邪人如藤萝，非附他物不能自起。故正人一心事君，而邪人竞为朋党。先帝深知朋党之患，然所用卒皆朋党之人[5]，良由执心不定，故奸邪得乘间而入也。夫宰相不能人人忠良，或为欺罔，主心始疑，于是旁询小臣以察执政。如德宗末年，所听任者惟裴延龄辈[6]，宰相署敕而已，此政事所以日乱也。陛下诚能慎择贤才以为宰相，有奸罔者立黜去，常令政事皆出中书[7]，推心委任，坚定不移，则天下何忧不理哉！"

李德裕无党的根据就来源于此。

又曰："先帝于大臣好为形迹[8]，小过皆含容不言，日累月积，以至祸败。兹事大误，愿陛下以为戒！臣等有罪，陛下当面诘之。事苟无实，得以辩明；若其有实，辞理自穷。小过则容其悛改，大罪则加之诛遣，如此，君臣之际无疑间矣。”上嘉纳之。

君臣之间要坦诚以对！

［注释］

[1] 上：这里指唐武宗李炎（814—846）。开成五年（840）元月初四，文宗驾崩，二月，武宗登基。 [2] 杨嗣复（783—848）、李珏（784—853）：均为唐文宗末年的宰相，文宗命二人拥立太子李成美监国，但是被宦官仇士良等阻止，正月初二改拥立文宗之弟李瀍（后改名李炎）为皇太弟，即唐武宗。两天后即正月初四，文宗驾崩。 [3] 淮南节度使：治所在今江苏扬州。李德裕（787—850）：字文饶，赵郡赞皇（今属河北石家庄）人。文宗时出将入相，武宗即位，由淮南召入为相。 [4] 辩：同“辨”。下文同。 [5] 朋党之人：这里指牛僧孺等党人。 [6] 裴延龄（728—796）：唐德宗末年的权臣。贞元八年（792）出任户部侍郎判度支，掌握中央财政大权。 [7] 中书：即宰相机关，又称中书门下、政事堂。 [8] 好为行迹：指城府深，有话不愿意直截了当地说出来。

（选自《资治通鉴》卷二百四十六，唐纪六十二）

［点评］

李德裕，字文饶，赵郡赞皇（今属河北石家庄）人。梁启超认为是可以比肩管仲、商鞅、诸葛亮、王安石、张居正的古代六大政治家之一。

李德裕“幼有壮志，苦心力学，尤精《西汉书》《左氏春秋》”。他的究心经史之学，不是吟诗作赋，而尤其喜欢读史。李德裕早年以门荫入仕，在幕府中崭露头角。经过幕府实际政务历练之后入朝为官，是唐代中后期许多政治家的通常路径。宪宗末年，他方入朝为监察御史。

李德裕的主要活动是在“元和中兴”之后。从穆宗长庆（821—824）初年召为翰林学士，跻身长安政坛的中心舞台，历敬宗、文宗朝，出将入相，在浙西和西川节度使任上有政绩；至武宗会昌时独秉国钧，应对回鹘的乱亡，摧抑泽潞藩镇割据，都充分施展了他的政治才华。李德裕在中唐政治舞台上活跃了二十余年。但宣宗即位仅七天就撤除其宰相职位，连连贬黜，李德裕最后死在崖州（今属海南三亚）司户任上。

李德裕在中晚唐政坛上的大起大落，折射的是那个时代政治气候的云谲波诡；探讨李德裕的政治作为和身世沉浮，也是分析中晚唐历史走向的一条线索。

在中晚唐政治中，牛李党争被视作与藩镇割据、宦官擅权同样重大的历史事件。在牛李党争中，李德裕则是所谓李党的头号人物，讨论李德裕，离不开这个话题。

史家之所以夸大牛李党争，原因有二：一是唐朝末年，僖宗、昭宗时期，朝廷党争以及南衙北司的冲突（如崔胤与宦官之间）确实严重；二是唐朝的党争几乎招致亡国的风险。文宗朝，牛李之间是有矛盾，但是远远没有严峻到比“去河北贼易，去朝廷朋党难”的程度。

党争的胜负，以谁在中央任相为指标。文宗时，李德裕从太和七年（833）二月到八年（834）八月执掌朝政。

其余时间主要是在浙西和西川任节度使。在这两个岗位上，李德裕恰恰显示了其政治才华。

史家对李德裕的评论，首先是赞扬他的读书精神："德裕性孤峭，明辩有风采，善为文章。虽至大位，犹不去书。其谋议援古为质，衮衮可喜。"其次是赞扬他的志趣："常以经纶天下自为。"最后是赞扬他的功业："武宗知而能任之，言从计行，是时王室几中兴。"

"王室几中兴"，这在当时是非同寻常的评价！如果只是在一些具体事情上修修补补、有所作为，不能提高到"王室几中兴"的高度来认识。

安史之乱极大地损害了唐朝的政治稳定性和社会繁荣度。肃宗致力于稳住阵脚，平定叛乱；代宗收拾残局，逐渐恢复元气；德宗企图一飞冲天，结果沉重地摔落在地；宪宗平藩，号称"元和中兴"，却被穆宗糟蹋掉，几乎前功尽弃！而李德裕就是在这个时候走上了政治舞台。

中晚唐皇帝荒政是常见之事，李德裕几乎对于每一个皇帝都提出过犀利的进谏，无论是在朝还是在藩，总是对看不惯的国事，直陈利弊得失。

这种君无道则谏之的风骨，在中晚唐时代是极其可贵的，符合孟子、荀子等倡导的儒家政治操守。在这一点上，他超过了唐代历史上许多政治家。问题是，李德裕更能在行事上，苟利国家生死以，不因祸福避趋之。无论是在浙的"恶俗大变"，还是"蜀风大变"，都说明李德裕在地方治理上有淳风化俗之功。他的政治措施，有两点特别值得提出，一是务实但不苟且，二是深远但不空疏。

李德裕是中晚唐衰颓风气中的一股清流！他解决中央和地方问题中的一些深远措施和成绩，可惜没有在宣宗继任之后继承下来。史家“王室几中兴”的评论，既是对于李德裕的肯定，也是对于号称“小太宗”的宣宗的批评！

八、宣宗的政治

（大中二年，848）十一月，庚午，万寿公主适起居郎郑颢[1]。颢，絪之孙，登进士第，为校书郎、右拾遗内供奉，以文雅著称。公主，上之爱女，故选颢尚之。有司循旧制请用银装车，上曰：“吾欲以俭约化天下，当自亲者始。”令依外命妇以铜装车。诏公主执妇礼，皆如臣庶之法，戒以毋得轻夫族，毋得预时事。又申以手诏曰：“苟违吾戒，必有太平、安乐之祸[2]。”颢弟顗，尝得危疾，上遣使视之。还，问：“公主何在？”曰：“在慈恩寺观戏场[3]。”上怒，叹曰：“我怪士大夫家不欲与我家为婚，良有以也！”亟命召公主入宫，立之阶下，不之视。公主惧，涕泣谢罪。上责之曰：“岂有小郎病[4]，不往省视，乃观戏

如今，皇家更讲礼法，向士族看齐。

乎！”遣归郑氏。由是终上之世，贵戚皆兢兢守礼法，如山东衣冠之族[5]。

（大中五年，851，四月）初，上令白敏中为万寿公主选佳婿[6]，敏中荐郑颢。时颢已婚卢氏，行至郑州，堂帖追还[7]，颢甚衔之，由是数毁敏中于上。敏中将赴镇[8]，言于上曰：“郑颢不乐尚主，怨臣入骨髓。臣在政府，无如臣何；今臣出外，颢必中伤，臣死无日矣！”上曰：“朕知之久矣，卿何言之晚邪！”命左右于禁中取小柽函以授敏中曰：“此皆郑郎谮卿之书也。朕若信之，岂任卿以至今日！”敏中归，置柽函于佛前，焚香事之。

二百年前，唐太宗反对贵臣子弟与山东士族婚姻，现在，皇帝还是低头了。

［注释］

[1] 万寿公主：唐宣宗（810—859）长女，唐懿宗李漼（833—874）同母妹。 [2] 太平：太平公主，高宗与武则天爱女，因为睿宗及玄宗初年干政，被逼自杀。安乐：安乐公主，中宗与韦后爱女，在宫廷政变中被杀。 [3] 慈恩寺：唐高宗为长孙皇后追福所建。唐代中后期，长安大型寺院也是世俗娱乐场所。 [4] 小郎：胡三省注：“自晋以来，嫂谓叔为小郎。” [5] 山东衣冠之族：指山东士族崔卢李郑王五姓。唐朝士大夫不愿意娶皇家公主（见下文），因为公主多有不守礼法之事。 [6] 白敏中（792—861）：字用晦，华州下邽（今属陕西渭南市临渭区）人，著名诗人白居易堂弟。

进士及第，武宗时为翰林学士，宣宗时入相。 [7] 堂帖：中书门下（即下文的政府）以宰相名义发出的公文，因出自政事堂，故称堂帖。凡宰相分内需便宜处分或欲知晓事，皆可直接画押堂帖行下，处置范围较省符等公文更广，程序上亦更为简省。 [8] 敏中将赴镇：时白敏中以宰相出镇邠宁节度使，以镇抚党项。

（大中七年，853）冬，十二月，左补阙赵璘请罢来年元会[1]，止御宣政[2]。上以问宰相，对曰：“元会大礼，不可罢。况天下无事。”上曰：“近华州奏有贼光火劫下邽[3]，关中少雪，皆朕之忧，何谓无事！虽宣政亦不可御也。”

上事郑太后甚谨[4]，不居别宫，朝夕奉养。舅郑光历平卢、河中节度使，入朝，上与之论为政，光应对鄙浅，上不悦，留为右羽林统军[5]，使奉朝请[6]。太后数言其贫，上辄厚赐帛，终不复任以民官。

度支奏：“自河、湟平[7]，每岁天下所纳钱九百二十五万余缗，内五百五十万余缗租税，八十二万余缗榷酤，二百七十八万余缗盐利。”

八十年前刘晏主持盐铁转运，盐利收入有600万缗，现今不足一半。那时全国收入1200万缗，比如今多出近300万缗。

［注释］

[1] 左补阙：门下省七品谏官。赵璘：文宗时进士，武宗、宣

宗时为谏官。来年元会：次年正月初一的隆重庆祝会。［2］宣政：殿名，御宣政殿，是比较简约的庆祝仪式。［3］有贼光火劫下邽：明火执仗，可见盗贼无所忌惮。［4］郑太后：本唐宪宗郭贵妃身边侍儿，得宪宗宠而生宣宗。［5］右羽林统军：是闲职。［6］奉朝请：此处指可参加朝见礼仪但非亲民之官。［7］"自河、湟平"以下五句：收复河湟地区后，全国的赋役总数。两税法制度下，赋税以钱缗计数，分租税、榷酤、盐利三项。司马光《考异》曰："《续皇王宝运录》具载是岁度支支收之数，舛错不可晓，今特存其可晓者。"胡三省注云："温公拳拳于史之阙文，盖其所重者，制国用也。"

（大中八年，854）上猎于苑北，遇樵夫，问其县，曰："泾阳人也[1]。""令为谁？"曰："李行言。""为政何如？"曰："性执。有强盗数人，军家索之，竟不与，尽杀之。"上归，帖其名于寝殿之柱。冬，十月，行言除海州刺史[2]，入谢。上赐之金紫[3]，问曰："卿知所以衣紫乎？"对曰："不知。"上命取殿柱之贴示之。

宣示如此用人，怎能解决整个吏治问题？

上以甘露之变[4]，惟李训、郑注当死，自余王涯、贾餗等无罪，诏皆雪其冤。

上召翰林学士韦澳[5]，托以论诗，屏左右与之语曰："近日外间谓内侍权势何如？"对曰："陛下威断，非前朝之比。"上闭目摇首曰："全未，全未！尚畏之在。卿谓策将安出？”对曰：“若与外廷议之，恐有太和之变，不若就其中择有才识者与之谋。”上曰：“此乃末策，朕已试之矣。自衣黄、衣绿至衣绯[6]，皆感恩，才衣紫则相与为一矣！”上又尝与令狐绹谋尽诛宦官[7]，绹恐滥及无辜，密奏曰：“但有罪勿舍，有阙勿补，自然渐耗，至于尽矣。”宦者窃见其奏，由是益与朝士相恶，南北司如水火矣[8]。

皇帝没有办法对付宦官？真是笑话。

［注释］

[1] 泾阳：县名，今属陕西咸阳。　[2] 海州：今江苏连云港市海州区。　[3] 金紫：金鱼袋紫衣的简称。唐代官服三品以上紫色，并有装饰性金色鱼袋（绣鱼形的袋子兼收放小物件）。刺史不及三品者，可以赐紫金或金紫。详本段下文注 [6]。　[4] 甘露之变：即下文太和之变。太和九年（835），文宗与李训、郑注谋诛宦官，因事不密，被宦官仇士良等诛杀，连及宰相王涯、贾餗。至此王涯、贾餗获平反。　[5] 翰林学士：官名，由唐代内廷起草诏令之文士担任，兼有侍从之任，其所居之地谓之学士院，中晚唐通常从中选任宰相。韦澳：文宗时进士，历任翰林学士承旨、藩镇节度使等职。　[6]“自衣黄、衣绿至衣绯”以下三句：胡三省注唐代朝官及宦官服饰制度云：“唐自上元以后，三品已上服紫，四品服深绯，五品服浅绯，六品服深绿，七品服浅绿，八品服绿，九品深青，流外官及庶人服黄。太宗定制，内侍省不置三品官；内侍是长官，阶四品，其职但在阁门守御，黄衣廪食而已。

至玄宗，宦官至三品将军，门施棨戟，得衣紫矣。” [7] 令狐绹（795—879）：字子直，京兆华原（今陕西铜川市耀州区）人。文宗时进士，更历中外，宣宗大中四年（850）任相。 [8] 南北司：唐朝以宰相朝官为南衙，宦官居宫中为北司。所谓南衙北司简称南北司，南北司之争，就是朝官与宦官之争。

（大中九年，855）二月，以醴泉令李君奭为怀州刺史[1]。初，上校猎渭上，有父老以十数，聚于佛祠。上问之，对曰：“醴泉百姓也。县令李君奭有异政，考满当罢，诣府乞留，故此祈佛，冀谐所愿耳。”及怀州刺史阙，上手笔除君奭，宰相莫之测。君奭入谢，上以此奖厉[2]，众始知之。

靠这种小把戏选人用人，这就是唐宣宗的局限。

夏，闰四月，诏以：“州县差役不均，自今每县据人贫富及役轻重作差科簿[3]，送刺史检署讫，锁于令厅[4]，每有役事委令据簿轮差。”

（五月）上聪察强记，宫中厮役给洒扫者，皆能识其姓名，才性所任，呼召使令，无差误者。天下奏狱吏卒姓名，一览皆记之。度支奏渍污帛[5]，误书渍为清，枢密承旨孙隐中谓上不之见，辄足成之。及中书覆入，上怒，推按擅改章奏者罚谪之。

察察为明而已。

[注释]

[1] 醴泉：县名，今陕西礼泉。怀州：州名，治今河南沁阳。[2] 上以此奖厉：胡三省注："以所得于父老之言奖厉。" [3] 差科簿：唐代县政府为征发百姓徭役而编制的簿册。 [4] 令厅：县令厅是也。 [5]"度支奏渍污帛"以下七句：意思是度支奏章有错字，枢密承旨在传递过程中将错字改正，被宣宗发现，按照擅自改动奏章处罚。以上都显示宣宗察察为明的执政风格。枢密承旨，胡三省注："唐末，枢密承旨以院吏充，五代以诸卫将军充，宋朝以士人充，遂为清选。"覆入，胡三省注："内出度支奏付中书，中书宣署申覆，还而奏之，谓之覆入。"

上密令翰林学士韦澳纂次诸州境土风物及诸利害为一书，自写而上之，虽子弟不知也，号曰《处分语》。他日，邓州刺史薛弘宗入谢[1]，出，谓澳曰："上处分本州事惊人。"澳询之，皆《处分语》中书也。澳在翰林[2]，上或遣中使宣旨草诏；事有不可者，澳辄曰："兹事须降御札，方敢施行。"淹留至旦，上疏论之；上多从之。

宣宗为守成之君，不能作大刀阔斧改革。

冬，十一月，以吏部侍郎柳仲郢为兵部侍郎，充盐铁转运使[3]。有闾阎医工刘集因缘交通禁中[4]，上敕盐铁补场官[5]。仲郢上言："医工术精，宜补医官；若委务铜盐，何以课其殿最！且场官唐宣宗是明白人，但是不足以拨乱反正。

贱品，非特敕所宜亲，臣未敢奉诏。”上遽批：“刘集宜赐绢百匹，遣之。”他日，见仲郢，劳之曰：“卿论刘集甚佳。”

上尝苦不能食，召医工梁新诊脉，治之数日，良已。新因自陈求官，上不许，但敕盐铁使月给钱三十缗而已。

右威卫大将军康季荣前为泾原节度使，擅用官钱二百万缗，事觉，季荣请以家财偿之。上以季荣有开河、湟功，许之。给事中封还敕书[6]，谏官亦上言，十二月，庚辰，贬季荣夔州长史[7]。

[注释]

[1] 邓州：今属河南南阳。 [2]“澳在翰林”以下六句：翰林学士草拟诏书，通常由宦官宣旨，重要的事务则需要皇帝亲笔函件，谓之御札。 [3] 盐铁转运使：唐代主管盐铁专卖的使职，其下在各地设置控制食盐生产的场官。 [4] 间阎医工：胡三省注：“医工无职于尚药局，不待诏于翰林院，但以医术自售于间阎之间，故谓之间阎医工。” [5] 场官：凡铜铁盐场皆官主之。 [6] 给事中封还敕书：唐制：凡诏敕有不便者，给事中涂窜而奏还之，谓之涂归。 [7] 夔州：治今重庆奉节。

（大中十一年，857，正月）上欲幸华清宫[1]，谏官论之甚切，上为之止。上乐闻规谏，凡谏官论事、门下封驳，苟合于理，多屈意从之；得大臣章疏，必焚香盥手而读之。

宣宗不算昏庸，但唐朝的衰颓却需要明君方可挽救。

（七月）教坊祝汉贞，滑稽敏给，上或指物使之口占，摹咏有如宿构，由是宠冠诸优。一日，在上前抵掌诙谐，颇及外事。上正色谓之曰："我畜养尔曹，正供戏笑耳，岂得辄预朝政邪！"自是疏之。会其子坐赃，杖死，流汉贞于天德军[2]。

乐工罗程，善琵琶，自武宗朝已得幸。上素晓音律，尤有宠。程恃恩暴横，以睚眦杀人[3]，系京兆狱。诸乐工欲为之请，因上幸后苑奏乐，乃设虚坐，置琵琶，而罗拜于庭，且泣。上问其故，对曰："罗程负陛下，万死，然臣等惜其天下绝艺，不复得奉宴游矣！"上曰："汝曹所惜者罗程艺，朕所惜者高祖、太宗法。"竟杖杀之。

（十月）上晚节颇好神仙，遣中使迎道士轩辕集于罗浮山[4]。

唐宣宗的兴趣在此矣。

（大中十二年，858，正月）轩辕集至长安，上召入禁中，问曰："长生可学乎？"对曰："王者屏欲而崇德，则自然受天遐福，何处更求长生！”留数月，坚求还山[5]，乃遣之。

[注释]

[1] 华清宫：位于今陕西西安市临潼区。 [2] 天德军：唐代军镇名，治所位于今内蒙古自治区巴彦淖尔市阴山山脉南麓，安史之乱后是唐北疆地区的军事重镇。 [3] 以睚眦杀人：惹其恼怒就会杀人，意思是为一点小事都会杀人。形容凶暴。 [4] 轩辕集：唐朝罗浮山道人，武宗时延入，宣宗即位，驱除出宫。至此，宣宗复请入。 [5] 坚求还山：据胡三省注，轩辕集坚决要求还山，是接受了武宗会昌末年被遣返的教训。

（二月）戊辰，以中书侍郎、同平章事崔慎由为东川节度使[1]。

上欲御楼肆赦，令狐绹曰："御楼所费甚广[2]，事须有名，且赦不可数。"上不悦，曰："遣朕于何得名！"慎由曰[3]："陛下未建储宫，四海属望。若举此礼，虽郊祀亦可，况于御楼！"时上饵方士药，已觉躁渴，而外人未知，疑忌方深，闻之，俯首不复言。旬日，慎由罢相。

冬，十月，建州刺史于延陵入辞[4]，上曰："建州去京师几何？"对曰："八千里。"上曰："卿到彼为政善恶，朕皆知之，勿谓其远。此阶前则万里也，卿知之乎？”延陵悸慑失绪，上抚而遣之。到官，竟以不职贬复州司马[5]。

令狐绹拟李远杭州刺史[6]，上曰：“吾闻远诗云：‘长日惟消一局棋’，安能理人！”绹曰：“诗人托此为高兴耳，未必实然。”上曰：“且令往试观之。”上诏刺史毋得外徙，必令至京师，面察其能否，然后除之。令狐绹尝徙其故人为邻州刺史，便道之官。上见其谢上表，以问绹，对曰：“以其道近，省送迎耳。”上曰：“朕以刺史多非其人，为百姓害，故欲一一见之，访问其所施设，知其优劣以行黜陟。而诏命既行，直废格不用[7]，宰相可畏有权！”时方寒，绹汗透重裘。

贞观时期朝廷有一批能臣，大中年间，不过一令狐绹而已矣。

上临朝，接对群臣如宾客，虽左右近习，未尝见其有惰容。每宰相奏事，旁无一人立者，威严不可仰视。奏事毕，忽怡然曰：“可以闲语矣。”因问闾阎细事，或谈宫中游宴，无所不至。一刻许，复整容曰：“卿辈善为之，朕常恐卿辈负朕，后日不复得再相见。”乃起入宫。令狐绹谓人曰：“吾十年秉政，最承恩遇；然每延英奏事[8]，未尝不汗沾衣也！”

[注释]

[1] 崔慎由（805—868）：出身清河崔氏，文宗时进士及第，又登制科，曾任翰林学士、节度使等职，宣宗时为宰相。东川节度使：治梓州（今治四川三台）。 [2] 御楼所费甚广：胡三省注："凡御楼肆赦，六军十二卫皆有恩赉，故云所费甚广。" [3] "慎由曰"以下十四句：宣宗要大赦祈福，大约与服药求仙有关。崔慎由要立储触动了他的隐衷。一是宣宗对长子不满，从后来懿宗糟糕的表现看，宣宗的不满是有原因的。二是宣宗正在求长生，就不认为立储是紧急之事。 [4] 建州：治今山西晋城。 [5] 复州：治今湖北天门。司马：州上佐，彼时已属闲职。 [6] 李远：生卒年不详，字求古，夔州云安（今重庆云阳）人，文宗太和五年（831）进士及第，工于诗文，与杜牧、许浑、李商隐、温庭筠等诗人有交游。《全唐诗》卷五百一十九收李远诗一卷，并据《唐语林》录"青山不厌三杯酒，长日惟消一局棋"的残句。 [7] 格：唐代律令格式法典体系之一部，约类似今日行政规范。"格"自"敕"删润编订而来，以尚书省二十四司为序编排，分散颁格与留司格二种。开元二十五年（737）后未尝再有大规模修立律令格式之事（天宝、至德、建中年间或是局部修补，或是专修散敕，但多无果而终），代之更为编纂"格后长行敕"这一更为简便的立法形式。但由于涉及政务处置规范的散敕过多，宣宗时代的"格后敕"已经向刑罚典专门化演进。此处提及"格"是因牵涉刺史上任陛见皇帝之事，体现的仍是"格"在律令时代以规范政务处置为主要内容的特点。 [8] 延英：即延英殿，唐代后期，对延英是君相议政的重要形式。

（大中十三年，859）夏，四月，辛卯，以校书郎于琮为左拾遗内供奉[1]。初，上欲以琮尚永福公主[2]，既而中寝。宰相请其故，上曰："朕近与此女子会食，对朕辄折匕箸[3]。性情如是，岂可为士大夫妻！"乃更命琮尚广德公主。二公主皆上女。琮，敖之子也。

初，上长子郓王温[4]，无宠，居十六宅[5]，余子皆居禁中。夔王滋，第三子也，上爱之，欲以为嗣，为其非次，故久不建东宫。

上饵医官李玄伯、道士虞紫芝、山人王乐药，疽发于背。八月，疽甚，宰相及朝士皆不得见。上密以夔王属枢密使王归长、马公儒、宣徽南院使王居方[6]，使立之。三人及右军中尉王茂玄[7]，皆上平日所厚也。独左军中尉王宗实素不同心，三人相与谋，出宗实为淮南监军；宗实已受敕于宣化门外[8]，将自银台门出，左军副使亓元实谓宗实曰："圣人不豫逾月，中尉止隔门起居；今日除改，未可辨也。何不见圣人而出？"宗实感寤，复入，诸门已踵故事增人守捉矣。亓元实翼导宗实直至寝殿，上已崩，东首环泣矣。宗实叱归长等，责以矫诏；皆捧足乞命。乃遣宣徽北院使齐

因为兴趣在成仙，东宫之事居然交给宦官。

元简迎郓王。壬辰，下诏立郓王为皇太子，权句当军国政事，仍更名漼。收归长、公儒、居方[9]，皆杀之。癸巳，宣遗制，以令狐绹摄冢宰[10]。

宣宗大中朝是唐后期唯一的亮点，为什么不能振衰起敝?

宣宗性明察沈断，用法无私，从谏如流，重惜官赏，恭谨节俭，惠爱民物，故大中之政，讫于唐亡，人思咏之，谓之小太宗。

[注释]

[1] 于琮（？—881）：北周开国功臣于谨（493—568）之后。于氏本为鲜卑万忸于氏。至此，其后代却被视作士大夫的代表，可见其家法门风已经可以媲美山东士族。 [2] 永福公主：与下文“广德公主”均为宣宗的女儿。 [3] 匕箸：即今所谓筷子。 [4] 郓王温：宣宗长子，就后来的唐懿宗（833—873）。 [5] 十六宅：唐代王子集中居住的封闭宅院，位于长安毗连东面、北面城墙的坊区，南临兴宁坊，西靠长乐坊。 [6]“上密以夔王属枢密使王归长、马公儒、宣徽南院使王居方”二句：宣宗属意第三子夔王李滋（844—863），时年 16 岁。故以之托付给几名宦官。枢密使，设二人，宦官充任，掌进内机密。与神策军左右中尉，号为“四贵”。宣徽南院使，宣徽院使分南北，宣徽南院使高于北院，无具体执掌，宦官有内二十四司，宣徽使为统领。 [7] 右军中尉：与下文“左军中尉”统领左右神策禁军，是最有权势的宦官。 [8]“宗实已受敕于宣化门外”以下八句：谓王宗实在大明宫的宣化门外接受出任淮南监军的诏敕，将要从银台门离开，部将亓元实提醒他，圣人（皇帝）也许已经驾崩。宣化门，唐代皇帝所居为大明宫，宣化门为大明宫门之一。银台门，翰林

院附近之宫门。　[9]“收归长、公儒、居方”二句：左军中尉如何可以处置右军中尉即枢密使、宣徽南院使一干人等，伺后续研究。　[10]摄冢宰：即代理冢宰之职。唐代皇帝驾崩，新君初即位，照例由首席宰臣主持日常工作，叫摄冢宰。

（选自《资治通鉴》卷二百四十八，唐纪六十四；卷二百四十九，唐纪六十五）

［点评］

唐代中后期有多次改革，各种努力，都没有转变颓势。

德宗的改革，建立起禁军神策军，为宪宗“元和中兴”和削藩成功，提供了物质和军事基础。但是，元和削藩只是昙花一现，宪宗竟死于宦官之手。穆宗长庆销兵改革，当局者处事乖方，是失败的措置。敬宗以后，从文宗到武宗，从李德裕执政的会昌政绩（会昌是武宗年号）到号为“小太宗”的宣宗“大中之治”（大中是宣宗的年号），不是没有作为，也不是不想作为，更不是不想改革弊政，可是我们发现所有改革弊政的努力，都因种种原因而陷于失败，或者是没有获得实质性的成功。

唐王朝改革一次次失败的原因是多方面的。改革班子不坚强，改革主导者地位不巩固，改革的策略失当，改革的用人失当，改革不能持续进行。但是，所有原因中最核心的一条是这些皇帝本身不过硬，生于深宫之中，长于妇人之手，缺乏掌控全局的能力。官僚队伍蝇营狗苟，缺少贤能之士。只有唐宣宗曾长期被冷落，尚有一些明君品质，李德裕干练忠臣，不乏大臣风范，二人却不能合作开创新局面，说明唐朝的气数已尽，无可如何。

这里选取的《资治通鉴》内容是想尽量体现他的一些为政举措，但不难发现，宣宗大中之政，只是在具体事情上的精明，至多算一个守成的皇帝。可不幸的是，唐朝已经没有多少老本可以守成了。君相努力为善，仅能苟安，若骄奢淫逸，必定天下大乱。

九、庞勋兵变

火星是一点一点累积的。

初，南诏陷安南[1]，敕徐泗募兵二千赴援，分八百人别戍桂州，初约三年一代。徐泗观察使崔彦曾[2]，慎由之从子也[3]，性严刻；朝廷以徐兵骄，命镇之。都押牙尹戡、教练使杜璋、兵马使徐行俭用事[4]，军中怨之。戍桂州者已六年，屡求代还，戡言于彦曾，以军帑空虚，发兵所费颇多，请更留戍卒一年。彦曾从之。戍卒闻之，怒。都虞候许佶、军校赵可立、姚周、张行实皆故徐州群盗，州县不能讨，招出之，补牙职。会桂管观察使李丛移湖南[5]，新使未至。（咸通九年，868）秋，七月，佶等作乱，杀都将王仲甫[6]，推粮料判官庞勋为主[7]，劫库兵北还，所过剽掠，州县莫能御。朝廷闻之，八月，遣高品张敬思赦其罪[8]，部送归徐州[9]，戍卒乃止剽掠。

唐亡于黄巢而祸基于桂林！桂林戍卒起兵，不过是说好“瓜熟而代”却未代的老故事。但是，背后的社会因素却是非常复杂的。

[注释]

[1] 南诏：即云贵高原建国的南诏国（738—902），与唐朝关系叛服不常，咸通元年（860）再次叛唐，唐朝派军队到西南防御。安南：指安南都护府，咸通元年其府治宋平县（今越南河内）为南诏攻陷。 [2] 徐泗观察使：咸通三年（862）由武宁军节度使降为观察使，治徐州（今江苏徐州）。观察使，唐代后期道的军政长官，全称观察处置使，位高者由节度使兼任，位低者则带都团练使或都防御使。崔彦曾（？—868）：出身清河崔氏家族，曾任太仆卿、武宁军节度使，其父崔能曾任岭南节度使。 [3] 从子：即侄子。 [4] 都押牙：与下文“教练使”“兵马使（都知兵马使）”“都虞候”均为藩镇高级军职。 [5] 桂管观察使：辖桂、梧、柳等十三州，治桂州（今广西桂林）。 [6] 都将：一般指都兵马使，是这批戍卒的领导者。 [7] 粮料判官：是负责发放粮草的军官。 [8] 高品：高级宦官之通称，但非正式官阶，指宦官散品五品以上或蒙恩赐，得衣朱、紫者。高品之下尚有通称品官者，品官之下又有白衣。 [9]“部送归徐州”二句：其后，庞勋等利用地方官措置失宜，蓄意煽动叛乱，经过激烈的战斗，咸通十年（869）九月，历时一年多的庞勋之乱被平定，但是，唐朝也行将灭亡，故史称“唐亡于黄巢而祸基于桂林”。

（选自《资治通鉴》卷二百五十一，唐纪六十七）

［点评］

唐亡于黄巢而祸根起源于庞勋领导的桂林戍卒起兵，但这只是就现象而言，唐亡的根本原因，有制度因素和人事因素。

唐朝最后四十五年，在败家子唐懿宗、小顽童唐僖宗、窝囊废唐昭宗的领导下，国家怎么能好？晚唐政府缺乏强制能力，无法做到对内保卫政权、对外守卫领土，最高领导人试图借助宦官来掌握中枢政权，借助藩镇来维护边疆安定；缺乏监管能力，致使各种情况对社会造成危害，无以救助；缺乏统合能力，无法对机构和官员行为构成约束，官员贪腐成风，皇帝奢侈成性，上自皇家下到官员都已经烂透；缺乏汲取能力，最后唐朝的财政全靠东南各州，捉襟见肘；缺乏吸纳能力，无法吸取社会不同的意见和利益诉求；当时贫富分化很严重，老百姓的生活很困苦，唐朝政府没有能力对社会不同意见进行吸取。

当时翰林学士刘允章说国有“九破”：“终年聚兵，一破也；蛮夷炽兴，二破也；权豪奢僭，三破也；大将不朝，四破也；广造佛寺，五破也；赂贿公行，六破也；长吏残暴，七破也；赋役不等，八破也；食禄人多、输税人少，九破也。”九破的文字不难理解，说明当时社会问题严重，而国家基本没能力处理这些问题。同时，刘允章还提出民有“八苦”：“官吏苛刻，一苦也；私债征夺（借债给别人使他们没法生活），二苦也；赋税繁多，三苦也；所由乞敛，四苦也；替逃人差科（替逃亡的人出差科），五苦也；冤不得理、屈不得伸，六苦也；冻无衣、饥无食，七苦也；病不得医、死不得葬，八苦也。”因为这八苦，百姓都逃亡了，政府掌握的百姓越来越少了，也就是所谓“五去”：“势力侵夺，一去也；奸吏隐欺，二去也；破丁作兵，三去也；降人为客，四去也；避役出家，五去也。”也就是说，豪强抢夺人口，奸吏隐瞒人口，再加上百姓或去当兵，或去做佃客，或去出家，所以国家控制的人口越来越少了。刘允章对此感叹：“人有五去而无一归，有八苦而无一乐，国有九破而无一成。”加上官吏贪赃枉法，天下百姓都是哀号于道路，逃窜于山泽，夫妻不相活，父子不相救，百姓有冤无处伸，有苦无处说，他们出路何在呀！

在这种情况下，懿宗、僖宗的三十年统治，皇帝昏庸不务正业，宰相腐败无能，宦官专政，地方贪腐残酷，民不聊生。懿宗这个“败家子”终日宴饮酒不离口，郊游动辄扈从人员十几万，出手大方，赏赐无节，奢靡无极。爱妃所生同昌公主出嫁，他倾宫中所有做嫁妆，第二年公主死了，他迁怒医官医治不力，杀死很多人，罢免了宰相，并为公主举行豪华葬礼。懿宗迎佛骨，信佛信奉到疯狂的程度。咸通十四年（873），法门寺迎佛骨，但懿宗不久就死了，十二岁的儿子僖宗即位。僖宗生性愚顽，喜欢斗鸡走狗，斗鹅走马，一鹅赌五千缗钱，以致社会矛盾更加激化。朝廷发文徒为空文，没有任何实际用处。他最宠的宦官是田令孜，称其为“阿父”。田令孜有谋略，招权纳贿，独揽朝政，来见皇上时就带两盘果子，边喝边跟皇上聊。

正是僖宗在位时，发生了王仙芝、黄巢起义。起义军从北打到南，又从广州北上打到长安，僖宗皇帝被赶到四川去了，所以唐末诗人罗隐在《题马嵬驿》中讲："马嵬烟柳正依依，重见銮舆幸蜀归。泉下阿蛮应有语，这回休更怨杨妃。"唐末另一位进士韦庄也有诗云："九重天子去蒙尘，御柳无情依旧春。今日不关妃妾事，始知辜负马嵬人。"为杨贵妃以死背负安史之乱黑锅抱不平。天子蒙尘跟女人有什么关系？僖宗幸蜀就与女人无关。黄巢在长安建国号大齐，年号金统，僖宗却在四川躲了整整四年。黄巢入长安时大肆宣扬说起兵是为了百姓，表示自己和李唐王朝不同，让百姓不要害怕，所谓"天街踏尽公卿骨"。黄巢起义导致唐朝秩序大乱，随后，唐朝周边藩镇组织剿灭部队，黄巢部下朱温又投降了唐朝。中和三年（883），黄巢撤出长安，最后在东逃过程中，被李克用和朱温联合击溃，在山东莱芜境内自刎而死。从此唐朝就瘫痪了，江淮的转运路也绝了，国命所制，只有数十个州，郡将自擅，常赋殆绝，藩侯废置不自朝廷，王业于是荡然，唐朝就名存实亡了。

卷二百六十六至卷二百九十四 后梁纪、后唐纪、后晋纪、后汉纪、后周纪

【**提要**】《资治通鉴》五代部分包括后梁纪六卷、后唐纪八卷、后晋纪六卷、后汉纪四卷、后周纪五卷，凡二十九卷。从朱全忠受禅治国到郭威黄袍加身，虽然只有四篇，但是每篇内容相对比较平衡，力图在比较混乱的时代再现当时的重大时代节点。

一、朱全忠受禅与治国

（开平元年，907，三月）甲辰，唐昭宣帝降御札禅位于梁[1]。以摄中书令张文蔚为册礼使[2]，礼部尚书苏循副之；摄侍中杨涉为押传国宝使[3]，翰林学士张策副之；御史大夫薛贻矩为

押金宝使，尚书左丞赵光逢副之；帅百官备法驾诣大梁[4]。

（四月）庚戌，梁王始御金祥殿[5]，受百官称臣，下书称教令，自称曰寡人。辛亥，令诸笺、表、簿、籍皆去唐年号，但称月、日。丙辰，张文蔚等至大梁。

壬戌，梁王更名晃。王兄全昱闻王将即帝位，谓王曰："朱三，尔可作天子乎！"

甲子，张文蔚、杨涉乘辂自上源驿从册宝，诸司各备仪卫卤簿前导，百官从其后，至金祥殿前陈之。

禅让的把戏，上演如仪。

王被衮冕，即皇帝位。张文蔚、苏循奉册升殿进读，杨涉、张策、薛贻矩、赵光逢以次奉宝升殿，读已，降，帅百官舞蹈称贺。帝遂与文蔚等宴于玄德殿。帝举酒曰："朕辅政未久，此皆诸公推戴之力。"文蔚等皆惭惧，俯伏不能对，独苏循、薛贻矩及刑部尚书张祎盛称帝功德宜应天顺人。

帝复与宗戚饮博于宫中，酒酣，朱全昱忽以投琼击盆中迸散[6]，睨帝曰："朱三，汝本砀山一民也，从黄巢为盗，天子用汝为四镇节度使，富贵极矣！奈何一旦灭唐家三百年社稷，自称帝王！行当族灭，奚以博为！”帝不怿而罢。

禅让的把戏一再上演，没有像老朱家人这么扫兴搅局的。

乙丑[7]，命有司告天地、宗庙、社稷。丁卯，遣使宣谕州、镇。戊辰，大赦，改元，国号大梁。奉唐昭宣帝为济阴王，皆如前代故事，唐中外旧臣官爵并如故。以汴州为开封府，命曰东都；以故东都为西都；废故西京，以京兆府为大安府，置佑国军于大安府，更名魏博曰天雄军。迁济阴王于曹州，栫之以棘，使甲士守之。

以宣武掌书记、太府卿敬翔知崇政院事[8]，以备顾问，参谋议，于禁中承上旨，宣于宰相而行之。宰相非进对时有所奏请及已受旨应复请者，皆具记事因崇政院以闻，得旨则复宣于宰相。翔为人沈深，有智略，在幕府三十余年，军谋、民政，帝一以委之。翔尽心勤劳，昼夜不寐，自言惟马上乃得休息，帝性暴戾难近，人莫能测，惟翔能识其意趣。或有所不可，翔未尝显言，但微示持疑；帝意已悟，多为之改易。禅代之际，翔谋居多。

敬翔这样的士人能够为朱全忠所信任重用，说明朱全忠并非莽汉。

（十一月）初，帝在藩镇，用法严，将校有战没者，所部兵悉斩之，谓之跋队斩。士卒失主将者，多亡逸不敢归。帝乃命凡军士皆文其面以记军号[9]。军士或思乡里逃去，关津辄执之送所属，无不死者，其乡里亦不敢容。由是亡者皆聚山泽为盗，大为州县之患。壬寅，诏赦其罪，自今虽文面亦听还乡里。盗减什七八。

［注释］

[1] 唐昭宣帝：李柷（892—908），唐昭宗李晔第九子，唐朝末代皇帝。 [2] 册礼使：奉传禅册宝，押金吾使卫、太常卤簿等。 [3] 传国宝：与下文“金宝”都指玺印。 [4] 法驾：天子举行重大活动时乘坐的车驾。 [5] 梁王：朱全忠（852—912），本名温，随黄巢起兵，降唐后被赐名全忠，任宣武节度使（治汴州，今河南开封），后封梁王。登基后改名晃。金祥殿：胡三省注引王溥《五代会要》：“梁受禅都大梁，改正衙殿为崇元殿，东殿为玄德殿，内殿为金祥殿，万岁堂为万岁殿，门如殿名。”又，梁自谓以金德王，以福建上献鹦鹉，诸州相继上白乌、白兔及白莲之合蒂者，以为金行应运之兆，故名殿曰金祥。 [6] 投琼：即骰子（tóu zi），又称色子（shǎi zi），用来投掷的博具。 [7]“乙丑”以下四句：都是告以受禅于唐的信息。 [8] 崇政院：约相当于唐末枢密院。崇政院使为皇帝内廷决策顾问，同时担任中外传宣之任。 [9] 文其面：在逃亡兵士脸颊刻上所属部队番号。

（开平四年，910，四月）丁卯，宋州节度使衡王友谅献瑞麦[1]，一茎三穗[2]，帝曰："丰年为上瑞。今宋州大水，安用此为！"诏除本县令名[3]，遣使诘责友谅，以兖海留后惠王友能代为宋州留后。友谅、友能，皆全昱子也。

大水天灾，祥瑞何用？朱全忠是明白人！

帝以晋州刺史下邑华温琪拒晋兵有功[4]，欲赏之，会护国节度使冀王友谦上言晋、绛边河东，乞别建节镇，壬申，以晋、绛、沁三州为定昌军，以温琪为节度使。

左金吾大将军寇彦卿入朝[5]，至天津桥，有民不避道[6]，投诸栏外而死。彦卿自首于帝。帝以彦卿才干有功，久在左右。命以私财遗死者家以赎罪。御史司宪崔沂劾奏"彦卿杀人阙下，请论如法"。帝命彦卿分析[7]。彦卿对："令从者举置栏外，不意误死。"帝欲以过失论，沂奏："在法[8]，以势力使令为首，下手为从，不得归罪从者；不斗而故殴伤人，加伤罪一等，不得为过失。"辛巳，责授彦卿游击将军、左卫中郎将[9]。彦卿扬言："有得崔沂首者，赏钱万缗。"沂以白帝，帝使人谓彦卿："崔沂有毫发伤，我当族

什么叫混乱中的秩序！这就是。后梁之亡在于接班人不行，家天下只能在子嗣中找接班人，成功的概率就很低，要碰运气。这就是"周期率"的历史经验之一。

汝！”时功臣骄横，由是稍肃，沂，沆之弟也。

［注释］

[1] 宋州（治今河南商丘）节度使：后梁建都大梁（今河南开封），将宣武节度使治所由汴州迁到宋州。　[2]“一茎三穗”以下五句：一茎三穗，自然是祥瑞，但朱全忠认为现在宋州水灾严重，民不聊生，报送这种祥瑞有害无益。　[3]“诏除本县令名”以下三句：诏给报送祥瑞的县令除名，宋州节度使由朱友谅换为朱友能。　[4] 华温琪（862—936）：字德润，宋州下邑（今河南夏邑）人，曾参加唐末黄巢农民军，后梁、后唐时为军将。晋兵：晋王的军队，指李克用、李存勖父子的军队。　[5] 寇彦卿（862—918）：字俊臣，大梁（河南开封）人。父祖皆宣武军牙校，朱全忠镇汴，彦卿追随左右，累官至节度使、金吾卫大将军。　[6]“有民不避道”二句：据《新唐书·寇彦卿传》，这个死者叫梁现。　[7] 帝命彦卿分析：胡三省注：“崔沂请依法论彦卿之罪，帝欲宽之，故使分析。分析者，使彦卿置对，分疏辩析梁现致死之由。”　[8]“在法”以下七句：崔沂援引法律认为，虽然行凶者是寇彦卿从属，但他是因寇彦卿挟长官之势而被指使行凶，故寇彦卿当为首犯，不得归罪从属；且梁现并不是斗殴而死，（无故枉死，）按照规定：不斗而故殴伤人，加伤罪一等，不得为过失。　[9] 责授彦卿游击将军、左卫中郎将：从左金吾卫大将军（正三品）降为左卫中郎将（正四品下）。

（选自《资治通鉴》卷二百六十六，后梁纪一；卷二百六十七，后梁纪二）

［点评］

史家吕思勉说："在唐、五代之际，梁太祖确是能定乱和恤民的，……惜乎天不假年，梁太祖篡位后仅六年而遇弑。"（吕思勉《吕著中国通史》，中国社会科学出版社，2013年版）吕先生肯定了唐朝末年的唐政权是没有希望的政权，后梁的建立是一个进步。为什么说是一个进步，本篇所引材料，梁太祖能够遏制住寇彦卿的胡来，就是进步。梁太祖能重用敬翔就是进步。

可是梁太祖建立的后梁为什么不能长治久安呢？这与家天下的痼疾有关。子嗣不行，接班人不能接班，就无法巩固政权，更谈不上从打天下到治天下的战略转型了。

二、后唐庄宗宠伶人

帝幼善音律[1]，故伶人多有宠[2]，常侍左右；帝或时自傅粉墨，与优人共戏于庭，以悦刘夫人[3]，优名谓之"李天下"[4]。尝因为优[5]，自呼曰"李天下，李天下"，优人敬新磨遽前批其颊[6]。帝失色，群优亦骇愕，新磨徐曰："理天下者只有一人，尚谁呼邪！"帝悦，厚赐之。

帝尝畋于中牟[7]，践民稼，中牟令当马前谏曰："陛下为民父母，奈何毁其所食，使转死沟治理的使命与个人的嗜好发生冲突。人君必须时刻不忘治国理政的使命感。若屈服于个人嗜好，就应该离开这个职务，这在君主制度下是不可能的。

蹔乎！”帝怒，叱去，将杀之。敬新磨追擒至马前，责之曰：“汝为县令，独不知吾天子好猎邪？奈何纵民耕种，以妨吾天子之驰骋乎！汝罪当死！”因请行刑，帝笑而释之。

诸伶出入宫掖，侮弄缙绅，群臣愤嫉，莫敢出气；亦反有相附托以希恩泽者，四方藩镇争以货赂结之。其尤蠹政害人者，景进为之首[8]。进好采闾阎鄙细事闻于上，上亦欲知外间事，遂委进以耳目。进每奏事，常屏左右问之，由是进得施其谗慝，干预政事。自将相大臣皆惮之，孔岩常以兄事之[9]。

［注释］

[1] 帝：此处指唐庄宗李存勖（885—926），908 年继父李克用称晋王（晋王为唐朝所封），于 923 年（即后梁龙德三年，晋王天祐二十年）四月称帝，建立后唐，改元同光。 [2] 伶人：指歌舞戏剧演员。传说黄帝有乐官叫伶伦，后世因此谓演艺人员为伶人，《新五代史》有欧阳修撰写的《伶官传》记后唐时期的伶人。下文“优人”也是演员，合称伶优。 [3] 刘夫人：出身卑微，本为唐庄宗的姬妾，封魏国夫人，后立为皇后，生庄宗长子李继岌。 [4] 优名：即今所谓艺名。 [5] 为优：即演戏。优，优伶。 [6] 敬新磨：伶官，常用戏剧化方式讽谏庄宗不当行为，《新五代史·伶官传》有传。批其颊：掌掴庄宗的脸颊。 [7] 中牟：县

名，今属河南郑州。 [8] 景进：庄宗所宠信的伶官，谗言害政。《新五代史·伶官传》有传。 [9] 孔岩：胡三省注云："孔岩当作孔谦。"孔谦（？—926），庄宗时为租庸使，主管财政工作，以刻剥著于史。

（同光二年，924，四月）初，胡柳之役[1]，伶人周匝为梁所得，帝每思之；入汴之日[2]，匝谒见于马前，帝甚喜。匝涕泣言曰："臣之所以得生全者，皆梁教坊使陈俊、内园栽接使储德源之力也[3]，愿就陛下乞二州以报之。"帝许之。郭崇韬谏曰："陛下所与共取天下者，皆英豪忠勇之士。今大功始就，封赏未及一人，而先以伶人为刺史，恐失天下心。"以是不行。逾年，伶人屡以为言，帝谓崇韬曰："吾已许周匝矣，使吾惭见此三人。公言虽正，然当为我屈意行之。"五月，壬寅，以俊为景州刺史[4]，德源为宪州刺史[5]。时亲军有从帝百战未得刺史者，莫不愤叹。

唐庄宗以天下为私产，职官想给谁就给谁。

［注释］

[1] 胡柳之役：又称胡柳陂之战，发生于918年（即后梁贞明四年，晋王天祐十五年）晋、梁之间的一次恶战。晋军虽然先败后胜，但损失惨重，大将周德威战死。 [2] 入汴之日：指

923年，后唐庄宗李存勖灭后梁进入开封。 [3] 内园栽接使：胡三省注："梁内园栽接使，犹唐之内园使也。"掌皇家园林种植等。 [4] 景州：今河北景县。 [5] 宪州：治今山西娄烦。

（选自《资治通鉴》卷二百七十二，后唐纪一；卷二百七十三，后唐纪二）

[**点评**]

唐庄宗李存勖灭亡后梁之后，把首都迁到了洛阳。他只当了三年皇帝，同光四年（926）四月就在自己一手酿成的内乱中凄然死去，年仅42岁。

欧阳修《新五代史》专门有一篇《伶官传》，传序甚至进入了中学课本。"呜呼，盛衰之理，虽曰天命，岂非人事哉！"感慨的就是李存勖在打天下的时候如何意气风发，在坐稳江山后就忘乎所以。

在内乱中改朝换代是五代王朝递嬗的共同特点，像后梁这样父子兄弟相残固然不多见，可是不能安抚好功臣、权臣或有实力的藩镇，以致激起其内乱，则是共同特征。就后唐庄宗而论，沉迷于演剧，管不住老婆，忌刻功臣宿将，则是混乱局面生成的直接原因。

三、石敬瑭割让燕云十六州

（清泰元年，934，五月）帝与石敬瑭皆以勇力善斗[1]，事明宗为左右；然心竞[2]，素不相悦。帝即位，敬瑭不得已入朝，山陵既毕[3]，不敢言归。时敬瑭久病羸瘠，太后及魏国公主屡为之言[4]；而凤翔旧将佐多劝帝留之[5]，惟韩昭胤、李专美以为赵延寿在汴，不宜猜忌敬瑭。帝亦见其骨立，不以为虞，乃曰："石郎不惟密亲，兼自少与吾同艰难；今我为天子，非石郎尚谁托哉！"乃复以为河东节度使[6]。

唐末帝打肿脸充胖子。本没有心胸，却假装大度！

（清泰二年，935，六月）河东节度使、北面总管石敬瑭既还镇，阴为自全之计[7]。帝好咨访外事[8]，常命端明殿学士李专美、翰林学士李崧、知制诰吕琦、薛文遇、翰林天文赵延乂等更直于中兴殿庭，与语或至夜分。

[注释]

[1]帝：后唐末帝（又作废帝）李从珂（885—937），沙陀族，本为后唐明宗李嗣源（867—933）养子，姓王。石敬瑭（892—942）：明宗女婿也是沙陀族出身。　[2]心竞：内心互相较劲。　[3]山陵既毕：指处理完后唐明宗的丧事，明宗几个月前去世，闵帝李从厚死于战乱，李从珂在战乱中即位。石敬瑭不得已从河东节度使入朝。　[4]太后：石敬瑭岳母曹太后。魏国公主：石敬瑭妻子。　[5]"而凤翔旧将佐多劝帝留之"以下三句：李从

珂本是凤翔节度使，唐闵帝及其辅臣朱弘昭、冯赟调其任河东节度使，而让河东节度使石敬瑭调任成德节度使。凤翔旧将，就是追随其入京的部将。韩昭胤、李专美，均为李从珂凤翔节度使幕僚。时二人分别任枢密使、枢密院直学士。赵延寿（？—948），后唐幽州节度使赵德钧养子，娶后唐明宗女兴平公主，初为汴州司马，明宗即位后，历官宋州节度使、宣徽使、枢密使，兼镇徐州，此时以枢密使加同平章事，出为宣武（治汴州，今河南开封）、忠武（治陈州，今河南周口市淮阳区）两镇节度使。 [6] 乃复以为河东节度使：石敬瑭三月已经赴任成德，但四月就发生了李从珂从凤翔入主洛阳的政变。现在李从珂违心地又让石敬瑭回到河东。 [7] 阴为自全之计：暗中做准备，保证自己不被唐末帝除掉。 [8]“帝好咨访外事”以下三句：这几个谋臣中，除了李崧是后唐明宗时旧人外，李专美、薛文遇，都是李从珂从凤翔带来的府僚，吕琦是李从珂仕途低谷时的旧交，赵延义则因为阴阳术数而见用，没有一个人是足以救危扶倾的社稷之臣。

石敬瑭有内应，还会装怂。

时敬瑭二子为内使，曹太后则晋国长公主之母也[1]。敬瑭赂太后左右，令伺帝之密谋，事无巨细皆知之。敬瑭多于宾客前自称羸瘠不堪为帅，冀朝廷不之忌。时契丹屡寇北边，禁军多在幽、并，敬瑭与赵德钧求益兵运粮[2]，朝夕相继。甲申，诏借河东人有蓄积者菽粟。乙酉，诏镇州输绢五万匹于总管府，籴军粮，率镇冀人车千五百乘运粮于代州[3]；又诏魏博市籴。时水旱民饥，敬瑭遣使督趣严急，山东之民流散，乱始兆矣。

敬瑭将大军屯忻州[4]，朝廷遣使赐军士夏衣，传诏抚谕，军士呼万岁者数四。敬瑭惧[5]，幕僚河内段希尧请诛其唱首者，敬瑭命都押衙刘知远斩挟马都将李晖等三十六人以徇。希尧，怀州人也。帝闻之，益疑敬瑭。

李从珂想把江山稳固建立在石敬瑭的忠诚上，石敬瑭要把自己的安全建立在自己的势力上。

秋，七月，以枢密使刘延皓为天雄节度使[6]。

乙巳，以武宁节度使张敬达为北面行营副总管[7]，将兵屯代州，以分石敬瑭之权。帝深以时事为忧，尝从容让卢文纪等以无所规赞。丁巳，文纪等上言："臣等每五日起居，与两班旅见，暂获对扬，侍卫满前，虽有愚虑，不敢敷陈。窃见前朝自上元以来[8]，置延英殿[9]，或宰相欲有奏论，天子欲有咨度，皆非时召对，旁无侍卫，故人得尽言。望复此故事，惟听机要之臣侍侧。"诏以："旧制五日起居，百僚俱退，宰相独升，若常事自可敷奏。或事应严密，不以其日，或异日听于阁门奏牓子[10]，当尽屏侍臣，于便殿相待，何必袭延英之名也！"

[注释]

[1] 晋国长公主：石敬瑭的夫人，唐明宗与曹太后所生的女儿。 [2] 赵德钧（？—937）：时任卢龙节度使，治幽州（治今北京）。他与石敬瑭都阴谋联络契丹以自重。936年，唐、晋易代，赵被俘后次年卒于契丹。赵德钧墓在北京崇文区（今属东城区）被发现，墓志题官衔是“辽故卢龙军节度使太师中书令北平王赠齐王”。 [3] 率镇冀人车千五百乘：征调镇、冀民间车辆1500乘，运送粮食。代州：今山西代县。 [4]“敬瑭将大军屯忻州”以下四句：石敬瑭的职务是河东节度使，兼大同、彰国、振武、威塞等军蕃汉马步总管，有总管府在忻州，作为北部军区的司令部。时值农历六月，军士早该换夏装。现在夏装到了，军士欢呼雀跃。忻州，今属山西。 [5]“敬瑭惧”以下七句：挟马都将李晖等为基层军官，因为欢呼朝廷赐装而被杀。《新五代史·刘延朗传》记令唐末帝生疑的事情是有屯兵拥石敬瑭呼万岁，与此不同：“而屯兵忽变，拥高祖呼‘万岁’，高祖惧，斩三十余人而后止。于是帝益疑之。”都押衙，掌整肃军纪。刘知远（895—948），沙陀人，石敬瑭手下大将。刘知远后来建立五代后汉政权，为后汉高祖。 [6] 刘延皓：唐末帝李从珂皇后刘氏之弟。天雄节度使：即魏博节度使，治魏州（今河北魏县）。 [7]“以武宁节度使张敬达为北面行营副总管”以下三句：为了防范契丹，后唐设置北部总管府，石敬瑭屯忻州，如今派张敬达为副总管，屯代州（今山西代县），有牵制之意。武宁节度使，治徐州。张敬达（？—936），父祖皆为边将，庄宗、明宗、末帝时均获重用。 [8] 上元：唐肃宗年号（760—762）。 [9] 延英殿：唐后期制度，朝会之后，宰相与皇帝单独在延英殿会见，决策军国大政。 [10] 牓子：亦作“榜子”。奏事非表非状者，谓之榜子，亦曰录子，宋代札子即脱胎于此。案：翰林学士面奏即不用奏状，而用榜子。

（清泰三年，936，正月）癸丑，唐主以千春节置酒[1]，晋国长公主上寿毕[2]，辞归晋阳。帝醉，曰："何不且留？遽归，欲与石郎反邪！"石敬瑭闻之，益惧。

（三月）石敬瑭尽收其货之在洛阳及诸道者归晋阳，托言以助军费，人皆知其有异志。唐主夜与近臣从容语曰："石郎于朕至亲，无可疑者；但流言不释，万一失欢，何以解之？"皆不对。

不是现在怀疑，李从珂心里一直在嘀咕。

端明殿学士、给事中李崧退谓同僚吕琦曰[3]："吾辈受恩深厚，岂得自同众人，一概观望邪！计将安出？"琦曰："河东若有异谋，必结契丹为援。契丹母以赞华在中国[4]，屡求和亲，但求荝刺等未获[5]，故和未成耳。今诚归荝刺等与之和，岁以礼币约直十余万缗遗之，彼必欢然承命。如此，则河东虽欲陆梁，无能为矣。"崧曰："此吾志也。然钱谷皆出三司，宜更与张相谋之。"遂告张延朗[6]，延朗曰："如学士计，不惟可以制河东，亦省边费之什九，计无便于此者。若主上听从，但责办于老夫，请于库财之外捃拾以供之。"他夕，二人密言于帝，帝大喜，称其忠，二人私草《遗契丹书》以俟命。

久之，帝以其谋告枢密直学士薛文遇[7]，文遇对曰："以天子之尊，屈身奉夷狄，不亦辱乎！又，虏若循故事求尚公主，何以拒之？"因诵戎昱《昭君诗》曰[8]："安危托妇人。"帝意遂变。一日，急召崧、琦至后楼，盛怒，责之曰："卿辈皆知古今，欲佐人主致太平；今乃为谋如是！朕一女尚乳臭，卿欲弃之沙漠邪？且欲以养士之财输之虏庭，其意安在？"二人惧，汗流浃背，曰："臣等志在竭愚以报国，非为虏计也，愿陛下察之。"拜谢无数，帝诟责不已。吕琦气竭，拜少止，帝曰："吕琦强项，肯视朕为人主邪！"琦曰："臣等为谋不臧，愿陛下治其罪，多拜何为！"帝怒稍解，止其拜，各赐卮酒罢之，自是群臣不敢复言和亲之策。丁巳，以琦为御史中丞，盖疏之也。

碰到薛文遇这样的谋士，焉能不坏事。特点：高调。

观事情的变化，可见李从珂不堪当这个皇帝！为什么听薛文遇而不听李崧、吕琦的？判断还需要一把手决断！

（四月）初，石敬瑭欲尝唐王之意，累表自陈羸疾，乞解兵柄[9]，移他镇。帝与执政议从其请，移镇郓州。房暠、李崧、吕琦等皆力谏[10]，以为不可，帝犹豫久之。

［注释］

[1] 唐主：后唐末帝李从珂，按照《资治通鉴》的书写原则，本年十一月新君石敬瑭即位，故称石敬瑭为帝，后唐君主改称唐主。后唐清泰三年也写作后晋天福元年。千春节：末帝李从珂以自己的生日为千春节。 [2] 晋国长公主：即石敬瑭之妻。 [3] 李崧（？—948）：深州饶阳（今河北饶阳）人。后唐明宗时已经入直枢密院，并担任翰林学士，末帝清泰二年（935），出任端明殿学士、户部侍郎。吕琦（894—943）：幽州安次（今河北廊坊市安次区）人。后唐庄宗时入仕，与唐末帝李从珂有旧交，故末帝登基，获得重用，为端明殿学士。 [4] 契丹母：这里指辽太宗耶律德光母后述律太后（879—953）。赞华：指阿保机与述律平长子东丹王耶律倍（899—937）。耶律倍作为太子未能即位，为继位的耶律德光（902—947）所逼，后唐长兴元年（930）出逃洛阳，唐明宗赐姓名李赞华。 [5] 萴（cè）剌：契丹大将，明宗时入侵，在中山被后唐俘获。 [6] 张延朗：后梁时在地方管理粮料（军队供给），后唐明宗时为三司使，掌天下钱谷之事，是五代时期的首任三司使。 [7] 薛文遇：生卒不详，本后唐明宗时陇州（位于甘肃天水与陕西宝鸡之间）防御使判官，后随末帝李从珂从凤翔入洛，故得重用。 [8] 戎昱《昭君诗》：戎昱（中唐诗人）的《咏史》："汉家青史上，计拙是和亲。社稷依明主，安危托妇人。岂能将玉貌，便拟静胡尘。地下千年骨，谁为辅佐臣。" [9] 兵柄：胡三省注："兵柄，谓北面马步军都总管之任。"下文谓移镇郓州（天平节度使治所，位于今山东郓城），就失去了统领北部地区军队的权力。 [10] 房暠：李从珂从凤翔带来的幕僚，末帝登基，历南北宣徽使、枢密使。

五月，庚寅夜，李崧请急在外，薛文遇独直，薛文遇的馊主意再次获得李从珂的青睐。

帝与之议河东事，文遇曰："谚有之：'当道筑室，三年不成。'兹事断自圣志；群臣各为身谋，安肯尽言！以臣观之，河东移亦反，不移亦反，在旦暮耳，不若先事图之。"先是，术者言国家今年应得贤佐，出奇谋，定天下。帝意文遇当之，闻其言，大喜，曰："卿言殊豁吾意，成败吾决行之。"即为除目[1]，付学士院使草制。辛卯，以敬瑭为天平节度使，以马军都指挥使、河阳节度使宋审虔为河东节度使[2]。制出，两班闻呼敬瑭名[3]，相顾失色。

甲午，以建雄节度使张敬达为西北蕃汉马步都部署[4]，趣敬瑭之郓州。敬瑭疑惧，谋于将佐曰："吾之再来河东也，主上面许终身不除代[5]；今忽有是命[6]，得非如今年千春节与公主所言乎？我不兴乱，朝廷发之，安能束手死于道路乎！今且发表称疾以观其意，若其宽我，我当事之；若加兵于我，我则改图耳。"幕僚段希尧极言拒之，敬瑭以其朴直，不责也。节度使判官华阴赵莹劝敬瑭赴郓州[7]；观察判官平遥薛融曰："融书生，不习军旅。"都押牙刘知远曰："明公久将兵，得士卒心；今据形胜之地，士马精强，若称兵传檄，帝业可成，奈何以一纸制书自投虎口乎！”掌书记洛阳桑维翰曰：“主上初即位，明公入朝，主上岂不知蛟龙不可纵之深渊邪？然卒以河东复授公，此乃天意假公以利器。明宗遗爱在人，主上以庶孽代之，群情不附。公明宗之爱婿，今主上以反逆见待，此非首谢可免，但力为自全之计。契丹主素与明宗约为兄弟，今部落近在云、应，公诚能推心屈节事之，万一有急，朝呼夕至，何患无成。”敬瑭意遂决。

耶律阿保机与李克用为同辈，契丹主耶律德光与明宗李嗣源约为兄弟，则石敬瑭为晚一辈。

先是，朝廷疑敬瑭，以羽林将军宝鼎杨彦询为北京副留守[8]，敬瑭将举事，亦以情告之。彦询曰：“不知河东兵粮几何，能敌朝廷乎？”左右请杀彦询，敬瑭曰：“惟副使一人我自保之，汝辈勿言也。”

［注释］

[1]“即为除目”二句：调任石敬瑭的诏书下达前，皇帝交给翰林学士院草拟诏书的要点，谓之“除目”。除目，胡三省注：“御笔亲除付外行者谓之除目，其经宰相奏拟而行者亦谓之除目。” [2]宋审虔：随末帝李从珂从凤翔入京的功臣。《新五代

史·刘延朗传》："初，废帝起于凤翔，与共事者五人：节度判官韩昭胤，掌书记李专美，牙将宋审虔，客将房暠，而（刘）延朗为孔目官。"之后，宋审虔以侍卫亲军马军都指挥使，兼任河阳节度使，至此代替石敬瑭为河东节度使、北部总管。 [3] 两班：文武两班。 [4] 建雄节度使：建雄军治晋州（今山西临汾），后唐改后梁建宁军为建雄军。前称张敬达为北部副总管，大约本官就是建雄军节度使，至此又兼西北蕃汉马步都部署，同样是分割石敬瑭北部总管府的职权。 [5] 主上面许终身不除代：胡三省注："唐主此言当在即位之初，敬瑭入朝遣还镇时也。" [6]"今忽有是命"以下十句：胡三省注："观敬瑭此言，则求援于契丹者本心先定之计也，桑维翰之言正会其意耳。" [7]"节度使判官华阴赵莹劝敬瑭赴郓州"以下三十一句：唐五代藩镇节度使照例兼本道观察使，故有节度判官、观察判官，此外的幕职还有掌书记之类，武将则有都押牙、都虞候、都知兵马使（后改都指挥使）。石敬瑭的这些幕僚中，刘知远、桑维翰的意见最符合石敬瑭之意。 [8] 杨彦询（872—945）：河中宝鼎县（治今山西万荣）人，历仕后唐庄宗、明宗朝，末帝即位，被派往北京副留守，以牵制石敬瑭。后唐以太原为陪都，号北京，例以河东节度使兼北京留守。

石敬瑭击中了李从珂的软肋！

戊戌，昭义节度使皇甫立奏敬瑭反[1]。敬瑭表："帝，养子，不应承祀，请传位许王[2]。"帝手裂其表抵地，以诏答之曰："卿于鄂王固非疏远[3]，卫州之事，天下皆知；许王之言，何人肯信！"壬寅，制削夺敬瑭官爵。乙巳，以张敬达兼太原四面排陈使[4]，河阳节度使张彦琪为马步军都指挥使，以安国节度使安审琦为马军都指挥使，以保义节度使相里金为步军都指挥使，以右监门上将军武廷翰为壕寨使[5]。丙午，以张敬达为太原四面兵马都部署[6]，以义武节度使杨光远为副部署。丁未，又以张敬达知太原行府事，以前彰武节度使高行周为太原四面招抚、排陈等使。光远既行[7]，定州军乱，牙将千乘方太讨平之。

［注释］

[1] 昭义节度使：在潞州（治今山西长治市潞州区），与并州（治今山西太原）接壤。皇甫立（？—949）：代北（泛指山西北部及河北西北部地区）人。 [2] 许王：明宗之子李从益（931—947），后晋时期被封为郇国公。契丹灭后晋，李从益被辽国任命知南朝军国事，为中原帝，后被刘知远所杀。 [3] 鄂王：李从厚（914—934），即唐闵帝。闵帝出逃卫州，为石敬瑭部将所杀。 [4] 太原四面排阵使：与下文“太原四面兵马都部署”都是前方总指挥之意，其下有副职，以及马步军都指挥使，进而马军都指挥使、步军都指挥使，分统兵马。 [5] 壕寨使：当是负责壕堑、营寨等后勤工作。 [6]“以张敬达为太原四面兵马都部署”以下五句：这样的人事安排，叠床架屋，显示出末帝李从珂对前线将领的牵制之意。义武节度使，又称易定节度使，治定州。 [7]“光远既行”以下三句：节度使杨光远出任太原四面兵马副都部署，后方兵乱，方太（千乘县人，县址在今山东高青县唐坊镇）平定之。

张敬达将兵三万营于晋安乡[1]，戊申，敬达奏西北先锋马军都指挥使安审信叛奔晋阳。审信，金全之弟子也，敬瑭与之有旧。先是，雄义都指挥使马邑安元信将所部六百余人戍代州[2]，代州刺史张朗善遇之，元信密说朗曰："吾观石令公长者，举事必成；公何不潜遣人通意，可以自全。"朗不从，由是互相猜忌。元信谋杀朗，不克，帅其众奔审信，审信遂帅麾下数百骑与元信掠百井奔晋阳。敬瑭谓元信曰："汝见何利害，舍强而归弱？"对曰："元信非知星识气，顾以人事决之耳。夫帝王所以御天下，莫重于信。今主上失大信于令公，亲而贵者且不自保，况疏贱乎！其亡可翘足而待，何强之有！"敬瑭悦，委以军事。振武西北巡检使安重荣戍代北[3]，帅步骑五百奔晋阳。重荣，朔州人也。以宋审虔为宁国节度使、充侍卫马军都指挥使。

石敬瑭经营了多年，故人多归之。

天雄节度使刘延皓恃后族之势[4]，骄纵，夺人财产，减将士给赐，宴饮无度。捧圣都虞候张令昭因众心怨怒，谋以魏博应河东，癸丑未明，帅众攻牙城，克之；延皓脱身走，乱兵大掠。令昭奏："延皓失于抚御，以致军乱；臣以抚安士卒，权领军府，乞赐旌节！"延皓至洛阳，唐主怒，命远贬；皇后为之请，六月，庚申，止削延皓官爵，归私第。

癸亥，唐主以张令昭为右千牛卫将军、权知天雄军府事。令昭以调发未集，且受新命。寻有诏徙齐州防御使，令昭托以士卒所留，实俟河东之成败。唐主遣使谕之[5]，令昭杀使者。甲戌，以宣武节度使兼中书令范延光为天雄四面行营招讨使、知魏博行府事，以张敬达充太原四面招讨使，以杨光远为副使。丙子，以西京留守李周为天雄军四面行营副招讨使。

石敬瑭之子右卫上将军重殷、皇城副使重裔闻敬瑭举兵[6]，匿于民间井中。弟沂州都指挥使敬德杀其妻女而逃，寻捕得，死狱中，从弟彰圣都指挥使敬威自杀。秋，七月，戊子，获重殷、重裔，诛之，并族所匿之家。

云州步军指挥使桑迁奏应州节度使尹晖逐云州节度使沙彦珣[7]，收其兵应河东。丁西，彦珣表迁谋叛应河东，引兵围子城。彦珣犯围走出西山，据雷公口，明日，收兵入城击乱兵，迁败走，军城复安。是日，尹晖执迁送洛阳，斩之。

丁未，范延光拔魏州，斩张令昭。诏悉诛其党七指挥[8]。

［注释］

[1] 晋安乡：在太原城南，又称晋安寨。 [2] 雄义都指挥使马邑安元信将所部六百余人戍代州：唐五代与边防重镇，调各地兵马前往戍防，代州为防御契丹的军事要地，雄义军驻扎，下文振武西北巡检使安重荣率军五百戍代北，也是这种情况。 [3] 安重荣：小字铁胡。安审信、安元信、安重荣，均姓安，怀疑他们都是归化的西域胡人。 [4] 天雄节度使：即魏博节度使，治魏州（治今河北魏县）。刘延皓：刘皇后之弟。 [5]“唐主遣使谕之”以下八句：太原战争还没有结束，魏博节度使又起战火。 [6]“石敬瑭之子右卫上将军重殷、皇城副使重裔闻敬瑭举兵”以下十二句：说明石敬瑭在洛阳的亲属担心受牵连而不安，逃亡中被处死。 [7]“云州步军指挥使桑迁奏应州节度使尹晖逐云州节度使沙彦珣”以下五句：显示河东周边的军将情况复杂，是向着朝廷还是向着河东石敬瑭，互相攻讦。 [8] 诏悉诛其党七指挥：诛杀七名唱乱的指挥使。指挥，即指挥使。

张敬达发怀州彰圣军戍虎北口[1]，其指挥使张万迪将五百骑奔河东，丙辰，诏尽诛其家。

石敬瑭遣间使求救于契丹，令桑维翰草表称

臣于契丹主，且请以父礼事之，约事捷之日，割卢龙一道及雁门关以北诸州与之[2]。刘知远谏曰："称臣可矣，以父事之太过。厚以金帛赂之，自足致其兵，不必许以土田，恐异日大为中国之患，悔之无及。"敬瑭不从。表至契丹，契丹主大喜[3]，白其母曰："儿比梦石郎遣使来，今果然，此天意也。"乃为复书，许俟仲秋倾国赴援。

石敬瑭为了争取契丹支援，开出了一个大价钱！这个价钱是李从珂不可能开出的。

八月，己未，以范延光为天雄节度使[4]，李周为宣武节度使、同平章事[5]。

癸亥，应州言契丹三千骑攻城。张敬达筑长围以攻晋阳。石敬瑭以刘知远为马步都指挥使，安重荣、张万迪降兵皆隶焉。知远用法无私，抚之如一，由是人无贰心。敬瑭亲乘城，坐卧矢石下，知远曰："观敬达辈高垒深堑[6]，欲为持久之计，无他奇策，不足虑也。愿明公四出间使，经略外事。守城至易，知远独能办之。"敬瑭执知远手，抚其背而赏之。

戊寅，以成德节度使董温琪为东北面副招讨使，以佐卢龙节度使赵德钧。

唐主使端明殿学士吕琦至河东行营犒军，杨

光远谓琦曰："愿附奏陛下，幸宽宵旰[7]。贼若无援，旦夕当平；若引契丹[8]，当纵之令入，可一战破也。"帝甚悦。帝闻契丹许石敬瑭以仲秋赴援，屡督张敬达急攻晋阳，不能下。每有营构[9]，多值风雨，长围复为水潦所坏，竟不能合，晋阳城中日窘，粮储浸乏。

［注释］

[1] 虎北口：胡三省注："虎北口在汾水北。彰圣军本洛城屯卫兵也，先是分屯怀州，又自怀州发赴张敬达军前，敬达又发之戍虎北口。"　[2] 卢龙一道：即幽州节度使统辖地区。雁门关以北诸州：包括山西、河北北部地区。　[3] 契丹主大喜：胡三省注："喜中国有衅之可乘也。"契丹主，辽太宗耶律德光（902—947），其母即述律太后。　[4] 范延光（？—940）：字子瑰，临漳县（今属河北邯郸）人。五代名将。　[5] 李周（871—944）：原名李敬周，字通理，邢州内丘县（今属河北邢台）人。五代名将。　[6]"观敬达辈高垒深堑"以下八句：胡三省注："用兵之计，攻城最下。以敬瑭、知远之守，又有契丹之援，而敬达欲以持久制之，宜其败也。"　[7] 幸宽宵旰：意思是让唐末帝放宽心。宵旰，古人用宵衣旰食来形容帝王寝食不安处理国政。　[8]"若引契丹"以下三句：胡三省对杨光远纵敌深入的做法不以为然，认为"关隘不可不扼也。寻而契丹径入，唐兵一战而败，遂为所困矣"。　[9]"每有营构"以下六句：胡三省注："若契丹之援不至，晋不能支矣。"

九月，契丹主将五万骑，号三十万，自扬武谷而南[1]，旌旗不绝五十余里。代州刺史张朗、忻州刺史丁审琦婴城自守，虏骑过城下，亦不诱胁。审琦，洺州人也。

辛丑，契丹主至晋阳，陈于汾北之虎北口。先遣人谓敬瑭曰："吾欲今日即破贼可乎？"敬瑭遣人驰告曰："南军甚厚，不可轻，请俟明日议战未晚也。"使者未至，契丹已与唐骑将高行周、符彦卿合战[2]，敬瑭乃遣刘知远出兵助之。张敬达、杨光远、安审琦以步兵陈于城西北山下，契丹遣轻骑三千，不被甲，直犯其陈。唐兵见其羸，争逐之，至汾曲[3]，契丹涉水而去。唐兵循岸而进，契丹伏兵自东北起，冲唐兵断而为二，步兵在北者多为契丹所杀，骑兵在南者引归晋安寨。契丹纵兵乘之，唐兵大败，步兵死者近万人，骑兵独全。敬达等收余众保晋安，契丹亦引兵归虎北口。敬瑭得唐降兵千余人[4]，刘知远劝敬瑭尽杀之。

军事上依靠骄兵夺得帝位的李从珂，无法打赢契丹铁骑。

是夕，敬瑭出北门见契丹主，契丹主执敬瑭手，恨相见之晚。敬瑭问曰："皇帝远来，士马疲倦，遽与唐战而大胜，何也？"契丹主曰："始吾自北来，谓唐必断雁门诸路[5]，伏兵险要，则吾不可得进矣。使人侦视，皆无之。吾是以长驱深入，知大事必济也。兵既相接，我气方锐，彼气方沮，若不乘此急击之，旷日持久，则胜负未可知矣。此吾所以亟战而胜，不可以劳逸常理论也。”敬瑭甚叹伏。

壬寅，敬瑭引兵会契丹围晋安寨，置营于晋安之南，长百余里，厚五十里，多设铃索吠犬[6]，人跬步不能过。敬达等士卒犹五万人[7]，马万匹，四顾无所之。甲辰，敬达遣使告败于唐，自是声问不复通。唐主大惧，遣彰圣都指挥使符彦饶将洛阳步骑兵屯河阳，诏天雄节度使兼中书令范延光将魏州兵二万由青山趣榆次，卢龙节度使、东北面招讨使兼中书令北平王赵德钧将幽州兵由飞狐出契丹军后[8]，耀州防御使潘环纠合西路戍兵由晋、绛两乳岭出慈、隰[9]，共救晋安寨。契丹主移帐于柳林，游骑过石会关，不见唐兵。

[注释]

[1] 扬武谷：胡三省注：扬武谷在代州崞（guō）县（治今山西原平）。 [2] 高行周（885—952）：字尚质，妫（guī）州怀

戎军（今河北怀来）人，五代名将。符彦卿（898—975）：字冠侯，陈州宛丘县（今河南周口市淮阳区）人，五代名将。 [3] 汾曲：胡三省注："汾曲，汾水之曲也。" [4]"敬瑭得唐降兵千余人"二句：胡三省注："唐兵虽败，其众尚强，刘知远惧降兵复叛归，故劝杀之。" [5] 雁门诸路：胡三省注："雁门有东陉、西陉之险，崞县有阳武、石门之隘。"又云："使张敬达等果知出此，岂有晋安之困哉。" [6]"多设铃索吠犬"二句：若有人通过，就会触碰铃声或者被狗吠。故说"人跬步不能过"。跬步，即半步。 [7]"敬达等士卒犹五万人"以下三句：胡三省注："兵法：置之死地而后生。若张敬达等能于围落未合之时，勉谕将士，竭力致死决战，胜负未可知也。" [8] 卢龙节度使、东北面招讨使兼中书令北平王赵德钧将幽州兵由飞狐出契丹军后：胡三省注："欲使赵德钧自飞狐道出代州，以断契丹之后。" [9] 西路戍兵：胡三省注："西路戍兵，谓蒲、潼以西诸道戍兵也。"

丁未，唐主下诏亲征。雍王重美曰："陛下目疾未平，未可远涉风沙；臣虽童稚，愿代陛下北行。"帝意本不欲行，闻之颇悦。张延朗、刘延皓及宣徽南院使刘延朗皆劝帝行，帝不得已，戊申，发洛阳，谓卢文纪曰："朕雅闻卿有相业，故排众议首用卿，今祸难如此，卿嘉谋皆安在乎？"文纪但拜谢，不能对。己酉，遣刘延朗监侍卫步军都指挥使符彦饶军赴潞州，为大军后援[1]。诸军自凤翔推戴以来[2]，骄悍不为用，彦

50岁出头的李从珂老矣，自立为帝不过二年，并没有足够的神圣光环，亲征不会有太大的鼓舞作用！

饶恐其为乱，不敢束之以法。

帝至河阳，心惮北行，召宰相、枢密使议进取方略，卢文纪希帝旨，言："国家根本、太半在河南。胡兵倏来忽往，不能久留；晋安大寨甚固，况已发三道兵救之[3]。河阳天下津要，车驾宜留此镇抚南北，且遣近臣往督战，苟不能解围，进亦未晚。"张延朗欲因事令赵延寿得解枢务，因曰："文纪言是也。"帝访于余人，无敢异言者。泽州刺史刘遂凝[4]，郛之子也，潜自通于石敬瑭，表称车驾不可逾太行。帝议近臣可使北行者，张延朗与翰林学士须昌和凝等皆曰："赵延寿父德钧以卢龙兵来赴难，宜遣延寿会之。"庚戌，遣枢密使、忠武节度使、随驾诸军都部署、兼侍中赵延寿将兵二万如潞州。辛亥，帝如怀州[5]。以右神武统军康思立为北面行营马军都指挥使，帅扈从骑兵赴团柏谷[6]。思立，晋阳胡人也。

耶律倍即李赞华，是耶律德光之兄，送其归国为契丹主，不失为一策。后耶律德光死，李赞华之子即位。

帝以晋安为忧，问策于群臣，吏部侍郎永清龙敏请立李赞华为契丹主[7]，令天雄、卢龙二镇分兵送之，自幽州趣西楼，朝廷露檄言之，契丹主必有内顾之忧，然后选募军中精锐以击之，此亦解围之一策也。”帝深以为然，而执政恐其无成，议竟不决。

帝忧沮形于神色，但日夕酣饮悲歌。群臣或劝其北行，则曰：“卿勿言，石郎使我心胆堕地！”

当年“心竞”的石郎，为何反而令称帝的李从珂丧胆?

［注释］

[1] 大军：指张敬达驻屯在晋安寨的唐军。　[2]“诸军自凤翔推戴以来”以下四句：胡三省注：“兵骄而不为用，与无兵同。潞王以骄兵推戴而得天下，亦以骄兵不为用而失天下，固其宜也。”　[3] 三道兵：胡三省注：“谓范延光、赵德钧、潘环三帅之兵。”见前。　[4]“泽州刺史刘遂凝”以下四句：据胡三省注，后唐闵帝时，刘遂雍守长安拒王思同而迎潞王李从珂者，亦刘鄩之子也；现在刘遂凝又想出卖李从珂而通石敬瑭，“是其兄弟随时反覆以求禄利，白昼攫金，见金而不见人者也”。按，泽州（治今山西晋城）当太行之道，故刘遂凝上表反对。　[5] 怀州：治今河南沁阳。辖境大约在今河南焦作、济源一带。　[6] 团柏谷：胡三省注引《九域志》：“太原府祁县有团柏镇。”　[7]“吏部侍郎永清龙敏请立李赞华为契丹主”以下七句：胡三省注：“露檄者，欲使契丹知之。观他日契丹述律太后责赵德钧之言，则龙敏之策为可行，唐主惜不用耳。”按，时天雄、卢龙二镇节度使为范延光和赵德钧。德钧有野心，即使唐末帝采纳此策，也未必听令而行。

冬，十月，壬戌，诏大括天下将吏及民间马，又发民为兵，每七户出征夫一人，自备铠仗，谓之“义军”，期以十一月俱集，命陈州刺史郎万金教以战陈，用张延朗之谋也。凡得马二千余匹，征夫五千人，实无益于用，而民间大扰。

赵德钧亦有野心，养子赵延寿也是唐明宗的女婿。

初，赵德钧阴蓄异志[1]，欲因乱取中原，自请救晋安寨；唐主命自飞狐踵契丹后，钞其部落，德钧请将银鞍契丹直三千骑[2]，由土门路西入，帝许之。赵州刺史、北面行营都指挥使刘在明先将兵戍易州，德钧过易州，命在明以其众自随。在明，幽州人也。德钧至镇州，以董温琪领招讨副使，邀与偕行，又表称兵少，须合泽潞兵；乃自吴儿谷趣潞州，癸酉，至乱柳。时范延光受诏将部兵二万屯辽州，德钧又请与魏博军合；延光知德钧合诸军，志趣难测，表称魏博兵已入贼境，无容南行数百里与德钧合，乃止。

十一月，戊子，以赵德钧为诸道行营都统[3]，依前东北面行营招讨使。以赵延寿为河东道南面行营招讨使，以翰林学士张砺为判官。庚寅，以范延光为河东道东南面行营招讨使，以宣武节度使、同平章事李周副之。辛卯，以刘延朗为河东道南面行营招讨副使。赵延寿遇赵德钧于西汤，悉以兵属德钧。唐主遣吕琦赐德钧敕告[4]，且犒军。德钧志在并范延光军，逗留不进，诏书屡趣之，德钧乃引兵北屯团柏谷口。

契丹主谓石敬瑭曰："吾三千里赴难，必有成功。观汝器貌识量，真中原之主也。吾欲立汝为天子。"敬瑭辞让数四，将吏复劝进，乃许之。契丹主作册书，命敬瑭为大晋皇帝，自解衣冠授之，筑坛于柳林[5]。是日，即皇帝位。割幽、蓟、瀛、莫、涿、檀、顺、新、妫、儒、武、云、应、寰、朔、蔚十六州以与契丹[6]，仍许岁输帛三十万匹。己亥，制改长兴七年为天福元年[7]，大赦；敕命法制，皆遵明宗之旧。

这块失却的土地，成为宋朝的梦魇！元朝、明朝时才重归中原统一王朝的统治之下。

［注释］

[1] 赵德钧阴蓄异志：胡三省注："赵德钧之志图非望，亦见潞王得之之易也。"　[2] 银鞍契丹直：特种部队名。赵德钧在幽州，以契丹来降之骁勇者置银鞍契丹直。　[3] 诸道行营都统：诸道派往战区的作战部队称为行营，赵德钧为诸道行营都统，相当于战区总指挥。　[4] 赐德钧敕告：送给赵德钧诸道行营都统的敕命与官告。　[5] 柳林：为契丹军屯驻之地，胡三省认为其地点当在后唐主力屯驻的晋安寨之南。　[6] 割幽、蓟、瀛、莫、涿、檀、顺、新、妫、儒、武、云、应、寰、朔、蔚十六州以与契丹：所谓"燕云十六州"，包括云州（治今山西大同）、应州（治今山西

应县）、寰州（治今山西朔州东）、朔州（治今山西朔州）、蔚州（治今河北蔚县）、幽州（治今北京市西城区）、涿州（治今河北涿州）、蓟州（治今天津市蓟州区）、檀州（治今北京市密云区）、顺州（治今北京市顺义区）、瀛州（治今河北河间）、莫州（治今河北任丘）、新州（治今河北涿鹿）、妫州（治今河北怀来）、儒州（治今北京市延庆区）、武州（治今河北张家口市宣化区）。其中幽、蓟、瀛、莫、涿、檀、顺七州位于太行山北面东南方向，其余九州则在太行山的西北方向，包括今北京、天津和河北北部、山西北部地区。 [7] 制改长兴七年为天福元年：长兴是后唐明宗年号，建元庚寅，即公元 930 年。石敬瑭不承认唐闵帝和唐末帝的统治，故复用明宗长兴纪年，以丙申（936）为长兴七年。如今石敬瑭登基，改天福元年。

（选自《资治通鉴》卷二百七十九，后唐纪八；卷二百八十，后晋纪一）

［点评］

石敬瑭（892—942）建立的后晋王朝（936—947）不过 11 年。他本人在位也不过 6 年，却因为割让燕云十六州一事，挨了一世的骂名。

所谓“燕云十六州”，包括云州（治今山西大同）、应州（治今山西应县）、寰州（治今山西朔州东）、朔州（治今山西朔州）、蔚州（治今河北蔚县）、幽州（治今北京市西城区）、涿州（治今河北涿州）、蓟州（治今天津市蓟州区）、檀州（治今北京市密云区）、顺州（治今北京市顺义区）、瀛州（治今河北河间）、莫州（治今河北任丘）、新州（治今河北涿鹿）、妫州（治今河北怀来）、儒州（治今北京市延庆区）、武州（治今河北张家口市宣化区）。

然而，就实际控制权而论，河东节度使石敬瑭实际掌控的仅有蔚州。幽、涿、蓟、檀、顺、瀛、莫七州，归卢龙节度使赵德钧掌控。赵德钧也想借助契丹的实力来称霸中原；还想与契丹约为兄弟（赵德钧的养子赵延寿与石敬瑭同辈，二人都是明宗的女婿。而明宗与辽太宗耶律德光称兄道弟），以换取更多的政治利益。

新州威塞军节度使所领新、妨、儒、武四州，自从单独设镇之后，就由后唐中央掌控，石敬瑭割让之时，即 935 年，唐末帝还新调任晋州节度使翟璋为新州节度使。

可见，割让“燕云十六州”，石敬瑭玩了一手借花献佛的把戏。

五代时代的中国，处在分崩离析的状态，从今天中国版图而论，北方地区，除了中原政权后唐（皇室是沙陀人）之外，还有它不能完全控制的军阀，如幽州的赵德钧（汉人）、河东的石敬瑭（沙陀人）。此外，就是辽河地区对中原虎视眈眈的契丹政权。现在的问题是，末帝李从珂派遣大军压境，卢龙节度使赵德钧的使节已经到了契丹的大帐，许诺将兵向洛阳。在这种情况下，石敬瑭做出了对于自己最有利的选择。

割让“燕云十六州”，是石敬瑭为一己之私而不顾国家（即后唐）和百姓利益的举措，因而受到了后人的批评甚至抨击，这是毋庸置疑的。刘知远当时就反对说：“称臣可矣，以父事之太过。厚以金帛赂之，自足致其兵，不必许其土田，恐异日大为中国之患，悔之无及。”说称臣就够了，以父子礼仪相待就太过分了，多给些钱财，他们也就不兴兵了，没必要割让大片土地，有朝一日，他们祸乱中原，到时候后悔就来不及了。但石敬瑭没有采纳。

四、郭威黄袍加身

后汉隐帝尽杀辅佐大臣，又命人去边防前线杀郭威等，激起郭威反抗。

（乾祐三年，950，十一月）丁丑[1]，使者至澶州，李洪义畏懦，虑王殷已知其事[2]，不敢发，乃引孟业见殷。殷囚业，遣副使陈光穗以密诏示郭威。威召枢密吏魏仁浦[3]，示以诏书曰：“奈何？”仁浦曰：“公，国之大臣，功名素著，加之握强兵，据重镇，一旦为群小所构，祸出非意，此非辞说之所能解。时事如此，不可坐而待之。”威乃召郭崇威、曹威及诸将[4]，告以杨邠等冤死及有密诏之状，且曰：“吾与诸公，披荆棘，从先帝取天下，受托孤之任，竭力以卫国家，今诸公已死，吾何心独生！君辈当奉行诏书，取吾首以报天子，庶不相累。”郭崇威等皆泣曰：“天子幼冲，此必左右群小所为，若使此辈得志，国家其得安乎！崇威愿从公入朝自诉，荡涤鼠辈以清朝廷，不可为单使所杀，受千载恶名。”翰林天文赵修己谓郭威曰[5]：“公徒死何益！不若顺众心，拥兵而南，此天启也。”郭威乃留其养子荣镇邺都[6]，命郭崇威将骑兵前驱，戊寅，自将大军继之。

郭威家属在京者被杀，他与养子柴荣捡了一条命。

[注释]

[1]“丁丑”二句：丁丑为乾祐三年（950）十一月十四日。时后汉隐帝在李业（李太后幼弟）等鼓动下，杀死宰辅杨邠、史弘肇等顾命大臣，史称“乾祐之变”；又派遣供奉官孟业持密诏去澶州及邺都，令镇宁节度使李洪义（李太后之弟）杀王殷，又令邺都行营马军都指挥使郭崇威、步军都指挥使真定曹威杀郭威及监军、宣徽使王峻。此处“使者”就是指持密诏前往杀王殷、郭威的使者孟业一行人。澶州，治今河南濮阳。　[2]王殷（？—953）：五代将领，后汉隐帝时为侍卫亲军都指挥使屯军澶州以防契丹。其兄王峻（902—953）以宣徽使出任郭威监军。　[3]“威召枢密吏”以下十四句：郭威时以枢密使领兵北备契丹，屯邺都（今河北临漳），魏仁浦（911—969）是其麾下亲吏，与其商量对策。魏仁浦劝其不可束手待毙。仁浦于后周及北宋初官至宰相。　[4]郭崇威、曹威：五代军将，当时在郭威麾下分别担任马军都指挥使和步军都指挥使。　[5]翰林天文赵修己：赵修己事迹不详，其时应该是随军的知晓天文的翰林院官员。古时军队出征，必有通晓天文的人才相随，观察天相气候，为统帅决策做参考。　[6]“郭威乃留其养子荣镇邺都”以下四句：使者到澶州的当天即丁丑日（十四日），郭威就派郭崇威打头阵举兵向阙，次

日自己就率大军继进，留柴荣守护邺都前线。养子荣，即后周世宗柴荣（921—959）。戊寅，十一月十五日。

帝闻郭威举兵南向[1]，议发兵拒之。前开封尹侯益曰[2]："邺都戍兵家属皆在京师，官军不可轻出，不若闭城以挫其锋，使其母妻登城招之，可不战而下也。"慕容彦超曰[3]："侯益衰老，为懦夫计耳。"帝乃遣益及阎晋卿、吴虔裕、前保大节度使张彦超将禁军趣澶州[4]。

是日，郭威已至澶州，李洪义纳之。王殷迎谒恸哭，以所部兵从郭威涉河。帝遣内养鸗脱觇郭威[5]，威获之，以表置鸗脱衣领中，使归白帝曰："臣昨得诏书，延颈俟死。郭崇威等不忍杀臣，云此皆陛下左右贪权无厌者谮臣耳，逼臣南行，诣阙请罪。臣求死不获，力不能制。臣数日当至阙庭。陛下若以臣为有罪，安敢逃刑！若实有谮臣者，愿执付军前以快众心，臣敢不抚谕诸军，退归邺都！"

举兵向阙：清君侧！

［注释］

[1]帝：此指后汉隐帝刘承祐（931—950）。 [2]侯益（885—

965）：五代军将，后汉时官开封尹、中书令，故下文称侯令公。后归附郭威。　[3] 慕容彦超（？—952）：五代军将，沙陀人，后汉高祖刘知远同母异父兄弟。　[4] 阎晋卿（？—950）：山西忻州人，为刘知远所器重，此时代理侍卫马步都指挥使。吴虔裕（901—988）：许州（今河南许昌）人，刘知远镇许，吴虔裕为郡吏，以精干得到赏识，追随到太原，任客省使。张彦超（？—956）：本沙陀部人，得后汉高祖刘知远赏识，官至保大节度使（治坊州，今陕西黄陵县南），隐帝即位，黜职召回，例行参加朝会而已。隐帝派这几个人率领禁军前往迎敌，这几位都投降了郭威。　[5] 内养：内养即殿前内养，兼具表示宦官级别与差遣之名号。内养绝大多数以品官和白衣级别（即中低级）的宦官充任，掌御前伴驾、值守殿阁、奉召传旨、承命出使等。鸗：音 lóng。

庚辰，郭威趣滑州[1]。辛巳，义成节度使宋延渥迎降[2]。延渥，洛阳人，其妻晋高祖女永宁公主也。郭威取滑州库物以劳将士，且谕之曰："闻侯令公已督诸军自南来，今遇之，交战则非入朝之义，不战则为其所屠。吾欲全汝曹功名，不若奉行前诏，吾死不恨！"皆曰："国家负公，公不负国，所以万人争奋。如报私仇，侯益辈何能为乎！"王峻徇于众曰："我得公处分，俟克京城，听旬日剽掠。"众皆踊跃。

辛巳，鸗脱至大梁。前此帝议欲自往澶州，

"俟克京城，听旬日剽掠"！乌合之众以此鼓舞军心！

闻郭威已至河上而止。帝甚有悔惧之色，私谓窦贞固曰[3]：“属者亦太草草。”李业等请空府库以赐诸军[4]，苏禹珪以为未可，业拜禹珪于帝前，曰：“相公且为天子勿惜府库！”乃赐禁军人二十缗，下军半之，将士在北者给其家[5]，使通家信以诱之。

［注释］

[1] 滑州：今河南滑县。 [2] 义成节度使：又名郑滑节度使，治所在滑州。宋延渥（926—989）：后改名宋渥，河南洛阳人，母为后唐庄宗李存勖女义宁公主。妻子为后汉高祖刘知远女永宁公主。宋延渥的投降，对于郭威的叛军形成极大的支持。 [3] 窦贞固（892—969）：字体仁，白水（今陕西白水）人。后唐进士，后汉时为宰相，乾祐之变中端正自保。后来郭威再次入洛，窦贞固奉上劝进表文。 [4]“李业等请空府库以赐诸军”以下五句：李太后幼弟李业请于宰相苏禹珪，切勿吝惜国库，要重赏禁军将士以抗敌。 [5] 将士在北者：指郭威率领的军队，在京城之北，故名。给其家：供给其家庭。

壬午，郭威军至封丘[1]，人情恟惧。太后泣曰[2]：“不用李涛之言，宜其亡也！”慕容彦超恃其骁勇，言于帝曰：“臣视北军犹蠛蠓耳[3]，当为陛下生致其魁！”退，见聂文进[4]，问北来兵数及将校姓名，颇惧，曰：“是亦剧贼，未易轻也！”帝复遣左神武统军袁𪾢、前威胜节度使刘重进等帅禁军与侯益等会屯赤冈[5]。𪾢，象先之子也。彦超以大军屯七里店[6]。

癸未，南、北军遇于刘子陂[7]。帝欲自出劳军，太后曰：“郭威吾家故旧，非死亡切身，何以至此！但按兵守城，飞诏谕之，观其志趣，必有辞理，则君臣之礼尚全，慎勿轻出。”帝不从。时扈从军甚盛，太后遣使戒聂文进曰：“大须在意！”对曰：“有臣在，虽郭威百人，可擒也！”至暮，两军不战，帝还宫。慕容彦超大言曰：“陛下来日宫中无事，幸再出观臣破贼。臣不必与之战，但叱散使归营耳！”

怎么会有这样无知的将领?

［注释］

[1] 封丘：县名，今属河南新乡。　[2]“太后泣曰”以下三句：乾祐元年（948），宰相李涛曾建议出枢密使杨邠、郭威守外藩，不使领禁军。杨、郭诉之于李太后，因为李太后反对而罢，李涛罢相职。太后，即李太后，后汉高祖刘知远的皇后。　[3] 蠛蠓（miè měng）：比蚊蝇细小的飞虫，比如微不足道的人物。　[4] 聂文进（？—950）：并州太原人（今山西太原），为后汉高祖刘知远信任，官至枢密院承旨，“乾祐之变”的始作俑者之一，此

时居中用事，后为郭威所杀。 [5] 赤岗：地名，位于开封府（今河南开封）东北十二里。 [6] 七里店：地名，位于开封城北。 [7] 南、北军：南军，朝廷抵抗的军队；北军，郭威及其先遣军队。刘子陂：地名，在封丘县南，开封城郊之北。

甲申[1]，帝欲再出，太后力止之，不可。既陈，郭威戒其众曰："吾来诛群小，非敢敌天子也，慎勿先动。"久之，慕容彦超引轻骑直前奋击，郭崇威与前博州刺史李荣帅骑兵拒之。彦超马倒，几获之。彦超引兵退，麾下死者百余人，于是诸军夺气，稍稍降于北军。侯益、吴虔裕、张彦超、袁巃、刘重进皆潜往见郭威，威各遣还营，又谓宋延渥曰："天子方危，公近亲，宜以牙兵往卫乘舆[2]，且附奏陛下，愿乘间早幸臣营。"延渥未至御营，乱兵云扰，不敢进而还。比暮，南军多归于北。慕容彦超与麾下十余骑奔还兖州。是夕，帝独与三相及从官数十人宿于七里寨[3]，余皆逃溃。乙酉旦，郭威望见天子旌旗在高阪上，下马免胄往从之，至则帝已去矣。帝策马将还宫，至玄化门[4]，刘铢在门上[5]，问帝左右："兵马何在？"因射左右。帝回辔，西北至赵村，追兵已至，帝下马入民家，为乱兵所弑[6]。苏逢吉、阎晋卿、郭允明皆自杀。聂文进挺身走，军士追斩之。李业奔陕州，后匡赞奔兖州[7]。郭威闻帝遇弑，号恸曰："老夫之罪也！"

> 后汉隐帝逃出而且被杀，郭威免得找借口动手。

威至玄化门，刘铢雨射城外。威自迎春门入[8]，归私第，遣前曹州防御使何福进将兵守明德门[9]。诸军大掠，通夕烟火四发。

[注释]

[1] 甲申：十一月二十一日。　[2] 乘舆：本指皇帝车驾，一般代指皇帝。　[3] 三相：指窦贞固、苏逢吉、苏禹珪。　[4] 玄化门：开封府北面东起第一门。　[5] 刘铢：陕州（今河南三门峡）人，曾随刘知远镇太原，任左都押牙。汉隐帝时权知开封府事。曾残酷杀戮郭威家人。　[6]"为乱兵所弑"二句：后汉隐帝刘承祐为飞龙使郭允明所杀，郭亦自杀。　[7] 后匡赞：曾任飞龙使，汉隐帝的宠臣。　[8] 迎春门：开封内城东面北起第一门。　[9] 何福进（889—954）：随郭威北御辽军，这次又随郭威打回开封，成为后周开国功臣。明德门：开封宫城南面的正门。

王殷、郭崇威言于郭威曰："不止剽掠，今夕止有空城耳。"威乃命诸将分部禁止掠者，不从则斩之。至晡，乃定。

郭威命有司迁隐帝梓宫于西宫。或请如魏高

贵乡公故事[1]，葬以公礼。威不许，曰：“仓猝之际，吾不能保卫乘舆，罪已大矣，况敢贬君乎！”

太师冯道帅百官谒见郭威，威见，犹拜之，道受拜如平时，徐曰：“侍中此行不易！”

丁亥，郭威帅百官诣明德门起居太后，且奏称：“军国事殷，请早立嗣君。”太后诰称：“郭允明弑逆，神器不可无主。河东节度使崇[2]，忠武节度使信，皆高祖之弟；武宁节度使赟，开封尹勋，高祖之子。其令百官议择所宜。”赟，崇之子也，高祖爱之，养视如子。郭威、王峻入见太后于万岁宫，请以勋为嗣。太后曰：“勋久羸疾不能起。”威出谕诸将，诸将请见之，太后令左右以卧榻举之示诸将，诸将乃信之。于是郭威与峻议立赟。己丑，郭威帅百官表请以赟承大统。太后诰所司，择日，备法驾迎赟即皇帝位。郭威奏遣太师冯道及枢密直学士王度、秘书监赵上交诣徐州奉迎。

郭威不立即登基，是因为刘家还控制着徐州、许州、河东三节度使及开封尹的位置。

郭威之讨三叛也[3]，每见朝廷诏书，处分军事皆合机宜，问使者：“谁为此诏？”使者以翰林学士范质对[4]。威曰："宰相器也。"入城，访求得之，甚喜。时大雪，威解所服紫袍衣之，令草太后诰令，迎新君仪注。苍黄之中，讨论撰定，皆得其宜。

初，隐帝遣供奉官押班阳曲张永德赐昭义节度使常思生辰物[5]。永德，郭威之婿也，会杨邠等诛，密诏思杀永德。思素闻郭威多奇异，囚永德以观变，及威克大梁，思乃释永德而谢之。

庚寅，郭威帅百官上言："比皇帝到阙，动涉浃旬[6]，请太后临朝听政。"

壬辰，太后始临朝，以王峻为枢密使[7]，袁义为宣徽南院使，王殷为侍卫马步军都指挥使，郭崇威为侍卫马军都指挥使，曹威为侍卫步军都指挥使，陈州刺史李谷权判三司。

刘铢、李洪建及其党皆枭首于市，而赦其家。郭威谓公卿曰："刘铢屠吾家，吾复屠其家，怨仇反覆，庸有极乎！"由是数家获免。王殷屡为洪建请免死，郭威不许。

后匡赞至兖州，慕容彦超执而献之。李业至陕州，其兄保义节度使洪信不敢匿于家。业怀金将奔晋阳，至绛州，盗杀之而取其金。

［注释］

[1] 魏高贵乡公故事：曹魏高贵乡公曹髦（254—260 在位）以“司马昭之心路人皆知”，举兵讨之，被司马昭手下所杀，死后废黜其帝号，按照高贵乡公的身份举行葬礼。 [2]“河东节度使崇”以下六句：河东节度使（治太原）刘崇，忠武节度使（治许州，今河南许昌）刘信，皆高祖之弟；武宁节度使（治徐州）刘赟，开封尹刘承勋，高祖之子。由于这几个人的存在，郭威不敢遽然称帝，以免引起反抗。 [3] 三叛：指乾祐元年（948），河中、永兴、凤翔三镇拒命，朝廷以郭威为西面军前招慰安抚使，节度前线兵马。 [4] 范质（911—964）：字文素，大名宗城（今河北威县）人。后唐时进士及第，后周至宋初官至宰辅。 [5] 供奉官押班：供奉官之长。张永德（928—1000）：郭威与其父交好，将四女（后封寿安公主）嫁给他，是后周开国功臣。常思（886—954）：字克恭，并州太原（今山西太原）人，从卒伍起家，累官至节度使。生辰物：谓圣节回赐之物。 [6] 浃旬：一个月分上中下旬，浃旬就是跨旬，意思是需要十几天时间。 [7]“以王峻为枢密使”以下六句：王峻为枢密使，掌军机；袁鳷为宣徽南院使，掌领内诸使司；王殷为侍卫马步军都指挥使，郭崇威为侍卫马军都指挥使，曹威为侍卫步军都指挥使，都是禁军将领；陈州刺史李谷权判三司，即代理三司使工作，掌财权。

镇州、邢州奏：“契丹主将数万骑入寇，攻内丘，五日不克，死伤甚众。有戍兵五百叛应契丹，引契丹入城，屠之，又陷饶阳。”太后敕郭威将大军击之，国事权委窦贞固、苏禹珪、王峻，军事委王殷。十二月，甲午朔，郭威发大梁。

丁酉，以翰林学士、户部侍郎范质为枢密副使。

武宁节度使赟留右都押牙巩延美、元从都教练使杨温守徐州，与冯道等西来，在道仗卫，皆如王者，左右呼万岁。郭威至滑州。留数日，赟遣使慰劳。诸将受命之际，相顾不拜，私相谓曰：“我辈屠陷京城，其罪大矣，若刘氏复立，我辈尚有种乎！”己酉，威闻之，即引兵行，趣澶州。辛亥，遣苏禹珪如宋州迎嗣君。

壬子，郭威渡河，馆于澶州。癸丑旦，将发，将士数千人忽大噪。威命闭门，将士逾垣登屋而入曰：“天子须侍中自为之，将士已与刘氏为仇，不可立也！”或裂黄旗以被威体[1]，共扶抱之，呼万岁震地，因拥威南行。威乃上太后笺，请奉汉宗庙，事太后为母。丙辰，至韦城，下书抚谕大梁士民，以昨离河上，在道秋毫不犯，勿有忧疑。戊午，威至七里店，窦贞固帅百官出迎拜谒，

五代自后唐以来，后继君王大多不否定前朝或前任皇帝，大臣如冯道等何须保持所谓忠节。

因劝进。威营于皋门村。

武宁节度使赟已至宋州，王峻、王殷闻澶州军变，遣侍卫马军都指挥使郭崇威将七百骑往拒之，又遣前申州刺史马铎将兵诣许州巡检[2]。崇威忽至宋州，陈于府门外，赟大惊，阖门登楼诘之。对曰："澶州军变，郭公虑陛下未察，故遣崇威来宿卫，无他也。"赟召崇威，崇威不敢进。冯道出与崇威语，崇威乃登楼，赟执崇威手而泣。崇威以郭威意安谕之。少顷，崇威出，时护圣指挥使张令超帅部兵为赟宿卫[3]，徐州判官董裔说赟曰："观崇威视瞻举措，必有异谋。道路皆言郭威已为帝，而陛下深入不止，祸其至哉！请急召张令超，谕以祸福，使夜以兵劫崇威，夺其兵。明日，掠睢阳金帛，募士卒，北走晋阳[4]。彼新定京邑，未暇追我，此策之上也！"赟犹豫未决。是夕，崇威密诱令超，令超帅众归之。赟大惧。

郭威遗赟书，云为诸军所迫，召冯道先归，留赵上交、王度奉侍。道辞行，赟曰："寡人此来所恃者，以公三十年旧相[5]，故无疑耳。今崇威夺吾卫兵，事危矣，公何以为计？"道默然。

客将贾贞数目道，欲杀之。赟曰："汝辈勿草草，此无预冯公事。"崇威迁赟于外馆，杀其腹心董裔、贾贞等数人。

诱刘赟离开徐州，又控制住许州，郭威就不怕了！

己未，太后诰，废赟为湘阴公。

庚申，太后诰[6]，以侍中监国。百官藩镇相继上表劝进。壬戌夜，监国营有步兵将校醉，扬言向者澶州骑兵扶立，今步兵亦欲扶立，监国斩之。

这次黄袍加身，赵匡胤都在旁边看明白了。

[注释]

[1]"或裂黄旗以被威体"以下四句：士兵拥郭威称帝，黄袍加身，是腊月二十日，距上月二十四日郭威请太后择嗣帝，不过 20 多天。　[2] 又遣前申州刺史马铎将兵诣许州巡检：遣马铎带兵巡检，是为了监视忠武节度使刘信（后汉高祖刘知远之弟）。许州，今河南许昌，忠武军节度使治所。　[3] 时护圣指挥使张令超帅部兵为赟宿卫：《旧五代史 · 刘赟传》作"时护圣指挥使张令超帅步兵为赟宿卫"，步兵当作部兵。护圣指挥使，根据胡三省注，护圣乃后汉侍卫马军番号。　[4] 晋阳：太原，刘赟父亲刘崇为河东节度使，治太原。　[5] 以公三十年旧相：胡三省注："冯道，唐明宗天成二年（927）为相，至是二十四年。曰三十年，举成数也。"　[6]"太后诰"二句：胡三省注："太后两诰（废刘赟、侍中监国二诰），皆郭威之志也。"侍中，称郭威官。

（广顺元年，951）春，正月，丁卯，汉太后下诰，授监国符宝，即皇帝位。监国自皋门入宫[1]，即位于崇元殿，制曰：“朕周室之裔，虢叔之后，国号宜曰周。”改元，大赦。杨邠、史弘肇、王章等皆赠官[2]，官为敛葬，仍访其子孙叙用之。凡仓场、库务掌纳官吏，无得收斗余、称耗[3]。旧所进羡余物，悉罢之。犯窃盗及奸者[4]，并依晋天福元年以前刑名，罪人非反逆，无得诛及亲族，籍没家赀。唐庄宗、明宗、晋高祖各置守陵十户[5]，汉高祖陵职员、宫人，时月荐享及守陵户并如故。初，唐衰，多盗，不用律文，更定峻法，窃盗赃三匹者死。晋天福中，加至五匹。奸有夫妇人，无问强、和[6]，男女并死。汉法，窃盗一钱以上皆死。又罪非反逆，往往族诛、籍没，故帝即位，首革其弊。

一点一滴，五代在进步中。

初[7]，杨邠以功臣、国戚为方镇者多不闲吏事，乃以三司军将补都押牙、孔目官、内知客，其人自恃敕补，多专横，节度使不能制，至是悉罢之。帝命史弘肇亲吏上党李崇矩访弘肇亲族，崇矩言：“弘肇弟弘福今存。”初，弘肇使崇矩掌其家赀之籍，由是尽得其产，皆以授弘福。帝贤之，使隶皇子荣帐下。

皇子荣就是周世宗柴荣，郭威的养子。

[注释]

[1] 皋门：大梁（开封）城外村名。　[2] 杨邠、史弘肇、王章：皆后汉高祖刘知远托孤大臣，乾祐之变中被汉隐帝杀害。　[3] 无得收斗余、称耗：胡三省注："斗余，概量之外，又取其余也。称耗，称计斤钧石之外，又多取之以备耗折。今悉除之，矫王章苛敛之弊也。"　[4] "犯窃盗及奸者"以下五句：胡三省注："矫史弘肇虐刑之弊也。"天福，后晋高祖年号。　[5] "唐庄宗、明宗、晋高祖各置守陵十户"以下三句：可见后周以继承后汉自居，于后唐、后晋政权亦加以礼重。　[6] 强、和：胡三省注："强，谓男以威力加女，女不得已而与之通奸者。和，谓男女相慕，欲动情生而通奸者。"　[7] "初"以下七句：都押牙、孔目官、内知客都是幕职，通常由节度使自己辟署，若由朝廷敕补，则不受节度使约束，这本是中央削弱藩镇权力的一个措施。但当节度使也逐渐阶官化后，这个措施的意义就不大了。

（选自《资治通鉴》卷二百八十九，后汉纪四；卷二百九十，后周纪一）

[点评]

五代的历史扑朔迷离，政权走马灯般变换，但其中也有一个线索可寻：后梁太祖朱温是黄巢起义的变节者，其后的后唐、后晋、后汉与后周则一脉相寻，都是从李克用的河东政权发迹而来。其中，后唐、后晋、后汉不仅都是从河东入统大位，而且其国君均为沙陀族出身，只有郭威创建的后周和宋太祖赵匡胤，是用戏剧化的黄袍加身方式，实现了改朝换代。

郭威（904—954）于农历七月二十八日生于河北省邢台市隆尧县（时属邢州），其时唐朝政权行将就木。他的父亲郭简担任顺州（今北京市顺义区）刺史，名义上是唐朝的官员，实际上隶属于河东节度使李克用麾下，其时李氏政权割据河东，称晋王，与宣武节度使梁王朱温为敌。

在郭威3岁那年，举家迁往太原。不久，朱温称帝，唐亡，大约就是在这个时节前夕，父亲郭简为朱温支持的幽州节度使刘仁恭所杀，郭威成了孤儿，后来母亲也病逝，他依养于韩氏家族姨妈家中，这个时候他还不到7岁。寄人篱下的少年生活，使得郭威比一般的孩子更善于察言观色，机智过人。

18岁的郭威，已经长成身材魁伟的青年，最初在潞州节度使李继韬手下当兵，以“负气用刚，好斗多力”而为继韬欣赏。他曾经在上党闹市区碰到一个屠夫，是当地一霸。郭威要求按照自己的方式切肉，与屠夫发生争执，屠夫当即躺倒在地，说，你敢刺我肚子吗？郭威可不像韩信那样装怂，他一剑刺去，屠夫当场毙命。郭威被治安人员捆绑送官，李继韬爱惜其才，开释了郭威。924年，郭威21岁，后唐庄宗灭后梁，他成了庄宗李存勖亲军“从马直”中的一员。

郭威勇猛异常，但并不是个粗人，他的表字文仲，父为刺史，则应该是有一定的文化背景。《旧五代史·周书·太祖纪一》这样记载说：“帝性聪敏，喜笔札，及从军旅，多阅簿书，军志戎政，深穷綮肯，人皆服其敏。”郭威的好友李琼，自幼好学，涉猎史传。有一次在李琼那里看到一本书《阃外春秋》，当即向这位拜把子兄弟求教。李琼说：“此《阃外春秋》，所谓以正守国，以奇用兵，较存亡治乱，记贤愚成败，皆在此也。”这部兵法学兼领导学著作，令郭威着迷，他不仅在李琼的辅导下，深领其意，而且随身携带，闲暇把玩。像李琼这样，与郭威同年入唐庄宗麾下的勇士，有十人约为兄弟，李琼尤其看好郭威的发展潜力。

郭威23岁那年，即公元926年，后唐庄宗在内乱中驾崩，60岁的明宗李嗣源即位。庄宗的嫔御被遣送还家。其中有一位柴姓美女，在被父母接回家的路上，遇到连续大雨大风天气，在黄河边一家旅店躲避风雨。恰好郭威路过这家客店，这时他的职位只是马步军使，大约是百夫长级别的基层军官，甚至衣不蔽体，人称郭雀儿。不料柴氏一见钟情，当即要求嫁给郭威。柴氏与郭威是老乡，为邢州龙岗人（今属河北邢台），“世家豪右”，为当地有势力人家。她把随身带的财物一半分给父母，一半作为嫁妆，这样就使郭威的经济状况有了很大好转。

在后唐的军队中，明宗的女婿石敬瑭很欣赏郭威。石敬瑭担任禁军副统帅时，特地把郭威调到自己麾下，原因是郭威“长于书计”，令其掌管军籍，“前后将臣，无不倚爱”。郭威的老婆柴氏倒贴夫君，“使事汉高祖”。大约郭威的顶头上司是一直追随石敬瑭的后汉高祖刘知远。后唐重臣杨光远，与刘知远同样是沙陀出身，且为石敬瑭所倚重，有一次，郭威当隶属其下出征，郭威不干，却主动要求留在刘知远身边，人问其故，郭威说：“杨公有奸诈之才，无英雄之气，得我何用？能用我者其刘公乎！”郭威就是认准了刘知远，“汉祖累镇藩阃，皆从之。及镇并门，尤深待遇，出入帷幄，受腹心之寄，帝（郭威）亦悉心竭力，知无不为”。

郭威一路追随着刘知远。后晋出帝石重贵时期，时任河东节度使的刘知远被疏远，颇为忧虑，郭威鼓劲说：“河东山川险固，风俗尚武，土多战马，静则勤稼穑，动则习军旅，此霸王之资也，何忧乎！”几年后，契丹灭后晋，刘知远建立后汉政权，郭威成为开国功臣。刘知远一年之后驾崩，郭威升任枢密使，与史弘肇等同为顾命托孤大臣。

此后直到950年年底的两年多时间里，郭威多次独统大军进出开封，用一种特殊的方式，掌控了后汉的禁军，“天子，兵强马壮者当为之”，最后黄袍加身，势所必然也。

主要参考文献

资治通鉴　（宋）司马光编著　（元）胡三省音注　中华书局 1956 年版

中国国家图书馆藏宋版资治通鉴　（宋）司马光撰　国家图书馆出版社 2012 年版

元本资治通鉴　（宋）司马光撰　（元）胡三省音注　国家图书馆出版社 2020 年版

资治通鉴选　王仲荦等　中华书局 2009 年版

司马光集　（宋）司马光撰　四川大学出版社 2010 年版

稽古录　（宋）司马光撰　王瑞来点校　上海人民出版社 2022 年版

唐鉴　（宋）范祖禹撰　上海古籍出版社 1984 年版

资治通鉴补　（宋）司马光编集　（元）胡三省音注　（明）严衍撰　王伯祥断句　中华书局 2013 年版

通鉴严补辑要　冯惠民著　齐鲁书社 1983 年版

司马光评传 李昌宪著 南京大学出版社 2011 年版

通鉴学 张煦侯著 北京联合出版公司 2019 年版

清代通鉴学研究 王彦霞著 人民日报出版社 2006 年版

读通鉴论 （清）王夫之撰 中华书局 2004 年版

通鉴胡注表微 陈垣著 中华书局 1962 年版

资治通鉴和胡注 聂崇岐著 收入氏著《宋史丛考》下册 中华书局 1980 年版

资治通鉴介绍 柴德赓著 中共中央党校出版社 2010 年版

通鉴版本谈 辛德勇著 生活·读书·新知三联书店 2021 年版

《资治通鉴》史话 李全德著 国家图书馆出版社 2019 年版

《资治通鉴》通识 张国刚著 中华书局 2022 年版

通鉴隋唐纪比事质疑 岑仲勉著 中华书局 1964 年版

《资治通鉴》疑年录 吴玉贵著 上海古籍出版社 2019 年版

《资治通鉴》汉赵国事迹考证 陈勇著 收入氏著《汉赵史论稿——匈奴屠各建国的政治史考察》 商务印书馆 2009 年版

《资治通鉴·唐纪》史源研究 熊展钊著 齐鲁书社 2020 年版

《资治通鉴》唐宣宗时期的史源——兼论宋敏求及其《宣宗实录》 靳亚娟著 载《文史》（中华书局出版）2019 年第 4 辑 第 119—153 页

《资治通鉴》长编分修再探 姜鹏著 载《复旦学报》2006 年第 1 期 第 10—15 页

《资治通鉴》丛论 刘乃和、宋申衍主编 河南人民出版社 1985 年版

唐代的史学与《通鉴》 牛致功著 陕西师范大学出版社 1989 年版（主要内容收入《牛致功隋唐史论集》，社会科学文献出版社 2020 年版）

帝王的镜子——《资治通鉴》 雷家骥编著 中国友谊出版公司 2013 年版

历史的那一幕:《资治通鉴》的细节解读　张元著　浙江大学出版社 2018年版

德政之要——《资治通鉴》中的智慧　姜鹏著　上海人民出版社 2015年版

稽古致治——司马光与《资治通鉴》　姜鹏著　上海人民出版社 2019年版

《资治通鉴》启示录　张国刚著　中华书局 2019年版

治术:周秦汉唐的经世之道　张国刚著　中华书局 2020年版

《中华传统文化百部经典》已出版图书

书　　名	解读人	出版时间
周易	余敦康	2017 年 9 月
尚书	钱宗武	2017 年 9 月
诗经（节选）	李　山	2017 年 9 月
论语	钱　逊	2017 年 9 月
孟子	梁　涛	2017 年 9 月
老子	王中江	2017 年 9 月
庄子	陈鼓应	2017 年 9 月
管子（节选）	孙中原	2017 年 9 月
孙子兵法	黄朴民	2017 年 9 月
史记（节选）	张大可	2017 年 9 月
传习录	吴　震	2018 年 11 月
墨子（节选）	姜宝昌	2018 年 12 月
韩非子（节选）	张　觉	2018 年 12 月
左传（节选）	郭　丹	2018 年 12 月
吕氏春秋（节选）	张双棣	2018 年 12 月
荀子（节选）	廖名春	2019 年 6 月
楚辞	赵逵夫	2019 年 6 月
论衡（节选）	邵毅平	2019 年 6 月
史通（节选）	王嘉川	2019 年 6 月
贞观政要	谢保成	2019 年 6 月
战国策（节选）	何　晋	2019 年 12 月
黄帝内经（节选）	柳长华	2019 年 12 月
春秋繁露（节选）	周桂钿	2019 年 12 月
九章算术	郭书春	2019 年 12 月
齐民要术（节选）	惠富平	2019 年 12 月
杜甫集（节选）	张忠纲	2019 年 12 月
韩愈集（节选）	孙昌武	2019 年 12 月
王安石集（节选）	刘成国	2019 年 12 月
西厢记	张燕瑾	2019 年 12 月

书　名	解读人	出版时间
聊斋志异（节选）	马瑞芳	2019年12月
礼记（节选）	郭齐勇	2020年12月
国语（节选）	沈长云	2020年12月
抱朴子（节选）	张松辉	2020年12月
陶渊明集	袁行霈	2020年12月
坛经	洪修平	2020年12月
李白集（节选）	郁贤皓	2020年12月
柳宗元集（节选）	尹占华	2020年12月
辛弃疾集（节选）	王兆鹏	2020年12月
本草纲目（节选）	张瑞贤	2020年12月
曲律	叶长海	2020年12月
孝经	汪受宽	2021年6月
淮南子（节选）	陈　静	2021年6月
太平经（节选）	罗　炽	2021年6月
曹操集	刘运好	2021年6月
世说新语（节选）	王能宪	2021年6月
欧阳修集（节选）	洪本健	2021年6月
梦溪笔谈（节选）	张富祥	2021年6月
牡丹亭	周育德	2021年6月
日知录（节选）	黄　珅	2021年6月
儒林外史（节选）	李汉秋	2021年6月
商君书	蒋重跃	2022年6月
新书	方向东	2022年6月
伤寒论	刘力红	2022年6月
水经注（节选）	李晓杰	2022年6月
王维集（节选）	陈铁民	2022年6月
元好问集（节选）	狄宝心	2022年6月
赵氏孤儿	董上德	2022年6月
王祯农书（节选）	孙显斌	2022年6月
三国演义（节选）	关四平	2022年6月
文史通义（节选）	陈其泰	2022年6月

书　　名	解读人	出版时间
汉书（节选）	许殿才	2022年12月
周易略例	王锦民	2022年12月
后汉书（节选）	王承略	2022年12月
通典（节选）	杜文玉	2022年12月
资治通鉴（节选）	张国刚	2022年12月
张载集（节选）	林乐昌	2022年12月
苏轼集（节选）	周裕锴	2022年12月
陆游集（节选）	欧明俊	2022年12月
徐霞客游记（节选）	赵伯陶	2022年12月
桃花扇	谢雍君	2022年12月
法言	韩敬、梁涛	2023年12月
颜氏家训	杨世文	2023年12月
大唐西域记（节选）	王邦维	2023年12月
法书要录（节选） 历代名画记	祝　帅	2023年12月
耶律楚材集（节选）	刘　晓	2023年12月
水浒传（节选）	黄　霖	2023年12月
西游记（节选）	刘勇强	2023年12月
乐律全书（节选）	李　玫	2023年12月
读通鉴论（节选）	向燕南	2023年12月
孟子字义疏证	徐道彬	2023年12月
嵇康集	崔富章	2024年12月
白居易集（节选）	陈才智	2024年12月
李清照集（节选）	诸葛忆兵	2024年12月
近思录	查洪德	2024年12月
林则徐集	杨国桢	2024年12月